现代市场体系建设的
竞争法问题研究

孙晋 著

图书在版编目（CIP）数据

现代市场体系建设的竞争法问题研究 / 孙晋 著.
— 北京：商务印书馆，2025. -- ISBN 978-7-100-24802-0

Ⅰ. D922.294.4

中国国家版本馆CIP数据核字第20244L2Q50号

权利保留，侵权必究。

2019年度国家社会科学基金重点项目结项成果

现代市场体系建设的竞争法问题研究
孙晋 著

商 务 印 书 馆 出 版
（北京王府井大街36号 邮政编码100710）
商 务 印 书 馆 发 行
三河市春园印刷有限公司印刷
ISBN 978 - 7 - 100 - 24802 - 0

2025年4月第1版　　开本880×1230　1/32
2025年4月第1次印刷　印张 17 3/8

定价：118.00元

目 录

前　言 ··· 1
第一章　我国现代市场体系的发展脉络、基本意涵与
　　　　竞争法价值 ··· 5
　第一节　现代市场体系的渐进发展 ····························· 5
　　一、现代市场体系建设的发展脉络 ·························· 6
　　二、现代市场体系建设的历史经验 ························ 16
　　三、现代市场体系建设的现实困境 ························ 26
　第二节　现代市场体系的基本意涵 ··························· 36
　　一、现代市场体系的内涵阐释 ······························ 36
　　二、现代市场体系的基本特征 ······························ 43
　　三、现代市场体系的运行机制 ······························ 47
　第三节　现代市场体系与竞争法高度耦合 ················· 49
　　一、竞争法的理念价值与现代市场体系建设的
　　　　目标相吻合 ·· 50
　　二、竞争法的实施促进现代市场体系建设目标的
　　　　实现 ·· 61
　　三、现代市场体系建设下竞争法的制度定位 ··········· 70
第二章　现代市场体系建设对竞争法的制度需求 ········· 78
　第一节　现代市场体系建设背景下竞争法的逻辑重塑 ········ 78

一、竞争法政策目标的调适……………………………… 79
　　　二、竞争法基本原则的适用要求………………………… 85
　　　三、竞争法的制度体系要求……………………………… 88
　第二节　现代市场体系建设背景下竞争法的
　　　　　价值定位提升…………………………………………… 97
　　　一、竞争法实施与有效市场的逐步实现………………… 98
　　　二、竞争法实施与有为政府的阶段调整………………… 103
　　　三、竞争法对消费者的实施影响与内在要求…………… 107
　第三节　现代市场体系视域下竞争法实施机制的
　　　　　现实考察………………………………………………… 112
　　　一、反垄断法实施机制检视……………………………… 112
　　　二、反不正当竞争法实施机制考察……………………… 122
　　　三、公平竞争审查制度实施机制反思…………………… 129

第三章　现代市场体系建设中的反垄断法律制度
　　　　　及其实施…………………………………………………… 139
　第一节　现代市场体系建设中反垄断法的使命与担当……… 139
　　　一、反垄断法律制度的历史流变………………………… 140
　　　二、反垄断法在现代市场体系建设中的必要性………… 147
　　　三、现代市场体系建设中反垄断法的价值追求………… 151
　第二节　现代市场体系建设中反垄断法的现状
　　　　　与实施困境……………………………………………… 155
　　　一、立法层面……………………………………………… 155
　　　二、执法层面……………………………………………… 162
　　　三、司法层面……………………………………………… 168
　第三节　现代市场体系建设中反垄断法的完善进路………… 171

一、进一步完善反垄断法及其配套规范⋯⋯⋯⋯⋯⋯⋯171
　　二、持续提高反垄断执法的实效性⋯⋯⋯⋯⋯⋯⋯⋯181
　　三、不断推进反垄断司法程序的落实⋯⋯⋯⋯⋯⋯⋯187
　第四节　现代市场体系建设中反垄断法的发展趋势⋯⋯⋯190
　　一、竞争政策基础地位不断夯实⋯⋯⋯⋯⋯⋯⋯⋯⋯190
　　二、数字经济领域反垄断规则趋于完善⋯⋯⋯⋯⋯⋯192
　　三、反垄断法实施机制逐步健全⋯⋯⋯⋯⋯⋯⋯⋯⋯194

第四章　现代市场体系建设中的反不正当竞争法律
　　　　制度及其实施⋯⋯⋯⋯⋯⋯⋯⋯⋯⋯⋯⋯⋯⋯197
　第一节　现代市场体系建设中反不正当竞争法的
　　　　使命与担当⋯⋯⋯⋯⋯⋯⋯⋯⋯⋯⋯⋯⋯⋯⋯197
　　一、反不正当竞争法律制度的历史流变⋯⋯⋯⋯⋯⋯197
　　二、反不正当竞争法在现代市场体系建设中的
　　　　必要性⋯⋯⋯⋯⋯⋯⋯⋯⋯⋯⋯⋯⋯⋯⋯⋯⋯199
　　三、现代市场体系建设中反不正当竞争法的
　　　　价值追求⋯⋯⋯⋯⋯⋯⋯⋯⋯⋯⋯⋯⋯⋯⋯⋯201
　第二节　传统不正当竞争行为的规制制度及其实施⋯⋯⋯203
　　一、传统不正当竞争行为的表现形式⋯⋯⋯⋯⋯⋯⋯203
　　二、传统不正当竞争行为的规制难题⋯⋯⋯⋯⋯⋯⋯210
　　三、传统不正当竞争行为规制的完善路径⋯⋯⋯⋯⋯214
　第三节　新型不正当竞争行为的规制制度及其实施⋯⋯⋯218
　　一、新型不正当竞争行为的表现形式⋯⋯⋯⋯⋯⋯⋯218
　　二、新型不正当竞争行为的规制难题⋯⋯⋯⋯⋯⋯⋯230
　　三、新型不正当竞争行为规制的完善路径⋯⋯⋯⋯⋯233
　第四节　新发展体系下反不正当竞争法的发展趋势⋯⋯⋯238

一、一般条款的扩张适用功能受到关注……238
　　二、消费者保护的价值日益凸显……239
　　三、不正当竞争行为的判断日益成熟……241
　　四、反不正当竞争法与相关法律的融合进一步加剧……243

第五章　公平竞争审查制度的法治化发展……246
第一节　公平竞争审查制度的功能与规则体系……246
　　一、公平竞争审查制度的立法定位与价值……246
　　二、现代市场体系建设与公平竞争审查制度的关联……250
　　三、公平竞争审查制度的规则体系……253

第二节　公平竞争审查制度的现状与实施困境……255
　　一、激励机制缺位："自我审查"效果不佳……255
　　二、审查标准模糊：适用规则尚待细化……258
　　三、监督机制可操作性欠佳：内外部监督体系缺失……264

第三节　关注公平竞争审查制度的重点实施领域……268
　　一、政府补贴资助……268
　　二、政府采购……277
　　三、政府投资……282
　　四、政府特许经营……289
　　五、产业政策……292

第四节　公平竞争审查制度的完善进路……295
　　一、健全公平竞争审查制度的激励机制……295
　　二、细化公平竞争审查制度的适用标准……300
　　三、完善公平竞争审查制度的监督机制……308

第六章　"竞争中立"原则下深化国有企业改革……312
第一节　确立国有企业改革中的"竞争中立"原则……312

一、竞争中立的制度变迁……………………………………312
二、国有企业改革逻辑及其与竞争中立制度的关系……316
三、国企改革中竞争中立原则的本土化建构……………320

第二节 国企改革中竞争政策与产业政策的
协调与衔接……………………………………327
一、产业政策与国企改革……………………………………327
二、竞争政策及国企改革新发展……………………………330
三、国企改革中竞争政策和产业政策的冲突………………333
四、强化竞争政策基础地位推动国有企业改革的
现实路径……………………………………………………336

第三节 促进国有企业与民营企业公平竞争协同发展………343
一、竞争中立是促进国有企业与民营企业公平竞争
协同发展的必然要求……………………………………343
二、竞争中立是促进国有企业与民营企业公平竞争
协同发展的实现路径……………………………………347

第四节 国有企业在竞争性领域的垄断行为规制……………349
一、国有企业垄断的外部效应………………………………349
二、《反垄断法》实施背景下的国有企业规制现状………354
三、《反垄断法》实施背景下的国有企业规制难题………357
四、《反垄断法》实施背景下国有企业规制的
完善路径……………………………………………………363

第七章 数字经济背景下竞争监管理念转变与
方法革新……………………………………………368

第一节 数字经济对竞争法的冲击与挑战…………………368

一、"平台—数据—算法"三维结构改变
　　　　传统经济业态 ································· 368
　　二、数字平台生态化发展引发竞争法实施新需求 ········ 375
　　三、数据纠纷呼唤公平竞争治理新进路 ··············· 380
　　四、算法技术引起竞争法规范新挑战 ················· 383

第二节　数字经济发展下的竞争法监管理念的转变 ········ 389
　　一、贯彻积极的包容审慎监管 ······················· 389
　　二、强化公平公正监管 ····························· 392
　　三、积极推进多元共治理念 ························· 395

第三节　数字经济发展下竞争监管的方法革新 ············ 400
　　一、重视自我规制与激励性监管 ····················· 400
　　二、加强信用监管与智慧监管 ······················· 404
　　三、建立健全全链条竞争监管体系 ··················· 408

第八章　国际视野下现代市场体系建设的竞争法问题 ········ 413

第一节　世界银行 B-READY 评估体系中的
　　　　市场竞争指标 ······························· 413
　　一、B-READY 评估体系的主要内容 ·················· 413
　　二、市场竞争指标分析 ····························· 421
　　三、市场竞争指标的启示 ··························· 428

第二节　CPTPP 中的竞争政策 ························ 434
　　一、竞争立法及其实施 ····························· 435
　　二、竞争法实施中的程序正义 ······················· 438
　　三、私人诉权 ····································· 441
　　四、消费者保护 ··································· 445

五、透明度 448

第三节 《中欧投资协定》中的竞争政策 451
  一、市场准入 452
  二、国有企业 456
  三、补贴透明度 459

第四节 中国-东盟自贸区投资协议 463
  一、投资者国民待遇与最惠国待遇 464
  二、投资公平公正待遇 468
  三、争端解决机制 472

第九章 现代市场体系建设中的竞争法高效实施路径 476

第一节 优化完善竞争法律制度——兼评《反垄断法》《反不正当竞争法》最新修正 476
  一、完善竞争法律体系的时代背景 476
  二、2022年《反垄断法》修法的主要内容及其意义 479
  三、2024年《反不正当竞争法》修订的主要变化及其展望 486
  四、2024年《公平竞争审查条例》的颁布及其意义 490

第二节 深化执法体制机制改革 494
  一、竞争执法机构功能定位再审思 495
  二、形成独立权威的横向执法体系 501
  三、构建垂直一体化的纵向执法体系 510

第三节 竞争执法司法协同治理 511
  一、有效发挥司法救济功能 512

二、健全竞争执法与司法的衔接机制…………………522
第四节　倡导竞争合规………………………………529
一、竞争合规的实体法探析……………………………529
二、竞争合规的程序法完善……………………………534
三、竞争合规保障体系的发展与优化…………………539

前　言

现代市场体系建设是改革开放以来我国经济发展的一条主线。从计划经济向市场经济的转型，再到市场经济体制的不断成熟和市场规模的越来越大，现代市场体系处于不断发展和完善的进程中。现代市场体系是现代经济体系的重要组成部分，建设现代市场体系是推动形成现代化经济体系的关键一步，现代化经济体系建设的重要内容是"建设统一开放、竞争有序的市场体系"，实现市场准入畅通、市场开放有序、市场竞争公平、市场秩序规范，最终形成企业自主经营公平竞争、消费者自由选择自主消费、商品和要素自由流动平等交换的现代市场体系。

现代市场体系建设须臾离不开法治保障。伴随着我国改革开放的深化和市场经济的发展，现代市场体系的内涵不断丰富，同时也对法治提出了新的更高要求。其中，以《反垄断法》《反不正当竞争法》《消费者权益保护法》和公平竞争审查制度为核心的竞争法，在排除妨碍市场竞争行为、构建公平市场秩序、保护消费者合法权益和经营者正当利益等方面具有无可替代的关键作用，是现代市场体系的法治"标配"。因此，从竞争法视角剖析如何破除行政性垄断、营造良好营商环境、深化国有企业改革和改善消费环境等基本问题，进而有针对性地完善补足公平竞争法律制度并有效实施，对于建设统一开放、竞争有序的现代市场体系具有直接且重要的推动作用。马克思主义基本原理早就揭示，一定的法律制度一定根植于对应的经济基础，反过来，法律制度也会制约或促进经济基础和市场体系的发展。在塑型现代市场体系的过程中，必然需要现代化法律制度与之匹配。当前我国建设现代市场体系遭遇的主要障碍，是市场竞争环境不公平、市场规则缺乏公开透明、市场机制受到过多干预。对竞争的保护，对市场主体合法权益以及市场机制有效作用的保障，会直接影响统一开放、竞争有序的现代市场体系的形成，而该体系正是现代化经济体系的重要基础。市场的灵魂是竞争，公平竞争是市场经济的基本原则，市场体系赖以生存和发展的核心制度即为竞争法。在具体的制度实践中，竞争法制度对现代市场体系的形成和发展，具有更为直接的影响，现代市场体系建设的核心问题主要是竞争法问题。现代市场体系客观上要求市场准入畅通、市场开放有序、市场竞争充分、市场秩序规范，企业自主经营公平竞争，商品和要素自由流动平等交换，这与竞争法的价值目标不谋而合。建设现代市场经济体系高度强调公平竞争理念，要求夯实竞争政策基础地位。在处理政府与市场的关系时，公平竞争是关键。只有立足公平竞争和秉持竞争中立，政府才能更精准地弥补市场失灵并提供公共服务，更好地履行维护市场化和法治化营商环境的责任，最大限度地减少政府的选择性执法和歧视性对待，推动有效市场和有为政府相结合。在处理所有制层面的公平性问题时，公平竞争同样至关重要。只有通过公平竞争，不同所有制企业才能切实激活创新动力且使之转化为市场创新效能，最大化地推动技术变革，赋能新质生产力。国有企业需要更好地激发内生动力，在竞争中发挥科技创新、产业发展与风险抵御的作用；而民营企业则需公平获取资源要素，在竞争中推进我国供给侧结构性改革，成为中国式现代化的重要力量。

前言

当下,加快建设全国统一大市场、推动建设高标准市场体系和建成现代化经济体系成为国家重要发展战略。党的二十大报告和二十届三中全会概括提出并深入阐述中国式现代化理论及其实现路径,高度强调要"构建全国统一大市场,深化要素市场化改革,建设高标准市场体系",聚焦"构建高水平社会主义市场经济体制",提出"高水平社会主义市场经济体制是中国式现代化的重要保障";要求"完善产权保护、市场准入、公平竞争、社会信用等市场经济基础制度,优化营商环境"和"加强公平竞争审查刚性约束,强化反垄断和反不正当竞争,清理和废除妨碍全国统一市场和公平竞争的各种规定和做法"。公平竞争的重要性愈发突出,健全的公平竞争法律制度和有力的反垄断、反不正当竞争的法律实施,与全面依法治国、现代市场体系和现代化经济体系、高水平市场经济体制以及中国式现代化休戚相关。长期以来,我国行政性垄断和地区市场分割顽固存在,亟待破除;国有企业在竞争性领域的改革进程相对缓慢,需要更积极地推进改革步伐;数字经济催生了新的经济组织形态和商业发展模式,传统竞争法律制度的理念和规则捉襟见肘,亟须革新;尽管公平竞争越来越成为国内外发展共识,我国企业却不时遭遇外国的反垄断调查和制裁……这些问题共同构成了当前竞争法面临的挑战,也掣肘了我国建设现代市场体系,需要运用竞争法妥善解决。因此,强化竞争政策基础地位,完善竞争法律制度,贯彻落实公平竞争审查制度,以竞争中立深化国有企业改革等,则成为时代发展的必然进路。

本书系统全面地讨论了现代市场体系建设中的竞争法问题,旨在揭示现代市场体系建设与竞争法之间的紧密联系,并进一步阐明竞争法律制度的发展和变革。首先,深入阐述现代市场体系建设的基本意涵和竞争法的核心价值。其次,探讨现代市场体系对竞争法提出更高水平的制度需求。反垄断法、反不正当竞争法与公平竞争审查制度无疑已经成为我国竞争法律制度的三大支柱，现代市场体系建设需要三者不断发展完善。再次，聚焦三个典型的问题领域探讨其中的竞争法问题，以"竞争中立"为指导原则深化国有企业改革，探索数字经济背景下竞争监管理念转变与方法革新，并从高标准区域合作协议的国际视野，观察竞争法规则的高水平开放和高质量发展。最后，系统地探讨了现代市场体系建设中竞争法的高效实施路径。

正如哈耶克所述："竞争秩序的目的在于使竞争有效运作。"建立公平的竞争秩序是现代市场体系建设下竞争法追求的重要目标，也是我国持续优化世界一流营商环境和长期坚持"两个毫不动摇"的应有之义。本书将竞争法律制度体系置于现代市场体系建设的总体背景下，紧密结合时代发展特征，关注经济发展面临的竞争问题，确保竞争法研究与国家政策立场、国际政策趋势相契合，同时准确回应经济社会发展新的制度需求。本书力求以清晰、简洁的语言全景式呈现建设现代市场体系的竞争法问题，并系统地提出竞争法革新方案，为进一步全面深化改革提供制度保障，更好推进现代市场体系建设，加快建设全国统一大市场，助力中国式现代化。

第一章 我国现代市场体系的发展脉络、基本意涵与竞争法价值

第一节 现代市场体系的渐进发展

市场经济被认为是人类社会迄今为止最伟大的发现之一,也是经济领域最有效率的制度安排。[①]时至今日,大多数现代化国家都已建立了市场经济体制,开放包容的市场经济已经成为全球经济发展的关键引擎。市场经济发展的目标是建立一个统一开放、竞争有序的现代市场体系,使各类商品和要素能够自由流通,释放市场主体创新活力,减少制度性交易成本,优化资源配置。市场体系作为社会主义市场经济体制的核心要素和基本运行载体,对建设高标准市场体系和塑造新发展格局具有至关重要的地位和作用。党的十九大报告对我国社会主要矛盾发生历史性变化作出了重要判断,明确指出我国社会的主要矛盾已经转化为人民日益增长的美好生活需要和不平衡不充分的发展之间的矛盾。党的二十大报告指出,要"构建全国统一大市场,深化要素市场化改革,建设高标准市场体系"。当前,我国经济已由高速增长阶段转向高质量发展阶段,新发展格局的提

---

① 参见洪银兴:《实现要素市场化配置的改革》,载《经济学家》2020年第2期。

出便是党中央顺应当前经济发展形势做出的主动选择。在新发展格局背景下,我国现代市场体系的基础制度框架已初步建立,现在进入攻坚期和调整期,发展面临一系列困难和挑战,在高质量发展成为我国经济发展主题的当下,健全和完善现代市场成为社会主义市场经济建设的关键环节和中心任务。

一、现代市场体系建设的发展脉络

改革开放40多年以来,我国市场经济发生了风云激荡、波澜壮阔的巨大变革,把中国特色社会主义经济体制改革作为贯穿改革开放始终的主线,持续释放社会主义市场经济的制度红利,助推了社会主义制度的自我完善和发展,塑造了现代市场体系的基本格局。中国特色社会主义经济体制改革进程中,现代市场体系相继经历了从无到有、从小到大、从发育到成熟、从封闭到开放的四个发展阶段,[①]经过长期探索与实践,我国已经基本形成多层次、宽领域、开放型的市场体系,要素市场建设取得了长足进展,市场标准化、规范化水平进一步提升。从演进主义视角观察,我国现代化市场体系在各个时期呈现出不同的样态特征,可将之分为四个阶段。

（一）萌芽和起步阶段（1978—1991）

改革开放之前,我国一直实行单一公有制,即生产资料全民所有制,单一公有制主导下高度集中的计划经济体制几乎完全排斥市场的作用,主要依靠行政手段和指令性计划发展经济,导致20世纪50年代中后期计划经济体制弊端丛生,难以适应社会主义现代化建设发展

[①] 参见国务院发展研究中心市场经济研究所：《改革开放40年：市场体系建立、发展与展望》,中国发展出版社2018年版,第1页。

的需求。1978年12月,党的十一届三中全会作出了把党和国家工作重心转移到经济建设上来、实行改革开放的重大决策。全会明确提出"公有制基础上有计划的商品经济"的改革方向,明确了"国家调节市场,市场引导企业"的改革路径。十一届三中全会是新中国成立以来党的历史上的伟大转折,高度集中的计划经济体制开始出现松动,标志着现代市场体系建设拉开了序幕。十一届六中全会正式提出了"计划经济为主,市场调节为辅"的方针政策,将计划与市场相结合,计划生产是主体,自由生产是补充,这一方针使市场调节在我国经济体制中获得了一席之地,取得了合法地位。1984年10月,党的十二届三中全会通过的《中共中央关于经济体制改革的决定》指出"社会主义计划经济是在公有制基础上的有计划的商品经济",全会一致认为,必须进一步贯彻执行对内搞活经济、对外实行开放的方针,推动从高度集中的计划经济体制向社会主义市场经济体制的转型。有计划的商品经济意味着"商品经济"成为了主词,"计划"则成为修饰词。[①]十二届三中全会标志着改革开始从农村走向城市和整个经济领域,为十四大确立社会主义市场经济体制改革目标奠定了思想基础。此后,以城市为重点的经济体制改革全面展开。1987年10月,党的十三大系统地阐释了社会主义初级阶段的科学内涵和基本路线,提出"社会主义有计划商品经济的体制应该是计划与市场内在统一的体制",这是对我国社会主义经济性质和基本特征的科学概括。

这一时期,我国市场体系实现了由计划经济向商品经济的转型,市场体系建设的主线任务是培育商品市场。随着国家指令性计划和

[①] 参见蔡继明:《构建全国统一大市场进一步完善我国社会主义基本经济制度》,载《中国社会科学网刊》2022年第7期。

行政手段的逐渐消减,市场的作用逐渐凸显,各类市场主体和资本开始涌入市场。改革开放吸引了大量外资进入中国这个充满机遇、潜力巨大的市场,贸易自由化的改革春风吹遍祖国大地。国家逐渐放宽对市场主体的严格管制,实行商品流通体制改革和价格体制改革,市场经济活力进一步迸发。《中共中央关于经济体制改革的决定》指出,"价格体系的不合理,同价格管理体制的不合理有密切关系,在调整价格的同时,必须改革过分集中的价格管理体制"。1985年开始,价格改革由试点进入全面铺开阶段,取消了农产品统购制度和统购价格,大部分农副产品的价格放开。1987年颁布的《价格管理条例》第3条明确规定"国家对价格管理采取直接管理和间接控制相结合的原则,实行国家定价、国家指导价和市场调节价三种价格形式"。价格改革坚持放活价格与调整价格相结合的基本方针,采取"价格双轨制"的改革道路,即计划分配管理的产品实行政府定价,计划分配之外的产品在浮动价范围内自主定价,顺利完成了主要产品从计划价格形成机制向市场价格形成机制的过渡。[①] 随着价格改革的深入发展,价格关系逐步理顺,价格机制的作用开始发挥,商品供应体系发生革命性变化,商品种类日益丰富,有效提升了中国人民的生活水平。

这一时期,党中央逐步推进国有企业改革,实现了国有企业的所有权和经营权的两权分离。国有企业政企不分、以党代政、以政代企的现象长期存在,压制了国有企业的经营自主性。通过扩大国有企业的自主经营权,让其成为独立核算的经营主体,可以有效改善

[①] 参见华生、张宇、汲铮:《中国独特的价格双轨制改革道路的成因——中华人民共和国成立70年回看历史的透视》,载《中国经济史研究》2020年第4期。

上述情况。1986年12月,国务院发布《关于深化企业改革增强企业活力的若干规定》,提出"抓大放小"的国有企业改革新思路。1988年,国务院发布了《全民所有制工业企业承包经营责任制暂行条例》和《全民所有制小型工业企业租赁经营暂行条例》,以法律形式确定实行确定厂长(经理)负责制,通过两权分离,对全民所有制企业采取承包经营和租赁经营两种主要形式,并在部分具备条件的全民所有制大中型企业中实施股份制改革和企业集团化改革试点。通过一系列行之有效的国有企业改革措施,提高了国有企业运营效率,进一步调动了市场主体参与市场竞争的积极性。1990年12月,新中国第一家证券交易所——上海证券交易所挂牌成立,唤醒了中国沉睡的资本市场。同时,深圳证券交易所开始试运行,成为中国现代资本市场发展的起点。沪深两市设立了证券交易所,其目的也在于逐步改变国有资本在竞争性领域的主导地位,向全社会开放原国有资本的股权。这一发展时期,国企改革主要采取政企分离和股份制改革的方式,利用国有资本撬动社会的大资本,其他社会资本的作用和效率得到凸显,国有企业的竞争力得到进一步提升,实现了国有资本的保值增值。

(二)加速发展与推进阶段(1992—2001)

1992年初,邓小平同志在南方谈话中深刻指出"计划经济不等于社会主义,资本主义也有计划;市场经济不等于资本主义,社会主义也有市场"[①],这一重要论断打破了计划与市场关系上的认识枷锁,进一步解放了人们长期的思想束缚,为社会主义市场经济体制改革奠定了思想基础。同年10月召开的中共十四大提出了建立社会主义市场经济体制的改革目标,十四大全面总结了改革开放以来我国经

---

① 《邓小平文选(第三卷)》,人民出版社1993年版,第373页。

济体制和资源配置方式发生的变化,明确提出要让市场在资源配置中发挥基础性作用。1993年11月,十四届三中全会通过了《关于建立社会主义市场经济体制若干问题的决定》,把十四大确定的经济体制改革目标和基本原则加以系统化、具体化,①在党的历史上第一次明确"我国经济体制改革的目标是建立社会主义市场经济体制","使市场对资源配置起基础性作用",并且首次提出"尽快形成全国统一的开放的市场体系"。从"计划经济为主,市场经济为辅"到"发挥市场对资源配置的基础性作用",党对政府与市场关系的认识有了质的飞跃,标志着我国经济体制改革由调整向转型发力,这一历史转变指明了经济体制改革基本方向,形塑了社会主义市场经济体制的基本框架。

这一时期,以价格改革为核心的商品市场改革已基本完成,土地、劳动力、资本、技术等四类生产要素的市场化配置改革取得了长足进步,市场经济体制不断完善和发展。价格市场化改革加速推进,1993年彻底取消了粮食的征购收购,取消粮票,放开煤价,之后又进一步放开了除油、电之外的所有的重工业产品的价格。20世纪90年代中期,已经基本实现了生产资料价格的双轨制向市场价格单轨并轨,也开始从狭义的商品和服务的价格改革,拓展为广义上的包括生产要素价格市场化的价格改革。1997年《价格法》颁布,标志着以价格法为核心的价格法律体系基本形成,以法律形式将市场价格形成机制确立下来。价格改革增强了改革发展的动力,通过价格信号机制实现了供需的对接与匹配,充分调动了各类市场主体的积极性

---

① 参见朱旭东:《邓小平理论对〈共产党宣言〉基本原理的坚持和发展——纪念〈共产党宣言〉发表150周年》,载《内蒙古大学学报(人文社会科学版)》1998年第1期。

和创造性,彻底改变了改革开放前的商品短缺的状况。

现代市场体系改革步入快车道,作为促进和保障经济体制改革的经济法律体系也不断健全和完善。十四届三中全会明确我国经济体制改革的目标是"建立社会主义市场经济体制",这一论断是对党的十四年经济体制改革实践的高度概括和理论总结,为现代市场体系建设指明了方向和目标,也为市场经济法律的制定奠定了基调。在市场主体法律制度方面,90年代之前我国市场主体体系的划分是基于所有制的,如《全民所有制工业企业法》《乡村集体所有制企业条例》《城镇集体所有制企业条例》等。基于市场主体所有制归属的立法模式,容易对各类不同所有制市场主体造成不平等政策待遇。90年代之后,在社会主义市场经济目标的指引下,我国开始按照市场主体的组织形式和投资者的责任形态进行市场主体立法,1993年通过了新中国第一部《公司法》,规范了公司的组织和运行。随着1997年《合伙企业法》和1999年《个人独资企业法》的出台,这一立法体系基本完成,确立了现代企业法律制度的基本体系和框架,依法保障了各类市场主体的合法权益,激发了市场主体的活力。这一时期,我国商品市场体系建设全面展开,建立了商品批发市场、零售市场以及期货市场,商品市场规模不断扩大,体系不断完善。此外,针对市场快速发展中产生的乱象,国家也加快了市场监督管理立法进程,出台了《反不正当竞争法》《产品质量法》《消费者权益保护法》《食品卫生法》《广告法》等多部法律,初步构建了与市场经济体制相适应的市场监管法律制度。

(三)健全与完善阶段(2001—2012)

2001年中国加入世界贸易组织是我国现代市场体系建设的重大契机。加入世贸组织后,我国更加坚定地实施对外开放战略,积极履行入世承诺,主动与世界贸易组织规则接轨。在此期间,我国对大量涉及投资贸易、市场准入和退出、知识产权保护相关的法律法规和政策进行了修订和对接,使我国法律法规体系更加完善,政策透明度进一步提升,国家贸易壁垒逐渐减少,贸易国际化水平跃升,为我国开放型现代市场体系建设提供了坚实基础。我国抓住了国际分工体系调整期的机遇,在世贸组织的贸易争端解决机制、贸易政策审议机制、多边贸易谈判机制等领域积极贡献中国智慧和方案。党的十六大旗帜鲜明地提出"必须毫不动摇地鼓励、支持和引导非公有制经济发展",并设定了2020年实现社会主义经济体制改革的目标。2003年的十六届三中全会审议通过了《中共中央关于完善社会主义市场经济体制若干问题的决定》,明确阐述了完善社会主义市场经济体制的主要任务,强调了"构建统一开放、竞争有序的现代市场体系"的重要性。2007年,党的十七大报告再次提出"要推进公平准入、破除体制障碍;要加快形成统一开放、竞争有序的现代化市场体系,要加强行政执法部门建设,探索统一的大部门体制。"提出要实施"走出去"战略,推进"开放型经济进入新阶段"的重要指导思想。

在这一时期,中国现代市场体系建设进入以改革促创新、以开放促发展的阶段,现代市场体系不断健全和完善,要素市场建设初具规模。自中国入世以来,现代市场开放程度迅速提高,国内市场与国际市场实现了全面接轨,推动了现代市场体系开放化水平的提高,标志着开放型经济的形成。在此期间,我国经济迅猛发展,经济总量跻身世界第二位,成为全球第一贸易国。全面履行2001年入世的相关承诺,大幅放宽市场准入,持续优化投资环境,积极参与全球经济合作,提升投资贸易自由化便利化水平,还创新性地引入负面清单制度,全面列出了针对外资的准入限制。我国在制造业领域基本全面取消了针对外资的限制,在农业领域如种业等放宽了外资限制,不断扩大金融、电信、建筑、分销等服务业的对外开放。在世贸组织服务贸易分类的160个分部门中,我国已经开放近120个。[①]在持续推动改革开放的过程中,我国成功实现了由高度集中式的计划经济体制向充满活力的社会主义市场经济体制的转变,由半开放状态迈向全方位全领域开放的历史性变革,各类要素得到加快发展,标志着我国市场在资源配置中的基础性作用得到大大加强。

(四)深化改革和建设现代市场体系时期(2013年至今)

2013年,十八届三中全会上通过的《中共中央关于全面深化改革若干重大问题的决定》指出:"经济体制改革核心问题是处理好政府和市场的关系,使市场在资源配置中起决定性作用和更好发挥政府作用。"市场在配置资源中的作用从"基础性"跃升至"决定性",标志着国家顶层设计和宏观战略的全面转变。这不仅是经济体制改革的重要理论突破,也抓住了新时代经济体制改革的关键和核心。[②]尽管只有两字之差,但这个新定位对市场作用提出了全新要求,揭示了社会主义市场经济的底层逻辑和本质要求,为推动经济体制领域更深入的市场化改革指明了方向。市场决定论的准确把握,不仅是党对政府与市场关系认识的再次升华,也为发挥有效市场和有为政府作用提供了实践指南。十八届三中全会还提到"建设统一开放、

---

① 参见商务部就中国加入世贸组织20年来取得的有关成就等答问,载商务部网站,https://www.gov.cn/xinwen/2021-12/09/content_5659640.htm,最后访问日期:2024年4月30日。

② 参见孙晋:《新时代确立竞争政策基础性地位的现实意义及其法律实现——兼议〈反垄断法〉的修改》,载《政法论坛》2019年第2期。

竞争有序的市场体系"。党的十九大报告作出了"中国特色社会主义进入新时代"的重大判断，在新时代的背景下，首次提出了"建设现代化经济体系"的新目标，指出我国经济已由高速增长阶段转向高质量发展阶段。

当前，我国现代市场体系的四梁八柱已经基本建立，但经济结构失衡问题仍是主要矛盾，供给体系质量和效益亟待提升，某些关键领域改革进展缓慢，制度性交易成本居高不下，促进高质量发展的公平竞争的市场机制还没有真正建立。2018年1月，习近平在中央政治局关于现代化市场体系建设的第三次集体学习中指出："要建立统一开放、竞争有序的市场体系，实现市场准入畅通、市场开放有序、市场充分竞争、市场秩序规范，加快形成企业自主经营公平竞争、消费者自由选择自主消费、商品和要素自由平等交换的现代市场体系。"[①] 十九届四中全会强调的"高标准市场体系"，本质上就是现代经济体系所要求的统一、开放、竞争有序的市场体系。《中共中央 国务院关于加快建设全国统一大市场的意见》发布，对建设全国统一大市场进行了顶层设计，是进一步完善现代市场体系的重大举措，为构建新发展格局提供了基础支撑。2022年10月，党的二十大报告提出了新的发展战略和改革举措，强调"深化简政放权、放管结合、优化服务改革。构建全国统一大市场，深化要素市场化改革，建设高标准市场体系"。

自十八大以来，我国现代市场体系进入了高质量发展时期，这也对建设统一开放、竞争有序的现代市场体系提出了更高的要求。

---

① 《习近平在中共中央政治局第三次集体学习时强调深刻认识建设现代化经济体系重要性推动我国经济发展焕发新活力迈上新台阶》，载《人民日报》2018年2月1日。

这一时期，我国持续深化"放管服"改革，不断优化营商环境，减少行政审批事项，放宽市场准入，政府职能也发生了变化，更大程度地激发了市场活力和社会创造力。一项重要的改革措施是"证照分离"。这一改革经历了试点、扩展、事项全覆盖三个阶段，于2018年在全国范围内推行。通过直接取消审批、将审批改为备案、实行告知承诺、优化审批服务等四种途径，有序推动审批制度改革。将市场监管从原来的"重审批轻监管"的事前监管模式，转变为事前事中事后全链条监管模式，进一步增强了市场活力和监管的有效性。另外，自十八大以来，价格改革也迈入了新的历史阶段。我国持续深化资源产品价格改革，特别是在水、石油、天然气、电力、交通运输、电信等资源领域，放开了竞争性环节价格的控制，进一步推动了市场化交易和定价机制改革。这也为包括资金、劳动力、技术和土地等要素市场化的交易和定价机制改革提供了进一步的推动力。

这一时期，竞争政策的基础性地位得以巩固。现代市场体系建设过程也是竞争机制不断被认知并逐步确立和强化的历程。2007年《反垄断法》的颁布是我国现代市场体系发展历程中具有里程碑意义的标志性事件。该法将公平竞争、自由竞争的理念以法律的形式确立下来，为构建良好的市场营商环境提供了法律制度支撑。《关于推进价格机制改革的若干意见》在政策层面首次明确提出"逐步确立竞争政策的基础性地位"，这与十八届三中全会提出的"使市场在资源配置中起决定性作用"的提法相呼应，凸显了市场在资源配置中的竞争性功能。而在党的十九届四中全会提出的"落实公平竞争审查制度"，则将竞争政策的基础性地位从党的顶层制度设计上加以落实。随着新《反垄断法》的修订，"强化竞争政策基础地位"的要求更加明确，竞争政策的第一性、主导性得以确认，进一步加强了竞政策的实施力度和约束力。

二、现代市场体系建设的历史经验

现代市场体系建设是以深化社会主义市场经济体制改革为方向、以处理好政府和市场的关系为核心、以供给侧结构性改革为主线、以党对经济工作的领导为重点的一系列深化经济体制改革的措施和方案。① 我国现代市场体系建设始于商品市场体系的探索,进而扩展至要素市场及相关服务领域。在新发展阶段背景下,现代市场体系建设要求经济发展方式转型升级,促进生产要素向效率更高的产业、行业和企业集中,全面提高要素协同配置效率,提升全要素生产率,实现经济的高质量发展。国家一直通过优化市场准入和退出制度、完善价格形成机制、推进要素市场化改革、规范市场秩序、促进全国统一大市场建设,探索如何建立统一开放、竞争有序的现代市场体系,成功实现了从计划经济主导、市场调节辅助,到有计划的商品经济,进而构建社会主义市场经济体制以及不断优化和完善社会主义市场经济体制的系列重要突破性进展。市场的定位从对资源配置起"辅助性作用",到"起基础性作用",再到"起决定性作用",为打造更高水平、更稳定的社会主义市场经济体制,提供了坚实的理论基础和制度支撑。经过40多年的发展,现代市场体系取得历史性成就,国内生产总值年均增长约9.5%,经济总量增长200多倍,制造业总量连续多年稳居世界第一,市场供求格局发生了根本性改变,政府对市场运行的直接干预已大幅度减少,市场在资源配置中的决定

---

① 参见付文军、王秭穆:《论中国特色社会主义经济体制改革的四重逻辑》,载《江汉论坛》2022年第11期。

性作用逐渐彰显。深化高水平改革开放、推动高质量发展,发挥市场在资源配置中的决定性作用,为确立竞争政策的基础性地位奠定了基础。通过公平竞争来配置市场资源,构建起公平竞争的法治化营商环境,成为当前和未来经济体制改革的关键方向和重要抓手。自2015年《关于推进价格机制改革的若干意见》首次提出"要逐步确立竞争政策的基础性地位"以来,到2021年《公平竞争审查实施细则》的出台和2022年《反垄断法》的实施,竞争政策的基础性地位得到确认和巩固,竞争政策的基础性作用得到充分发挥。

(一)优化市场准入和退出制度

现代商品交换是一个标准化、公开化的交易过程,为确保交易的安全性和可期待性,必须设立一定的市场门槛,其中包括规范的准入、准营和退出制度等。这些制度通过事前的筛选机制来控制市场主体的规模,从而保障市场的稳健运行。市场准入和退出制度是国家干预市场的有效手段,也是市场主体参与市场经营活动的关键环节。市场准入通过国家相关的审核和登记程序,从法律层面确认市场主体的资格。而市场退出则聚焦于市场主体在经营结束或经营失败后,如何以规范、有序、高效、低成本的方式退出市场,并对其原占有社会资源进行再度优化配置。[①]市场准入和退出制度是市场经济的基础制度。在现代市场体系建设过程中,随着中央健全完善更加开放透明、规范高效的市场准入和退出制度,培育和壮大市场主体,形成了更具活力、更有效率的多元市场主体体系,为市场经济的稳定运行和长期发展提供了坚实基础。

---

① 参见王新欣:《健全破产相关法制完善市场退出机制》,载《中国改革报》2019年7月17日。

一方面，国家逐步放开了对设立个人、私营、外资企业的限制，投资主体更加多元化，投资形式更加多样化，民资外资得以迅速增长，中外合资、中外合作、外商独资等投资形式充分吸引和利用了外资，PPP、BOT、BTT、OT等投融资模式也为国有资本和民间资本合作搭建了桥梁。与此同时，通过承包经营责任制、股份制改造、建立现代企业制度等一系列深化国资国企改革的措施，[①]推动国有资本做大做优做强，逐步形成了以公有制为主体、多种所有制经济共同发展的多元化市场主体格局。此外，政府营造自由、宽松、便捷的市场准入和退出环境，建立公平开放透明的市场规则，实行统一的市场准入制度，通过市场准入负面清单制度保障各类市场主体依法平等进入清单之外的领域，实现"法无禁止即可为"。加快推进审批制度、融资制度、专利制度等改革，减少重复检测认证，施行优质优价政府采购制度，减轻企业负担，破除体制机制障碍。[②]

另一方面，充分发挥市场的优胜劣汰竞争机制，优化市场资源配置，建立覆盖营利法人、非营利法人、非法人组织、农民合作社、个体工商户等各类市场主体的便利、高效、有序的退出制度，通过完善便利的破产制度，加快落后产能和无效、低效企业有序退出市场，促进供给侧结构性改革，激发了各类市场主体的活力和创造力，形成了有利于各类资本发展的制度环境。据市场监管总局统计，截至2023年1月，我国市场主体数量从改革开放初期不足50万户增

[①] 参见黄速建、胡叶琳：《国有企业改革40年：范式与基本逻辑》，载《南京大学学报（哲学·人文科学·社会科学）》2019年第2期。

[②] 参见习近平：《在网络安全和信息化工作座谈会上的讲话》，载新华网，http://www.xinhuanet.com/politics/2016-04/25/c_1118731175.htm，最后访问日期：2024年4月30日。

加到1.7亿户,其中个体工商户1.14亿户以上,四十年间增长了300多倍。①

（二）完善价格形成机制

价格机制贯穿了市场机制的各方面,价格竞争则是市场竞争的主要方式之一。②没有价格机制就没有市场经济,更妄谈建立现代化市场体系。在过去,由计划指令决定的价格体系造成供需脱节是改革的主要障碍,现代市场体系改革关键在于价格改革。改革价格形成机制是一切市场化改革的题中之义,也是新旧体制顺利转换过渡的关键任务。我国从计划经济体制走向社会主义市场经济体制,本质上是以价格的市场形成机制代替国家对价格的行政命令。价格改革的深度决定了市场化的程度。只有顺应社会主义市场经济发展的趋势,实现市场定价的自由化和全面化,才能够真正做到市场在资源配置中发挥决定性的作用。

当前,价格机制改革所面临的一系列挑战不容忽视,改革的道路仍然漫长且充满挑战,特别是物价部门在现实使命与转型发展之间所承受的"双重"压力。③政府正在坚决打破诸多传统行业的政府定价模式,将市场能够自行解决的事情完全交由市场自行调控。政府定价和政府指导价的实行范围,控制在具有自然垄断属性的基础产业和重要的公用事业及公益性服务范围内,逐渐放开水、电、气、电信等具有自然垄断属性领域中竞争性环节价格。通过完善价格形

---

① 参见《我国市场主体达1.7亿户》,载新华网,http://www.xinhuanet.com/mrdx/2023-02/15/c_1310697640.htm,最后访问日期:2024年4月30日。

② 参见张守文:《〈价格法〉修订:发展需要与改进方向》,载《法学杂志》2022年第4期。

③ 参见何钟:《肩负使命全面推进价格机制改革》,载《中国经贸导刊》2016年第24期。

成机制，使价格成为反映市场供需变化的关键信号，综合调节供求两端，发挥价格机制的激励、约束作用，引导资源的优化配置，促进产业结构调整和升级，是现代市场体系建设的突破口和着力点。经过40年的价格改革，市场决定价格的机制基本形成，97%以上的商品和服务价格已由市场形成。市场调节价的比重从1978年的3%上升到近98%，竞争性领域和环节价格基本全面放开。

（三）推进要素市场化配置

要素市场化配置的完善是建设统一开放、竞争有序的现代市场体系的内在要求。现代市场体系建设关键在于培育要素市场，因为发达的市场必然是一个要素发育成熟的市场。我国的现代市场体系建设就是一个从商品市场体系向要素市场体系不断发展和完善的过程。我国的市场经济由计划经济转变而来的过程中，资源要素生产、分配及其定价权基本上都被政府垄断。政府通过审批许可、特许经营以及城乡二元户籍制度固定了生产要素，阻碍了商品要素的自由流动。在改革开放初期，我国经济的发展主要依赖于低成本的劳动力和粗放的资源和资金投入。大量国有资本被投入到各个领域，地方政府在产业政策的引导下展开GDP竞赛。尽管这种模式带来了一定时期内的快速发展，但也埋下了资源大量消耗和环境破坏的隐患，这与我国经济可持续发展的理念相悖。随着人口红利的逐渐消失，我国将人力资本提升和创新驱动作为经济增长的关键要素。这促进了资源从生产率较低的部门向生产率较高的部门转移，实现了经济结构的调整和优化。这一过程不断挖掘生产要素的发展潜力和经济价值，推动了我国现代市场体系向着更加健康、高效的方向发展。

时至今日，我国高标准商品市场体系已基本形成且趋于完善，但要素市场建设仍相对滞后。随着我国步入高质量发展时期,要素自由流通的价值日益受到重视。政府引导农村建立产权流转交易市场,并完善知识产权交易市场,进一步提升了产权交易市场的规范化和高效化水平。同时,政府将公共资源交易平台覆盖范围扩大到各类适合以市场化方式配置的公共资源,深化平台整合共享,促进资源要素的自由流动和高效利用,致力于打造统一的要素市场和资源市场。近年来,在经济体制改革过程中,我国将优化产权制度与推进要素市场化配置作为核心任务,从而促进现代市场体系建设的完善。在这一背景下,要素领域的改革步伐显著加快,诸多实质性改革举措得以落实并取得实效。随着数字经济的蓬勃发展,数据的交换和流通价值日益凸显,数据作为第五大生产要素,在中共中央、国务院《关于构建更加完善的要素市场化配置体制机制的意见》的文件中被确立下来。为了消除制约要素自主有序流动的体制机制问题,2022年1月国务院印发了《要素市场化配置综合改革试点总体方案》,提出了一系列改革措施。

现代市场体系建设过程中面临要素市场发育不健全、不成熟的问题,要素闲置、要素冗余、要素配置不充分成为制约现代市场体系建设的滞碍,因此必须在促进资源自由流动和优化资源配置的要求下,解决资源错配和效率低下的问题。经过一系列要素市场领域的改革,我国初步建立完备的要素市场,在各要素市场都取得了长足进展,涉及完善并规范金融市场,建设和规范土地市场,发展技术市场,放开劳动力市场以及释放大数据市场。[①]

在要素市场化改革的诸领域中,土地要素市场改革往往被认为

---

① 参见洪银兴:《实现要素市场化配置的改革》,载《经济学家》2020年第2期。

是最重要、最关键的一环。因为土地公有制是经济体制改革的基点和底线,也正是由于这一点,土地要素市场改革相对其他要素市场改革进展缓慢。我国通过切实推进土地要素市场化改革,取得了预期成效。在土地集约高效利用、土地供需精确匹配、土地经济价值发挥等方面,取得了显著进展。同时,在试点集体经营地建设用地入市方面,我国保障各利益相关主体参与土地增值收益分配,逐步建立健全城乡统一的建设用地市场,探索赋予试点地区更大土地配置自主权,并深化农村宅基地所有权、资格权、使用权"三权分置"改革,以激活宅基地收益功能。

在我国社会主义市场经济体制下,人们认为劳动力不是商品,[①]因此我国劳动力市场是最晚开放的。但是随着经济体制改革的深入,必须破除劳动力的行政束缚,调动劳动力的积极性和创造性。为此,我国逐步深化户籍制度改革,实现劳动力在城乡之间自由有序流动。在这一过程中,出台《关于进一步推进户籍制度改革的意见》,建立了城乡统一的户口登记制度,设立居住证制度,健全了人口信息管理制度,以切实保障农业转移人口及其他常住人口合法权益,激发人才创新创业活力。在创新驱动发展阶段,人才成为"第一资源",不断在现代市场建设中塑造经济发展新动能、新境界。

资本要素市场是服务实体经济发展的重要支撑。我国现代意义上的商业银行体系的形成始于20世纪80年代,而90年代股票市场的建立为企业改善融资环境、促进资本开放提供了基础设施条件。股权融资成为企业直接融资的重要手段。21世纪以来,随着创业板、科创板等的推出,企业的融资门槛进一步降低,融资渠道越来越丰

---

① 参见关柏春:《"劳动力商品论"批判》,载《社会科学评论》2004年第3期。

富。我国股票发行制度先后经历了审批制、核准制,目前向注册制方向改革,通过深化资本要素市场改革,实现资本要素的优化配置。多层次资本市场逐步完善,企业融资约束逐渐放宽。

技术要素的市场化配置意味着让技术要素围绕市场需求进行配置,综合运用市场和非市场的各种手段,让倾向于空转的技术更多地为市场主体所有。自改革开放以来,我国聚焦技术创新,并持续推动产学研协同和科技成果转移转化,发挥着科技创新引领和支撑作用。通过不断投入技术等创新性要素,提高市场的全要素生产率。尤其是近年面对美国的对华贸易脱钩和逆全球化趋势,强推科技脱钩导致中美科技合作空间受到严重挤压,我国高度重视关键核心技术创新攻关,围绕"卡脖子"领域,攻克了大量的科技难题,为现代化发展提供了坚实的技术支撑。

(四)不断健全市场经济法治

以经济法为代表的发展法学已经超越了局部、短期的考量,而是更加关注宏观层面和长远发展,强调差异性和实质公平,对促进经济、社会等领域的发展具有重大助益。[1]"经济法是调整国家经济调节关系,实现国家经济调节意志的法律规范的总称。"[2]因此,国家调节市场经济活动需要有相应的法律法规依据,利用经济法保障市场经济的改革和发展,应通过立法,将对市场经济探索形成的共识确定为法律文本,保证经济体系改革的稳定性和连续性,并在此基础上不断发展完善社会主义现代市场体系。

计划经济体制下,国家通过计划和命令等行政指令代替市场作

---

[1] 参见张守文:《发展法学——经济法维度的解析》,中国人民大学出版社2021年版,第8页。

[2] 参见漆多俊、冯果主编:《经济法学》,武汉大学出版社2011年版,第4页。

为资源调配的手段，导致了法律介入的空间被压缩。然而，随着改革开放的进行，我国确立了建立社会主义市场经济体制的改革目标，市场主体的经营自主性得到激发，权利成为资源分配的依据，契约作为交易的媒介，法律的保障和促进作用开始得到重视。国家相继公布和实施了一系列经济法律法规，包括《经济合同法》《民法通则》《涉外经济合同法》《全民所有制工业企业法》《城镇集体所有制企业条例》《外资企业法》《公司法》《担保法》《合伙企业法》《个人独资企业法》等等。2011年全国人民代表大会工作报告宣布，"中国特色社会主义法律体系已经形成"，其中社会主义市场经济法律体系居于重要地位并成为主要构成。在新时代，经济体制和经济法制之间的关系更加密切，互动也更加频繁，面对新形势新任务，必须发挥市场经济法治对经济体制改革的规范和引领作用。这一时期，为满足全面深化经济体制改革的需要，我国相继制定了《民法典》《外商投资法》等市场基本法，并修订了《公司法》《反垄断法》《反不正当竞争法》等市场经济法律。就此而言，社会主义市场经济法治与改革实践表现出高度的一致性和内在的协调性，法治经济是市场经济的鲜明特征，现代市场体系的优化建构离不开完善健全的市场经济法治。

（五）统一市场监管

建立完善的现代市场体系，关键在于处理好政府和市场的关系。这需要既充分发挥市场在资源配置中的决定性作用，又要更好发挥政府作用，实现政府和市场的双手并用。在现代市场体系的改革和发展过程中，党对于如何正确处理政府和市场关系认识不断深化，确立了市场在资源配置中的决定性作用，明确了竞争政策的基础性地位，中国现代市场体系建设水平得到整体提升。这也得益于实行统一的市场监管，促进了全国统一大市场的形成。统一的市场监管包括统一的产权保护制度、统一的市场准入制度、统一的公平竞争制度、统一的社会信用制度,这些都是市场经济的重要制度基础,保障了市场作用机制的发挥。

鉴于我国独特的历史背景和国情,长期以来,我国实行了高度集中的计划经济体制。尽管改革开放已逾四十年,经济转型和市场经济的发展取得了显著成果,但政府在多个行业、领域和地区对经济的过度干预现象仍然存在,程度不一。[1]我国市场经济的发展并非自然演进而成,而是在改革开放的推动下,通过政府经济职能的转变,逐步培育并尊重市场规律的,政府发挥引导作用,逐步放松管制,打破垄断,引入竞争的结果,这才是市场经济在我国得以发展的根本原因。[2]从计划经济向市场经济的转型,实质上是政府不断放权、市场地位日益凸显,二者在经济发展中逐渐交融的过程。[3]故而,我国市场失灵的根源并非普遍意义上的市场弊端,而是政府过多或不当干预限制了市场机制的发挥。必须健全统一的市场监管规则,强化统一市场监管执法,依靠统一的市场监管制度,破除地域保护主义和市场分割现象,构建高效规范、公平竞争、充分开放的全国统一市场,破除妨碍生产要素市场化配置和商品服务流通的体制机制障碍。

在市场监管方面,高质量发展时代背景下,传统的分散式监管、运动式监管难以为继,必须创新监管方式以回应高质量发展需求,提高监管的精准化、科学化水平。在新时代背景下,监管部门主动适应

---

[1] 参见钟原:《供给侧结构性改革的竞争法实现》,载《理论月刊》2017年第11期。

[2] 参见孙晋:《习近平关于市场公平竞争重要论述的经济法解读》,载《法学评论》2020年第1期。

[3] 参见孙晋、王帅:《数字市场"防止资本无序扩张"的竞争要义与监管改革》,载《探索与争鸣》2022年第7期。

监管新形势和新变化,更新监管理念,创新监管方式,形成了一系列科学的监管模式。一是信用监管,信用监管是社会信用体系建设和行政管理体制改革相结合的制度集成创新,根据信用风险状况不同将企业划分为不同的类别,并对不同信用风险类别的企业采取差异化监管措施,实现监管资源合理配置和高效利用;二是协同监管,加强统筹协调,推进跨部门、跨行业综合执法,加快转变政府职能,提高政府监管效能;三是"双随机、一公开"监管,建立健全市场主体名录库和执法检查人员名录库,随机抽取检查对象、随机选派执法检查人员;四是智慧监管,进一步整合大数据、人工智能、物联感知、区块链等尖端技术,推动"互联网+"监管模式的广泛应用,积极探索建立远程监管、移动监管、预警防控等为特征的非现场监管途径。

三、现代市场体系建设的现实困境

(一)市场规则不统一且不完善

在法治基础上构建统一开放、竞争有序的市场体系离不开规则的一致性。明确且统一的市场运行规则、监管制度和法规标准体系是促进生产要素和资源自由流动,最终实现优化配置的基础和前提。让市场在资源配置中起决定性作用,就必须更公平地对待各市场竞争主体,使各市场主体按照同一规则、有同等机会地开展经济活动,不因区域、身份、行业间的差异而不同。现代市场体系的建设需要更加聚焦于保障公平竞争的制度建设,更好地发挥政府的作用,更公平地对待各个市场竞争主体,更平等地保护各竞争主体的合法权益,从而激发市场活力,挖掘发展潜能。但是我国当前的现代市场体系建设过程中仍然存在市场规则不统一,阻碍生产要素和资源的自由流动和优化配置的情形,主要体现在以下三个方面:

1.区域间的市场规则不统一

经过多年的深化改革,目前我国区域之间的发展协调机制逐步完善,长三角、珠三角、京津冀和中部六省、东北地区、成渝地区等在区域协同、协调发展方面已经有了广泛的实践,根植于计划经济的市场分割、地方保护等现象得到较大改善。[①]但是各区域之间以及区域内部仍然存在着阻碍资源自由流动的制度性壁垒。虽然我国制定了统一的市场法律制度,然而地方政府同样具有制定旨在推动地方经济发展的规章制度的权力。这些规定在促使地方经济蓬勃发展的同时,也可能成为区域间融合和建设统一国内市场的障碍。企业在跨区域经营时有时需要同时遵守多个不同的规定,增加了企业合规运营的风险和成本,也使得企业难以进行统一的运营和管理。同时,政府的政策支持和优惠措施也可能在不同地区有所不同,这导致企业在选择投资和扩大业务时,需要考虑地区间的差异性和不确定性。一些地区可能享有更好的市场准入条件或政策支持,使得企业在这些地区具有竞争优势;而其他地区可能因为市场规则的限制而无法充分发展,也导致资源的浪费和经济效益的低下。因此必须在各个区域推动经济发展的市场规章和全国一体化市场规则之间进行科学而合理的协调。要实现全国统一大市场的构建,就需要确立一致的市场规则,并将地方规章视为对其进行补充和完善的元素。[②]

2.知识产权保护不足

创新能力对企业发展至关重要。然而我国的创新环境仍面临一些挑战,包括知识产权保护不完善、技术转化和商业化能力不足等问

[①] 参见王微、王青:《加快建设现代市场体系》,中国发展出版社2019年版,第5页。

[②] 参见冉净斐、乔智:《枢纽经济助推全国统一大市场建设的理论逻辑、现实难题和实现路径——基于区域商品要素集聚的视角》,载《中州学刊》2023年第4期。

题。其中缺乏有效的知识产权保护制度将直接导致不公平竞争的出现。企业可以通过不正当手段获取他人的创新成果,例如商业间谍、技术盗窃等,从而获得不正当的竞争优势。不公平竞争破坏了市场的公平性和竞争的公正性,削弱了市场竞争的充分性。在知识产权保护不足的环境下,创新成果容易被他人复制和模仿,企业可能面临技术被盗用或剽窃的风险,这使得创新者失去了持续创新的动力。同时由于其创新成果可能很快被竞争对手复制或模仿,使得其他企业更容易进入市场并与原创者进行竞争,技术壁垒的减弱使得企业不愿意进行大规模的研发投资。这种情况下,市场上的竞争将受到限制,市场主体的活力和创新能力不足。而在缺乏有效知识产权保护的环境下,企业可能面临技术和知识的流失风险。创新者不愿意积极参与技术交流和合作,从而限制了创新资源的流动和共享,影响了现代市场体系的构建。因此必须加强知识产权保护,建立健全相关的法律和制度框架来保护创新者的权益。同时,加强知识产权的宣传教育,增强公众对知识产权的重视和尊重,提高创新者的回报预期和参与创新活动的积极性。

3. 数字竞争规则亟待完善

新兴领域的出现往往伴随着巨大的经济发展潜力。许多创新型企业和新型商业模式的涌现对经济发展和创造就业机会具有重要意义。然而,如果市场规则不完善或不统一,将会导致不公平竞争、信息不对称等市场乱象丛生。由于缺乏统一的法规和标准,企业难以研制商业化产品、提供商业化服务,事故和纠纷难以解决,大规模的应用市场也将难以形成。同时,新兴领域往往存在着一些新型垄断行为和不正当竞争行为,企业更容易通过控制市场资源、滥用市场地位,以及不公平的竞争手段来排挤竞争对手。缺乏相关的市场规则也会影响消费者权益的保障。例如大量个人数据和隐私信息的收集和使用缺乏相应的保护标准和规定,这使得消费者的数据安全遭受严重威胁。此外,新兴领域往往具有全球性竞争和合作的特点,也增加了跨国企业和国际投资者进入市场的复杂性和风险,阻碍国际合作和竞争。因此,在新兴经济领域构建完善且统一的市场规则,对于激发企业创新活力,促进健康竞争,保障消费者合法权益以及促进国际合作与竞争至关重要。特别是近年来数据要素市场处在培育期,数据产权、交易流通、收益分配以及安全治理等各项基础性制度建设任重道远,尤其需要加速建设数据要素市场规则,并研究可信的数据流通模式,在培养规范的数据交易平台和市场主体的基础之上,实现促进数据资源交易和流通的最终目标。

(二)市场竞争机制作用发挥不充分

在我国社会主义市场经济发展和建立现代市场体系进程中,坚持公平竞争和实现竞争法治,始终是其最基本的特征和最关键的要求。正确处理政府干预与市场竞争的关系始终是竞争法治的核心指导原则。[①]在我国现代市场体系建设过程中,市场竞争机制的完善尤为重要。尽管随着市场化改革的深入,市场竞争机制不断健全,但是受到转型尚未完成以及相关制度和体制改革不彻底等因素的制约,当前我国市场竞争机制仍然存在传统的产业政策思维和做法等一系列问题。当前我国市场竞争的不充分性主要体现在以下方面:

1.行政性垄断和经济性垄断并存

我国现代市场体系并非商品经济发展而来,而是在政府主导下

---

① 参见孙晋:《习近平关于市场公平竞争重要论述的经济法解读》,载《法学评论》2020年第1期。

从高度集中的计划经济转制而来,这导致我国市场经济难免带有政府管控和无度干预的风险。[①]因此在市场体系建设过程中,一些行业或领域可能受到保护主义的影响,地方政府通过设定准入限制和优惠政策来干预和支持本地企业或特定行业的发展。一些行政主体和决策部门在公平竞争问题上存在淡漠态度,更倾向于采用排除和限制竞争的手段,以期望实现其所设定的行业或区域发展目标。同时市场信息的不对称也会成为准入限制和隐性壁垒的成因。由于市场信息的不透明不公开,部分经营者很难获得关键的市场信息,包括供应链信息、市场需求和竞争态势等。这使得这些经营者面临风险和不确定性,因此需要实现市场信息的公开、公平披露。目前尽管我国在要素市场化改革方面取得了显著进展,但在一些领域,特别是在要素配置过程中,市场化程度仍存在较大差异。这种差异主要体现在要素市场存在分割现象,既有一些公开、透明的交易体系,同时也存在许多地下、灰色、政策难以监管的市场。在这些市场中,要素配置偏离了市场规则,难以实现有效的配置,为整体市场带来了不确定性和不稳定性。[②]因此需要在现代市场体系建设中加强监管和改革,重点关注部分行业和领域的不公平交易和竞争行为,着力破除行政性垄断,为规范阻碍优胜劣汰和结构调整的行为提供明确的法律依据和制度支撑。

2.中小企业以及民营企业发展受限

受到市场发育不完善的影响,一些领域的市场竞争依然存在不

---

① 参见胡家勇:《确立竞争政策的基础性地位》,载《学习与探索》2020年第11期。

② 参见刘泉红:《"十四五"时期我国现代市场体系建设思路和关键举措》,载《经济纵横》2020年第5期。

足，需要改善竞争机制的发挥。特别是在创新资源获取方面，中小企业和民营企业的能力相对较弱。此外，由于民间投资在多个领域仍然面临隐性的市场准入障碍，相关的配套措施不够完善，政策实施不到位，导致民营企业难以在竞争中公平参与。这凸显了市场环境需要进一步改善，以促进更充分的市场竞争和民间投资的参与。在过去几十年，我国的政策环境更加倾向于发展国有企业，给予其更多的资源和支持。相比之下，中小企业以及民营企业面临着更严重的市场准入壁垒、融资难、土地资源获取难等问题，在面对不少歧视性限制和隐性障碍时，企业的发展更是面临信心不足、动力不足的难题。在融资方面，由于信息不对称和信任不足，银行和其他金融机构更倾向于向国有企业提供贷款，中小型民营企业也往往因为缺乏与国有企业相比更好的抵押品或担保物，更难以获得融资支持。同时某些地方政府可能在市场准入方面存在保护主义倾向，给予国有企业更多的机会，限制了中小型民营企业的发展，形成不公平竞争。而过度烦琐的行政审批程序和过度严格的监管要求，可能使得中小企业和民营企业面临更多的挑战和成本。这些程序和要求可能阻碍了民营企业的发展速度和灵活性，限制了其在市场中的竞争力。

3.不正当竞争和垄断行为频发

国家市场监督管理总局发布的《中国反垄断执法年度报告（2022）》显示，2022年全年依法办结各类垄断案件187件，罚没金额7.84亿元，审结经营者集中案794件，其中附加限制性条件批准5件。主要围绕人民群众急难愁盼问题，针对医药、公用事业、建材等重点领域反垄断监管执法力度持续加大，互联网平台反垄断常态化监管执法态势基本形成，力图进一步有力保护市场公平竞争。近年来，全国市场监督管理部门也依法加大了对行政监管的执法力度，强化了案件的调查和处置工作,通过执法行动来提高对反不正当竞争法的实际应用水平。2022年4月,国家市场监督管理总局部署开展2022年反不正当竞争专项执法行动,聚焦重点领域、重点行业、重点人群、重点地区、重点商品,规范竞争,进而推进建设全国统一大市场。通过连续部署开展反不正当竞争专项执法行动,针对诸如医美等重点领域内的不正当竞争行为保持高压监管态势。在当前推动我国现代市场体系构建、统一大市场建设的背景下,加强反垄断与反不正当竞争司法成为题中之义。但是鉴于现行反垄断法和反不正当竞争法的适用在很大程度上仍是被动地进行事中事后的个案监管和处理,同时数字经济时代下的新竞争规则等还未形成,反垄断和反不正当竞争两部法律交叉重叠的问题尚须解决,这些问题制约了反垄断法和反不正当竞争法规制的有效实现。[①]不正当竞争和垄断行为的频发难以营造公平的市场竞争环境。一些企业或行业通过垄断地位或不正当手段获得了竞争优势,将阻碍其他企业的进入和发展,限制市场的竞争活力,影响市场的公平性和效率。

(三)市场监管现代化水平有待进一步提高

党的十八大以来,习近平总书记在一系列讲话中阐述了严格依法行政的重要性,并指出:"各级政府一定要严格依法行政,切实履行职责,该管的事一定要管好、管到位,该放的权一定要放足、放到位,坚决克服政府职能错位、越位、缺位现象。"现代市场体系的构建过程中,如何正确处理政府与市场的关系是需要长期面对的课题。政府"看得见的手"和市场"看不见的手",二者既不可偏废,也不可

---

① 参见陈润:《加强反垄断和反不正当竞争 营造健康良好市场环境》,载《中国经贸导刊》2023年第5期。

错位。然而,"我国政府规制变革需要解决的最主要问题,是政府规制与市场竞争的紧张关系没有得到根本缓解,反而有加重趋势。"[①]实践中出现了"全能型"政府及其职能部门职能错配、越位、缺位的问题,导致资源分配不当和效率低下普遍存在,这对创新活力和生产力的发展构成了阻碍。[②]具体而言,主要体现为以下四个方面:

1.监管越位

一般而言,市场在资源配置中起决定性作用。然而,在市场失灵的情况下,政府的介入显得至关重要。政府的介入应当是有限而精确的,主要集中在处理市场失灵问题,如处理垄断、负外部性和提供公共物品等方面。但倘若政府介入的范围过大或力度过强,既充当"裁判员"又充当"运动员",就会超越了维持市场正常运行和纠正市场失灵的必要范围,可能导致政府与市场之间权责关系的不平衡,呈现出领导与被领导、命令与服从的模式。这种越位可能使政府的职责模糊不清,最终影响市场的有效性和灵活性。[③]过度介入市场意味着超越了必要的监管职责,表现为过度的审批程序、过于严格的规定和限制,以及对市场参与者过度干预等行为。这种行为一方面可能增加了企业的负担和成本,从而制约了企业创新和发展,另一方面可能通过干预定价、控制供给等手段影响市场的正常运行,导致资源配置的不合理和市场扭曲,影响企业的竞争力和市场效率。过度的行政干预和权力集中可能导致腐败的滋生,给特定企业或行业带

---

① 参见孙晋:《公平竞争原则与政府规制变革》,载《中国法学》2021年第3期。
② 参见孙晋:《习近平法治思想中关于公平竞争的重要论述研究》,载《法学杂志》2022年第5期。
③ 参见吴件、雷晓康:《基层部门职责越位及其制度逻辑——对市场监管领域的观察》,载《公共管理学报》2021年第2期。

来不正当的竞争优势,扭曲市场的公平性,进而限制了市场的自由发展和创新,阻碍了经济的健康发展。

2.监管缺位

监管缺位主要指政府在市场经济中监管不足或不及时的情况。随着科技的发展和市场的演变,新型产业和新型金融产品不断涌现,然而政府监管的方式和手段未能及时跟进,难以提供符合现状的监管框架和治理规定,从而无法有效应对新兴市场和新型风险。同时我国传统的竞争监管面临着"各自为政"的履职环境,各监管职能部门之间"信息孤岛"的问题突出。政府职能部门在实践市场监督管理的过程中,难以建立高效率且具有全局性的信息共享以及监管大数据协同机制,严重制约了对新情况、新问题的有效监管和及时规制,无法回应新的监管需求和市场变化。监管缺位容易导致市场出现波动和不确定性,一些不法行为、欺诈行为或市场失灵现象可能蔓延,也将给消费者和其他市场主体带来难以预料的损失。此外,监管缺位还可能使一些市场参与者采取不合法或不道德的行为,扰乱市场秩序,不利于市场的健康发展。

3.监管错位

监管错位是指政府在市场经济中所进行的监管不适当或不合理的情况。当前我国的市场监管往往涉及多个政府职能部门,这是由当代经济和社会发展趋势、市场行为复杂性以及广泛牵涉等客观因素决定的。然而不同政府监管机构的能力和专业知识都具有一定局限性,难以及时、客观、全面了解市场的变化和需求,很容易因为政府监管得过于僵化、缺乏灵活性,或者制定的政策不合理、不科学,导致监管错位,对市场主体的发展和竞争造成不利影响。由于政府职能界限不明确,推诿扯皮和办事效率低下等问题愈演愈烈,这已经极大地限制了政府对市场经济主体经济活动的有效监督管理。政府监管的手段和政策应当符合市场的需求和实际情况，注重平衡各方利益，高效有力地执行法律法规，保护公共利益和市场的公平竞争。

4.传统的市场监管先天缺乏公平竞争基因

促进公平竞争是加速打造市场化、法治化、国际化的营商环境的关键路径，公正监管理念的秉持，是强化竞争政策基础地位、奉行竞争中立原则的题中应有之义。然而以历史维度考察，我国传统市场监管缺乏竞争基因，公平竞争监管理念不够深入，对公用企业的倾斜性保护和优惠、竞争监管的执法工作程序透明度低等问题依旧突出。在构建全国统一大市场和更高水平的现代市场经济体制的过程中，至关重要的是落实一套具有全局性、可持续性并以生产要素自由流动和市场主体公平竞争为核心特征的竞争政策。然而一些地方政府为追求短期效益和地方利益，往往采取各自为政、画地为牢的产业政策，忽视了长远发展和全局利益。这种情况不仅有悖于全国统一大市场的基本方向，而且将会对市场的公平竞争秩序造成严重的冲击和挑战。[1]为了确保市场经济体制的顺利运行，需要在监管中强化公平竞争的意识和原则。政府应该加强竞争政策的制定和执行，确保市场主体在公平的环境中进行竞争。同时提高执法的透明度和公正性，确保竞争政策的基础地位得到充分体现，才能让公平竞争的理念深入人心。因此在完善立法、加强执法的基础之上，要着力培育行政主体的公平竞争理念，大力弘扬公平竞争文化，提升公平竞争政策实施能力。

---

[1] 参见孙晋：《规制变革理论视阈下公平竞争审查制度法治化进阶》，载《清华法学》2022年第4期。

第二节 现代市场体系的基本意涵

一、现代市场体系的内涵阐释

（一）现代市场体系的定义与理论基础

尽管现代市场体系在不断实践和探索中持续丰富和创新，但仍然面临着诸多深层次体制机制障碍。地方保护、市场分割和区域壁垒痼疾难除，要素市场制度建设不完善，歧视性市场准入门槛和隐形贸易壁垒高筑，城乡二元体制经过多次改革仍然没有得到根本改变，制度性交易成本居高不下。现代市场体系建设只有准确理解现代市场体系的内涵、核心特征和运行机制，并在新发展格局的语境下对现代市场体系的内涵进行延伸和拓掘，方能深入推进现代市场体系的建设，促进现代市场体系结构调整和优化升级。构建以国内大循环为主体、国内国际双循环相互促进的新发展格局。现代市场体系是一个在实践中不断丰富和发展的概念，是马克思主义中国化、时代化的最新研究成果。现代市场体系是现代市场经济体系的重要组成部分，也是我国社会主义市场经济体系的重要构成内容。理解现代市场体系，需要在马克思主义政治经济学关于市场经济的理论和中国式现代化的语境中进行理解。

通常所说的市场，是一种资源配置、市场交易和市场竞争的场所，在这个场所中，交易相对方为了换取、让渡某种商品或服务的价值而进行等价交换，实现商品的流通和交易双方价值的实现。萨缪尔森将市场经济与指令经济和混合经济相区分，认为市场经济是一种主要由个人和私人企业决定生产和消费的经济制度。[①]所谓市场体系,是指包括各类市场主体在内,相互影响、相互作用的有机联系的整体。早期的市场体系,属于狭义的市场体系,主要是商品市场,随着商品经济体系的逐渐成熟,现代市场体系的内涵已经大为拓展。现代市场体系作为由商品、服务市场及要素市场交换关系构成的有机整体,是社会主义市场经济体制的重要组成部分和有效运转的重要基础。广义的市场体系已经从单一商品市场、局部市场发展到多元要素市场、统一市场。商品市场是市场体系发展的基础,商品市场是国民经济发展中物质资源交易和配置的基本场所和主要内容。没有商品市场的发展,要素市场的发展就失去了发展的根基。要素市场是指为生产提供要素交易的场所,是商品市场发展到一定阶段的产物,要素市场的发育程度和水平反过来又制约着商品市场的发展,现代市场体系的发达程度很大程度是由要素市场决定的。

(二)现代市场体系的组成与核心要素

中共中央政治局第三次集体学习中,习近平总书记指出,现代化经济体系是由社会活动各个环节、各个层面、各个领域的相互关系和内在联系构成的有机整体。[②]从结构主义视角来看,现代市场体系由市场主体结构、市场客体结构、市场运行机制、市场制度规范四个部分组成,其中市场主体包括各种性质和类型的从事生产经营活动的经济实体,现代市场体系的主要市场主体是公司;市场客体主要是

[①] 参见〔美〕保罗·萨缪尔森、〔美〕威廉·诺德豪斯:《经济学》,萧琛译,人民邮电出版社2008年版,第18页。

[②] 参见《习近平在中共中央政治局第三次集体学习时强调深刻认识建设现代化经济体系重要性推动我国经济发展焕发新活力迈上新台阶》,载《人民日报》2018年2月1日。

种类繁多、功能丰富的原料、商品和服务；市场运行机制是支配市场价值实现的基本规律，集中体现为尊重市场运行机制的基础性功能，发挥市场在资源配置中的决定性作用；市场制度规范主要是保障市场主体公平交易、公平竞争的一系列制度安排。现代市场体系的四个部分相互勾连、紧密互动，共同作用，构建了现代市场体系这一高度复杂的经济社会系统。更进一步划分，市场主体包括国有企业市场、民营企业市场；市场客体包括原料市场、商品市场、服务市场、资本市场、劳动力市场、技术市场、土地市场，商品市场下还包括大宗商品市场、小商品市场等等；市场运行机制包括价格运行机制、质量安全机制、标准控制机制等等；市场制度规范包括宏观调控规范和市场规制规范等等。现代市场经济只有依托完整的市场体系，才能高效地配置资源。

现代市场体系追求的根本价值是公平、自由和有序，现代市场体系的实现应当保障市场主体准入畅通，市场开放有序，市场竞争充分，市场秩序规范，促进企业自主经营公平竞争、消费者自由选择自主消费、商品和要素自由流动和平等交换。在此意义上，现代市场体系包括四个要素：一是多元的市场主体，市场主体能够自主决策和运营。只有市场主体多元，大中小企业和谐共生、上游中游下游产业链协同配合、一二三产业融合发展，才能激发市场主体的积极性和创造性，增强现代市场体系的韧性。自主性是市场主体获得其市场地位的基础性条件，市场主体自主经营包括企业自主从事采购原材料与能源，销售产品与服务的活动等；二是充分公平竞争的市场环境，公平竞争是市场经济的基本原则，是市场机制高效运行的基础，只有公平竞争，才能真正发挥市场的激励和淘汰机能，奖励先进，淘汰落后，市场优化资源配置的基本功能才能更好地发挥出来。三是消费者自由选择、自主消费,切实保护消费者权益,保障消费者知情权。消费者能够根据自己的需求,选择自己满意的商品或者服务,并决定是否购买商品或者服务以及购买何种商品或者服务,杜绝强买强卖;四是商品和要素是自由流动、平等交换的,自由流动意味着必须破除地方保护和行政性垄断,破除妨碍各种生产要素市场化配置和商品服务流通的体制机制障碍。平等交换最重要的是等价交换,价格是由市场供需情况决定的,而非政府单方面决定的,要充分发挥价格机制的杠杆作用。必须同时具备以上四个基本要素,才称得上是统一开放、竞争有序的现代市场体系,而不是碎片式的、无序的、非竞争性的市场体系。只有真正形成现代市场体系,才能使市场在资源配置中发挥决定性作用,提高资源配置的效率和公平性。[①]

（三）现代市场体系的定位

现代市场体系的根本目标,是建立一套适应现代生产力发展需求的社会经济制度体系。作为生产关系的制度化,这套制度体系对生产力的发展起关键作用,消除制约生产力发展的体制性障碍,推动经济持续增长和发展。根据生产力水平的发展和时代需求,现代市场体系不断更新和完善,并在不同的社会背景下产生新的内涵。高质量发展要求现代市场体系更注重市场的公平竞争,更强调全要素生产率的提高,更依赖市场的规范标准发展。由此观之,现代市场体系确定了时代定位,设定了新的价值目标,同时为通过宏观调控实现总供给和总需求高水平动态平衡提供具体路径,二者相辅相成。

---

① 参见张卓元、房汉廷、程锦锥：《市场决定的历史突破：中国市场发育与现代市场体系建设40年》,广东经济出版社2017年版,第114页。

1. 现代市场体系强调均衡协调发展

中国特色社会主义进入新时代,我国社会主要矛盾已经转化为人民日益增长的美好生活需要和不平衡不充分的发展之间的矛盾。当前我国经济发展不平衡、不充分的问题已经显现,严重制约了现代市场体系的进一步发展。如商品市场与要素市场、线上市场与线下市场、实体市场和虚拟市场、城市市场与农村市场、零售市场与批发市场发展不平衡,要素市场发展滞后,虚拟经济过度冲击实体经济,农村市场要素封闭和冗余导致难以适应现代化经济需要,产业结构、投资结构和消费结构仍然存在不平衡、不合理的情况,这些问题成为现代市场体系建设的短板。着力破除制约加快构建新发展格局的主要矛盾,需要坚持均衡发展和协调发展的思路,重点解决发展不平衡不充分的问题,系统运用各种政策和制度框架,促进城乡和区域的协调发展,在更大规模实现要素流动,更大范围实现资源有效配置,毫不动摇巩固和发展公有制经济,毫不动摇鼓励、支持、引导非公有制经济发展,平等保护各类市场主体。坚持竞争中性原则,破除制约民营企业参与市场竞争的各类障碍和隐性壁垒,大力降低制度性成本。进一步放宽市场准入门槛,保障更多市场主体参与市场竞争,向社会资本释放更大发展空间。基于整体协调发展的理念进行政府干预,通过产业规划与指导、各种财政手段的支持,合理运用竞争政策和产业政策,实现现代市场经济更高水平的动态均衡。

2. 现代市场体系的发展方向是要素市场化改革

要素市场化配置以及改革成效显著与否,直接影响到现代市场体系建设的进程。现代市场体系建设需要深化要素市场化改革,不断破除限制资源要素自由流动的市场壁垒和制度樊篱,把要素配置到生产效率和分配效率更高的领域,使生产要素对经济发展的贡献彰显得更加充分,从根本上推动质量变革、效率变革和动力变革。这就意味着,现代市场体系是一个要素健全、自由流通、公正高效的市场运行机制,实现要素流动自由和高效配置。在土地要素方面,扩大市场配置国有土地范围,严格限定划拨用地范围。推进国有企业存量划拨用地使用制度改革,通过授权经营、委托经营、国有资本作价入股等方式,推进划拨用地的有偿使用。探索农村宅基地"三权分置",鼓励进城落户农民按照自愿有偿原则退出宅基地。在劳动力要素方面,破除劳动力、人才在城乡、区域之间的流动障碍,聚焦劳动力、人才在城乡区域流动,单位身份转变、职业发展等问题,畅通有序流动渠道,健全兜底保障机制,促进劳动力和人才有序社会性流动。全面放开重点群体落户限制,以户籍制度和公共服务推动跨区域流动。完善企事业单位人才流动机制,推动人才跨所有制流动。在数据要素方面,着力培育数据要素市场,推进公共数据开放共享和授权运营,规范数据资源采集和个人信息保护,加快推进数据市场化交易,充分挖掘大数据价值,加快新一代数据基础设施建设和人工智能产业发展,形成与现代市场体系建设相适应的现代产业体系。

3.现代市场体系建设的关键在于营造公平竞争的市场环境

现代市场体系要实现从"有没有"向"好不好"的转变,对公平竞争的要求更加迫切。马克思在《资本论》关于资本与竞争的论述中指出,社会的分工"使独立的商品生产者之间的相互对立,他们不承认任何别的权威,只承认竞争的权威,只承认他们互相利益的压力加在他们身上的强制。"[①]从马克思政治经济学批判思想的视角来看,竞争性增长是马克思主义发展观的根本旨趣所在,也符合马克思

---

① 马克思:《资本论(第1卷)》,人民出版社1975年版,第394—395页。

对价值规律的概括。在分工的基础上，生产者为了追求自身的利益，不得不投身于激烈的市场竞争中，从而使得竞争成为推动社会生产力发展的关键因素。然而，在现实生活中，我们不得不承认市场竞争并非总是公平。一方面是有些企业凭借雄厚的资本实力和市场份额，通过价格战、技术封锁等手段，对竞争对手形成压制，从而达到垄断市场的目的；另一方面，一些企业通过政府关系、行业垄断等途径，获取不正当的竞争优势。不公平竞争导致资源配置不合理，优胜劣汰的原则被扭曲，从而降低了整体经济效率。健全和完善现代市场体系，发挥市场在资源配置中的决定性作用，关键在于打破行政垄断，建立公平竞争的市场环境，坚持权利平等、机会平等、规则平等，保障各种所有制经济平等受到法律保护，着力加强对各类市场主体的平等保护，落实市场主体公平待遇，营造各类所有制、大中小企业共同发展的市场环境。

4.现代市场体系建设要求规范市场监管

市场机制功能的发挥倚仗有效的市场，有效市场的前提是有序市场，为此，监管机构需对市场参与者及其经营活动实施必要的限制与约束，以确保市场秩序稳定运行，并保障社会公众以及市场各方的合法权益。构建现代市场体系的关键任务之一是打造优质的公平竞争环境。若未建立良好的公平竞争秩序，既无法促使国内大循环高效运转，亦难以实现国内国际双循环的顺畅连接。因此，应站在新发展阶段的时代起点上，紧紧把握创建良好竞争秩序这一核心，保证市场主体之间公平竞争，充分发挥竞争政策的基础性作用。过去三四十年以产业政策为主要手段的、政府主导型市场经济发展模式难以为继，政府"干预过多"（越位）和"监管不到位"（缺位）导致市场体系不完善。①完善市场监管体制,是构建现代市场体系,推动经济高质量发展的必然要求。市场监管是指政府为应对市场失灵现象、维护公共利益,依据法律原则,对微观经济主体行为实施调控、约束和规范的一系列制度、机制与体制的总体称谓。②在建设现代市场体系的背景下,市场监管作用重大。其可通过价格管制、质量行为监督以及反竞争执法等,加强对市场失灵的干预,通过推进市场准入制度、公平竞争制度和社会信用制度的统一,打破地方保护和市场分割,营造市场化法治化国际化的营商环境,从而为实现高质量发展提供强力支撑。我国已经建立起以《反垄断法》《反不正当竞争法》等法律为基础的竞争法律制度,这些法律为市场持续健康发展提供了重要保障。2022年修订的《反垄断法》第4条第2款规定:国家坚持市场化、法治化原则,强化竞争政策基础地位,制定和实施与社会主义市场经济相适应的竞争规则,完善宏观调控,健全统一、开放、竞争、有序的市场体系。

二、现代市场体系的基本特征

现代市场体系具有统一、开放、竞争、有序的内在特征,同时具备规模巨大、结构完整、功能强大、机制灵活和环境优化等外在特征,能够有效地推动社会扩大再生产。③现代市场体系建设的前提是统一的市场,必须对不同所有权性质和不同区域范围的市场主体开放,

---

① 参见孙晋:《习近平关于市场公平竞争重要论述的经济法解读》,载《法学评论》2020年第1期。

② 参见吴汉洪:《市场监管与建设现代化经济体系》,载《学习与探索》2018年第6期。

③ 参见刘志彪:《全国统一大市场》,载《经济研究》2022年第5期。

必须打造充分竞争的市场环境,必须在法治基础之上维持有序市场。现代市场体系是包括产品、服务和要素在内的完整统一的市场体系,完善经济体制的根本目标是构建统一、开放、竞争、有序的市场体系。通过优化市场体系,提高市场机制的效能,激发微观主体活力,为宏观调控提供更优越的运作环境。因此,现代市场体系的基本特征包括统一性、开放性、竞争性、有序性。[①]

(一)统一性

市场的统一性是现代市场体系的核心与灵魂,从市场体系的构成及其功能的有效发挥来看,现代市场体系的首要特征应是统一性。统一指的是市场的非分割、整体性特征。统一的目标在于优化全国大市场,消除条块分割与地区封锁,从而实现商品与生产要素在不同行业、部门、地区之间的自由流动和高效配置。我们要建设的现代市场体系不是分散的、无序竞争的市场体系,而是具有统一的基础设施、统一的市场准入、统一的制度规则、统一的市场监管的市场体系。从市场基础制度规则、市场平台设施、要素和资源市场等维度推动市场的统一性建设,协调市场的局部利益和整体利益,推动现代市场体系由大到强转变。我国是超大规模国家,但是由于市场分割和区域壁垒的存在,目前尚未形成超大规模的统一市场,无法彰显统一市场的竞争优势。因此,需要政府综合利用各种市场规制工具,去弥补市场机制自身的功能缺陷,引导市场主体按照市场规则去安排生产经营活动,并实现社会公共利益和既定目标。与此同时,统一大市场建设更大的问题在于市场自身,必须合理界定政府介入市场的边界,打

---

① 参见张占斌:《建设统一开放竞争有序的现代市场体系》,载《天津行政学院学报》2008年第5期。

破地方保护和市场分割,解决重点领域和关键环节存在的隐形壁垒等突出问题,全面打通制约国内大循环的堵点,为经济活动主体创造统一的宏观经济环境。

(二)开放性

开放性指市场具有非封闭性,能够与外界交换能量的特质。现代市场必须顺应生产社会化和专业化的趋势,降低市场准入门槛,确保商品与要素在跨行业、跨部门、跨区域及跨国界的范围内自由流通。现代市场体系是一个开放包容、多元和谐、公平竞争的市场体系,市场主体能够根据其要素禀赋和竞争优势进入相关市场,实现生产的社会化分工,在相关市场自由竞争。可以说,现代市场体系理应构建为一个跨领域、跨地域以及跨国界的商品与生产要素自由流通的体系。此类市场体系应具备突破我国传统体制中部门、行业、地区局限性分工格局的能力,从而在充分发挥比较优势的基础上,实现高效的社会化分工。现代市场体系建设应当积极主动推动对外开放,通过强化与国际市场的纽带,积极投身于国际市场分工,参与国际投资和贸易,并根据国际市场动态调整国内资源配置的规模与方向,充分发挥国际、国内两个市场、两种资源的协同效应,以制度型开放推进高水平对外开放,以高层次对外开放优化国内外资源要素配置,加快社会主义市场经济体系的建设。

(三)竞争性

竞争性是现代市场体系的核心特征,没有竞争就没有现代市场,现代市场体系建设必须坚持竞争政策的基础性地位,关键在于通过"竞争性发展"实现高质量发展。现代市场体系旨在通过市场主体的公平竞争、优胜劣汰,发现市场真实的价格,优化资源的市场化配置。商品流通和要素流动必须在一个公平竞争的环境下进行,这样才能根据市场的规律有效地分配产品和要素,从而减少制度性交易成本,提高资源配置的效率。竞争不仅仅是一个发现市场和创新的过程,更是促使资源在不同市场主体之间流动,实现社会资源的有效配置。[1]但是竞争也有其负面效应,过度竞争、同质化竞争以及低水平的重复竞争,可能会导致效率低下、资源损耗以及消费者福利低下,典型的例子如反垄断行为和不正当竞争行为,导致了市场失灵。

（四）有序性

有序性指市场在运行过程中表现出来的稳定性、规则性、重复性和因果关系性。[2]现代市场体系不仅仅要求竞争,更要有序竞争、有效竞争,提高竞争的效率。在现代市场体系中,商品交换、资源流动以及公平竞争,皆需遵循有序原则。有序性体现在市场方面,要求市场要有统一的规则,建立健全公正、合理、有序的市场交易规范,这种规则或者规范有助于维护市场活动的秩序,确保公平竞争得以顺利进行,同时促进资源高效配置。有序性要求监管部门通过加强市场监管执法,确保资本的健康发展,使市场主体在法律法规制度框架内规范经营,积极营造更有竞争力的市场营商环境。要在法治轨道内推进包容审慎监管,面对一时拿不准发展趋势的新业态,有必要为市场主体留足发展空间,为新业态有序发展提供制度环境。[3]因此,有序性也是现代市场体系的基本特征之一,是我国社会主义市场体系建设的目标要求。

---

[1] 参见徐士英主编:《新编竞争法教程》,北京大学出版社2020年版,第3页。
[2] 参见刘志彪、孔令池:《从分割走向整合:推动国内统一大市场建设的阻力与对策》,载《中国工业经济》2021年第8期。
[3] 参见刘权:《数字经济视阈下包容审慎监管的法治逻辑》,载《法学研究》2022年第4期。

三、现代市场体系的运行机制

现代市场体系的运行机制是现代市场体系的核心构成,实现现代市场体系的价值目标的关键,在于充分发挥市场运行机制的功能。现代市场体系的运行机制,集中表现为市场价值规律的发现形式,是在市场供求、商品价格、市场竞争以及市场风险等机制作用下,市场主体之间联系互动而彰显出来的价值规律。现代市场的运行机制有多种分类标准,但大体上可以将其分为两类,一类是基本市场运行机制,另一类是具体市场运行机制。基础市场运行机制是贯穿市场运行各阶段、各领域和各时期,并持续性发挥作用的市场运行规律,主要包括供求机制、价格机制和竞争机制。具体运行机制则聚焦于局部的领域和环节,只对于特定的市场主体和在特定的领域才能主导市场运行的价值规律,如房地产市场的信贷机制,资本市场的融资规律,劳动力市场上的工资机制等。从市场规律发挥作用的一般性来讲,现代市场体系的运行机制涵盖竞争机制、价格机制和供求机制。[①]

（一）竞争机制

竞争机制作为现代市场体系的核心运行机制,对市场效率的实现具有重要意义。市场经济有效性建立在竞争机制的基础上,通过优胜劣汰法则,实现资源的高效配置。现代市场体系建设的本质是让市场发挥决定性作用,关键是要建立公平竞争的市场机制,利用市场主体之间的良性竞争,使资源流向回报率更高的市场主体。现代

---

① 参见王磊、梁俊:《中国现代市场体系建设进程评价研究》,载《经济纵横》2021年第2期。

市场体系将市场竞争机制的影响传导在市场价格上，市场主体据此考量资本的回报率，做出理性决策。竞争机制也要求处理好政府和市场的关系，在资源的配置效率上，市场显然比政府更具优势，政策制定者和执行者在履行职责过程中，可能面临监管俘获与道德风险等挑战，例如制定选择性、歧视性的政策措施，从而导致财政资源及生产要素过度集中于特定领域和少数经营者，进一步加剧不公平竞争现象。这就要求政府尊重市场在资源配置中的决定性地位，在各领域引入市场竞争，充分发挥竞争机制的优势作用，促进有为政府和有效市场的有机结合。

（二）价格机制

价格机制包括价格形成机制和价格调节机制。价格机制是市场机制中最为敏感和有效的调节机制，价格变动对整个社会经济活动产生十分重要的影响。价格机制体现了商品的供给与需求之间的相互制约作用。供求关系的变化会引起价格的波动，而价格的波动又会反过来影响供求关系的变化。正是在这种联系和变动中，供求逐渐趋向平衡，价格与价值也逐渐趋向一致。微观市场主体参与市场竞争时，竞争的关键因素一个是价格，另一个是质量。通过价格和质量的竞争，让企业不得不用更低的成本去生产更高质量的产品，实现消费者福利最大化。价格究竟是由供求决定还是价值决定，仍然言人人殊、各执一词，但是价格本质上更多是由竞争决定的，市场主体的一切行为的动机都可以从获取利润来解释，只有在充分竞争的市场中，经营者才会按照成本和机制去发现真实的价格。反之，对于垄断者而言，其可以在边际成本之上定价，获取超额利润。因此，只有充分竞争的市场，才能实现价格形成由市场决定，发挥价格机制的市场信号作用。

（三）供求机制

供求关系是现代市场最基本的关系，是市场配置资源机制的起点和终点。实际上，商品的实际市场价格并非由生产者或消费者单一决定，而是供需双方共同作用的结果，并随着供求关系的变化而变化。当商品供过于求时则价格下降，当商品供不应求时则价格上涨。现代市场体系的重要目标就是要通过供求机制反映真正的价格，并实现价格的相对稳定。据此而言，供求机制作为市场配置资源的主要杠杆，实现市场的供求机制，能够有效地反映出价格与供求之间的内在关联，通过呈现供求不平衡的状态，进而塑造各类商品的市场价格。此外，通过价格、市场供给量以及需求量等市场信号，调控社会生产和需求，以达成供求平衡的目标。一个有效的市场应具备出清的特性。供求机制发挥最佳作用的状态即为市场出清，要求在一定时间内，价格具有充分的弹性，能够根据供求状况迅速调整，从而在商品市场和要素市场中实现供求平衡。

第三节　现代市场体系与竞争法高度耦合

加快构建新发展格局，是党的二十大提出的一项战略任务。加速构建新发展格局以期实现第二个百年奋斗目标，需要协调好发展和安全的关系，并为把握未来发展主动权做出战略部署。为此，必须坚持问题导向和系统观念，集中力量解决制约新发展格局构建的主要矛盾和关键问题。这就需要全面深化改革，推动实践创新与制度创新，不断发挥优势，补齐短板，加强弱项。反垄断法和反不正当竞争法是建设和维护社会主义市场经济有序运行的基本法，其核心要义是维护市场公平自由的竞争秩序,在强调市场第一性的同时,承认且重视政府依法规、科学有效监管的价值与作用,平衡好市场与政府的关系,实现有效市场与有为政府之间的平衡,促进社会主义市场经济健康发展。在现代化市场体系下,畅通各类要素资源流动的全周期与全过程,深入推进供给侧结构性改革的需求都离不开充分发挥市场机制,特别是公平竞争机制在资源配置中的作用。因此,通过发掘并完善竞争法在现代化市场体系建设下的价值目标和体系定位,赋予竞争法新的发展力和持续力,进一步完善市场竞争法治,营造公平公正的市场竞争环境,成为当下需要大力推动且全力落实的任务。

一、竞争法的理念价值与现代市场体系建设的目标相吻合

(一)现代市场体系建设下竞争法的自由价值取向

"保护竞争"是竞争法最根本和最直接的价值追求,而自由价值是维护市场竞争机制的基石性价值,应当位于立法目标的第一层次;其他价值都是反垄断法通过维护自由竞争机制实现的,包括提高经济运行效率、保障实质公平、增进消费者福利等目标,这些都是通过保护竞争秩序所带来的衍生目标或间接目标,则应当位于立法目标的第二层次。[①]自由竞争乃市场经济的"灵魂",是确保市场经济发展最有效、最有力的工具。市场经济本质上是自由竞争经济,只有自由竞争,经济才能繁荣,社会物质财富才能最大限度地增长。竞争法虽然是干预和调整市场经济之法,但是其干预的目的是促进经济更好地发展,唯有遵循、体现市场经济发展规律,才能更好地实现引导

---

① 参见方翔:《论数字经济时代反垄断法的创新价值目标》,载《法学》2021年第12期。

市场主体正当竞争与服务市场经济发展相统一,继而顺利实现调整任务。因此竞争法所蕴含的自由价值是尊重市场竞争规律的自由。也就是在市场经济条件下,任何经营主体为了追求利润,能够自由地进入或退出某一行业领域,自由地从事经营活动而不受非法干涉和限制,其中主要包括营业自由以及竞争自由。[①]

在现代市场体系建设下,竞争法理应保障市场主体的自由价值选择。这意味着,市场主体能够在遵守法律法规的前提下,根据自身的需求、资源和价值观,按照自己的意志,独立自主地自由决策,选择经济活动和市场行为,不受任何外在力量的非法干预。竞争法在现代市场体系建设下的自由价值选择是基于市场主体的自主决策权和自由意志的基础上,旨在促进市场主体的自由竞争、创新和发展,进而实现市场的开放。当前,构建现代市场体系要以改革、开放和创新为根本动力:深化改革有助于解决经济体系中的结构性问题,拓展开放则促使我国更好地融入全球经济,而推动高质量创新将成为引领经济发展的核心引擎。这一强大动力系统将推动着国内外循环的有机衔接,从而为现代市场体系的形成提供持久而可持续的推动力。[②]在这一过程中,改革被视为解放和发展社会生产力的关键。当前改革过程中存在区域经济发展长期失衡,虚拟经济挤占实体经济发展以及各类资源要素难以充分利用等诸多问题,亟须提高资源配置效率,以更深层次的改革为国内国际双循环的畅通提供制度性支撑,同时追求更高的发展质量和效益。这种深化改革的目标在于打

[①] 参见汤春来:《试论我国反垄断法价值目标的定位》,载《中国法学》2001年第2期。

[②] 参见于水:《构建新发展格局的逻辑阐释与架构分析》,载《特区经济》2023年第5期。

破国内外循环中存在的瓶颈和阻碍，为经济的有机运行提供更加灵活和高效的制度机制。与此同时，开放也被认为是推动中国经济持续健康发展的关键动力。在构建以国内大循环为主体，国内国际双循环的过程中，需要将商品和要素流动型开放向规则和制度型开放转变，着力提升中国在全球贸易体系中的地位。国际大循环和国内大循环相辅相成，通过深度融合可以实现协同发展。国内大循环为国内国际双循环提供坚实基础，持续增强我国经济对全球要素资源的吸引力，从而更好地融入全球产业链和价值链，提升在世界市场的竞争力。当前，推动新一轮世界经济增长的动力已由传统转向科技革命和产业变革。在全面深化改革和积极开展高水平对外开放的基础上，我国应当加速推动科技创新驱动发展战略，提升社会整体生产力水平，继而为构建新发展格局，在新一轮世界经济增长周期中取得领先地位提供源源不断的动力。深层次改革、高水平开放、高质量创新的最终实现，都离不开自由竞争价值观念的贯彻。竞争法尊重市场主体的自由意志和自主决策权，鼓励企业在市场竞争中进行自由的创新、生产和销售，确保企业在公平的竞争环境中享有公平竞争的权利，同时要求企业遵守诚实信用原则和公平竞争规则，通过保护公平竞争、消费者权益，促进市场经济的健康发展和社会繁荣。

此外，竞争法还应当保护和促进新兴产业和创新企业的自由发展。新兴产业和创新企业是推动经济增长和实现转型升级的重要力量。通过引入新技术、新产品和新商业模式，创造新的产业链条和价值链条，推动经济结构的优化升级，并提供广阔的就业机会和职业发展空间。新兴产业和创新企业的兴起往往为国家提供了新的经济增长点和发展动力，这些产业和企业不断进行科研和技术开发，

第一章　我国现代市场体系的发展脉络、基本意涵与竞争法价值

可以推动前沿科技的应用和商业化,并增强国家在全球经济中的话语权和影响力,推动国家向创新型、智能型经济转型。新兴产业和创新企业在新发展格局下具有重要的经济和社会价值,竞争法应当提供相应的法律保护和支持,鼓励创新创业,推动经济的转型升级和可持续发展。但另一方面,从经营者之间竞争关系的角度上看,反垄断法在促进创新自由的同时,还需要警惕因创新自由所带来的不自由。目前有许多大型互联网平台企业滥用自身技术优势和经济优势,为巩固自身市场支配地位,实施诸多阻碍数字经济创新发展的行为,这些行为不仅阻碍了创新者的进入、对创新本身构成威胁,同时也对其他企业的创新回报和激励带来不利影响。[1]因此在数字经济时代中,竞争法需要充分发挥其自由价值,及时应对平台巨头在发展壮大过程中可能对市场机制造成的冲击,从而更好地保障经营主体的营业自由和竞争自由,为营造自由开放的市场竞争环境保驾护航。

（二）现代市场体系建设下竞争法的公平价值取向

公平价值在不同部门法中的概念内涵是不同的,例如民法等传统法中所提及的公平主要涉及形式公平,侧重于强调在抽象层面上确保民事主体的机会平等和适用规则平等;而竞争法,特别是反垄断法上所说的公平首先应当被理解为实质公平,反垄断法所保护和促进的竞争、竞争机制和竞争秩序并非自由竞争或是哈耶克等学者所说的自生自发经济秩序的一部分,相反,是被法律所构建的新秩序。[2]市场中的各个经营主体的规模和竞争力悬殊,市场竞争往往带来经

---

[1] 参见方翔:《论数字经济时代反垄断法的创新价值目标》,载《法学》2021年第12期。

[2] 参见叶卫平:《反垄断法价值问题研究》,北京大学出版社2012年版,第85页。

济势力集中的趋势,此时垄断者会借助形式公平扭曲事实上的公平,形式机会公平下的自由竞争可能会演变成经济强者支配和压制经济弱者的单方面的恣意自由和手段,从而破坏市场经济正常运行的有效竞争模式。特别是近年来数字经济领域的规模效应和网络效应十分显著,各类扼杀式兼并、纵向垄断的行为等已然严重损害公平价值的行为,实则是对形式公平的扭曲和破坏,最终导致实质不公平的结果。因此,竞争法应当矫正那些形式机会公平所带来的实质上的不公平的结果。

在现代市场体系建设下,公平价值的重要性日显,公平的价值内涵得到了进一步丰富。首先,现代市场体系要求更加注重社会公平和公共利益的实现。公平价值可以帮助消除不合理的贫富差距,减少社会不平等现象,促进资源的合理分配和社会公正。通过公平的竞争环境和公平的市场规则,可以保障各个市场主体的平等机会和公正待遇,实现公共利益的最大化。其次,公平价值在现代市场体系中有助于提升市场竞争活力和创新能力。通过打破垄断、限制不正当竞争行为和保护知识产权等措施,公平价值可以鼓励更多的市场主体参与竞争,提高市场的竞争水平。公平的竞争环境可以激发企业的创新活力,推动科技进步和技术创新,促进经济的可持续发展。再次,公平价值有助于构建稳定可持续的市场秩序,确保市场的长期稳定和健康发展。通过制定和执行公平的市场规则和竞争法律,可以防止不正当竞争行为、市场操纵和其他违法行为的发生,维护市场的秩序和诚信。这有助于提升市场的信任度,吸引更多的投资和资源流入市场,为经济的可持续发展提供稳定的基础。最后,公平价值是实现全面建设社会主义现代化国家目标的重要保障。

现代市场体系建设的核心在于建立高标准的市场体系以及形

成畅通的经济循环。关键工作之一是营造有利于公平竞争的市场秩序。缺乏健全的公平竞争秩序将阻碍国内大循环的高效繁荣发展，也将妨碍国内国际之间双循环的实现。当前全国统一大市场建设和循环畅通面临障碍，市场分割和地方保护主义仍然存在，要素自由流动存在隐性壁垒，这些有碍公平竞争的市场乱象依然普遍。因此，为确保国家战略的成功实施，必须紧紧抓住构建良好公平竞争秩序这一核心要求，积极鼓励企业遵守法律法规，遵循商业道德，推动绿色发展、可持续发展和社会责任，助推经济高质量发展。

（三）现代市场体系建设下竞争法的效率价值取向

效率作为一个经济学上的表达，阐述了投入与产出、成本与收益的关系，通常被认为是一种资源配置的最优状态。按照目前学界的通常理解，效率可以分为静态效率和动态效率两个范畴，包括静态效率范畴的生产效率、配置效率和动态效率范畴的创新效率三类。[1]现代市场体系集中体现了高质量发展的要求，是实现高质量发展的战略基点，具有以增强自主创新能力为导向，以扩大内需为目标，以自立自强为基础的新特征。[2]为推动建设全国统一大市场，必须促进生产要素的有序流动和合理集聚，以实现我国超大规模市场资源禀赋优势向强大的创新力和竞争力的转化。这也对竞争法传统的效率价值所包含的生产效率、配置效率以及创新效率提出了新要求。

在现代市场体系建设下，我国正在转变追求产品市场高效流通

---

[1] 参见〔德〕乌尔里希·施瓦尔贝、丹尼尔·齐默尔：《卡特尔法与经济学》，顾一泉等译，法律出版社2014年版，第6页。

[2] 参见何自力：《加快构建新发展格局是推动高质量发展的战略基点》，载《红旗文稿》2023年第7期。

为主的经济模式，转向追求要素市场更高效率配置。为实现这一转变，需要破除阻碍生产要素市场化配置和商品服务流通的体制机制障碍，特别是深化要素市场化改革，健全土地、金融、数据等领域的制度规则。以往主要依赖外循环拉动的经济增长方式相对粗放，过于依赖重生产、订单至上、轻消费的模式，导致内生动力不足。转向内循环不仅要消除各环节的梗阻，形成更加畅通的经济循环，还需通过市场化配置劳动力、资金、土地、技术和数据等要素，提升全要素生产力为核心。在这一新模式下，经济的增长不再单纯取决于要素的数量，而更关注要素的灵活配置和高效利用。竞争法在提高资源配置效率方面发挥着重要作用。竞争法的实施通过禁止和打击垄断行为以及限制不正当竞争行为，促进市场竞争的公平性和自由性，有助于消除市场中的不正当竞争行为，创造公平的竞争环境。同时有助于降低市场的进入壁垒，为新进入者和创新型企业创造了更大的进入机会，巨大的竞争压力迫使企业不断改进和优化自身的资源配置，以适应市场需求。在竞争激烈的市场环境下，企业为了在竞争中脱颖而出，需要不断地进行创新和改进，以提高产品和服务的质量和效率，因此进一步激发了市场竞争和创新，有助于提高整体资源的配置效率，推动经济的发展。

近年来，随着数字经济时代的高速发展，创新型企业的崛起为市场带来了新的参与者和竞争格局，其通过独特的业务模式和前沿技术，不断挑战传统行业的规则。而颠覆性创新的发生进一步推动了市场的变革，迫使传统企业不断升级自身的竞争力，以适应新的市场环境。商业模式的改变也在不断塑造市场格局，促使企业更加注重创新、客户体验和数字化转型。如果依然固守利用属于静态效率范畴的生产效率和配置效率衡量得失，将难以关注到市场动态竞争的过程,也无法评估平台企业的竞争行为对创新造成的影响。[①]而创新效率被归为动态效率,强调的是在不断地进步和发展中,通过创新活动实现更高水平的生产和资源利用效率。例如通过产品的发明、开发和传播以及增加社会福利的生产过程,且着眼于随时间推移而发生变化的市场。当企业促进技术变革和创新时,创新效率就会产生。因此,应该由重视静态竞争转向重视动态竞争,并将动态效率放在重要的位置。[②]需要指出的是,数字经济发展过程中互联网企业巨头发展壮大所带来的规模效应拥有节约成本、促进效率的积极方面,但势必也会挤压中小企业的生存空间,甚至会滥用市场支配力,导致消费者福利的减损。因此在数字经济发展的背景下,需要在追求效率价值的同时辅之以公平价值,从而保护中小企业以及消费者的合法权益,实现市场机制与政府规制、社会利益和经济目标的和谐发展。

（四）现代市场体系建设下竞争法的消费者福利价值取向

在市场经济中,经营者与消费者历来相伴而生。但相较于经营者的地位而言,消费者往往更加弱势,这就使得消费者保护具有重大价值。回顾反垄断法的发展历程,可以发现美国的消费者保护立法实际上是紧密围绕着反垄断法展开的。《谢尔曼法》最为明确地反映了提高消费者福利的经济目标,而这一内在的经济目标也清晰地体现在《克莱顿法》的法律措辞中。[③]反垄断法在全球范围内维护市场

[①] 参见王先林、方翔:《平台经济领域反垄断的趋势、挑战与应对》,载《山东大学学报(哲学社会科学版)》2021年第2期。

[②] 参见唐要家:《数字平台反垄断的基本导向与体系创新》,载《经济学家》2021年第5期。

[③] 参见吴建国:《中外反垄断法如何保护消费者权益》,载《湖南社会科学》2008年第4期。

竞争秩序、保护消费者权益等方面发挥着关键作用,并且逐渐成为各自国家实现经济发展目标的重要战略手段。①而反不正当竞争法中的保护消费者的价值追求则起步较晚,随着消费者运动在20世纪中期以后兴起,欧美国家才在反不正当竞争法中纳入了消费者保护和公共利益的元素。②现代的反不正当竞争法也更倾向于实现竞争推动下"竞争者利益、消费者利益和社会公共利益"的整体权衡。③总体而言,无论是反垄断法还是反不正当竞争法,无论是直接利益还是反射利益,消费者福利都是其无法忽视的价值目标,深刻影响着竞争机制的运行。

积极扩大内需是构建新发展格局的战略基点。积极扩大内需实质上包含了积极扩大国内消费需求的内容,而扩大国内消费需求主要是扩大14亿居民的消费需求,这是我国未来经济发展的最大潜力之所在,因此全面促进消费是构建新发展格局的重中之重,国家发展战略的思路也应当逐渐从生产者福利最大化转向消费者福利最大化。④当前我国消费结构已经发生重大变化,由生存型消费逐步转向以服务为主的发展型消费和享受型消费,因此需要继续深入推进供给侧结构性改革,提升供需匹配度,形成高质量供给体系。而充分的市场竞争能够鼓励企业进行技术创新和产品质量的提升,通过不断

---

① 参见王先林:《国家战略视角的反垄断问题初探——写在〈中华人民共和国反垄断法〉实施十周年之际》,载《安徽大学学报(哲学社会科学版)》2018年第5期。

② 参见许俊伟、吴镕俊:《论竞争法视阈下消费者保护的系统比较》,载《西安电子科技大学学报(社会科学版)》2021年第3期。

③ 参见张占江:《不正当竞争行为认定范式的嬗变 从"保护竞争者"到"保护竞争"》,载《中外法学》2019年第1期。

④ 参见谢宜泽、胡鞍钢:《新发展格局下中国全面促进消费——特征、潜力与扩大路径》,载《学术界》2022年第2期。

改进产品设计、提高生产效率和增加创新元素,提升产品的质量水平,实现产品的优胜劣汰,从而满足消费者对高品质产品的需求,提高消费者的满意度和福利水平。推动企业提供多样化和优质的产品和服务,使消费者可以从更多的选择中受益,享受到更高质量和更具竞争力的产品和服务。此外,反垄断法和反不正当竞争法的有效落实能够打破垄断和规制不正当竞争行为,同时资源的高效自由流动可以有效降低市场价格和经营成本。这使得消费者能够以更低的价格购买到商品和服务,提高了消费者的购买力和福利水平。反不正当竞争法中有关虚假广告、欺诈行为等不正当竞争行为的规定,能够有效维护消费者的知情权、选择权等合法权益,建立信任和稳定的消费环境,提高消费者的福利,最终促进消费者福利的最大化、畅通国内国际双循环,以实现经济和社会的可持续发展。

  法的价值目标构成了法律制度所追求的社会目的,反映着法律制定和实施的宗旨,具有多元性和时代性。[1]从竞争法产生的基本经济、政治和社会文化条件来看,竞争法是对伴随工业化出现的经济集中以及由此导致的经济行为异化的一种法律因应。经济制度的变迁需要由法律制度加以确认,也要由法律制度对变迁和转轨的阶段性成果进行巩固,还要由法律制度对变迁和转轨的过程加以保护,而我国竞争法实际上是经济转轨和市场化改革的产物。[2]因此,以竞争法为核心所构建的现代竞争法体系基本满足我国经济发展和市场化改革的制度需求,其蕴含的价值目标也与我国现代市场体系相契合。不可否认,现代市场经济本质上是法治经济,如果没有完善的法治保

---

[1] 参见张文显:《法理学(第五版)》,高等教育出版社2018年版,第313—314页。
[2] 参见孙晋、李胜利:《竞争法原论(第二版)》,法律出版社2020年版,第11页。

障,市场制度是不可能运行良好的。①现代市场体系建设的基本要求包括建立公平竞争的市场环境,保护消费者权益,促进创新和发展以及维护公平竞争和市场秩序。毫无疑问,公平竞争是市场经济的基石,对于市场体系的建设至关重要。通过制定、执行公正透明的法律法规,打击垄断行为、不正当竞争和其他限制竞争的行为,同时加大反垄断执法和监管力度,维护市场的公平竞争环境。而保护消费者权益是市场体系建设的重要任务之一。政府加强产品质量监管,打击虚假广告和欺诈行为,建立投诉和纠纷解决机制等,确保消费者能够享受到公平、安全和合理的消费权益。创新则是推动经济增长和市场活力的重要驱动力。良好的创新环境和政策支持能鼓励企业加大研发投入、推动技术创新和商业模式创新,进而激发企业的创新活力,推动产业升级和经济发展。市场秩序的维护是市场体系建设的重要任务。加强监管机构的执法能力、建立健全的监管机制和市场准入制度,加强信息公开和透明度等,确保市场经济能够稳定运行并产生良好的社会效益。这些现代市场体系建设的基本要求相互关联、相互促进,共同构成一个健康、稳定和可持续发展的市场经济体系,而这些也是竞争法所倡导的价值目标。

　　竞争法的价值目标与现代市场体系建设的基本要求紧密相连,它们相互促进、相互支持,共同构建了一个公平、公正、有序和健康的市场环境,能够进一步推动经济的高质量发展。在构建现代市场体系的过程中,也更加需要找准竞争法的价值定位,避免因目标模糊而导致的实施不足。同时,面对当前经济发展面临的新形势、新问

---

① 参见田国强:《和谐社会构建与现代市场体系完善》,载《经济研究》2007年第3期。

题,需要为竞争法的固有理念和规则注入新鲜血液,更加充分地发挥竞争法在现代市场体系建设中的重要作用,对营造自由公平的市场竞争环境有所裨益。

二、竞争法的实施促进现代市场体系建设目标的实现

(一)建设高水平社会主义市场经济体制

公平竞争是市场经济的核心,也是我国建设统一大市场,构建高水平社会主义市场经济体制的基本要求。① 竞争是市场经济发展的重要条件,竞争机制是市场配置资源的重要动力。从根本上说,市场经济是一种自由竞争经济,自由竞争是市场经济的灵魂。② 在改革开放初期,我国从计划经济体制向社会主义市场经济体制转轨过程中面临着艰巨的改革与发展任务,为了使改革开放得以顺利进行,政府采用较多的产业政策是十分必要的。但是随着经济体制改革的不断深化,全国统一的市场基本形成,市场机制的调节作用在范围和程度上越来越大,这个时候,以政府的手段发展市场,达到促进部门或者地方经济发展的目的,便逐渐成为我国建立统一开放、竞争有序的市场体系的障碍。其原因在于,统一开放、竞争有序的市场体系是市场在资源配置中起决定作用的基础。③ 为维护和促进公平有效的市场竞争,我国实施竞争政策这一基础经济政策,目的是充分尊重市场发展规律,使市场在资源配置中起决定性作用。

党的十八大以来,我国公平竞争政策的基础地位得以确立并且

---

① 参见谢晓尧:《论反不正当竞争法的性质》,载《政法论丛》2022年第6期。
② 参见孙晋、李胜利:《竞争法原论》(第二版),法律出版社2020年版,第7页。
③ 参见吴汉洪:《对我国建立公平竞争审查制度的认识》,载《中国价格监管与反垄断》2016年第8期。

不断强化，中国特色的反垄断法律制度体系更加健全，我国坚持系统性层次化举措，竞争政策进入国家宏观经济政策顶层设计的视野。从2015年《中共中央、国务院关于推进价格机制改革的若干意见》首次提出"逐步确立竞争政策的基础地位"，2016年国务院印发《关于在市场体系建设中建立公平竞争审查制度的意见》，到党的十九届四中全会明确"强化竞争政策基础地位"，竞争政策迅速在我国发展。公平竞争政策是完善社会主义市场经济体制的支柱性制度。党中央紧紧把握社会主义市场经济的本质特征与发展规律，在全面深化改革中坚持以供给侧结构性改革为主线，全面贯彻新发展理念，加快构建新发展格局，充分发挥市场在资源配置中的决定性作用，比历史上任何时候都更加重视市场统一和公平竞争，打造创新驱动新动能，积极推动我国社会主义市场经济高质量发展，加快建设全国统一大市场成为新时代发展的战略目标。强化竞争政策基础地位，深入推进公平竞争政策实施是完善社会主义市场经济体制的内在要求，也是促进经济高质量发展和助力全国统一大市场建设不可或缺的强大推力。

党的二十大报告提出中国式现代化新方略，要求在法治轨道上全面建设社会主义现代化国家。面向新时代新征程，我们应将中国式现代化的本质要求贯穿于各领域各方面各环节。随着中国经济的快速发展和市场化进程的加速，以公平竞争法治理论为思想内核的公平竞争政策在中国经济中的作用日益凸显，对保障市场经济正常运行、助力全国统一大市场建设、促进高质量发展，具有不可替代的重要意义。在推进中国式现代化的进程中，坚持市场化改革方向，准确把握市场环境趋势性变化和建设现代市场体系的新任务新要求，建立自由、有序且公平的竞争环境具有基础性的重要作用，而这必然依赖公平竞争政策的深入实施才能实现。我国建设高水平社会主义市场经济体制,发展和完善社会主义市场经济,核心问题是处理好政府与市场的关系,使市场在资源配置中起决定性作用,更好发挥政府作用,实现有效市场与有为政府的结合。因此,我国实现经济转型的前提是实现理念转变和监管优化。公平竞争政策具有规范市场竞争秩序、保护消费者利益和社会公共利益、规范政府规制权力等多元化功能。以竞争法为制度基础的公平竞争政策着力保障自由公平竞争机制,充分发挥优化配置资源的作用,有效规范政府权力运行。公平竞争政策坚持市场化原则,充分发挥市场在资源配置中的决定性作用,使得"有形的手"和"无形的手"相互配合、相互协调,从而优化资源配置,促进经济发展和效率提升。综合以上论述,着力强化公平竞争政策的基础地位,深入推进公平竞争政策实施,积极构建公平竞争政策实施机制是不断优化公平竞争环境,建设高水平社会主义市场经济体制的应有之义。

市场经济是法治经济,法治经济的核心任务是反对垄断维护自由公平竞争。正是在这个意义上,反垄断法是社会主义市场经济最重要的基础性法律,素有"经济宪法"之美誉,以反垄断法为制度基石的公平竞争政策,在应对数字经济等新业态带来的新挑战、缩小城乡和区域发展差距、优化营商环境、调整和优化产业结构、破除地方保护和行政性垄断、依法规范和引导资本健康发展等方面发挥着不可替代的关键作用。

(二)促进经济高质量发展

发展是党执政兴国的第一要务,推动高质量发展是进入新时代的必然需求。市场经济的可持续发展必然离不开公平竞争的市场秩序。习近平总书记强调,要从构建新发展格局、推动高质量发展、促进共同富裕的战略高度出发,促进形成公平竞争的市场环境。高质量发展是全面建设社会主义现代化国家的首要任务和基本路径。经济发展是质和量的有机统一，而深入推进公平竞争政策实施将有助于经济实现质的有效提升和量的合理增长，为推动高质量发展提供可靠保障。此外，深入推进公平竞争政策的实施，对建设公平竞争的制度环境和市场化法治化国际化营商环境，建设高标准市场体系，构建新发展格局，推动高质量发展均具有不可替代的重要意义。我国公平竞争政策的实施与实现高质量发展休戚相关。在社会主义市场经济体制下，深入推进公平竞争政策实施是实现经济高质量发展的必由之路，持续不断为市场主体营造公平公正的竞争环境是公平竞争政策的应然使命。实现共同富裕，是社会主义的本质要求，而推动高质量发展，则是进入新时代的必然需求。

在2020年10月党的十九届五中全会上，习近平总书记强调，以推动高质量发展为主题，必须坚定不移贯彻新发展理念，以深化供给侧结构性改革为主线，坚持质量第一、效益优先，切实转变发展方式，推动质量变革、效率变革、动力变革，使发展成果更好惠及全体人民，不断实现人民对美好生活的向往。竞争性发展作为体现新发展理念、实现高质量发展的新的发展方式，需要高质量的公平竞争政策予以保障。

国家最高立法机关以更大决心和更强力度完善公平竞争立法，促进公平竞争，维护市场公平竞争秩序，健全数字竞争规则，对《反垄断法》进行了较为全面的修订，为新时代我国市场化法治化改革，加速推进我国实现竞争性发展转型，实现高质量发展和共同富裕，提供了高质量制度供给和完备的法律保障。通过公平竞争政策的贯彻落实，将竞争确立为经济增长的内生动力，以法治保障竞争，以竞争促进法治，从而实现高质量发展。我国《反垄断法》自2007年8月30日颁布至今，已近18年。本次修订，正值国家发展战略从产业政策向竞争政策转型的关键时期。长期以来,如何做大"蛋糕",有效且公平地分配好"蛋糕",防止资本无序扩张,应对数字经济治理挑战,缩小城乡和区域发展差距,调整和优化产业结构,破除行业壁垒和打破地方保护主义等垄断障碍是实现高质量发展与共同富裕亟待解决的现实问题,其中必然涉及竞争有无以及竞争是否有序的关键命题,强化公平竞争政策则是推动实现上述目标的有力抓手,是我国实现经济与社会跨越式高质量发展的必然要求。

2023年政府工作报告提出:"为各类所有制企业创造公平竞争、竞相发展的环境,用真招实策提振市场预期和信心。"[1]其中"实策"就是要进一步夯实我国竞争政策基础地位,落实公平竞争法律和制度。其中包括健全竞争法律体系,完善反垄断反不正当竞争立法,加强和改进竞争执法,健全公平竞争审查制度等。因为这些事关国家高质量发展,是加快建设全国统一大市场、推动深化改革的重要制度保障。而具体到"真招",第一招应该是加强公平公正监管,监管部门需秉持竞争中立,平等对待国企、民企、外企等各类所有制企业,做到"一碗水端平",一视同仁。第二招则是要加强公平竞争审查,让这项制度真正成为"长了牙齿的老虎"。建议将公平竞争审查纳入地方政绩考核中,通过激励机制提升地方开展公平竞争审查工作的内在动力,同时严格处理相关违法行为,追究当事人的法律责任。第三招是加大国有企业分类改革的力度。2024年政府工作报告也提出,要深化国资国企改革,提高国企核心竞争力。坚持分类改革方向,处理好国企经济责任和社会责任的关系。对于竞争性国企一般不应该

---

[1] 2023年3月5日,第十四届全国人民代表大会第一次会议在北京人民大会堂开幕,时任国务院总理李克强代表国务院,向十四届全国人大一次会议作政府工作报告。

再有倾斜保护,各类优惠政策应推向市场,为民营经济创造更大的发展空间,提振民企投资和发展信心。

我国经济已转向高质量发展阶段,过度依赖传统思维和发展模式实现经济飞速增长的粗犷做法显然已不合时宜,因此,以公平竞争政策为根本指引转换经济发展模式,确立竞争为经济增长的内生驱动机制成为客观趋势。公平竞争政策的贯彻落实有利于建立健全竞争法治。竞争法治为高质量发展提供高水平制度保障。当前我国要实现从"有没有"向"好不好"的阶段转变,对公平竞争提出了更高的要求。把握公平竞争政策的本质内涵是推进公平竞争政策有效实施的不二法门。我国实行社会主义市场经济,其中蕴含了公平、自由市场竞争的基础理念和基本要求。只有自由、有序且公平的市场竞争,才能实现资源优化配置和经济可持续高质量发展。公平竞争实乃市场经济的内在要求和基本原则,而公平竞争政策是建设高标准市场体系的本质需求。

毋庸置疑,在社会主义市场经济体制之下,强化公平竞争政策是实现经济高质量发展和社会共同富裕的必由之路,围绕发展中存在的问题,明确相应的反垄断规则,重点提升反垄断执法能力,持续不断为市场主体营造公平公正的竞争环境。在今后五年乃至更长的发展阶段,我们要在全面依法治国和全面深化改革的实践中贯彻和发展公平竞争法治观,修订完善竞争法律,不断健全并强化公平竞争政策,切实推行竞争性发展方式,保障公平竞争、资源优化配置,实现平等发展、人人受益。[1]

---

[1] 参见孙晋:《习近平法治思想中的公平竞争法治观》,载《中国社会科学报》2021年1月6日。

（三）助力全国统一大市场建设

2022年4月10日，《中共中央 国务院关于加快建设全国统一大市场的意见》（以下简称《意见》）正式发布。该《意见》因应我国现阶段的发展要求和国际局势的变化，为我国建设全国统一大市场提供最高指引，开启中国市场经济发展的全新篇章。改革开放以来，我国以市场为取向推进对内改革，力争把市场机制中的一切积极方面充分释放出来。党的十八届三中全会提出，建设统一开放、竞争有序的市场体系，是使市场在资源配置中起决定性作用的基础。近年来，我国建设全国统一大市场取得显著成效，竞争中立、公平竞争理念逐步深入人心，但是在现实中仍存在妨碍全国统一大市场建设的阻力和障碍。1994年，我国开始实施分税制财政管理体制，地方政府在财权上升的背景下，想尽一切办法创收，尤其是在新冠疫情的影响下，地方财政压力陡增。部分地方政府官员为了个人工作业绩，有强烈的动机实施地方市场分割，以助力当地经济发展，地方保护和区域壁垒屡见不鲜；市场分割严重破坏市场竞争秩序，成为形成垄断的重要原因之一；生产要素得不到有效整合，资源无法优化配置；市场监管手段单一、监管方式落后，运动式和选择性执法层见叠出，监管公平公正与否经受考验。

根据本次出台的《意见》，建设全国统一大市场将着力构建四个方面的统一：一是市场基础制度规则的统一；二是要素和资源市场的统一；三是统一的市场监管；四是统一的商品和服务市场。四个统一的构建为高水平社会主义市场经济体制提供有力支持。

建设全国统一大市场，要处理好三种关系：第一是大市场与强市场的关系，第二是国内大循环与国内国际双循环之间的关系，第三是中央与地方、全国与各区域之间的关系。在处理以上三种关系的过程中,公平竞争政策发挥了不可替代的作用。首先,由大市场向强市场转变。从现实看,我国拥有超大规模市场和整体市场的巨大优势,实现我国市场由大到强的转变可谓志在必得,而加快建设国内统一大市场,实际上是推动国内市场由大到强转变的关键一招。推动建设强市场须实现供给与需求高层次的动态平衡,其实现路径以优化资源配置为重心,以建立完善公平竞争秩序为逻辑起点。通过公平竞争政策的贯彻实施,建立规范、有序的竞争秩序,优化营商环境并实现生产要素的自由流动,为实现向强市场的转变提供内生动力。其次,国内国际双循环。国内落实"全国一张清单",积极整治地方上的不合理行为,破除地方不正当干预、隐性壁垒,打破各种自我小循环,畅通全国大循环,实现从分割到整合统一的转变。[①] 通过在全国范围内建立统一大市场,推动国内市场与国际市场更好联通,以及市场规则标准融通。构建以国内大循环为主体、国内国际双循环相互促进的新发展格局与破除行政性垄断,清除地方管理者不合理干预和滥权行为密不可分。立足内需、畅通循环,降低市场交易成本,从而使生产、分配、流通、消费各环节更加畅通。从实际效果来看,将有效降低社会物流费用。若流通成本过高,则会限制、阻碍中小企业的发展,不利于其与龙头企业的公平竞争,对优化营商环境亦会造成负面影响。最后,破除地方保护和区域壁垒。目前,我国的城市群,如京津冀协同发展、长三角一体化、粤港澳大湾区、成渝地区双城经济圈等,作为国内市场的重要组成部分应实现各领域各产业的充分开放。以竞争中立为核心理念,贯彻公平竞争政策,从而全面清理歧视外资企业和外地企业等

---

① 参见刘志彪、孔令池:《从分割走向整合:推进国内统一大市场建设的阻力与对策》,载《中国工业经济》2021年第8期。

各类优惠政策。易言之,公平竞争政策是打破地方保护和区域壁垒的一把利剑,为打破区域壁垒,建设全国统一大市场扫清障碍。全国一盘棋,各地方政府规则统一,着力建设公平竞争秩序,优化营商环境从而促进生产要素自由流动,各类市场参与主体在公平、有序的市场竞争中优胜劣汰,最终达到提高生产效率、鼓励创新的效果。

全国统一大市场是成熟市场经济的重要标志,也是构建新发展格局的基础支撑和内在要求。建设全国统一大市场是扩展我国经济发展空间的重要潜力所在。市场经济以利益最大化为内生驱动力,通过相互争胜的角逐过程实现优胜劣汰,竞争是市场经济内在的基本要求,因此须保证竞争机制的有效运作。建设全国统一大市场就是要奔着破解发展不平衡不充分问题去。唯有科学认识并精准把握地区发展不平衡不充分问题,方能实质性推进全国统一大市场的建设。通过强化公平竞争政策实施建立规范、有序的竞争秩序,优化营商环境并实现生产要素的自由流动,为实现由大市场向强市场的转变提供内生动力。公平竞争政策能够为建立健全全国既统一又公平的市场基础制度规则提供动力和保护,这对于打破地方保护和市场分割至关重要。

打破各种封闭小市场小循环,消除地方保护和市场分割,是全国统一大市场建设的关键举措之一。[1]市场经济是法治经济,法治经济的主战场是全国统一大市场。然而目前,我国仍然存在着地方保护和市场分割等现象,不同区域间存在着制度或者规则的不一致,对市场公平竞争产生了严重的损害。区域经济发展不协调、不协同的

---

[1] 参见叶高芬:《全国统一大市场视域下行政性垄断规制模式的重构》,载《法学》2023年第3期。

问题,更多时候表现为或植根于区域间的不公平竞争问题。而公平竞争政策正是打破地方保护和区域壁垒的一把利剑,着力于规范政府行为,为打破区域壁垒、建设全国统一大市场扫清障碍。换言之,以公平竞争政策为内核的统一、公平的制度规则是建设全国统一大市场的重要条件。深入实施公平竞争政策,要求必须进一步清理、废除妨碍统一市场和公平竞争的规定和做法,推动全面落实公平竞争审查制度,着眼于源头治理,加强规范政府行为,及时查处滥用行政权力排除、限制竞争行为,促进提升国内大循环的效率和水平。从企业角度看,贯彻落实公平竞争政策能够有力提升竞争的公平性,对于市场主体来说是重大利好,进一步增强企业的国际竞争力,有利于更多市场主体进入更加公平竞争的市场中。

三、现代市场体系建设下竞争法的制度定位

(一)竞争法在市场经济法律体系中的地位

在市场经济成熟的国家,竞争政策的载体是竞争法律,政策的位阶服从于法律的位阶。[①]竞争是市场机制的灵魂,资源配置效率低下和竞争不足成为制约以国内大循环为主体、国内国际双循环相互促进的新发展格局的主要瓶颈。只有促进竞争政策与产业政策的协调配合,才能提高资源配置的效率,并通过保护市场竞争机制的公平性和效率性,促进经济的发展和资源的优化配置。同时市场机制之所以能实现优化资源配置,关键在于统一开放、竞争有序的竞争秩序和竞争制度。然而我国当前的竞争制度尚不完善,落后的企业

---

① 参见江山:《产业发展的政策选择与法律治理——以竞争法为中心展开》,法律出版社2017年版,第6页。

第一章 我国现代市场体系的发展脉络、基本意涵与竞争法价值

和产能由于缺乏竞争压力，难以通过市场竞争实现自我优化和提升，从而造成了资源的浪费。同时供给领域出现过多无效、低端供给，最终导致我国供需结构出现失衡。因此完善竞争制度既是全面深化改革的基本要求，也是实现供给侧结构性改革的基本逻辑。建设现代市场体系要求打破结构性体制机制障碍，矫正要素配置扭曲，提高全要素生产率，增强有效供给，相关目标的实现需以健全的市场体系为前提，更有赖于竞争政策基础性地位的确立和竞争政策的全面贯彻落实。只有不断完善竞争政策体系，运用好竞争政策工具，通过竞争实现优胜劣汰，推动企业降低生产成本，提高产品和服务质量，改善经营管理，开发和创造新产品，创新商业模式。从而巩固竞争政策的基础性地位，全面落实公平竞争审查制度，这一系列围绕竞争机制的完善举措都离不开法律的支撑和保障。因此构建竞争政策的法治体系，既符合我国通过高效规范、公平竞争、充分开放的全国统一大市场畅通国内大循环的"内需"，也符合我国通过使竞争政策与国际规则更有效对接促进国内国际双循环的"外需"。[①]

在当前日益强调市场竞争的背景下，保持对竞争法体系的审视和研究，既有助于理论框架的完善，又能够提高其可操作性和适应性，同时助力于在全球化经济背景下更好地融入国际法治体系。竞争政策的法治体系构建并非一蹴而就，而是需要不断完善现有的法律框架，以进一步发挥竞争法在建设现代市场体系过程中的重要作用。在立法层面，目前我国的竞争法律框架已初步建立，但是对市场经济中存在的新问题、新挑战回应不够。特别是数字经济的出现

[①] 参见黄勇：《论我国竞争政策法治保障的体系及其实现机制》，载《清华法学》2022年第4期。

促进了产业组织结构的网络化、平台化,具有典型的动态性特征,这使得现行竞争政策的规则在具体适用时,遇到了新的困难。在执法层面,需要进一步加强对竞争法的执法和监管,加大对垄断行为、限制竞争行为和其他不正当竞争行为的打击力度,严厉查处违法行为,确保法律制度的有效落实。在守法层面,需要加强宣传和教育,提高公众对竞争法的认知和理解,增强市场主体的法律意识和遵法意识。近年来,中美贸易摩擦使得中国的产业政策是否威胁国际贸易规则和公平竞争的问题引发了西方发达国家的格外关注。在这种新的国际环境下,应强化竞争政策基础性地位,完善竞争政策框架,实施更大范围、更宽领域、更深层次的对外开放,从而在新一轮国际投资贸易规则竞争中有所作为。

(二)竞争政策在经济政策中的地位

自新中国成立初期,我国就开始实施具有产业政策特征的经济计划与政策,经过多年实践,我国的产业政策已经发展为一套动态复合的政策组合,通过引导投资等手段,成功推动了一系列产业的崛起和发展,加速了工业化进程,并为经济结构的转型升级提供了支持。但是部分产业政策可能存在过于干预市场的情况,导致资源配置的非市场化倾向,资源浪费等问题频发。首先,过度的产业政策可能导致市场竞争的扭曲,政府通过提供财政补贴、准入限制或其他优惠政策来支持特定产业,导致其他产业或企业面临不公平的竞争环境,抑制了企业的创新活力,阻碍技术进步。其次,产业政策的实施可能导致资源的不合理配置。政府过度关注某些热门产业或领域,可能导致资源过度集中和配置失衡。其他可能有潜力的产业得不到足够的支持和发展机会,影响经济的结构优化和创新驱动发展。同时市场分割也会通过限制区域间的生产要素自由流动,扭曲其配置结构,最终阻碍生产力的提高。最后,产业政策的实施因为涉及政府的决策和干预,存在政府失误和不透明的风险。政府在选择支持的产业、制定政策措施和分配资源时,可能存在信息不对称、利益输送等问题,容易导致不公平和不透明的情况发生。而竞争政策本质上是通过市场的内在机制发挥作用,是政府通过法律方式对市场竞争失序的矫正,而非直接干预。[1]产业政策对经济活动的干预需要根据产业结构处于转型或升级的不同阶段进行相应调整。更重要的是,这种干预不能以损害市场竞争机制为基本前提。将产业政策措施对竞争的损害降至最低是我国产业政策改革的方向,不应仅仅关注以往的"市场失灵"问题,更应关注"政府失灵"对公平竞争产生的实质损害。因此产业政策应该与竞争政策相协调,避免过度干预市场和扭曲竞争机制,以实现经济的健康发展和市场的高效运行。随着中国社会主义市场经济体制的不断完善,市场化运行的逻辑逐步深入人心,竞争政策也逐步由分散、模糊的表达,发展成为影响产业发展的重要力量。自《反不正当竞争法》和《反垄断法》颁布以来,逐步明确了竞争政策的基础性地位。出台《公平竞争审查制度实施细则》等一系列法规,都表明我国不断完善立足于竞争政策基础地位的产业政策与竞争政策的协调机制。

当前构建现代市场体系的核心特征在于提升科技创新能力,实现高水平的自立自强。以竞争政策为基础地位,产业政策与竞争政策相互协同的技术创新政策成为构建新发展格局的重要驱动力。这一政策体系的目标,是在激发市场竞争活力的同时,积极引导和支持

---

[1] 参见江山:《产业发展的政策选择与法律治理——以竞争法为中心展开》,第9页。

技术创新，促使企业更加积极主动地参与自主创新，从而推动整个经济体系向更为创新驱动的方向发展。通过围绕促进自主创新构建以竞争政策为基础、产业政策与竞争政策相互协同的技术创新政策体系，可以更好地激发创新活力，推动经济朝着更为创新和可持续的方向发展，这不仅有助于构建现代市场体系，也将为经济长期发展提供有力支持。[①]竞争政策和产业政策的根本目标都是提高市场运行效率，最终实现经济高质量发展，只是侧重点和手段略有不同。竞争政策注重保护市场竞争机制的公平性和效率性，而产业政策则注重特定产业或领域的发展和优化。同时两者具有协同作用：竞争政策的有效实施可以防止和打击不正当竞争和垄断行为，保护市场竞争机制的正常运行，为产业政策提供公平竞争的环境和动力；而产业政策的实施则可以通过支持创新、优化产业结构等措施，促进竞争力强的企业和产业快速发展。当前以智能化、数字化、网络化为核心特征的新工业革命所涉及的科学技术基础广度大、技术融合深度高、市场应用复杂，这使得任何一个国家都面临难以独自掌握全部要素的挑战。[②]但是资本的趋利性、短视性难以满足当前科技创新型经济发展的需要，因此在协调竞争政策与产业政策之间的关系时，需要综合考虑市场机制和国家战略的统一。充分尊重竞争政策的基础性地位，保障市场公平竞争，同时在关键领域要有产业政策的引导和支持，确保国家在关键产业和领域的核心技术和资源具有自主掌控的能力。这样的协调可以促使市场和国家在关键领域发挥各自的优势，形成

[①] 参见黄群慧：《新发展格局的理论逻辑、战略内涵与政策体系——基于经济现代化的视角》，载《经济研究》2021年第4期。

[②] 参见谢伏瞻：《论新工业革命加速拓展与全球治理变革方向》，载《经济研究》2019年第8期。

有利于国家长期发展的合力。这也需要在实施中明确竞争政策和产业政策各自的边界和职责，两者相互协调和配合。竞争政策更多注重保护市场竞争机制的正常运行，以打破垄断、防止不正当竞争为重点，促进资源的优化配置；而产业政策则更侧重于特定产业或领域的创新和发展，以促进产业结构的升级和优化。竞争政策与产业政策之间的协同促进是构建新发展格局的关键要素，为建立更加高效、创新、可持续的经济体系提供了重要的政策体系和方向。

（三）竞争机制在现代市场体系中的地位

竞争机制是市场有效配置资源的核心机制之一，通过市场上的竞争行为和相互作用，推动资源从低效率的使用者转向高效率的使用者，实现资源的最佳配置和优化。竞争机制首先通过价格机制发挥作用。市场竞争引导企业在追求利润最大化的同时，通过价格竞争调节供求关系。当某种资源供应过剩时，竞争会促使企业降低价格以争夺市场份额，从而推动资源向需求端重新分配。这样可以避免资源的浪费和闲置，实现资源的高效利用。竞争机制能够有效激发企业的创新和提高效率的动力。在激烈的市场竞争中，企业为了在竞争中脱颖而出，不断努力提高产品质量，降低生产成本和提升效率。这种竞争压力迫使企业进行技术创新、管理创新和流程改进，从而提高整体资源利用效率。此外，竞争机制还促进市场信息的流动和透明度。在竞争激烈的市场中，企业需要了解市场需求、竞争对手的动态和消费者的反馈，以做出相应的调整和改进。这促使市场上的信息流动更加顺畅，有利于资源配置决策的准确性和市场运行的高效性。最重要的是，竞争机制鼓励市场参与者不断提高效率和创新能力，推动经济的发展和增长。通过竞争，市场上的优胜劣汰机制使资源流向效率更高的企业和行业，推动整个经济体系的动态调整和结构优化,促进经济的可持续发展。

我国建设社会主义市场经济,需要在全国范围内建立健全、统一、开放、竞争有序的现代市场体系。如果存在地区之间的流通壁垒或障碍,将阻碍市场的统一和竞争的有序进行,人为地扭曲了竞争机制的作用和资源的合理配置。[①]这种不自由的流通不仅损害了市场竞争机制的效果,还可能导致资源在地区间的不均衡分配,影响整体社会经济效益。目前,竞争机制无法良好地运作也导致了诸多问题。从微观层面来看,中小企业的竞争利益没有得到很好维护。长期流行的观点是"保护竞争而不保护竞争者",这意味着反垄断法乃至整个竞争法体系的目标是保护竞争秩序而非个别竞争者。这一理念强调法律的关注点应当集中在维护市场竞争的公平性和效率性上,而非过度关注个别公司或行业的利益,但是竞争机制作用的扭曲直接影响了中小企业竞争利益的有效保护。从中观层面来看,部分行业经济活动仍然受到政府干预,行业内竞争不足。特别是在某些行业和领域中,市场并没有完全开放。当前反垄断法对行政性垄断、政府滥用行政权力的行为进行了规范,但在实际执行过程中仍存在一些制度层面的不足。最后从宏观层面分析,尽管当前我国已经建立起公平竞争的制度体系和监管体系,但是公平竞争的市场环境还没有完全建立起来,竞争政策没有得到贯彻落实,这在行政性垄断方面体现得尤为明显。如许多地区行政机关滥用行政权力,人为设置阻碍商品要素自由流通的区域壁垒,对特定性质、规模的企业实施专项补贴,设置不合理的资质条件,排除其他市场主体参与市场经营或者获取政府补贴,进而排除、限制竞争。在行政机关尚没有摆脱以非市场

---

① 参见王先林:《竞争法学》,中国人民大学出版社2009年版,第322页。

主导思维干预市场的情况下,行政性垄断的治理难以取得理想的效果,通过价格规律发挥作用的竞争机制陷入失灵,导致我国市场呈现出"孤岛"状态,难以在全国一盘棋的统一规划下,推动资源的优化配置和提高整体资源利用效率。

要妥善解决以往政府存在的"越位""错位""缺位",干预过多和监管不到位的问题,坚决破除体制机制弊端,尊重、认同和把握"市场决定资源配置"的经济规律,最大限度减少政府对市场资源的直接配置和对市场活动的直接干预,充分发挥市场竞争机制,以最少资源耗费,生产出最多最优质的产品和劳务。如果需要市场这只"无形的手"在资源配置中发挥决定性作用,恰恰需要政府这只"有形的手"提供有效的引导、推动和保障,这就需要政府从发展的主体转为推动发展的主体,强化竞争政策实施,营造公平竞争的市场环境。

第二章 现代市场体系建设对竞争法的制度需求

第一节 现代市场体系建设背景下竞争法的逻辑重塑

在社会主义市场经济的框架下,市场体系是不可或缺的核心组成,提供了体系运作的基础支撑。随着对社会主义市场经济体制的理解不断深化,我国持续推进对市场体系的深层次思考。自党的十八大以来,构建市场体系的任务一直被置于优先地位。[1]2021年1月31日,中共中央办公厅与国务院办公厅联合发布了《建设高标准市场体系行动方案》,旨在五年内构建一个统一开放、竞争有序、制度完善、治理高效的高标准市场体系。具体实施路径涵盖了夯实市场体系的基础制度,优化资源配置机制,提升商品与服务质量,推动

---

[1] 党的十八届三中全会审议通过《中共中央关于全面深化改革若干重大问题的决定》明确提出"使市场在资源配置中起决定性作用和更好发挥政府作用"这一重大理论观点,对社会主义市场经济体制的建立完善产生深远影响,也为高标准市场体系的提出和建设奠定了理论基础。党的十九届四中全会通过的《中共中央关于坚持和完善中国特色社会主义制度、推进国家治理体系和治理能力现代化若干重大问题的决定》明确提出要"建设高标准市场体系,完善公平竞争制度,全面实施市场准入负面清单制度,改革生产许可制度,健全破产制度",首次提出了"建设高标准市场体系""完善公平竞争制度"的重要表述。2020年5月,《中共中央 国务院关于新时代加快完善社会主义市场经济体制的意见》明确提出要"建设高标准市场体系,全面完善产权、市场准入、公平竞争等制度,筑牢社会主义市场经济有效运行的体制基础"。

高水平的对外开放政策,以及完善现代化的市场监管体系。特别值得关注的是,该方案首次系统性地构建了"全面完善公平竞争"的理论框架,突出了竞争法律制度在市场体系中的基石地位。该框架聚焦于增强公平竞争审查制度的刚性约束、强化反垄断与反不正当竞争的执法力度,以及消除地方保护主义。该方案从政策目标、适用原则、实施机制三个维度出发,使竞争法律制度被赋予了内在逻辑要求,并为理解该制度的理论逻辑提供了深入的分析视角。此举标志着我国在建设现代市场体系方面的重大战略布局,同时凸显了法律制度在市场经济中的核心作用。

一、竞争法政策目标的调适

(一)竞争法政策目标的内涵厘清

竞争法作为一种综合性的法律框架,其在调控市场竞争秩序方面的作用可以从广义和狭义两个维度进行理解。在广义上,竞争法不仅涵盖了反垄断法律制度,旨在制约和遏制市场中的垄断现象,还包含了反不正当竞争法律制度,这一制度着眼于预防市场中的不公平和不正当竞争行为。此外,公平竞争审查制度也是竞争法的重要组成部分,其目的在于确保政策制定和行政行为不会对市场竞争造成扭曲。竞争法还涉及与国有企业相关的各项法律规定,以调节这些实体在市场竞争中的角色和行为。狭义上的竞争法则主要指涉反垄断法,这一概念在多数国家的法律体系中得到了采纳和实施。狭义竞争法聚焦于规范限制市场竞争的行为,以确保市场机制的有效运作和公平竞争的维护。

在现代化市场体系中,竞争法的政策目标具有枢纽性的地位。其宗旨在于通过对交易行为的规范化确保市场竞争的公平性,从而维护市场经济的基本利益与功能。这种法律制度设计旨在加强和保护市场竞争秩序，不仅体现在直接调节市场竞争的层面，而且在国家权力机构的政策制定中占据核心地位。现代化市场体系旨在建立一个高效、公平和可持续的市场环境，以促进经济的全面发展。其强调市场主体的多元化和竞争的充分性。通过鼓励各类企业的参与，特别是中小企业和创新型企业，形成多元化的市场竞争格局，从而激发市场活力。其次，现代化市场体系注重市场规则的透明性和公平性，确保所有市场主体在同一规则下公平竞争，这与竞争法的政策目标高度一致。

　　竞争法政策目标的实现，涉及多个经济政策领域的协同。产业政策作为经济政策体系的重要组成部分，聚焦于政府对产业形成和发展的干预，目的在于纠正市场缺陷，促进资源有效配置，同时保护国内中小企业的成长和缓解经济波动。贸易政策则聚焦通过政府制定的进出口政策，拓展本国产品的国际出口市场，并通过对本国市场的保护措施，减少外部竞争的影响，从而促进产业结构的调整和国家经济的发展。现代化市场体系下竞争政策目标不仅关注市场竞争的规范化，还强调市场机制的高效运作和资源配置的优化，在这一复杂的政策体系中，竞争法政策目标与产业政策、贸易政策等相互交织，但仍保持其独立性和独特的核心价值，为市场经济的健康发展和市场秩序的维护提供了坚实的法律和政策基础，助力现代市场体系的构建和完善。

　　（二）竞争法政策目标的外延界定

　　1.竞争法的政策目标与竞争法的立法目的

　　在法学理论中，竞争法政策目标与立法目的之间的关系呈现出复杂性和多维性。从表象上，如《反垄断法》所示，竞争法的立法目的看似与其政策目标相符,涵盖了预防和制止垄断行为、保护市场公平竞争、促进创新等方面。然而,两者在本质上存在显著差异。竞争法政策目标从广义的视角出发,构成了指导整体竞争法体系的立法思想,[①]而立法目的则有具体化、针对性强的特征,如《反垄断法》与《反不正当竞争法》的各自具有不同的目的。竞争法政策目标的外延远大于单一法律的立法目的,包含多种因素,展现了法律文本之外的广泛影响。在现代化市场体系中,竞争法政策目标不仅要反映法律文本的内容,还需要考虑市场环境和经济政策的变化。竞争法政策目标具有鲜明的时代性特征,随着经济政策、产业政策、贸易政策的演变而变化,反映了一个国家在特定时期的经济法治思想。相对而言,竞争法的立法目的稳定性更强,一旦确立,便成为法律执行的长期导向。

现代化市场体系强调高效、公平和可持续的发展,这与竞争法政策目标息息相关。竞争法政策目标的设定不仅是为了直接调节市场竞争,还为了推动市场环境的现代化发展,确保市场主体在公平竞争的环境中运作。虽然竞争法政策目标与立法目的在形式上相似,但在本质、范围、稳定性及时代性方面有明显差异。竞争法政策目标是立法目的设定的基石,[②]反映社会进步和时代发展的动态演变,是竞争法发展和适应现代化市场体系的关键。

2.竞争法的政策目标与价值

法的价值核心在于自由、正义和秩序的维护。在竞争法领域,

---

① 参见孙晋:《习近平关于市场公平竞争重要论述的经济法解读》,载《法学评论》2020年第1期。

② 参见陈秀山:《我国竞争制度与竞争政策目标模式的选择》,载《中国社会科学》1995年第3期。

这一价值体现为竞争自由与国家管制、公平与效率、自由与秩序、私权与公权、个体利益与国家利益之间的动态平衡追求。竞争法在经济法律体系中被视作类似于"宪法"的基础性法律，其核心任务是在自由、正义与效率这三个维度之间寻求最优平衡，旨在实现实然法与应然法之间的高度和谐。竞争法政策目标在现代化市场体系中追求社会整体经济效率与社会实质公平，这两者相互作用，共同构建有序的竞争秩序，确保市场竞争的自由与公正，同时保障经济的高效运转和社会的整体福祉。竞争法不仅规范市场，更承担实现法律价值、促进经济效率与社会公平的重要使命。

现代化市场体系强调市场主体多元化、规则透明化和竞争公平化，这些都需要竞争法政策目标在追求法的价值——自由、正义和秩序时，展现其在经济法领域的特殊性和重要性。通过维护竞争秩序和平衡多元利益，竞争法不仅促进市场的有效运作，还反映了法治经济的深层价值。

(三)竞争法政策目标的价值导向

1.保障市场经济顺利发展

现代化市场体系的建设不仅关注市场主体的多元化和市场机制的有效运作，还注重制度创新和法治保障。市场主体的多元化要求在一个开放和公平的市场环境中，各类企业能够平等参与竞争，从而提升市场的活力与创新能力。此外，市场机制的有效运作强调价格机制、供求机制、竞争机制等的协调互动，确保资源的优化配置和市场的自主调节。制度创新和法治保障是现代化市场体系的核心，通过完善的法律法规和严格的执法，维护市场秩序，保障市场交易的公正和透明，为市场经济的发展提供坚实的制度基础。

在此背景下，竞争法政策目标的价值导向尤为重要，旨在防止垄断和遏制不正当竞争，确保市场竞争的公平性和有效性。通过反垄断政策，可以防范和制止滥用市场支配地位的行为，保护中小企业的合法权益，促进市场的新陈代谢和技术进步。另外，竞争法政策目标还包括规范市场行为，维护市场秩序。通过严格的市场监管和执法，及时纠正市场中的违法违规行为，提升市场的整体运行效率。竞争法政策目标的实现，不仅是在经济层面上推动资源的优化配置和市场效率的提升，更是构建现代化市场体系的重要推动力，其核心在于实现经济的高质量发展和社会的公平正义。

2.推动国家经济职能依法行使

竞争法的政策目标不仅在于维护市场的公平竞争，更深层次地体现了现代化市场体系建设下，国家治理体系和治理能力现代化的追求。竞争法政策目标通过建立系统完善的法律框架，明确国家经济职能的行使规则。其要求广泛听取社会各界的意见，确保决策的科学性和民主性。竞争法律法规的出台，使得国家在经济调控、市场监管和资源配置过程中有法可依、有章可循，避免了行政权力的随意扩张和市场秩序的紊乱。另外，竞争法政策目标的实现需要严格的执法和监管机制，通过具体的法律措施，确保国家经济职能能够得到有效执行。这种严格依法行使职能的过程，不仅提升了政府的执政效率，也增强了市场主体对政府公正性和法治化管理的信任。竞争法政策目标在推动国家经济职能依法行使方面，还体现出对权力行使的制约和监督，通过建立权力制衡机制，防止政府在经济管理中的越权和滥权行为。例如，设立独立的反垄断执法机构，通过公众监督，确保经济职能的行使符合公平、公正的原则。这种制约机制有助于防止行政性垄断和市场垄断，为市场经济的健康发展提供保障。此外，竞争法政策目标的价值导向还在于促进经济职能行使的透明度和公众参与度。通过政策的公开透明，政府能够更好地与市场主体和公众沟通，增强政策的社会认同感和执行力。公众参与政策制定和实施的过程，不仅提高了政策的科学性和合理性，也促进了社会对国家经济职能行使的理解和支持，从而提升了经济治理的整体水平。

3. 促进社会和谐进步

在现代化市场体系的建设过程中，竞争法作为市场经济的法律基石，其政策目标不仅限于维护市场竞争秩序与经济效率，还肩负着促进社会和谐与进步的责任。垄断行为和不正当竞争不仅会损害市场效率，还会导致社会财富的过度集中，加剧贫富差距，从而引发社会不稳定。竞争法通过打击垄断行为，保障市场资源的合理配置，避免少数企业或个人获取超额利益，维护社会的公平与正义。此外，竞争法还促使企业在追求经济利益的同时，承担更多的社会责任，推动企业自律和社会诚信体系的建设，从而促进社会的和谐进步。

另外，竞争法在现代化市场体系建设中，能够有效推动社会的可持续发展。现代化市场体系不仅要求经济的快速发展，更要求发展的质量和可持续性。竞争法通过促进公平竞争，优化资源配置，提高整体经济效率，为社会创造更多的财富。同时，通过严格的法律监管和执法，竞争法能够推动企业在环境保护、社会责任等方面的投入，促进经济、社会与环境的协调发展。在全球化和数字经济飞速发展的背景下，竞争法的政策目标和价值导向也需要不断调整和优化，以应对新兴市场和新经济模式带来的挑战。现代化市场体系建设要求竞争法不仅要保护传统市场秩序，还要探索制定适应新形势的新规则，以确保经济与社会的协调发展。

二、竞争法基本原则的适用要求

竞争法的基本原则不仅体现了其法律本质和普遍适用性，更是贯穿于整个竞争法体系中的指导准则，为市场竞争活动及其相关领域提供了坚实的理论支撑。作为行动指南，竞争法的基本原则引导个人和企业在竞争活动中遵循规范，同时，作为具体法律条文的补充，这些原则弥补了法律规范中的不足和缺陷。在建立现代化高标准市场体系的背景下，竞争法的核心原则，如自由竞争、平等竞争、公平竞争、诚信竞争及适度干预竞争，共同构筑了竞争法的基本框架。这些原则不仅确保了市场的健康运作，还为经济和社会的全面进步提供了理论依据。

（一）自由竞争原则

现代化市场体系是市场经济发展的高级阶段，注重市场机制的高效运作和国家调控的有机结合，以实现经济高质量发展和社会全面进步。自由竞争原则作为现代化市场体系的核心原则之一，其重要性不言而喻。在现代化市场体系下，自由竞争不仅是资源配置的基础性手段，更是推动技术创新，提升经济效率和增强企业活力的重要动力。自由竞争原则强调市场主体的独立性和自主决策权，鼓励企业在法律框架内通过创新和提升效率来获得市场竞争优势。这种自由决策权是市场机制有效运作的前提，能够激发市场主体的积极性和创造力，推动整个经济体系的优化升级。另外，自由竞争原则要求国家为主体的自由竞争权提供有效保障。这不仅包括通过法律和政策防止非法干预和保护竞争者的合法权益，还包括建立健全的市场规则和制度体系，确保市场秩序的公平和透明。在现代化市场体系中，政府的角色不仅是市场的监管者,更是市场规则的制定者和执行者,通过有效的市场监管和法律保障,维护市场的公平竞争环境,防止垄断和不正当竞争行为的发生。然而,自由竞争原则并不意味着无边界的自由。在现代化市场体系中,自由竞争必须在法律和规则的框架内进行,尊重社会公共利益和商业伦理。企业在追求自身利益的同时,必须兼顾社会责任,确保其竞争行为不损害其他市场主体的合法权益和社会公共利益。

(二)平等竞争原则

平等竞争原则强调所有市场主体在法律地位上的平等,无论其规模、实力或组织形态。在现代化市场体系下,平等竞争不仅有助于消除市场壁垒,促进资源的合理配置,还能激发企业的创新活力和竞争力。平等竞争原则要求在立法和法律适用过程中,所有市场主体享有同等的法律地位和权利,承担相应的义务。这意味着法律体系的构建必须公正无私,不偏袒任何一方,确保所有竞争者在起跑线上的平等。同时,法律的执行和适用也必须对所有主体一视同仁,不允许任何形式的特权存在。通过维护主体资格平等、意思表示平等、权利义务平等和法律保护平等,现代化市场体系能够保障市场的公正性和透明度。

在现代化市场体系下,平等竞争原则有助于构建健康的市场环境,增强市场的效率和活力。确保所有市场主体在法律面前拥有同等的地位和机会,促进公平竞争,防止垄断和不正当竞争行为的发生。此外,平等竞争原则在现代化市场体系中也体现了社会公正和合理性。通过保障所有市场主体在法律地位上的平等,现代化市场体系能够创造一个包容性更强、机会更均等的市场环境,促进各类市场主体的积极参与和健康竞争。

(三)诚信竞争原则

诚信竞争原则要求市场主体在进行竞争时遵守诚实和信用的道德标准。这意味着企业在市场交易和竞争过程中必须保持行为和意思表示的真实性,避免任何形式的欺诈行为,并对其承诺和义务负有责任。诚信不仅是企业的行为规范,更是其商业形象和信誉的基石。通过诚信的交易行为,企业能够在市场中建立良好的声誉,赢得消费者和其他市场主体的信任,从而在竞争中获得优势。此外,诚信竞争原则在现代化市场体系中有助于维护公平竞争环境。它通过禁止任何违反诚实信用的不正当竞争行为,确保市场竞争的公正性和透明度。任何符合诚信原则的竞争行为都将受到法律的保护,而违反此原则的行为将面临法律的否定和相应的制裁。这不仅保护了消费者和其他经营者的合法权益,也防止了市场中的欺诈和不正当竞争行为,促进了市场的规范化和有序发展。

在现代化市场体系中,诚信竞争原则还能够提升市场整体的道德水平和效率。通过确保竞争行为的诚实和信用,诚信竞争原则有助于建立一个透明、公正的市场环境,提升整个市场体系的信誉和效率。企业在诚信竞争的环境中,不仅能够通过自身的努力和创新获得市场份额,还能推动整个行业的健康发展和技术进步。与此同时,诚信竞争原则的实施对消费者权益保护和市场信心的增强具有重要作用。一个诚信的市场环境能够确保消费者的权益不受侵害,提升消费者的信任度和满意度,促进市场的良性循环和健康发展。

(四)适度干预原则

适度干预竞争原则在现代化市场体系中起着至关重要的作用,强调国家对市场的干预应当是有限的、合理的和适当的,以避免对市场竞争产生过度或不适宜的影响。在现代化市场体系中,政府的角色是通过经济政策和法律手段营造一个稳定、公平和高效的竞争环境，既保护市场的自主运作，又防止和纠正市场失灵。

在宏观层面上，国家通过制定和实施经济政策和法律手段来调节经济环境，促进市场的稳定和可持续发展。这包括货币政策、财政政策和产业政策等方面的调整，以确保宏观经济的稳定运行。同时，国家还需要制定和完善竞争法，通过法律手段来规范市场主体的行为，防止垄断和其他反竞争行为的发生，保障市场的公平竞争。在微观层面上，国家通过行政和法律手段来促进和保护竞争，限制和禁止反竞争行为。具体而言，国家可以通过反垄断法、反不正当竞争法等法律手段来规范市场主体的行为，确保市场竞争的公正和透明。适度干预竞争原则的核心在于干预的适度性。过度或不当的干预可能导致市场机制的扭曲和效率的降低，甚至带来负面的经济和社会影响。因此，国家在进行市场干预时，应充分考虑市场机制的内在规律和特性，确保干预行为不破坏市场的自主运作和效率。适度干预竞争原则不仅是国家运用法律手段进行宏观和微观干预的基础，更是现代化市场体系中平衡自由竞争与公平秩序的重要手段。

三、竞争法的制度体系要求

（一）反垄断：保障竞争自身不被扭曲

在市场经济体系中，反垄断法起着至关重要的作用，其主要目标是维护竞争秩序和促进有效竞争，从而避免市场中的竞争扭曲和垄断现象。市场经济的演进，尤其是从初期的自由竞争向由资本和市场内在规律驱动的生产集中、最终形成垄断的转变过程，揭示了竞争模式的多样性。垄断现象在经济和社会层面具有双重作用：一方面，适应提高经济效率的要求，推动生产和技术的优化；另一方面，导致市场竞争减少,可能引起社会整体效益的下降和经济社会生活的失衡。

为了应对这种复杂的市场现象,国家必须制定和实施反垄断法。这一法律框架的目的是对市场经济中自然形成的垄断力量进行调节和制衡,以保持市场的活力和经济的健康发展。在我国的法律体系中,《反垄断法》针对垄断行为的三种主要类型进行规制:垄断协议、市场支配地位的滥用和经营者集中。

对垄断协议的规制专注于监管和控制那些在竞争环境中的经营实体之间所形成的各类协议、决策或其他形式的协同行为,这些行为的特点是排除或限制市场竞争。此类规制旨在识别和处理那些可能扭曲市场竞争结构和机制的协议,确保市场活动的公平和透明。通过监督这些协议和协同行为,相关监管机构维护市场的竞争秩序,防止因垄断行为导致的市场效率降低和消费者利益受损。这些行为可能是横向的,[1]也可能是纵向的。[2]《反垄断法》防止这些行为对产品价格的基本功能产生损害,同时保护消费者福利与公共利益。在特定情况下,《反垄断法》也为某些垄断协议提供了豁免,尤其是那些对相关市场的竞争限制不严重且能让消费者分享利益的协议。

在《反垄断法》的框架下,对市场支配地位的滥用行为进行规制是一个关键点。尽管法律体系鼓励企业通过合法和正当的商业行为来获得市场优势,但其同时严格禁止企业滥用其市场支配地位。市场支配地位的判定不仅依赖于企业的市场份额,而且需要基于对市场结构、当前的竞争状况以及进入该市场的障碍等多重因素的综合

---

[1] 例如固定价格、限定数量、市场分割、联合抵制等。
[2] 例如固定商品转售价格的行为。

考量。此种方法旨在确保全面、精确地评估市场支配地位,从而保障市场竞争的公正性和有效性,防止因市场支配地位的滥用而导致的市场失衡和消费者权益的损害。《反垄断法》列举了多种滥用市场支配地位的行为,并对这些行为是否"不公平"或"无正当理由"提供了判断标准。

经营者集中即企业并购,也是《反垄断法》关注的重要领域。《反垄断法》强调,取得控制权的企业并购,无论是善意并购还是恶意收购,都可能影响市场上的竞争结构,因此需要规制。法律规定了经营者集中的申报标准,包括营业额和市场份额等。这些规定旨在防止并购行为对市场竞争产生不利影响,维护市场竞争的健康和平衡。

我国《反垄断法》在总则中对行政性垄断作出了原则性规定,这反映了立法者对规制行政性垄断的重视。行政性垄断的存在复杂多变,[1]法律不能一一列举,因此,原则性的规定赋予了反垄断执法机构一定的自由裁量权。这种规定方式确保对各种可能形式的行政性垄断行为都能进行有效监管和制裁,以免由于法律的具体性限制而导致规制漏洞。在《反垄断法》的立法架构中,对行政性垄断的界定采纳了一种结合概括性原则与具体实例列举的方法。通过总则部分提供对行政性垄断的原则性定义,而在分则中进一步详细列举了多种行政性垄断的具体表现形式。这种方法的应用,不仅有助于厘清行政性垄断的具体范畴和显著特征,而且为反垄断执法机构在实际操作中准确识别和区分行政性垄断行为提供了明确指引。

综上所述,我国的反垄断法在确保市场经济中竞争的公平性和有效性方面起到了重要作用。不仅规制了市场中的垄断行为,还注

---

[1] 参见孙晋:《现代经济法学(第二版)》,法律出版社2020年版,第175页。

意到了行政性垄断的问题,并且通过原则性和具体性的规定,确保了法律的全面性和实用性。

(二)反不正当竞争:确保公平的竞争秩序

《反不正当竞争法》在法律体系中的定位显著不同于《反垄断法》,其核心在于保障具体交易场景中特定当事人之间的利益平衡,重点关注微观层面的竞争秩序,即在微观交易层面维护公正的竞争环境。[①]在立法目的的层面上,《反不正当竞争法》主要追求三个核心目标:首先,旨在促进和加强社会主义市场经济体系的健康与持续发展;其次,旨在激励并保障市场中的公平竞争机制,确保竞争过程的正当性和合理性;最后,致力于保护经营实体和消费者的合法权益,防止不正当竞争行为对他们造成损害。这些目标共同构成了《反不正当竞争法》的立法精神,为构建公正、有序的市场环境提供法律基础和保障。从宏观层面来看,该法支持公平竞争原则,以促进整体市场经济的稳健增长,体现了宪法对经济秩序的基本要求。在微观层面上,该法律旨在制止那些破坏市场秩序的具体不正当竞争行为,保护正当的商业竞争行为和消费者利益。

在《反不正当竞争法》的定义中,"经营者"涵盖了所有从事商品(包括服务)生产、经营或提供的自然人、法律实体以及非法人组织。根据该法律,经营者在其生产经营活动中,有义务遵守一系列基本原则,包括自愿性、平等性、公平性以及诚信性原则。此外,经营者还需遵循相关法律规定和商业伦理。这些原则和规定共同构成了经营活动的基础框架,确保市场活动的正当性、透明性和合理性,同

---

① 该法律将不正当竞争行为定义为经营者在生产经营活动中违背相关法律规定,扰乱市场竞争秩序,同时损害其他经营者或消费者的合法权益的行径。

时促进健康公正的商业环境。上述基本原则的确立具有重要意义,自愿原则有助于保障经济主体的经济民主和经济自由权利;平等原则的确立有助于平等地保护市场经济各主体,使市场经济主体的合法经济权益得到平等的实现;公平原则要求市场经济主体不谋求法律允许范围之外的任何特权和优势;诚信原则有利于引导市场经济主体从善意出发,做到诚实、守信地行使权利和承担义务;遵守法律和商业道德有利于促进市场主体不断地增强职业道德和社会责任感,维护消费者的合法权益和实现社会公共利益。

《反不正当竞争法》主要通过司法和行政执法两种方式实施。司法主要是通过民事诉讼、刑事诉讼活动打击扰乱市场公平秩序的不正当竞争行为。行政执法也是《反不正当竞争法》的重要实施方式,特别是当受不正当竞争行为损害的经营者或消费者不明确的情况下,行政执法尤为重要。也就是说,市场监督管理机关作为国家经济监督管理部门和行政执法部门,其本身具有规范市场行为的综合职能,是反不正当竞争的主要执法机构。[①]但是,法律、行政法规规定由其他部门查处的,则应依照相关法律、行政法规之规定。[②]实践

---

① 根据反不正当竞争法,国务院建立反不正当竞争工作协调机制,研究决定反不正当竞争重大政策,协调处理维护市场竞争秩序的重大问题。一般而言,由县级以上人民政府履行市场监督管理职责的部门负责对不正当竞争行为进行查处;但如果法律、行政法规规定由其他部门查处时,依照其规定。

② 例如,根据产品质量法的规定,产品质量监督机关有权查处经营者在产品上伪造产地,伪造或者冒用他人的厂名、厂址,伪造或者冒用认证标志等质量标志的行为;根据药品管理法的规定,药品监督管理部门负责药品生产、经营等领域的不正当竞争行为的监督检查;根据证券法的规定,国务院证券监督管理机构(中国证监会)依法对证券市场上的不正当竞争行为进行监督检查;根据对外贸易法的规定,国务院对外经济贸易主管部门(商务部)依法对对外贸易经营活动中实施的危害市场公平竞争的行为进行监督;等等。

中,在规制不正当竞争行为中发挥重要作用的行政机构主要有:国家市场监督管理部门、质量技术监督管理机关、物价管理机关、环境保护机关、食品卫生监督管理机关、证监会、国家知识产权局以及其他相关行政管理机构。

《反不正当竞争法》的实施主要采取事后调整机制,以民事责任为核心,其中民事诉讼通常由私人主体提起。该法鼓励、支持并保障各类组织和个人对不正当竞争行为进行社会监督。社会监督的主体范围广泛,除国家机关外,还包括经营者、内部自控机构、行业协会、消费者等多种实体。社会监督的方法多种多样,涵盖披露、举报、控告、起诉等行为。对于涉嫌不正当竞争的行为,任何单位或个人均有权向监督机关举报。接到举报的监督机关有责任依法及时处理。为了方便举报,监督部门应向公众公开其受理举报的联系方式,包括电话、信箱或电子邮件地址。此外,为了保护举报人的隐私,鼓励实名举报,监督部门负有保密的义务。对于提供实名举报并附有相关事实和证据的个案,监督部门还应向举报人反馈处理结果。

最后,《反不正当竞争法》规制的不正当竞争行为主要包括:市场混淆行为、商业贿赂行为、虚假或引人误解的宣传行为、侵犯商业秘密行为、不正当有奖销售行为、商业诋毁行为、通过互联网技术进行的不正当竞争行为。需要说明的是,虽然实施不正当竞争行为的主体是经营者,但并非所有的经营者都会成为不正当竞争行为的主体,经营者之间只有因为竞争而加入不正当竞争关系中,才会成为不正当竞争行为的主体。另外,有些经营者虽然不处于同一行业,但不能据此认为他们之间不存在竞争关系,如果经营者的行为在给自己带来利益的同时,直接损害了其他经营者的利益,经营者在商业利益上存在此消彼长的关系,则可以认为经营者之间存在竞争关系。

（三）公平竞争审查：协调宏观调控与市场竞争的关系

我国《宪法》第15条规定："国家实行社会主义市场经济。国家加强经济立法，完善宏观调控。国家依法禁止任何组织或者个人扰乱社会经济秩序。"据此，经济运行需要市场竞争和宏观调控的相互配合。从促进增长的角度看，市场经济越发达，市场竞争对于增长的作用越显著，越需要强化市场竞争的基础性地位。[1]国家需要动态地协调宏观调控与市场竞争的关系，具体可通过规制政府制定宏观调控政策的行为来落实。在我国，与之相应的制度经历了从行政性垄断规制到公平竞争审查的扩展，但目前仍以保障竞争为主，重心尚未转移到培育竞争上来。

为确保政府出台的政策不会排除或限制市场竞争，国务院于2016年提出了建立公平竞争审查制度的方针，旨在对行政性垄断行为造成的损害提供事前救济。随后，2021年国家发展改革委联合其他四部门进一步颁布了《公平竞争审查制度实施细则》，对公平竞争审查制度的操作提供了具体规范，增强了其实际应用的可行性和有效性。

在当前的政策框架下，各政策制定机构承担着对其制定的涉及市场准入、产业发展、招商引资、招标投标、政府采购以及经营行为规范和资质标准的规章、规范性文件和其他政策措施进行公平竞争审查的重要职责。这种审查机制广泛适用于包括行政法规、国务院的其他政策措施及地方性法规在内的各种政策的草拟阶段。在政策提出前，政策制定机构进行自我审查，评估政策对市场竞争的可能影响，特别是排除或限制竞争的潜在效果，成为了一个必要的前提条

---

[1] 参见孙晋：《公平竞争原则与政府规制变革》，载《中国法学》2021年第3期。

件。审查要确保政策措施不会对市场竞争构成负面影响,未经审查或审查结果表明存在竞争问题的政策不得实施。此外,为了增强政策制定过程的透明度和民主性,制定机构在制定政策措施和执行公平竞争审查时,应当积极采纳利害关系人的反馈意见,或向公众征求意见,并依照相关规定向社会公开相关政策措施。这些措施共同构成了保障市场公平竞争和监管有效性的关键环节。

对于已经出台并实施的政策措施,政策制定机关应定期进行评估,以判断其对全国统一市场和公平竞争的影响。如评估结果显示政策措施对市场和竞争产生不利影响,则应及时予以废止或修正。评估周期由政策制定机关根据实际情况自行决定,并在政策出台时予以明确。通过建立专门的定期评估机制或在定期清理规章和规范性文件时进行评估,能够保证政策的连续性和适应性。

总体而言,公平竞争审查制度协调宏观调控与市场竞争关系时,着眼点仅限于保障竞争,主要是以既定竞争状况为基础,分析宏观调控政策是否以及在多大程度上阻碍竞争发挥作用。但是,强化市场竞争的基础性地位,不只需要防止市场竞争受到人为损害,更应当包括在既定竞争状况的基础上进一步造就竞争、培育竞争、促进竞争。显然,现有制度还没有能够从整体上为竞争的培育和促进提供系统性支撑,竞争法学亟须研究竞争从无到有、不断成熟的过程,构建促进竞争的战略框架和制度体系。

(四)实施机制与法律责任:优化竞争治理体系

我国竞争法确立了民事诉讼与行政执法并行的实施机制,但并没有对二者的衔接机制作出明确规定,而是将这些问题交由竞争法律实践来探索完善。作为两种不同规制工具,诉讼制度与行政执法均具有特殊功能和独立价值,不仅需要从有效推进竞争法实施的角度明确各自角色定位，还应当注重二者之间的配合衔接。

在竞争法律实践中，行政执法和民事诉讼承担着不同的职责。法院通过对适格当事人的认定、举证证明责任的分配、赔偿损失的要件与范围、合同无效的认定等问题的解决，统一司法政策，创设出民事诉讼的功能定位。行政执法则相对重视威慑，制止反竞争行为和贯彻国家政策目标。相比之下，对于威慑（或预防）垄断行为、维护（或补偿）竞争秩序而言，民事诉讼更重视制止违法行为，补偿受害人的实际损失。①

在民事诉讼与行政诉讼的配合衔接方面，应着重考虑以下四点：一是反竞争行为的受害人在行政执法机构作出决定之后再提起的民事诉讼；二是注意反竞争行为的受害人在行政执法机构作出决定之前提起民事诉讼；三是针对行政执法所提起的行政诉讼；四是行政执法机构制定的实施指南在民事诉讼中如何适用。此外，由于在整个竞争治理体系中，中央实施机构的费用支出和公务人员人数占比偏低，有效的资源投入难以落实促进并保障竞争的宏观政策。②实践中，对于跨区域案件的处理，中央实施机构只能委托地方实施机构或者通过专项整治的方式回应社会需求。由于在推进竞争法的实施时面临违法性认定标准、损害赔偿标准等难以统一的难题，地方机构持续表达出要求中央进一步细化相关制度的要求。然而，鉴于竞争法自身的复杂性和灵活性，制度本身又不应事无巨细地对所有问题作出统一、固定的规定，只能采取类型化的方式，稳步推进竞争法律制度

---

① 参见吴宏伟、董笃笃：《中国反垄断民事诉讼制度的回顾与展望》，载《河南财经政法大学学报》2015年第2期。

② 参见胡颖廉：《"中国式"市场监管：逻辑起点、理论观点和研究重点》，载《中国行政管理》2019年第5期。

的完善。总体而言,当前竞争法,尤其是《反不正当竞争法》的制度供给不足,实效性难以获得实质性提升。面对这种情况,优化竞争法治理体系的一项重要内容,就是优化事权配置结构和科学划分各层级事权,具体可考虑通过优化竞争法民事诉讼和行政执法的管辖制度来落实。

第二节 现代市场体系建设背景下竞争法的价值定位提升

竞争法的制定与执行在现代市场经济体系中扮演着不可或缺的角色,其影响范围广泛,涵盖政府、市场及消费者等各个层次的主体。在竞争法体系中,政府不仅是竞争法的制定者和执行者,同时也是其约束的对象。政府角色转变为市场监管者和公平竞争的保障者,其行为在竞争法的框架下受到规范和制约,以防止各种形式的市场失灵或不公平竞争现象。

市场则作为竞争法施行的主要场所,其健康运行依赖于竞争法的有效实施。竞争法的目标在于确保市场主体在公平和平等的基础上参与市场竞争,公正获取资源。这直接影响到市场主体的竞争能力、效率及其所获得的效益。一个良性的竞争环境能够激发市场主体的创新动力,提升整个市场的活力和效率。

在市场经济体系中,消费者作为终端受益主体,对资源优化及公平竞争环境具有强烈的需求。从消费者福利的视角来看,竞争法的有效实施是确保其利益得到实现和保障的关键基础。竞争法不仅能够促进市场效率和创新,而且可以通过确保市场的公正性和透明性,间接提升消费者的福祉。因此,在制定和执行竞争法时,必须重视其对消费者福利的直接和间接影响，确保消费者作为市场经济中的核心参与者，其权益能够得到充分的认可和有效的维护。

总体来看，竞争法对政府、市场和消费者产生的影响是相互关联的。政府在确立和执行竞争法的过程中，不仅增强了市场的自主运行能力，减少了不必要的干预，同时也为消费者提供更公平、更有效率的市场环境。这一过程中，竞争法成为确保市场经济健康发展和消费者福利提升的关键工具，体现了现代市场经济体系中竞争法的核心价值和重要作用。

一、竞争法实施与有效市场的逐步实现

2022年4月10日，《中共中央 国务院关于加快建设全国统一大市场的意见》（以下简称《意见》）正式发布，因应了我国现阶段的发展要求和国际局势的变化，为我国建设全国统一大市场提供指引，开启中国市场经济发展的全新篇章。

从国内环境来看，近年来，我国推进建设全国统一大市场，公平竞争理念逐步进入大众视野，但是在现实中仍存在一些阻力和障碍。[①] 市场分割严重破坏市场竞争秩序，成为形成垄断的重要原因之一。生产要素得不到有效整合，资源无法优化配置。市场监管手段单一，监管方式落后，运动式和选择性执法屡见迭出，使得监管公平公正性面临考验。从国际环境的角度来看，新冠疫情席卷全球，使得我国面向全球的进出口贸易遭受严重打击。此外，俄乌战争形势愈发严峻，全球经济受到负面冲击，对我国亦有深远影响。在国内现状

---

① 参见殷继国：《强化竞争政策基础地位何以实现——基于竞争政策与其他经济政策协调的视角》，载《法学》2021年第7期。

和国际局势的双重影响下,《意见》横空出世,要求"加快建设高效规范、公平竞争、充分开放的全国统一大市场",其总体要求、价值理念、主要目标、工作方式等皆与竞争法密切相关。下面就基于全国统一大市场的视角来理解竞争法对市场的影响与内在要求。

(一)统一的市场基础规则

严禁各地区各部门自行发布具有市场准入性质的负面清单。我国实践中存在部分政策制定机关人为地设置不合理的市场准入条件,制造行业壁垒,妨碍商品自由流通,阻碍地区或者行业创新的情况。从短期来看,此类政策有助于个别地区内部的快速发展,但是从全局和长期来看,其损害了公平竞争的市场秩序,对经济发展造成了严重阻碍。[①]市场准入一定程度上决定了经营者的数量和相关市场的竞争程度,因此须保障各类市场参与主体在市场准入方面得到公正、平等对待。

建立公平竞争政策与产业政策协调保障机制。我国自改革开放以来实现了经济高速发展,但在高速发展时期,各地方政府依赖生产要素和投资,极力追求GDP增速,形成了片面追求数量和速度,忽视质量的粗放式发展模式。不少地方政府为实现短期快速的经济发展,奉行产业政策优先的理念,从短期来看,地方确实会取得经济发展成效,但其发展是不可持续的。现阶段,我国经济迈入了中高速增长的新常态,由粗放型增长模式转向高质量增长,必须协调竞争政策与产业政策的关系。产业政策应是以"有形的手"在出现"市场失灵"时弥补市场的不足,这意味着仍然应坚持市场在资源配置中的决定

---

① 参见李青:《"十四五"时期强化竞争政策基础地位的几点思考》,载《中国市场监管研究》2021年第7期。

性作用。而竞争政策的实施具有维护和促进市场竞争的重要作用，能够确保市场中的竞争机制得以有效发挥，从而显著提升生产效率，并实现资源配置的最优化。

加快助力《反垄断法》《反不正当竞争法》实施。2020年12月21日，全国人大常委会法工委发言人宣布，《反垄断法》修订已列入2021年预安排的重点立法之一。良法是善治的前提，如今，新《反垄断法》正式实施，顺应了我国的经济发展趋势，首先，其修订内容强化了竞争政策的基础地位，因为竞争政策可以理顺各类经济政策与市场竞争的关系，约束政府行为，保护和激发市场竞争；其次，其明确了公平竞争审查制度的法律地位，从源头上划清政府与市场的边界，规范政府行为，防止政策制定机关制定限制、排除竞争的制度；最后，新《反垄断法》回应了我国数字经济发展新业态、新问题。为数字经济背景下规制数字平台的行为提供了法律依据，强化对数字平台的反垄断监管。

（二）统一的要素和资源市场

坚持金融服务实体经济，为资本设置"红绿灯"，防止资本无序扩张。2020年12月11日的中共中央政治局会议和其后召开的中央经济工作会议，两次提出要"强化反垄断和防止资本无序扩张"。由此可见，建设全国统一大市场不仅要发挥市场在资源配置中的基础性作用，而且要防止资本无序扩张。防止资本无序扩张与强化反垄断具有逻辑上的关联性。[①]易言之，应当创新监管机制，坚持反垄断和防止资本无序扩张并举，从而有助于维护公平、有序的竞争秩序。

---

① 参见解旖媛：《筑牢安全底线 防范资本无序扩张》，载《金融时报》2022年4月13日。

防止资本无序扩张,既是防止资本脱实向虚、支持实体经济发展的需要,亦是反垄断、防止市场失灵、保护消费者权益的需要。

建立健全数据安全、权利保护、跨境传输管理、交易流通、开放共享、安全认证等基础制度和标准规范,深入开展数据资源调查。近几年,伴随着互联网、人工智能及大数据的迅猛发展,我国数字经济飞速发展,数据成为关键生产要素。数字平台间的竞争主要围绕数据展开,平台寡头格局之下的数据封锁,容易造成进入壁垒。我国亟须构建数据基础制度,完善数据产权规则,厘清数字平台与消费者的数据权利边界,政府有关部门应当加强数据监管以实现数据安全和权利保护。首先,须合理界定数据要素各参与方的权利与义务,完善法律规则以加强个人数据人格权保护,增强数据流通过程中的个人信息保护;其次,加强相关主体的行业自律,积极引导相关主体主动进行数据合规,通过奖励或特殊待遇等方式激发相关主体自律合规积极性,从源头处加强对个人信息的保护;再者,完善数据分级分类监管,明确不同类别数据的定义及分类标识,科学设计与之相应的保护标准,并配套相应的动态调整管理机制;最后,建立跨境数据监管制度,贯彻数据自由流动原则的同时坚守数据主权的底线,建立关键数据跨境传输审批制度,兼顾安全收益与经济收益。

(三)统一的商品和服务市场

围绕住房、教育培训、医疗卫生、养老托育等重点民生领域,推动形成公开的消费者权益保护事项清单。2020年底中央经济工作会议在部署"强化反垄断"工作时,明确要求"完善平台企业垄断认定、数据收集使用管理、消费者权益保护等方面的法律规范"。与垄断风险相伴而生的是侵犯消费者权益等诸多问题。我国处于数字经济高速发展时期,垄断行为严重破坏竞争,并损害消费者权益。经过改革开放,我国形成了较为健全的商品市场。但不可否认的是,现阶段我国市场分割现象仍然较为突出,商品和服务市场的分割使得资源和要素的流动被阻碍。分割性与统一性相对,垄断性与竞争性相对,因此构建统一的商品和服务市场须以建立公平、有序的市场竞争秩序为前提,促使商品和服务得以在国内各地区间自由、无障碍地流通,同时还需要降低区域间的价格差异,有效维护消费者的合法权益。①

（四）统一的市场监管公平

推进维护统一市场综合执法能力建设,加强知识产权保护、反垄断、反不正当竞争的执法力量。2022年1月,国务院印发《"十四五"市场监管现代化规划》(以下简称《规划》),明确要求加强市场综合监管,提高竞争执法水平,推进线上线下市场一体化监管,完善公平竞争审查制度,着眼于建立维护公平、有序的市场竞争秩序,以促进创新,激发市场活力。②现阶段我国反垄断法执法迎来新挑战,反垄断执法部门面临监管难题,传统的反垄断分析工具和执法方式已无法适应我国经济发展新业态,监管公平公正与否经受考验。此外,执法方式以事后惩戒为主,柔性执法和倡导性监管缺失,执法方式单一,监管力量不足,监管效能低下,程序缺乏正当性和可操作性。此次《反垄断法》修订为强化反垄断执法力量带来新机遇,得以加强中央层面对地方反垄断执法的指导和规范,提升部门间工作的协同性和统一性,从而形成上下工作合力,按照反垄断统一执法需要,塑造统一执法理念,形成统一的监管思路。

---

① 参见刘志彪、孔令池:《从分割走向整合:推进国内统一大市场建设的阻力与对策》,载《中国工业经济》2021年第8期。

② 参见时建中:《强化公平竞争审查制度的若干问题》,载《行政管理改革》2017年第1期。

完善"双随机、一公开"监管、信用监管、"互联网+监管"、跨部门协同监管等方式,加强各类监管部门的衔接配合。既有的反垄断监管以线下监管为主要方式,与数字经济时代以线上为主的经营模式严重不匹配,导致现阶段反垄断监管力不从心。因此,必须着力构建全方位、多层次、立体化监管体系,使监管方式趋向多元化。以"互联网+"等作为技术基础,建立起跨区域的网络监管协作机制,促进线上线下配合一体化监管,以完善监管方式、强化反垄断监管执法力度。此外,可以通过技术赋能优化监管方式,在反垄断监管执法中广泛利用互联网、大数据、云计算、人工智能等技术手段,促进反垄断执法的数字化转型,以应对数字经济时代的新问题,从而提升监管效能。[①]

二、竞争法实施与有为政府的阶段调整

(一)竞争法规范政府行为

在现代市场经济体系中,竞争法的一个核心作用是规范政府行为。政府在市场经济中既是规制者也是参与者,其对市场的干预行为须受到严格监督和约束。历史经验表明,政府干预市场经济时,可能导致权力滥用、官僚主义、寻租腐败等不良后果,从而带来市场失灵和政府失败的双重风险。因此,竞争法的制定和实施不仅旨在规制市场主体和市场行为,更重要的是将政府及其行为纳入规制范围。

《"十三五"市场监管规划》强调通过竞争政策来规范和约束政府行为,体现了竞争法在全面深化改革和依法治国中的关键地位。竞争政策建立在一套系统性的竞争法律框架之上,通过明确的规则

---

① 参见孙晋:《数字平台的反垄断监管》,载《中国社会科学》2021年第5期。

体系对排除、阻碍或者限制市场竞争的行为施加约束和规制。将竞争政策树立为一项基础性政策,并以此来限制和指导政府的行为,体现了对于国家治理能力及治理体系现代化的深刻追求。这种做法不仅展示了对市场机制的尊重和信赖,也标志着对国家在市场经济中角色和职能现代化的坚持,进一步强调了法律制度在维护市场秩序和促进经济健康发展中的核心地位。但实际操作中,尤其在省级、地市级、县级政府层面,传统的产业政策仍然占据主导地位。这种现象短期内难以完全消除,表明经济法特别是竞争法在推动政府职能转变中仍然需要占据重要角色。

政府在权力运用时应有竞争法的思维,将竞争政策置于优先地位,这是国家治理体系和治理体系现代化的必然要求。当竞争政策与产业政策发生冲突时,应优先适用竞争政策,以确保竞争中立和市场的自主性。该政策方向的转变有利于缓解政府对市场经济活动的不当干预,从而增强市场主体的活力与效益。这种转变有助于公平竞争的市场环境的形成,为消费和生产活动提供更加健康和可持续的基础。此外,这种政策调整反映了对市场力量和自主经营原则的重视,强调通过合理的政策制定和有效的法律规制来优化资源配置,以激发市场主体的创新和竞争能力。因此,竞争政策的实施与其在政策体系中的优先性,对于确保政府行为的现代化、市场经济的高效运作以及公共利益的最大化具有至关重要的作用。竞争法在此过程中起着重要的引导作用,不仅推动政府职能的转变,也促进了市场经济体系的健康发展。

在竞争法框架内,规范政府行为主要通过反行政性垄断制度和公平竞争审查制度来实现。这两个机制共同作用,能够减少法律和政策对市场竞争的不合理限制,同时监督和制止政府行为可能导致的市场失衡。公平竞争审查制度是在政策制定和实施的初期阶段，对可能影响市场竞争的行政规章、规范性文件和其他政策措施进行审查的机制。该制度的目的是从源头上阻断可能导致市场竞争不公平的政府行为，确保政府决策过程中充分考虑竞争政策，防止政府权力的滥用。通过这种事前审查，可以有效预防和减少行政性垄断行为的产生，维护公平竞争秩序，实现市场资源配置的最优化。反行政性垄断制度则着重于事后对政府行为的调整和制约。这一制度赋予反垄断执法机构权力，制止和纠正政府机关滥用行政权力排除或限制竞争。从而有助于优化营商环境，加快构建健康的统一市场，确保各类市场主体获得在市场中的公平竞争机会。

（二）竞争法推动政府有效作为

在现代市场经济中实施竞争法对政府职能提出了新的要求。现代市场经济中竞争法的核心在于促进市场的公平竞争和有效运作，而实现这一目标的关键在于使政府从传统的市场参与者转变为市场的监管者和公平竞争的保障者。政府职能的这种转变涉及经济调节、市场监管、社会管理、公共服务以及生态环境保护等多个方面。

在经济调节方面，政府需借助竞争法框架推行更为合理和有效的经济政策，以促进市场效率和经济增长。在市场监管方面，竞争法强制性地要求政府机构制定实施一系列公正的规则与标准，以确保各市场主体能在公平竞争的环境中有效运营。这包括确立和维护一个透明、无歧视的市场环境，同时对所有市场参与者适用平等的法律约束和规制。社会管理方面，政府应利用竞争法的原则和方法，提高管理效率和公平性。在公共服务和生态环境保护方面，竞争法的实施同样要求政府采取更加高效和可持续的管理策略。

在响应竞争法的实施要求方面，政府需采取权责清单制度，明确界定政府与市场、政府与社会之间的相互关系，从而推进政府职能的现代化进程。这一转变要求政府深入实施简政放权政策，加速行政审批制度的改革，优化营商环境，促进市场的有效运作。政府在行使权力时，应坚守市场化、法治化、国际化的原则，确保以市场主体的需求为导向，保障市场在资源配置中的决定性作用，并通过适当的政策干预来实现公平竞争和社会福利最大化。同时，政府在政策制定层面需展现创新，制定促进公平竞争的法律和法规，为市场主体创造一个公平、透明、可预测的法治环境。此外，政府还需建立跨部门协调机制，以预防政策间的冲突和效果抵消，同时考虑市场主体的适应和调整需求，提供充分的政策适应期，并完善多元化的纠纷解决机制，加强法治宣传和教育工作。

在市场准入方面，竞争法要求政府继续放宽市场准入限制，并实施全国统一的市场准入负面清单制度。其实施意味着政府在市场准入领域需要确立统一和公平的规则体系，破除市场准入壁垒，消除各种隐性限制，从而保证所有市场主体享有平等的市场准入条件。政府还需努力简化企业的开办和注销手续，减少行政许可和审批环节，完善市场主体的退出机制，以治理不合理的收费和市场准入限制。这些措施是构建公平竞争市场环境和推动经济高效发展的关键策略，反映了政府在促进市场高效运作和维护公平竞争方面的积极作为。

在监管执法方面，竞争法的框架要求政府转变监管执法模式，从传统的、过度依赖行政命令的监管方式向更加灵活、高效、以市场为导向的监管模式转变。首先，深化行政执法体制改革是监管执法创新的重要方面。这包括减少不必要的行政执法事项，去除那些可能阻碍市场效率和公平的行政壁垒。通过简化和优化行政流程，最大程度地减少政府对市场的不当干预，为市场主体创造一个更加公平和透明的竞争环境。这也意味着政府需要持续审视和评估现有的行政执法项目，确保其与市场发展的需求保持一致。其次，规范和创新监管执法是深化监管执法的关键环节。制定全国统一、简明易行的监管规则和标准，不仅有利于提升行政效率，也有助于保障法律的公正执行。这要求政府在制定规则和标准时，充分考虑市场的多样性和复杂性，确保规则和标准能够适应不同市场主体的需求。

此外，创新监管手段也是实现有效监管的关键。推行信用监管、"双随机、一公开"监管、包容审慎监管和"互联网+监管"等现代化监管手段，可以在确保监管有效性的同时，降低行政成本和市场主体的负担。创新监管手段的应用体现了政府对市场规律的尊重和对市场主体自主权的保护。因此，监管执法的深化与创新不仅是政府职能转变的必然要求，也是促进市场公平竞争和高效运作的重要保障。通过深化行政执法体制改革，规范和创新监管执法，推行现代化监管手段，可以激发市场活力，促进经济的健康发展。

三、竞争法对消费者的实施影响与内在要求

在日益复杂且不断变化的市场经济环境中，垄断行为和不正当竞争成为损害消费者权益的关键因素。这些行为通常具有一定的隐蔽性、复杂性和持续性，为执法机构在认定其对消费者权益的侵犯程度时带来显著挑战。更加棘手的是，这类侵权行为对消费者权益的损害效应往往是延迟的，可能要经过多年才能显现出来，导致消费者在计算其具体损失并寻求法律救济时面临极大困难。早期识别和及时干预此类行为，以及强化消费者权益保护机制，成为确保市场健康

运行和妥善维护消费者权益的关键。

因此，出于保护消费者权益的考量，建立一个公平竞争的市场环境至关重要。2021年1月31日，中共中央办公厅和国务院办公厅共同印发了《建设高标准市场体系行动方案》，明确提出了加强和改进反垄断与反不正当竞争执法的要求。这一举措标志着我国在保护消费者权益和促进健康市场竞争方面迈出重要一步，不仅有助于遏制不公平的市场行为，也为消费者提供了更加坚实的权益保护基础。此外，该方案还特别强调了对新兴业态如平台经济和共享经济的监管。在这些快速发展的领域中，对垄断和不正当竞争行为进行规制，对于确保市场的健康和消费者权益尤为重要。

通过《建设高标准市场体系行动方案》的实施，我国正致力于构建一个更加公平和透明的市场环境。这不仅有助于促进企业间的健康竞争，更重要的是，能够为消费者提供强有力的权益保护。在此过程中，执法部门扮演了不可替代的角色，必须不断适应市场变化，灵活应用法律工具以确保市场公正性以及消费者权益得到维护。

（一）竞争法保障消费者权益与构建公平竞争环境

在现代市场经济体系中，竞争法充当着保护消费者权益的法律工具。其作用不仅直接体现在维护消费者的选择权和公平交易权方面，还体现在通过确立市场的公平竞争环境，间接促进消费者福利提升。《消费者权益保护法》赋予了消费者一系列诸如选择权和公平交易权等重要权利。然而，这些权利的有效实现在很大程度上依赖于市场环境是否具备公平竞争的特征。当牵涉到整个市场公平竞争问题时，消费者的权益保护面临着更加复杂和具有挑战性的局面。

《反垄断法》和《反不正当竞争法》在维护消费者权益方面发

挥着关键作用。《反垄断法》的立法宗旨强调维护消费者利益原则。在审查经营者集中时,该法考虑了对消费者的影响,尤其关注是否使消费者分享相关利益。《反不正当竞争法》虽然规定了有限的不正当竞争行为类型,但其第8条对虚假宣传的规定为捍卫消费者权益提供了坚实的法律基础。在司法实践中,尤其在反垄断案件中,消费者可以根据法律规定依法向行政机关举报或向法院提起诉讼,以维护其权益。这些法律体系的运作共同构成了维护消费者权益的关键机制,其中《反垄断法》和《反不正当竞争法》在界定和制裁侵犯消费者权益行为的民事责任领域发挥了核心作用。此外,电子商务法等其他配套法规也为消费者权益的全面保障提供了有效补充,进一步强化了法律保护的系统性和连贯性。这些法律的严格执行不仅在微观层面上维护了消费者的基本权利,更在宏观层面上,通过塑造一个透明且公平的市场环境,促进了消费者福利的整体提升。

竞争法为构建公平竞争的市场环境提供了重要的法律保障,这对于保护消费者权益,尤其是在复杂和隐蔽的垄断及不正当竞争行为情形下的消费者权益保护,具有不可替代的作用。通过强化法律框架和司法实践,可以有效地保护消费者免受不公平市场行为的侵害,从而促进市场整体健康发展和消费者福利的最大化。

(二)消费者权益保护组织助力遏制反竞争行为

垄断和不正当竞争行为对消费者权益的损害通常表现出范围广、受害者众多、手法隐蔽性强、维权成本高等特点。这些行为往往不是直接体现在产品的定价或质量上,而是通过复杂的市场操作和策略,对消费者权益造成潜在的长期影响。例如,某些垄断企业可能通过"小口快吃"或"细水长流"的策略,隐蔽地提高产品价格或降低服务质量，从而损害消费者利益。这种行为的隐蔽性和长期性，使得消费者难以准确核算损失和提出有效索赔。

在监管和执法方面，由于其法律特性，执法部门面临诸多挑战。特别是在民生领域中产生的垄断行为，一般消费者和非专业机构通常缺乏必要专业知识和资源，来有效应对和揭露这类侵权行为。消费者保护组织在全面履行社会职责方面发挥着关键作用。尤其是省级及以上的消费者保护组织，应积极担负公益诉讼责任，主动代表消费者进行维权。垄断行为在实施过程中可能采取的手段通常较为隐蔽，例如通过非公开的价格协议或利用市场支配地位进行的微妙调整。这种行为虽然看似微不足道，但长期累积对消费者的影响却是巨大的。针对这些行为的监管和执法，需要消费者保护组织的积极参与和监督，通过与反垄断执法机构合作，共同应对这些复杂和隐蔽的市场行为。此外，这些组织还需具备进行市场分析的能力，特别是在互联网经济和快速变化的商业模式下，需要能够准确判断和应对市场中的不公平竞争行为。由于垄断和不正当竞争行为对消费者权益的损害具有其特殊性，这要求消费者保护组织、执法机关以及相关法律实践机构采取更为积极和有效的措施，以保护消费者免受这些行为的不利影响。

（三）消费者权益保护组织促进公平竞争与消费者长远利益携手并进

消费者保护组织在反垄断和反不正当竞争领域中承担着重要的职责。这些组织不仅应深刻意识到构建公平竞争环境的重要性，还应积极配合参与市场监管，督促对不良营商手法的整改。其职责范围应当包括对垄断行为的监督、公开揭露典型问题，协助市场监管部门和司法机关在反垄断工作中进行调查和评价。在反垄断领域，消费者保护组织应当发挥其法定职责,特别是在发现垄断协议、市场支配地位滥用等行为时,应主动采取措施。例如,针对广泛涉及消费者权益的滥用市场支配地位行为,消协组织可以发挥积极作用,为消费者争取更多利益。同时,消协组织应利用竞争法作为保护消费者权益的工具,不仅关注经济运行效率,而且着眼于消费者的整体和长远福利。

由于互联网经济的特殊性和快速变化,存在双边市场效应、多归属性、动态竞争等特点,消协组织应进行持续的市场研究,以便更有效地监督和应对市场中的不公平竞争行为。对于影响消费者选择权和公平交易权的热点和难点问题,例如电商平台的"二选一"等行为,消费者保护组织应积极参与,借助《反垄断法》及相关配套制度的指导,履行其职责。此外,集体诉讼和公益诉讼是降低消费者维权成本、提高维权效率的有效途径。消费者保护组织在因为垄断导致的消费者权益侵害案件中,应积极推动集体诉讼的实施,并与检察机关合作,充分发挥其在公益诉讼中的作用,从更广泛和深入的层面上保护消费者权益。

综上所述,消费者保护组织在构筑公平竞争的市场环境及打击垄断与不正当竞争行为中扮演了至关重要的角色。这些组织通过积极参与市场监管活动推动法律实施,协助法律执行机构,增强了对消费者权益的保护力度。一方面,消费者保护组织不仅在监督市场行为、提供政策建议中发挥作用,还通过教育公众和提升消费者对自身权利的认知,促进了一个更透明、更公正的交易环境的形成。另一方面,这些组织还参与到法律更新与制定的讨论与实践中,为消费者权益的法律框架提供实证基础,从而有效地促进了消费者权益保护法律的发展与完善。

第三节　现代市场体系视域下竞争法实施机制的现实考察

一、反垄断法实施机制检视

（一）反垄断执法机构的设置及权限

国家市场监督管理总局组建之前，国家发展和改革委员会专注于价格相关的反垄断调查，主管对价格垄断行为的监督，如价格协议和价格滥用。这一职能使得其在中国经济体系中扮演了守护价格公正与市场秩序的角色。其权力主要体现在对市场经济中的价格违法行为进行强制调查与处罚，致力于维护市场价格的公平竞争。商务部的主要职责是审查企业合并，确保大规模并购活动不破坏市场的竞争环境。通过对潜在的垄断效应的严格评估，商务部力图保障市场多样性和健康竞争，对维护经济多元化发展具有不可或缺的影响。原国家工商行政管理总局则负责非价格方面的反垄断行为监管，其在打击不正当竞争和保护商业诚信方面发挥了核心作用，其职能涵盖了市场监管的多个重要方面。分散的执法机构设置，在确保专业监管的同时，也带来了诸多挑战，例如执法力量之间的协调困难、资源配置的重复以及监管盲区等问题。这不仅影响了反垄断政策的统一执行力，也降低了执法效率。

2018年3月13日，第十三届全国人民代表大会第一次会议发布了国务院机构改革方案。根据《关于国务院机构改革方案的说明》，明确提出了设立国家市场监督管理总局的计划，该机构将负责统一执法反垄断职能。为了实现这一目标，我国进行了必要的机构改革和调整,其中最主要的表现就是国家市场监督管理总局将承担具体的反垄断执法工作。这一变化意味着我国反垄断执法权的横向配置模式"1+3+N"将结束,取而代之的是"1+1+N"的新配置模式。[①]

此次改革象征着我国在反垄断法律执行方面的显著进步,实现了由分散化管理向统一化管理的转变。这一变化不仅回应了学术界的期待,[②]同时也体现了我国反垄断立法和市场经济制度变革的必然要求。国家反垄断局于2021年11月18日正式成立,此举标志着我国反垄断执法权力朝着独立性和权威性方向的关键发展。其目的在于完善我国的反垄断执法机制,支撑社会主义市场经济制度的改革,同时促进社会主义市场经济的高质量增长。这一步具有重要意义,并将产生深远影响。

国务院行政单位既有反垄断委员会又有反垄断执行机构。尽管如此,他们各自的职责范围存在一些细微的不同。按照《反垄断法》的第12条,反垄断委员会的职责包括但不限于组织、协调和引导反垄断事务,例如研究和制定竞争政策,评估市场竞争状况,发布评价,发布反垄断指南,协调反垄断行政执法等多项任务。因此,反垄断委员会并未直接参与具体法律行动的实施。依据《反垄断法》第13条第2款"国家反垄断执法机构可以根据工作需求,授予省、自治区、直辖市政府相应的机构,按照该法负责相关的反垄断执法工作。"中央和地方省级政府间权责配置清晰,一般而言,中央政府主张反垄断

[①] 参见刘继峰:《中华人民共和国反垄断法理解与适用》,中国法制出版社2022年版,第60页。

[②] 参见王晓晔:《王晓晔论反垄断法》,社会科学文献出版社2010年版,第421页;王健、朱宏文:《反垄断法实施问题研究》,法律出版社2013年版,第3页;万江:《中国反垄断法:理论、实践与国际比较》,中国法制出版社2017年版,第330页。

执法权,但在国务院反垄断执法机构的许可下,省级政府的相应机构也可执行相关的反垄断执法职务。通过这种方式,权力得到了合理行使和协调。省级相应机构一般指省市场监督管理局。具体而言,上述规定包含如下含义:(1)授权对象仅限于省级政府相应机构,省级政府相应机构不能再行授权。(2)法律上规定的授权模式不是概括性授权,而是"根据工作需要"才进行授权。个案授权采用了"一事一议"的授权方式,并强调了授权机构的主导作用。(3)条文中的"反垄断执法工作"包括调查和处理。可以将其全部授权,也可以将调查权单独授权。

(二)反垄断法执法程序与权力

法律的成效在于实施。只有有效实施,《反垄断法》才能发挥其维护市场竞争秩序、保护消费者和社会公共利益的功能。与其他法律相比,《反垄断法》更加依赖于程序的执行。反垄断执法机构的权力涵盖了复杂的内容,包括程序性权力和实质性权力,既与反垄断法规定相关,又与其他相关法律规定相关。在我国,反垄断执法属于行政执法范畴,与其他行政程序法律之间的关系是特别法与普通法的关系。因此,在《反垄断法》没有明确规定的情况下,反垄断调查应参照适用《行政处罚法》《行政强制法》等相关规定。同时,相关当事方在反垄断调查中也可以依据《行政复议法》和《行政诉讼法》的规定,争取相应的救济措施。[①]

根据我国《反垄断法》的规定,公共执法的一般程序可大致分为案件启动、案情调查、审议处理三个阶段。垄断案件的审理通常是基

---

① 参见李志强:《中国反垄断立法与执法评述》,社会科学文献出版社2019年版,第280页。

于市场参与者的报告启动。根据《反垄断法》第48条,反垄断执法机关有义务依法对疑似垄断行为展开调查。针对潜在的垄断行为,任何组织和个人都有权向反垄断执法机关提出举报。举报者可能是经营者或消费者。反垄断执法部门负责保障举报者信息的保密性。举报者可向执法机关提供相关情况或建议。如果举报是以书面形式并附有相关事实和证据,那么执法机关则有责任进行所需调查。根据法律,举报人身份没有任何限制,即使是外国人或外国使馆也可以进行举报。例如,2014年,韩国大使馆曝光了河北相关部门涉嫌交通行业歧视性规定的案件。我国反垄断执法机构迅速展开调查,并向河北省人民政府发出了执法建议函,建议责令河北省交通厅、物价局和财政厅改正相关规定,不再给予河北省客运企业过路过桥费半价优惠。此外,如果举报以书面方式提出,并附带了相应的事实与证据,执法部门有责任进行深入调查。在进行调查时,被调查的经营者以及与其有利害关系的人都有权发表意见并陈述相关的事实。反垄断执法机构应当核实被调查人提出的事实、理由和证据。总的来说,垄断案件调查非常复杂,耗时费力且取证困难。此外,反垄断调查会损害被调查企业商业声誉,影响其经营活动。为此,《反垄断法》规定了"和解制度"或称为"承诺制度"。

反垄断调查机构与被调查的经营者达成和解后,是否终止调查取决于经营者是否履行消除垄断的承诺。如果经营者履行了承诺,反垄断调查机构可以决定终止调查。终止调查意味着案件的结束,而中止调查则是暂时停止调查,以便进行观察。但是,如果经营者仅在表面上作出承诺,却没有采取实际行动来消除垄断影响,或者客观情况发生了重大变化,那么反垄断调查机构将需要重新展开调查。

调查结束后,进入案件的审议阶段。经过审议,执法机构认定当事人构成垄断行为时，将责令其停止违法行为，并作出相应的处罚。根据《反垄断法》第55至58条的规定，对于不同的垄断行为，有相应的处罚措施。根据2022年修订后的《反垄断法》，还增加了刑事责任的规定。此外，依据《反垄断法》第52条的规定，一旦反垄断执法机构在对涉嫌垄断行为进行调查核实后认定其构成了垄断，就必须按照法律作出相应的处理决定，并有权决定是否向社会公开相关信息。为确保反垄断执法行为的严肃性和权威性，原则上应当向社会公开，以增强执法的透明度。

如果对反垄断执法机构作出的决定持有异议，可以依法申请行政复议或提起行政诉讼。较为特殊的是，由于经营者集中更加具备专业性，需要考量的因素错综复杂，因此对于经营者集中案件实行行政复议前置，只能先申请行政复议，对行政复议决定不服的才能提起行政诉讼。

我国《反垄断法》赋予了反垄断执法机关广泛开展调查和采取强制措施的权力，反垄断执法机构的职权包括调查检查权、审核批准权、处理决定权、行政处罚权。尽管《反垄断法》赋予了反垄断执法机关强有力的调查权和采取强制措施的权力，但是对于反垄断执法机关的处理权限规定过于简单。我们可以从美国反托拉斯法对美国联邦贸易委员会处理权的规定中得到启示。在履行消费者保护职责和实施反托拉斯法时，联邦贸易委员会能够同时运用行政和司法救济方法来进行执法工作。

（三）反垄断法实施的基本情况

在过去十余年里，我国的反垄断法律体系，无论是政府机构执行的行政执法，还是涉及企业和消费者的民事诉讼，以及公司自行遵循的合规措施，均已发挥显著作用。《关于修改中华人民共和国反垄断法的决定》经过十三届全国人大常委会第三十五次会议的表决,在2022年6月24日正式通过。这次修订是自2007年该法颁布以来的首次修改。修订后的《反垄断法》突出了党的领导作用,强化了竞争政策的基础地位,完善了对垄断协议的具体规制,对经营者集中审查制度进行了较大程度的调整。同时,在法律层面上明确了对平台经济的监管要求,并在违法主体、违法行为范畴、罚金数额、责任形式等多个方面增强了《反垄断法》的震慑力和执行力。为《反垄断法》更好地实施,市场监督管理总局发布了四部反垄断法配套规章,分别涉及制止滥用行政权力排除、限制竞争行为、禁止垄断协议、禁止滥用市场支配地位以及经营者集中审查。这些规章旨在强化监管,确保市场竞争的公平和有效实施,为新《反垄断法》的具体执行提供法规支持。此外,为了依法公正高效地处理垄断民事纠纷,最高人民法院制定了《最高人民法院关于审理垄断民事纠纷案件适用法律若干问题的解释》中央和地方政府为推动反垄断合规工作,也发布了多个指引,旨在引导企业更好地履行反垄断合规责任。

近年来,我国反垄断执法机构持续加大对垄断行业和领域的监管力度,在强化企业自我约束、推动竞争政策落实、营造良好营商环境等方面取得显著成效。在处理一系列重要案件方面表现出色,例如高通滥用市场地位案、佳能-东芝医疗案件未申报事件、阿里巴巴垄断行为案等,这些案例不仅起到了示范作用,还获得了国际高度评价。此外,商务部成功审理了许多影响深远的商业并购案,例如微软并购诺基亚设备服务业务案和阻止某些海运公司建立网络中心的案件。我国的反垄断措施不仅在国内引起广泛关注,也使我国成为全球主要的反垄断法域之一。国家市场监督管理总局及其授权的地方监管机构实施了统一的反垄断执法策略，提高了行政执法的统一性和效率。[①]

我国2008年开始执行《反垄断法》，最初反垄断执法部门在经验上相对匮乏，处理的案件数目较少。从2014年开始，随着经验的逐渐累积，针对滥用市场支配地位的执法活动也在加速推进。在2015年、2016年和2017年，分别处理了7起、17起和16起滥用市场支配地位的案件。从整体上看，在查处数量方面呈现下降趋势。在2018年，市场监管总局对三个反垄断执法机构进行了整合，统一负责反垄断的执法工作。经过一段时间的调整，滥用市场支配地位的执法案件在2020年、2021年和2022年分别增加了10件、11件和13件。在此过程中，各地区、部门根据各自特点采取不同措施进行查处，取得一定成效。到了2023年的上半年，反垄断执法部门已经处理了5起滥用市场支配地位的案件，这与之前的增长趋势形成了鲜明的对照。截至2023年上半年，反垄断执法机构共依法查处滥用市场支配地位案件103件，罚没金额合计298.93亿元。其中，2018年市场监督管理总局成立以来查处50件，罚没金额合计230.19亿元。[②] 对一系列重大典型垄断事件的调查和处理，有效维护了市场的公平竞争秩序，为经济的高质量发展提供了坚实的保障。

我国已经在多个领域展示了严格的反垄断执法能力和《反垄断法》对市场秩序的监管作用。清楚地界定了六种市场支配地位的滥

---

① 参见王先林：《我国反垄断法修订完善的三个维度》，载《华东政法大学学报》2020年第2期。

② 数据源自佟明彪：《重拳出击促发展 担当作为开新局》，载中国经济网，http://www.ce.cn/cysc/ztpd/2023/zgsyw_340814/bx/202309/08/t20230908_38707364.shtml，最后访问日期：2024年4月30日。

用行为,并已对其中五种进行了深入查办,涉及行业众多,包括医药、互联网平台和公用事业等。各类具体案例,如医药领域的不公平高价销售、互联网平台的交易限制,以及公用事业中的搭售和不合理交易条件,都表明了执法机构对各种滥用行为的严格打击,如利乐案中的忠诚折扣行为也首次被认定为对市场支配地位的滥用。同时,法院在处理垄断纠纷案件中也展现了强烈的制裁决心和维护市场公平的决心,通过一系列具有标杆意义的案例,如"驾校联营"横向垄断协议案和"茂名混凝土企业"垄断协议案,明确了垄断协议无效的原则和损害赔偿的标准。此外,在知识产权领域,如"涉沙格列汀片剂药品专利"等案件中,强调了对专利权行使的反垄断审查,确立了相关的审查标准。这些案件不仅彰显了司法机关在打击垄断行为、保护市场竞争秩序方面的积极作用,也为未来类似案件的处理提供了重要的法律指导。

为了确保公众从公正的商业竞争中获益,反垄断法律措施重点关注民生关键领域。比如,反垄断诉讼帮助保育教育和汽车检测行业树立了公平竞争的标准,包括处理商业实体组成的价格联盟、工业协会制定并执行的垄断协议,以及公用事业滥用市场地位的行为等,成功遏制了阻碍竞争的行为,激发了市场活力,保障了公众从市场竞争中获益。这些案件凸显出《反垄断法》在推动全国一体化市场以及保障民生中起到的关键作用。[①]

面对新领域,国家市场监督管理总局对数字平台展开了果断的监管行动,执行了国家战略计划。这体现在强调规则与发展并重,以

---

① 参见张晨:《最高法发布反垄断和反不正当竞争典型案例各10件》,载《法治日报》2022年11月18日。

及执法与制度建设并重,焦点是对数字经济平台反垄断执法的加强。一方面解决了"二选一"的问题,对阿里巴巴和美团的垄断行为进行了法律调查,并处以重罚,发出行政指令,要求全面整改;另一方面责令腾讯音乐取消独家版权,以重塑相关市场的公正竞争场所。[1]虎牙与斗鱼的合并被视为我国数字经济领域首个被法律禁止的商业集中案,具有突破性和示例性。同时,市场监督管理总局也在不断提升数字经济领域的反垄断规则,例如《反垄断法》新增对数字经济领域的专项法规。此外,国务院反垄断委员会发布了《关于平台经济领域的反垄断指南》,各地市场监管部门积极响应,采取了相关举措,发布了相关指引和规章制度。如上海对食派士的查处,浙江发布的平台经济监管政策等。这些举措对于优化平台经济的竞争环境发挥了积极影响。[2]

然而,《反垄断法》实施过程中仍存在部分难题,当前实施情况与建设高标准市场体系的目标尚存差距。第一,信息技术的发展对《反垄断法》实施提出挑战。近年来,大数据、物联网、区块链、人工智能等数字技术飞速发展,滥用数字市场守门人地位、算法共谋、大型平台二选一等现象亟须《反垄断法》进行规制,[3]如何在保障创新的同时降低垄断风险,维护市场秩序和市场环境,保障高标准市场

---

[1] 参见《改革创新开创反垄断工作新局面——访市场监管总局副局长、国家反垄断局局长、国务院反垄断委员会秘书长甘霖》,载中央纪委国家监委网站:https://www.ccdi.gov.cn/toutiaon/202112/t20211219_159577.html,最后访问日期:2024年7月2日。

[2] 参见吴振国:《反垄断监管的中国路径:历史回顾与展望》,载《清华法学》2022年第4期。

[3] 参见时建中:《护航创新环境与创新动力 以反垄断法实施促进高质量发展》,载《中国市场监管研究》2023年第8期。

体系建设,目前理论与实践尚未形成成熟思路与做法。第二,反垄断责任尚待明确。《反垄断法》第56条规定,经营者实施垄断协议的,可处上一年度销售额1%以上10%以下的罚款。最低罚款限额是上一年度销售额的1%,对执法机关的自由裁量权有所限制,并且,市场销售额的概念也未明确。例如对于在全球开展经营活动的跨国公司而言,销售额应具体限定在相关市场的销售额。[1]只有明确反垄断责任,才能助力高标准市场体系建设,使反垄断的"牙齿"更为尖锐与有力,《反垄断法》实施的效果才愈佳。第三,行政性垄断尚待有效规制。从历史维度看,我国政府规制欠缺竞争基因;从现实层面看,我国政府规制依然欠缺竞争,地方政府以经济发展为出发点,以产业政策竞争为手段,在政策制定和实施过程中忽视公平竞争,与高标准市场体系建设背道而驰。[2]第四,反垄断立法的原则性导致司法裁判与行政执法之间出现争议。垄断行为及其后果的复杂性使得《反垄断法》的条文通常呈现原则性、模糊性的特征,从而引发司法裁判与行政执法之间的理论争论。一般来说,司法裁判对行政执法具有相应的审查权限和强度,但因《反垄断法》及其实施具有较强的技术性、专业性甚至政策性,司法裁判与行政执法之间的关系在特定的体制和制度环境中便显得微妙,需要谨慎处之。[3]《反垄断法》规定的原则性一方面有助于反垄断法对于创新、公平竞争、消费者权益保护等多重目标的实现,提升执法的灵活性。另一方面

---

[1] 参见王晓晔:《中国反垄断法实施面临六大严峻挑战》,载《中国价格监管与反垄断》2018年第9期。
[2] 参见孙晋:《规制变革理论视阈下公平竞争审查制度法治化进阶》,载《清华法学》2022年第4期。
[3] 参见黄勇:《论我国反垄断司法实践的新挑战及其应对》,载《法律适用》2022年第9期。

也会导致理论上的争议和实践上的困难,在不同的司法裁判和行政执法过程中,各主体可能对《反垄断法》的原则性解读存在差异,从而造成结果的不确定、不一致,使《反垄断法》的透明度和可预见性受到影响。因此,建设高标准市场竞争体系,需要持续推动竞争法治进程,强化《反垄断法》的"经济宪法"地位,进一步发挥价值规律在资源配置中的决定性作用。

二、反不正当竞争法实施机制考察

（一）反不正当竞争法行政执法主体

我国的《反不正当竞争法》是第一部专门规范市场竞争行为的基础性法律。该法于1993年制定实施,并于2017年进行了全面修订,2019年又修改完善。目前《反不正当竞争法（修订草案）》正在征求修订意见。与1993年《反不正当竞争法》相较,2017年、2019年《反不正当竞争法》最大变化在于增加了中央层面的"反不正当竞争工作协调机制",至于具体的行政执法机关,则从"县级以上人民政府工商行政管理部门"变成了"县级以上人民政府履行工商行政管理职责的部门",顺应了国家机构改革、建立大市场监管格局的需要。

为了落实《反不正当竞争法》的执行,于1994年成立公平交易局,负责监督市场行为,打击垄断和不正当竞争案件。公平交易局下设反垄断处和反不正当竞争处,专门承担执法工作。此外,各级工商机关也设立了专门的公平交易执法机构,自1998年起实行了垂直管理体制。在2001年,国务院的决策使得工商行政管理局晋升为直接归属国务院的正部级机构,其主要职责是监督管理市场以及实行行政法律执行。自1993年起,工商行政管理部门一直持续致力于保持市场公平竞争的秩序,主动实施反对不公平竞争的法律工作,并获得了显著的成果。需要注意的是,对于不正当竞争行为,除了市场监督管理部门,还有其他部门负责查处并根据相关规定进行执法,这意味着反不正当竞争的执法权力分散。与此同时,现行《反不正当竞争法》第4条规定:"县级以上人民政府履行工商行政管理职责的部门对不正当竞争行为进行查处;法律、行政法规规定由其他部门查处的,依照其规定。"但由于我国法律、行政法规规定的"其他部门"众多,导致各执法机关职能交叉,出现执法竞合或执法真空,一些行业主管部门在制定行业监管法时甚至会规避《反不正当竞争法》的调整,损害了该法作为规范竞争行为、维护市场竞争秩序的基本法的地位。但值得关注的是,2022年《反不正当竞争法(修订草案征求意见稿)》第5条调整为"县级以上市场监督管理部门对不正当竞争行为进行查处",为不正当竞争行为的执法权分散问题带来了潜在的解决方案。通过集中执法权于市场监督管理部门,新修订草案意在简化和统一执法程序,减少因职能重叠而产生的执法冲突和监管空白。这一调整有助于加强法律的权威性和执行力,确保《反不正当竞争法》在实际操作中的有效性和统一性。

(二)反不正当竞争法行政执法权力及行使

现行《反不正当竞争法》将第三章的标题从"监督检查"改为"对涉嫌不正当竞争行为的调查",将"不正当竞争行为"的表述改为"涉嫌不正当竞争行为"或者"被调查行为",修订后的法条增强了法律的严谨性。旧法直接将涉嫌不正当竞争的行为定义为"不正当竞争行为",忽略经营者的救济权利,修订后的法律则弥补了这个缺陷,体现了行政执法理念的变化。

《反不正当竞争法》赋予监管部门广泛的调查权力,以确保市场的公正性。根据该法第13条,监管机构得以进入经营场所,进行深入调查,以收集关键证据,解决执法取证难题。该法明确授予监管机构对经营者和相关人员进行提问、要求提供必要材料的权力。监管部门还有权查阅、复制相关协议和记录,从而深入理解被调查方的经济活动,确保调查的准确和公正。监管机构可依法查封、扣押涉案财物,防止证据毁坏或转移,确保案件处理的有效性。此外,对于商业秘密,监管部门必须保密,同时,被调查方也不能以商业秘密为由拒绝提供信息。《反不正当竞争法》对拒绝或阻碍调查的行为设有处罚,以保障调查的顺利进行。这些规定共同加强了市场监管,促进了公平竞争环境的形成。

(三)反不正当竞争法实施的基本情况

公平竞争是市场经济的基本原则,因为在竞争充足的情况下,产品与服务的质量可能会有所提高,国际竞争力也会更强。在市场机制健全的地区,这种效应更加明显,因为这些地区的经济具有更高的活力和创新性,经济发展速度和层次也更高。随着我国经济由高速增长阶段转向高质量发展阶段,全球的经贸结构也正经历迅速的变化和重组。因此,更加需要重视公平竞争环境的建立,以确保市场上的各类主体都有平等发展的机会。

反不正当竞争法律框架在维护竞争公正方面扮演了关键角色。近十年间,该法律体系在不断地进步和完善,以适应高质量发展和数字经济时代的新挑战。市场监督管理总局正在全面修订《反不正当竞争法》,同时制定一系列配套的规章制度,如暂行的规范促销行为指导和网络不正当竞争行为禁止规定等。在收集公众反馈的过程中,这些规范的可执行性和实效性将进一步提升。为了强化竞争法的执行机制,国务院批准建立由17个部门和单位组成的跨部门协调小组。在长三角、京津冀等区域,尝试构建区域级的监管执行协作结构,促进各部门的协同工作和社群治理的基础架构的形成。此外,政府还积极应对社会关切和公众问题,连续几年的专项法律执行行动瞄准重点领域进行打击。这些举措严厉打击了不公平竞争行为,有力维护了市场秩序,促进了市场朝着更加有利的发展方向前进。[①]

在过去的十余年,我国持续加强反不正当竞争执法和司法工作,不断提升执法和司法水平。已经取得了显著成效,全国范围内查处了23余万件不正当竞争案件,罚没金额达到了68.3亿元。统计数据显示,从2013年到2022年6月,全国法院已审结了32075起不正当竞争一审民事案件。这些举措为营造公平竞争的法治环境提供了有力的司法保障。[②]

随着市场经济的快速发展,平台竞争日益激烈,导致不正当竞争的现象不断增加。根据最新发布的《中国反不正当竞争执法年度分析》显示,执法监管的主要关注点正逐渐从传统的消费品领域转向高科技和在线网络平台经济领域。相应地,除了对传统的实体商品的竞争行为进行监管外,还加强了对技术算法等科技活动的监管,并对商业秘密等领域实施了预防性保护措施。这一系列持续强化和完善的管控执行工作,促进了企业的科技创新,激发了市场经济活力,捍卫了消费者权益,同时也为我国参与国际竞争提供了支持。数据显示,报告期间共查处了大量不正当竞争案件,为构建一个公平竞争的法律环境提供了强有力的支持。这一系列的努力为企业提供了更好的竞争环境,为其在科技创新方面提供了更多的动力和机遇。

---

① 参见倪泰:《共治护公平 竞争促繁荣》,载《中国市场监管报》2022年11月19日,第1版。
② 参见许睿、李海洋:《强化公平竞争司法审判 维护市场竞争法治秩序》,载《中国商报》2022年12月6日,第P01版。

公平竞争是经济高质量发展的内在要求。党的二十大报告明确指出，要构建高水平的社会主义市场经济体制，完善公平竞争等市场经济基础制度，表明了中国深化改革、对接国际通行规则、建设高标准市场体系的决心。近年来，随着数字技术的快速进步和广泛应用，市场竞争中出现了一系列与数据算法等新技术有关的现象。这些新技术的应用极大地推动了市场经济的繁荣和发展。然而，与此同时，也出现了一些新型不正当竞争行为，如二选一算法合谋、大数据杀熟、刷单炒信等，给监管执法工作带来了诸多新挑战。为了更好地应对新问题和新情况，人民法院积极采取行动，依法规范了仿冒混淆、虚假宣传、商誉诋毁等不正当竞争行为。这些措施旨在保护市场公平竞争的环境，维护企业的合法权益。同时，人民法院还审结了一批涉及巨额标的和具有重大社会影响的不正当竞争案件，例如奇虎与百度之间的竞争纠纷案，以及吉利与威马之间的商业秘密侵权纠纷案。这些案件的审理不仅为企业提供了公正的司法保护，也对市场经济秩序的规范和完善起到了积极的推动作用。这些行动有效维护了市场竞争秩序，保障了公平健康的市场环境。然而，尽管反不正当竞争的案件规模不大，但这些案件直接影响了消费者的利益、行业布局和产业政策的调整。例如涉及"陪伴式"直播的不正当竞争案件和"微信抽奖"的行政处罚案件等，都与广大消费者的权益密切相关。人民法院通过妥善处理这些案件，及时响应社会关切，不仅极大地保护了权利所有者的合法权益，也有效地维护了消费者的合法权益，使得市场环境得以更加公平、有序以及诚实守信。[1]

---

[1] 参见王岚芳：《加强反垄断和反不正当竞争司法 维护市场公平竞争法治秩序》，载《人民法院报》2022年11月18日。

虽然《反不正当竞争法》的实施取得了诸多成效，但距离建设高标准市场体系目标仍存在较大差距。这分别体现在立法的滞后和一般条款的执法搁置化两方面。

反不正当竞争立法存在滞后性，对新兴技术发展和商业创新应对乏力。虽然《反不正当竞争法》新增了互联网领域的专项规制条款，以应对日益多样化的不正当竞争行为，但相较于快速发展的互联网行业为不正当竞争行为赋予的新形式和新手段，法律制度相对滞后，尚未完全适应新的挑战。近年来互联网金融行业方兴未艾，其产品及服务创新性、跨越时空性、服务综合性、产品边界模糊性、市场关系复杂性对现有反不正当竞争监管措施提出了巨大挑战，[①]而克服这些困难则是构建高标准市场体系必不可少的一环。因此，《反不正当竞争法》应适应时代要求，对新兴领域的发展做出积极回应，适应产品和服务的创新与进步，维护多元化、创新化的市场体系的公平竞争，进而为构建高标准市场体系保驾护航。

对于一些模糊的、涉及争议较多的行为，法律的适用和解释存在较大的困难，导致执法机构在处理这类案件时需要更加审慎权衡各种因素，为执法带来模糊和不便。除了一些兜底条款之外，无论是修改前还是修改后的《反不正当竞争法》，都设有不正当竞争行为的一般条款，只是具体内容有所变化。然而，与法院频繁使用一般条款的情况不同，目前行政监管部门无法根据该条款进行执法。行政机关的监管执法遵循的原则是"法无授权不可为"，而《反不正当竞争法》并未授权监管部门引用第2条一般条款进行执法。根据《反不正

[①] 参见刘艳平、赵达：《互联网金融不正当竞争界定的特殊考量与监管制度之完善》，载《学术交流》2021年第6期。

当竞争法》的相关规定（第18至24条），监管部门可以采取一系列措施来应对七种不正当竞争行为，包括责令停止违法行为、没收违法商品或违法所得、罚款等。然而，对违反第二条的情况并没有具体的处罚规定。因此，根据目前的规定，监管部门无法根据第二条对违法行为进行处罚，并且该法第三章关于"对涉嫌不正当竞争行为的调查"的规定也不适用于违反一般条款的情况。①例如，2021年初，国家市场监督管理总局对唯品会（中国）有限公司作出了300万元的罚款，这一案件是根据《反不正当竞争法》新增的互联网专项规制条款进行查处的。然而，客观来看，在反不正当竞争执法中，此类情况并不常见。这主要源于现行法律对于类似兜底条款在法律适用方面指引性较低，容易引发激烈争论，从而使得反不正当竞争执法机构在处理此类问题时更加谨慎。实际上，监管部门严格遵守了法定权限。以广东省为例，在2020年，监管部门查处了351起不正当竞争案件，这些案件都是根据《反不正当竞争法》第二章的规定处理的，没有案件是适用一般条款处理的。显而易见，这种现有规定的限制极大地抑制了反不正当竞争执法机构的执法效能。②因此，如果《反不正当竞争法》能够进一步具体列举各式各样的不正当竞争行为，那么反不正当竞争执法机构在这方面的情况就可以得到相应改善。通过明确具体的非法行为，并授予行政监管部门相应的执法权限，将会使执法更加高效、有力，进一步保护市场的公平竞争秩序，维护企业和消费者的合法权益。这也有助于提升整个社会对反不正当竞争执法的信

---

① 参见彭运朋、于海洋：《反不正当竞争法一般条款的监管执法权研究》，载《知识产权》2021年第11期。

② 参见丁茂中、于之齐：《全球反不正当竞争法的发展趋势》，载《经济法论丛》2022年第2期。

心,促进经济健康发展和市场的稳定运行。因此,完善《反不正当竞争法》的一般条款是一个重要的改革任务,需要立法者和相关部门共同努力,以适应快速发展的商业环境,推动高标准市场体系建设。

三、公平竞争审查制度实施机制反思

新《反垄断法》第5条要求我国建立和完善公平竞争审查制度,并明确了相关要求。根据这项规定,行政机关及管理公共事务的组织在制定涉及市场主体经济活动的规定时,必须执行公平竞争审查程序。这意味着我国的公平竞争审查制度得到了《反垄断法》的确认,成为竞争领域的基本法律,这为未来有效实施该制度提供了坚实的法律基础。

(一)公平竞争审查实施主体

根据《公平竞争审查制度实施细则》总则相关内容,目前我国公平竞争审查制度的实施主体主要分为三类:

第一类是制定涉及市场主体经济活动的规章、规范性文件以及其他政策措施的行政机关和法律法规授权的管理公共事务机构。根据《公平竞争审查制度实施细则》,制定涉及市场主体经济活动的规章、规范性文件以及其他政策措施的行政机关和法律法规授权的管理公共事务机构分为单一实施主体和联合实施主体。在多部门联合拟定政策时,主管部门负责执行公平竞争的审查工作,其他参与部门则需在其职责范畴内进行审查,并应充分征询各部门的观点。这种明确的工作分工有助于确保公平竞争审查制度的有效实施。

第二类实施主体是负责制定行政法规、国务院政策措施以及地方性法规的起草部门。我国在行政法规和地方性法规等文件的起草、决定和公布过程中存在着决定权的分配问题。起草机关负责起

草文件，但最终决定和颁布权由上级行政机关或立法机构拥有。行政法规须经国务院常务会议审议或审批，地方性法规的起草机关可以是各级人大常委会、人民政府等。对于地方性法规，需要特别注重公平竞争审查制度解决抽象竞争限制问题。为确保公平竞争审查制度的高效实施，起草机关承担实施责任，而审议机关负责执行以保证公正与透明。《公平竞争审查制度实施细则》明确了起草部门进行公平竞争审查的范围，并规定了地方性法规审查仅适用于政府部门起草的情况。当起草部门与审议部门意见不一致时，起草部门作为制度的实施主体。

第三类是由不同级别政府建立的公平竞争审查联合会议或类似的工作协调机构。为了有效推进公平竞争审查制度的实施，各级政府建立了相应的联席会议或协调机制。然而，政府管理经济的不合理方式根深蒂固，难以改变；同时，来自不同政府部门的利益冲突也阻碍了公平竞争审查制度的实施。因此，建立一个有效的指导和协调机构或机制变得十分必要。为解决公平竞争审查中的问题，国务院办公厅于2016年12月22日发布了《关于同意建立公平竞争审查工作部际联席会议制度的函》。按照《公平竞争审查制度实施细则》的规定，市场监督管理总局、发展改革委、财政部、商务部等部门共建了公平竞争审查工作部门联席会议制度，以统一协调和监督全国公平竞争审查工作。县级以上各级政府也要建立地区的公平竞争审查工作联席会议制度，并在市场监管部门设席，每年需要向上级联席会议和本级政府汇报该地区公平竞争审查制度的实施情况，并对其进行指导和监督。[①] 通过建立公平竞争审查联席会议或协调机制，可

[①] 参见国家市场监管总局等：《国家市场监管总局等五部门关于印发〈公平竞争审查制度实施细则〉的通知》，载《中国价格监管与反垄断》2021年第8期。

以有效解决政府管理经济的不合理方式,并克服来自各政府部门利益冲突的阻碍,进一步促进公平竞争审查制度的实施。

(二)公平竞争审查制度的审查对象

公平竞争审查制度的审查对象即为该制度针对的目标客体。总体来看,我国目前的公平竞争审查制度的实施对象可以按照两种标准,依据性质进行划分:第一种是根据起草部门和审议部门是否为同一部门进行划分;第二种是根据公平竞争审查制度建立的时间界限来划分。

《关于公平竞争审查制度的意见》和《公平竞争审查制度实施细则》根据第一种分类标准对公平竞争审查制度的实施对象进行了划分。为解决公平竞争审查问题,《关于公平竞争审查制度的意见》提出了两类对象。第一类对象是行政机关和法律法规授权的管理公共事务的组织,其制定了与市场主体经济活动相关的规章、规范性文件和其他政策措施,涵盖市场准入、产业发展、招商引资、招标投标、政府采购、经营行为规范、资质标准等内容。第二类对象则包括行政法规、国务院制定的其他政策措施以及地方性法规。这两类对象的重要区别在于,第一类对象的起草部门通常与审议部门合一,而第二类对象的起草部门与审议部门基本分离。[①]我国的公平竞争审查制度主要适用于行政机关发布的可能具有排除、限制竞争效果的行政法规、地方性法规、规章、规范性文件和其他政策措施。这一设定具有重要的现实意义。尽管《反垄断法》第五章对"滥用行政权力排除、限制竞争"的行为进行了规范,其中第10条和第45条明确禁止行政

[①] 参见时建中:《强化公平竞争审查制度的若干问题》,载《行政管理改革》2017年第1期。

机关和法律法规授权的管理公共事务的组织滥用行政权力排除、限制竞争,并对政府行政性垄断行为作出规定。然而,《反垄断法》仅针对具体的行政性垄断事实进行执法。《行政诉讼法》第13条规定,行政法规、规章以及行政机关制定、发布的具有普遍约束力的决定、命令等抽象性行政行为不可诉讼,也不受司法审查。根据《行政诉讼法》第53条规定,各级法院只能通过起诉人提交的附带审查申请,对命令、举措等规范性文件的合法性进行审查,而行政法规、地方性法规和规章等不在审查范围内。此外,根据《行政诉讼法》第64条规定,即使法院认为这些文件不合法,也只能向制定机关提出司法建议。《反垄断法》和《行政诉讼法》的相关规定表明,目前我国对政府机关的行政性垄断行为的规制存在一定缺陷,即只能对行政机关的具体限制竞争行为进行规范,而对更广泛、更具影响力的抽象性限制竞争行为的规制力度不够,并且由于反垄断执法机关仅具备建议权,导致行政机关本身没有足够的动力进行改正。公平竞争审查制度的实施将会把具有排除、限制竞争效果的抽象性行政行为纳入为审查对象,从而与《反垄断法》形成合力,全面规范行政性垄断行为。

《关于市场体系建设中建立公平竞争审查制度的意见》和《公平竞争审查制度实施细则》依据第二种分类标准,将公平竞争审查制度的实施对象分为两类。在这两个文件中,行政机关在公平竞争审查制度建立之前出台的政策被称为"存量政策",而在制度建立之后出台的政策则被称为"增量政策"。虽然《关于市场体系建设中建立公平竞争审查制度的意见》和《公平竞争审查制度实施细则》主要规范新出台的政策(即增量政策),但对于对竞争产生排除和限制效果的"存量政策"也会进行审查,未经审查的政策不得出台。然而,由于过去经济体制和政府过度干预市场的传统,现实经济中仍存在大量来自行政机关的存量政策。为了清理这些政策对市场竞争的排除和限制效果,《关于市场体系建设中建立公平竞争审查制度的意见》提出了分类处理和逐步清理废除的原则。制定政策的部门必须依据公平竞争的审查标准,系统地清除和废止任何阻碍市场公平竞争的政策措施。对于问题集中、影响突出的规定和做法,应尽快废止;对于给予企业优惠政策和可能产生重大影响的政策措施,应设置过渡期,保护市场主体的合法权益。通过这些措施,公平竞争审查制度对增量政策进行严格审查,防止出现新的排除和限制市场竞争的内容,而对存量政策则通过分类处理、区别对待的方式,推进审查,争取在较短时间内彻底清理。

(三)公平竞争审查内容及基本流程

根据《国务院关于在市场体系建设中建立公平竞争审查制度的意见》规定,公平竞争审查的适用范围广泛,凡是与市场主体经济活动相关的政策措施都需要进行审查。从实质内容上看:一是规定的内容涉及经济管理类事项;二是该内容具有外部法律效力,能够直接或间接影响市场主体的权利和义务;三是涉及市场准入、产业发展、招商引资、招标投标、政府采购、经营行为规范、资质标准等方面的政策措施要重点审查。从表现形式上看:一是市场主体的经济活动涉及的规章和规范性文件需审查;二是涉及市场主体经济活动的其他政策措施需要审查。例如,涉及市场主体经济活动但不属于规章、规范性文件的其他政策性文件需要审查,具体政策措施以"一事一议"形式执行,防止针对特定经营者的特殊待遇,行政法规、国务院文件和地方性法规等文件,在起草阶段需由政策制定机关进行公平竞争审查。

《公平竞争审查制度实施细则》明确了公平竞争审查的基本流

程。具体来说就是"三步走"：一是识别是否需要审查。如果涉及市场主体经济活动的需要审查，否则不需要审查。二是核对是否违反审查标准。对照审查标准逐一核对政策措施的具体内容，如果判断不违反任何标准，则审查结束；如果违反任何标准，则需详细阐述违反的标准及其对市场竞争的具体影响。三是判断是否适用例外规定。对于违反相关审查标准的政策措施，并不意味着不能出台，而是需要进一步判断是否适用例外规定。认为适用例外规定的，应当充分说明理由，并在政策措施出台后逐步评估实施效果；认为不适用例外规定的，则不予出台或者修改调整。经修改调整的政策措施，应重新进行公平竞争审查，直至不违反任何一项标准为止。

根据《国务院关于建立公平竞争审查制度的意见》和《公平竞争审查制度实施细则》，政策制定机关在开展审查时必须形成书面的审查结论。若无书面审查结论，则视为未进行公平竞争审查。为规范审查结论格式，政策制定机关统一使用"公平竞争审查表"。该表应当审查工作的全过程记录，包括文件的名称和性质、起草机构、审查机构、征求意见情况、核对标准情况、总体审查结论以及是否适用例外规定等信息。审查工作人员逐一填写上述信息，提交审查机构主要负责人签字后，随其他材料一并履行发文程序。政策措施出台后，"公平竞争审查表"随相关材料存档备查。通过推广使用"公平竞争审查表"，进一步规范审查工作，强化程序约束，保障审查质量和效果。

（四）公平竞争审查制度实施的基本情况

公平竞争审查是我国经济体制改革的重要举措，旨在保障市场在资源配置中发挥决定性作用。近年来，中央早已关注到政府不当干预对全国统一大市场建设的负面影响，先后出台了多项制度文件进行约束和治理。目前，公平竞争审查制度已在国家、省、市、县四级政府全面实施,旨在从根源上防止出台妨碍全国统一市场和公平竞争的政策措施。此制度已清理大量存量政策文件,并审查了许多新出台的政策文件,废止了不合规的文件。同时,加强执法工作,打击滥用行政权力排除、限制竞争的行为,已查处多起妨碍商品自由流通的案件。此外,该制度有利于推进竞争领域的制度型开放,在全球竞争治理中提出中国方案。[1]

根据《公平竞争审查制度实施细则》的相关规定,各级地方政府广泛建立了第三方评估制度、抽查制度等。黑龙江省、广东省、宁夏回族自治区、河北省等地还根据地方实际情况创新制度建设。

黑龙江省建立了"内部特定机构统一审查"模式,在经过起草机构初审后,将政策措施(草拟稿)交由特定机构统一复审,可在一定程度上解决自我审查标准不统一、审查质量不高等实际问题,增强公平竞争审查制度的刚性约束。深圳市正在探索建立一种类似于黑龙江省的"统一审查"模式,将采取公平竞争、集中审查、专业审查的工作方式,建立独立的公平竞争审查机构,试点实施独立审查制度。

广东省组建了广东省粤港澳大湾区竞争政策委员会,成立广东省粤港澳大湾区竞争政策委员会专家咨询组,全面清理妨碍粤港澳大湾区统一市场和公平竞争的规定和做法。

宁夏回族自治区实行了关键决策审查制度,要求将各级政府发布的要害政策措施纳入审查范围。当涉及产业发展、引导投资、招标投标、政府采购等重要政策措施或遇到复杂难以把握的问题时,将组织专家、法律顾问和专业机构进行会议审查或通过第三方评估,形成

---

[1] 数据源自国务院新闻办公室:《中共中央宣传部举行"打通内外贸,构建双循环"有关情况发布会》,载国务院新闻办公室官网,http://www.scio.gov.cn/xwfbh/xwbfbh/wqfbh/47673/48300/index.htm,最后访问日期:2024年4月4日。

审查结论，以确保由各级政府发布的政策措施符合公平竞争政策要求，严格把关政策决策的过程。[1]

河北省正在推进公平竞争审查工作，提出实施"一库三化"的措施。其中，"一库"是指建立全省公平竞争审查数据库，将现行有效的规范性文件和其他政策措施全部纳入数据库。利用数据库实现统筹协调、信息统计和文件抽查的目标。这样可以更好地管理和监督市场主体的经济活动，确保公平竞争的实施与落地。[2]

四川、重庆两地建立了第三方评估交叉互评机制。两地公平竞争审查工作部门联席会议办公室每年确定一至两个区县（市州）开展公平竞争审查落实情况交叉互评。根据"四统一"方式，对成渝两地公平竞争审查制度的实施情况进行综合交叉评估，包括评估内容、评估方法、评估标准和评估结果等方面。这一机制能够及时有效地纠正妨碍成渝两地公平竞争的行为，是推动成渝地区双城经济圈建设的重要举措。该措施有助于优化市场活力，消除市场壁垒，提升整体竞争力，并推动两地产业布局、区域融合和创新发展，对于促进成渝地区经济的健康发展和繁荣具有积极意义。[3]

在充分肯定公平竞争审查制度的实施取得重大成果的同时，我们也要清楚地看到公平竞争审查架构上的不足。

首先，对行政性垄断规制力度不足，效果不佳。国家市场监督管理总局公布了许多行政性垄断的案例：湖北省某城市管理执法委

---

[1] 参见宁夏自治区市场监管厅：《宁夏建立健全公平竞争审查机制 力推公平竞争审查制度实施》，载《中国价格监管与反垄断》2021年第2期。

[2] 参见：《河北：加大反不正当竞争执法和公平竞争审查力度》，载中国政府网：https://www.gov.cn/xinwen/2020-11/23/content_5563473.htm，最后访问日期：2024年7月2日。

[3] 参见北碚区市场监督管理局：《开展公平竞争审查第三方交叉互评工作思考》，载《中国价格监管与反垄断》2022年第S1期。

员会要求招标代理机构在某市市区具有固定的经营场所;山东省某市应急管理局要求申请办理《烟花爆竹零售许可证》的零售店(点),必须与辖区内批发企业签订连锁经营协议;江西省某县人民政府办公室发文,要求限额以下工程建设项目,采取直接发包和简易程序招标的,要在本县注册且具有相应资质的建筑企业(不含分公司)中确定承建单位等等。2022年重庆市市场监管局发布的区域三起行政垄断案件,涉及国资委、农委、教委等部门:某区国资委要求区属国有企业在开设一般银行账户时,必须选择税收和经济指标均在本区内的银行。某区教委下发通知,要求全区中小学教辅资料发行、中小学服装采购、文教用品及体育器材供给,必须由区教委指定的公司统一购买。行政性垄断对市场要素的自由流通和价格机制的正常运行影响恶劣,不利于统一开放、竞争有序、制度完备、治理完善的市场体系建设,是威胁高标准市场体系建设的"拦路虎"。因此,为建设高标准市场体系,进一步加强对行政性垄断的规制是必由之路。

其次,立法欠缺具体规则和较高位阶的规定。《反垄断法》仅就公平竞争审查制度作出了原则上的规定,具体的规则和制度还需要通过相关行政法规、规章和指南来细化和完善;另外,部分制度需要上升为更高位阶的立法,以此增强其权威性,推动公平竞争审查顺利进行。例如,可以加大反垄断执法机构在公平竞争审查中的作用,并协调和衔接公平竞争审查与行政性垄断执法;利用现有的相关制度,如利用合法性审查程序和规章及规范性文件的清理制度来实施公平竞争审查;同时加强对公平竞争审查工作的监督,并完善违反公平竞争审查制度的责任追究制度。再如,第三方评估制度尚处在国家政策层面,其制度设计还存在诸多缺陷,缺乏具体的操作规则。新《反垄断法》并未明确规定第三方评估制度,第三方评估制度缺乏法律依据,只具有软法属性,在实践中难以被落实。现存第三方评估制度法律依据缺失、遴选机制不规范,[①]对落实高标准市场体系建设形成巨大阻碍。

再次,对标高标准市场体系,现存公平竞争审查制度还存在诸如忽视对既有问题的纠正、审查动机存疑、具体标准模糊、行业和地域推进不平衡等急需解决的问题。第一,与其他国家的竞争审查制度相比,我国的公平竞争审查具有其本土化特征。该制度直接进入比较全面的公平竞争审查阶段,而不是像其他国家那样经过管制影响评估阶段。因此,其涉及范围广泛,内容复杂且难度大。审查对象主要是"增量政策措施",因此对既有问题的纠正容易被忽视或力度有限。第二,公平竞争审查强调政策制定机关自我审查并受到外部监督。虽然自我审查有利于充分掌握政策制定信息,但审查动机和实际效果需要谨慎考虑。第三,审查标准列出了四大项十八小项以及例外规定,但对具体标准的理解和把握并非易事,特别是如果对例外规定没有适当限制,就可能被规避或架空。第四,我国的公平竞争审查制度实施中存在薄弱环节和工作不平衡的问题。对阻碍公平竞争的政策措施进行审查时,可能会与地区和行业的发展思路产生冲突,并遭遇各种挑战。另外,由于我国地域广大、行业众多,各地区和部门的情况存在较大差异,对公平竞争审查工作的关注程度也存在差异。这些问题需要认真解决,以确保公平竞争审查机制的顺利实施和落地。[②]如此,才能增强公平竞争审查制度的刚性约束,破除区域分割和地方保护,助力高标准市场体系建设。

---

① 参见李晓杰、毕金平:《公平竞争审查的实践困境与优化路径——以第三方评估制度为例》,载《当代经济》2023年第5期。

② 参见王先林:《反垄断法大修后,如何让公平竞争审查制度落地有声?》,载《民主与法制周刊》2022年第26期。

第三章　现代市场体系建设中的反垄断法律制度及其实施

第一节　现代市场体系建设中反垄断法的使命与担当

　　毋庸讳言,社会主义市场经济条件的发展质量如何,深受市场体系构建完备程度、市场在资源配置中所起作用程度的影响。当前,我国经济正在经历由过去"高速增长"到现在"高质量发展"的转型,如何有机统一治理市场经济体系,建设高标准的市场体系,是我国当前经济发展阶段重点关注的话题。其中,如何通过反垄断法促进商品和要素进一步平等交换和自由流动,推进企业与企业之间公平自由竞争,保障消费者各项合法权益,更是推动我国形成统一开放、竞争有序的高标准市场体系中的重点课题。[1]

　　2020年12月召开的中央经济工作会议被学界视为我国"反垄断元年"的起点事件。在此次中央经济工作会议中,中央首次将"强化反垄断和防止资本无序扩张"列为重点经济工作内容之一。随后,中央财经委员会又在2021年3月的第九次会议中强调"要坚持正确政治方向,从构筑国家竞争新优势的战略高度出发,坚持发展和规范

---

[1] 参见刘泉红:《"十四五"时期我国现代市场体系建设思路和关键举措》,载《经济纵横》2020年第5期。

并重,把握平台经济发展规律,建立健全平台经济治理体系,明确规则,划清底线,加强监管,规范秩序,更好统筹发展和安全、国内和国际,促进公平竞争,反对垄断,防止资本无序扩张"。[①]

不难看出,推进与完善反垄断监管已成为现阶段我国经济发展之肯綮,尤其是在实现当下数字经济领域的产业政策与竞争政策相协调,有效发挥反垄断法的市场规制作用两个层面,将为国家治理现代化建设和经济高质量发展提供基础制度保障。在此基础上,有必要进一步明确反垄断法在市场经济体系建设中的基本法地位,强调反垄断法在经济法体系中的核心地位,以此来凸显反垄断法在国家调节经济过程中保障市场公平自由竞争的重要地位。

一、反垄断法律制度的历史流变

(一)1980—2007年:反垄断法的孕育阶段

反垄断法是国家权力干预经济的法律形式之一,最早起源于美国的反托拉斯立法。美国的反托拉斯法由1890年生效的《谢尔曼法》、1914年生效的《克莱顿法》,以及1914年生效的《联邦贸易委员会法》共同组成。此后,世界各国陆续出台了经济管制类与市场公平竞争秩序维护类法律。日本于1947年颁布了《关于禁止私人垄断和确保公正交易法》,英国于1948年颁布了《垄断和限制行为调查和管制法》,丹麦1955年颁布了《关于垄断和限制性行为监督法》,荷兰1956年颁布了《经济竞争法》,德国1957年颁布了《反对限制竞争法》等。随着越来越多国家出台反垄断法律法规,反垄断法日渐成

[①] 参见陈兵:《新发展格局下反垄断法的使命担当》,载《人民论坛》2021年第8期。

为经济领域的"宪法"。

随着我国改革开放政策的施行,反垄断法也逐步登上我国经济发展的舞台。1980年10月,我国实行改革开放两年后,国务院发布《关于开展和保护社会主义竞争的暂行规定》,首次在我国提出了反垄断的概念,特别提出了反对行政垄断的任务,这是我国最早的维护市场公平竞争的行政法规。1984年《关于经济体制改革的决定》进一步强调了竞争有利于打破阻碍生产发展的封锁和垄断,企业之间的竞争能推动经济发展。1992年党的十四大报告在对市场与竞争的认识层面上了一个新台阶,提出了市场在资源配置中起到基础性作用这一具备历史意义的论题。肯定了竞争对经济体制改革的推动作用。1994年,反垄断法被正式列入第八届全国人大常委会立法规划。时隔13年,2007年8月30日,十届全国人大常委会第二十九次会议表决通过《中华人民共和国反垄断法》并于2008年1月1日起正式施行。反垄断法从列入立法规划到正式颁布,历经漫长的13年。反垄断法的孕育阶段也是我国市场经济从萌芽到发展的关键阶段,反垄断法的颁布也为我国的市场经济发展起到了保驾护航的作用。

(二)2008—2021年:反垄断法初步发展阶段

2008年至2018年的十年间,反垄断法从出台到实施的过程可谓是"摸着石头过河。"《反垄断法》明确了立法宗旨与保护目标,对"经营者""相关市场"等专业名词作出了精准的解释,规定了垄断协议、滥用市场支配地位、违法实施经营者集中、行政性垄断四种垄断行为,初步阐释了对四种行为的规制方式。另外,《反垄断法》也对反垄断执法机关的调查程序、经营者的法律责任等重要事项作出了初步规定。

在反垄断法实施方面,2008年至2019年,我国并无相关执法案例。直到2010年,才产生了首例未获批准的经营者集中案件,即可口可乐收获汇源果汁案。本案中，商务部认为如果通过该交易，可口可乐很有可能传导其在原生市场中的支配地位，强化对果汁市场的控制力，挤压中小果汁企业的生存空间。据此，商务部依据《反垄断法》的相关规定，禁止可口可乐与汇源果汁的集中，该案开展的竞争损害分析，对后续的经营者集中审查具有指导性意义，为经营者集中审查工作的常态化开展建立了良好的开端。2013年，国家发展改革委价格监督检查与反垄断局就韩国与日本的液晶面板生产商的固定价格协议行为处以3.53亿元罚款，标志着我国首次向海外企业开出反垄断罚单。对于该案的调查可追溯到2006年反垄断政法机关收到举报材料。其间，反垄断执法机关的调查受到人员短缺的影响，一度难以推进。随着2008年《反垄断法》的出台，反垄断执法力量逐渐增强后，加上利害关系人补充了案件证据后，针对该案的调查才得以结束。通过长期的执法调查以及对海外实施垄断行为的企业开具的反垄断罚单能看出，在这一阶段，反垄断法的威慑力正在不断增强，且平等对待国内外企业，反垄断执法机关通过更严谨的线索调查与执法，为后续的垄断协议案查处提供了范本。

此后，我国的反垄断执法机关开始集中价格领域的反垄断执法，包括2013年查处的茅台和五粮液实施的价格垄断行为、2013年查处的广州合生元等6家乳粉企业存在的价格垄断行为、2014年查处的日本12家零部件生产商实施汽车零部件和轴承价格垄断行为，以及2014年查处的大众与奥迪经销商的价格垄断行为等。反垄断执法机关对这些案例的经营者均开出了较大的反垄断罚单，旨在对价格垄断行为形成威慑效应，同时纠正这种严重排除、限制市场竞争的行为，最大程度保护消费者利益。另外，平台经济领域的反垄断执法也逐渐被重视。2020年12月，市场监管总局根据举报线索对阿里巴巴立案调查。2021年4月,市场监管总局综合考虑阿里巴巴集团违法行为的性质、程度和持续时间等因素,认为其对商家实施的"二选一"行为构成滥用市场支配地位限定交易,责令阿里巴巴集团停止违法行为,并对其处以2019年中国境内销售额4%的罚款,计182.28亿元,开出了我国反垄断执法历史上的最高额罚单。[①]同年10月,市场监管总局依法对美团在中国境内网络餐饮外卖平台服务市场实施"二选一"垄断行为作出行政处罚,罚款共计34.42亿元。两件"二选一"案例充分体现了在反垄断法高速发展阶段,反垄断执法机关强化平台经济反垄断监管的决心。在针对数字平台企业违法实施经营者集中方面,反垄断执法机关同样强化了审查力度。一是明确了涉及VIE架构的经营者集中需要申报。在2020年批准的上海明察哲刚与环胜信息技术新设合营企业一案中,反垄断执法机关在决定书中明确了两家企业存在VIE架构;二是在执法力度上,对于应报未报的经营者集中案件,反垄断执法机关加大了罚款力度。根据市场监管总局提供的数据,在2021年之前未依法申报经营者集中处罚案件的数量并不多,其中2018年是15件,2019年是18件,2020年是12件,但进入2021年之后,截至2021年6月23日,处罚案件数量已经达到了25件,并且所有的处罚都采取了50万元的顶格罚款,这相比于此前的罚款数据,加重处罚力度的趋势十分明显。在自由裁量的范围内,反垄断执法机关提高经营者集中应报未报的罚款数额,很大程度提高了反垄断法的威慑效应,使得有计划实施经营者集中的企业自

---

① 参见《市场监管总局依法对阿里巴巴集团控股有限公司在中国境内网络零售平台服务市场实施"二选一"垄断行为作出行政处罚》,载国家市场监督管理总局官网,https://www.samr.gov.cn/zt/qhfldzf/art/2021/art_a10f74fa09cd49ee8db7804ba834db2a.html,最后访问日期:2024年5月20日。

觉增强合规意识,避免触及反垄断审查风险点。

与此同时,反垄断法司法也正式进入大众视野。我国第一例纵向垄断协议案是著名的强生被诉垄断案。本案历经两级法院长达三年的审理,最终以强生公司赔偿锐邦公司53万元人民币的经济损失画上句号。本案中,强生与锐邦签订的限制最低转售价格协议既限制了不同经销商之间的竞争,也限制了经销商与其他销售商之间的有效竞争,[1]最终损害消费者利益。对于本案,法院初步明确了转售价格维持协议的违法性分析模式,即构成垄断协议需以是否产生排除、限制竞争效果为前提。为执法机关与司法机关统一纵向价格协议的违法性认定标准奠定基础。这10年间,互联网高速发展,与互联网相关的反垄断案件趋于技术化与隐蔽化,给反垄断法实施带来了新的挑战。在互联网带来规模效应、马太效应与双边市场的新形态下,司法机关的判决往往能指导互联网领域的执法。2010年,北京市高级人民法院在人人信息服务公司诉百度网讯科技公司滥用市场支配地位纠纷上诉案的终审判决书中指出,即使是免费的搜索引擎服务,也存在反垄断法意义上的相关市场,该案为双边市场的界定提供了思路。2014年,最高人民法院在对3Q案作出的判决中提到,界定相关市场是评估经营者的市场力量及被诉垄断行为对竞争的影响的工具,其本身并非目的。即使不明确界定相关市场,也可以通过排除或者妨碍竞争的直接证据,对被诉经营者的市场地位及被诉垄断行为可能的市场影响进行评估。从司法层面来看,反垄断法相关市场界定问题逐渐被重视,反垄断法的实施

---

[1] 参见李小明、朱超然:《纵向垄断协议的反垄断法规制路径探析——以强生公司被诉垄断案为例》,载《河北法学》2021年第11期。

进一步深化。

整体而言,在这10年间,反垄断法处于初步发展阶段,标志着其从稚嫩走向成熟。

(三)2022年至今:反垄断法的高速发展阶段

2021年开始,我国互联网与数字经济迈入高速发展时期。在立法层面,我国2022年完成了《反垄断法》的第一次修订,旨在进一步夯实保障高质量发展的反垄断法治基础,优化规范配置以回应数字时代的新垄断问题。在总则部分,第4条新增"国家坚持市场化、法治化原则,强化竞争政策基础地位"。该条宣示性条款确立了竞争政策在经济政策体系中的基础地位,是优化反垄断法实施环境,提升反垄断法实施效果的基本前提和保障。[1]同时,新《反垄断法》新增了第9条:"经营者不得利用数据和算法、技术、资本优势以及平台规则等从事本法禁止的垄断行为",回应了数字经济领域的反垄断问题,提供了统领性指引。新《反垄断法》在总则部分还规定"国家健全完善反垄断规则制度,强化反垄断监管力量,提高监管能力和监管体系现代化水平,加强反垄断执法司法,依法公正高效审理垄断案件,健全行政执法和司法衔接机制,维护公平竞争秩序",对新时期反垄断监管水平提出了更高的要求,以更好地服务现代市场体系建设。在分则部分,新《反垄断法》细化了垄断协议责任主体、新增了数字经济时代滥用市场支配地位的规定,将未达到申报标准但可能产生竞争损害的经营者集中也纳入审查环节。经营者集中分级分类制度与"停钟"制度同样是该次修法的革新之举。在配套规范上,2021年出

---

[1] 参见时建中:《新〈反垄断法〉的现实意义与内容解读》,载《中国法律评论》2022年第4期。

台的《关于平台经济领域的反垄断指南》为数字平台领域的反垄断监管提供了标准化的指引。2023年《禁止垄断协议规定》《禁止滥用市场支配地位行为规定》《经营者集中审查规定》《制止滥用行政权力排除、限制竞争行为规定》等规范性文件的修订，进一步完善了我国的反垄断法配套体系，为反垄断执法机关的监管工作提供了更充分的法律依据。

在反垄断法实施层面，我国对于平台经济领域的监管已迈进常态化监管阶段，不断探索政府与市场的双向驱动效应，旨在构建一套效果上宽严相济、形式上内外结合的良性互动型监管制度。①《中国反垄断执法年度报告（2022）》显示，互联网平台反垄断常态化监管执法态势基本形成。加强平台企业内部合规管理等全面整改，促进行业规范健康创新发展。指导阿里巴巴集团、美团等大型平台企业全面落实《行政指导书》确定的整改措施，依法高效审结互联网平台经营者集中案件，积极释放"绿灯"政策信号，促使企业更加注重以创新为主开展高水平竞争，增强市场竞争活力。②在反垄断法的高速发展阶段，平台企业合规建设取得较大成果的同时，反垄断司法体系也在不断地进行自我完善。新《反垄断法》第60条第2款规定："经营者实施垄断行为，损害社会公共利益的，设区的市级以上人民检察院可以依法向人民法院提起民事公益诉讼。"关于检察公益诉讼的规定，检察机关在民事检察公益诉讼中采取的措施旨在维护社会公共利益或者补充反垄断法实施过程中难以解决的问题，从而实现反垄

---

① 参见孙晋:《互联网金融平台传统监管的局限与法治化改革》，载《华东政法大学学报》2023年第1期。

② 参见国家反垄断局:《中国反垄断执法年度报告（2022）》，https://www.gov.cn/lianbo/bumen/202306/P020230612294618624831.pdf，最后访问日期:2024年5月22日。

断法各类实施方式间的协调。①2022年《最高人民检察院》印发了《关于贯彻执行〈中华人民共和国反垄断法〉积极稳妥开展反垄断领域公益诉讼检察工作的通知》,进一步明确反垄断检察公益诉讼的实施程序与工作重点,为反垄断公益诉讼的实施奠定制度基础。

除了执法机关与司法部门一侧不断强化反垄断法实施之外,在反垄断法的高速发展阶段,企业端也开始注重反垄断法实施问题。2021年,市场监管总局印发《企业境外反垄断合规指引》,引导企业建立和加强境外反垄断合规管理制度,增强企业境外经营反垄断合规管理意识,提升境外经营反垄断合规管理水平。2023年,市场监管总局发布《经营者集中合规指引》,聚焦经营者集中监管特点以及企业合规需求,从合规风险、合规管理、合规保障等方面为企业提供有益参考,进一步推进企业反垄断合规的常态化实施。地方层面,继浙江、上海2019年发布了反垄断合规指引之后,山东、江西、河南、河北、湖北等省市也相继编制了各地方的反垄断合规指引。

总的来看,在2022年至今的反垄断法高速发展阶段,无论是国家层面还是地方层面,对反垄断立法与实施的重视程度都有很大提升。反垄断立法的数量逐渐增多,效力更强,立法内容也趋于精细化;反垄断法实施则具备了更强的技术性与可预期性,实施方式也不断增多,这些都揭示出我国反垄断立法与实施进入了黄金时期。

二、反垄断法在现代市场体系建设中的必要性

进入新发展阶段以来,我国现代市场体系被赋予了全新的内涵,

---

① 参见吴佩乘:《反垄断民事检察公益诉讼制度的解释论》,载《现代法学》2024年第2期。

一方面高度强调全国统一大市场建设,持续推动国内市场高效畅通和规模拓展,清除妨碍统一市场和公平竞争的各种规定和做法;另一方面强调高标准市场体系建立的重要性,全面对接国际高标准市场规则体系,实施更大范围、更宽领域、更深层次的全面开放。在现代市场体系建设的过程中,反垄断法发挥着至关重要的作用。

(一)制度层面:为现代市场体系建设提供立法保障

《中华人民共和国国民经济和社会发展第十四个五年规划和2035年远景目标纲要》将更加完善社会主义市场经济体制与基本建成高标准市场体系确定为"十四五"时期的主要目标,并将"强化竞争政策基础地位"作为实现上述目标的重要途径。强化竞争政策的基础地位是建设现代市场体系的关键保障。夯实竞争政策的基础地位需要反垄断法在制度层面提供立法保障,因为竞争政策既是市场经济的制度性标志,也是市场经济体系成熟的阶段性标志,是应市场经济活动对维护公平竞争秩序需求而产生的,[1]反垄断法及其配套规范文件均以维护市场竞争为目的,在本质上凸显了竞争政策在市场经济中的重要作用。反垄断法总则部分明确竞争政策的基础地位,并在分则部分对可能产生排除、限制竞争损害的市场行为设立规制体系,既在宏观层面回应了竞争政策在现代市场体系中的核心地位,也在微观层面规制可能阻碍现代市场体系建设的垄断行为。

在现代市场体系建设过程中,市场失灵在所难免,反垄断法作为国家调节经济的重要文本,是市场经济的活力源泉。具体而言,反垄断法规制排除、限制竞争的市场行为不仅包括消除既存的非法

---

[1] 参见李青:《"十四五"时期强化竞争政策基础地位的几点思考》,载《中国市场监管研究》2021年第7期。

垄断,还通过潜在的威慑效应,防止新的垄断行为的产生。[①]譬如,反垄断法中的经营者集中控制制度既明确反垄断执法机关对达到申报门槛的集中行为进行审查,也赋予反垄断执法机关对未达到申报标准的但可能产生竞争损害的集中行为进行审查的权力,后者旨在防止新的垄断行为的产生。随着新《反垄断法》的出台以及相关配套规定的逐步完善,持续夯实竞争政策在现代市场体系建设中的基础地位有了更强的制度保障。通过为现代市场经济建设提供立法保障,我国统一大市场建设与高标准市场体系构建将具备更加清晰的方向。

(二)运作层面:为现代市场体系建设保障监管效能

建设现代市场体系,必须探讨体制机制问题,其中传统市场监管存在一定的体制约束,掣肘了现代市场体系建设。随着反垄断法的出台与修订,针对垄断行为的规制不断完善,反垄断执法机关在具备了明确规则指引的前提下,监管工作便具备了较强的可预期性,如对垄断协议更深入的查处,提高经营者集中审查的效率,精准识别滥用市场支配地位的行为,以及查办隐蔽性较强的行政性垄断案件等。针对多头监管、部分领域监管空台等问题,反垄断法也作出了回应。一是通过明确竞争政策的基础地位,提高反垄断监管的优先级,进而解决多头监管与竞相监管问题;二是强调重点领域监管,将有限的监管资源置于民生保障领域,提高社会公共利益与消费者福利。另外,在互联网与数字经济蓬勃发展的背景下,中央和各地的反垄断执法机关创新监管模式和机制,探索"互联网+监管"的新监管模式,[②]不

[①] 参见王先林:《经济全球化背景下中国反垄断战略研究》,经济科学出版社2022年版,第11页。

[②] 参见刘泉红:《"十四五"时期我国现代市场体系建设思路和关键举措》,载《经济纵横》2020年第5期。

断提高监管效能。尤其需要注意的是,对智慧监管这种提升监管主体现代化监管能力的手段和方式,不应狭义地将其理解为被动地利用大数据等新兴信息技术进行政府监管和决策,而是应当将智慧监管及其所蕴含的数据、创新、技术、理念等新兴要素主动纳入决策思维体系中,从物理创新政府监管转向"技术+制度"混合创新监管。[①] 通过数据与新兴技术赋能反垄断监管,不仅实现反垄断执法机关自身监管思维、理念、体系、方式的智慧化与现代化,更保障了现代化市场体系建设的监管效能。

(三)要素层面:为现代市场体系建设激活各类要素

现代化市场体系是构建新发展格局,推动高质量发展的必然要求。激活各类要素,推动现代市场体系的建成,一方面,反垄断法通过对传统领域的垄断行为予以规制,进而释放传统要素价值,包括资本、劳动力等;另一方面,反垄断法通过对新兴领域的垄断行为予以规制,释放新兴要素价值,包括数据等。在传统领域,创新程度不高,技术的作用并不突出,企业之间通常以市场价格作为竞争手段。反垄断法针对传统垄断协议、滥用市场支配地位、违法实施经营者集中,以及行政性垄断均作出了较为详细的规定,以最大程度释放要素价值,防止资本与劳动力集中。

在新兴领域,人工智能、大数据、算法等新经济、新业态进入消费者的日常生活,推动了制造、医药、教育等多个行业的数字化进程。其中数据作为现代市场体系建设中的新型要素,具备极大的开发与利用价值。2022年《中共中央国务院 关于构建数据基础制度更好

---

① 参见孙晋、顾瑞琪:《创新丰富市场监管工具 助力全国统一大市场建设》,载《中国市场监管研究》2022年第8期。

发挥数据要素作用的意见》明确数据作为新型生产要素，数据基础制度建设对激活数字要素潜能与构筑国家竞争新优势的意义。然而，基于数据本身的价值与开发难度，数据非常有可能成为头部企业实施限制竞争行为的工具。《2020年中央经济工作会议公报》指出："要完善平台企业垄断认定、数据收集使用管理、消费者权益保护等方面的法律规范。要加强规制，提升监管能力，坚决反对垄断和不正当竞争行为。"在实践中，大型平台企业的活动具备极强的规模效应与网络效应，并利用互联网的特质吸纳了众多数据。为了得到更多的数据以扩大市场份额，这些企业往往会追求进一步的数据集中，后者则涉嫌垄断行为。在反垄断法领域，数据驱动型并购、拒绝提供数据访问权等行为均涉嫌垄断。如果缺少对大型平台企业实施不正当利用数据行为的监管，可能导致本是促进现代市场体系建设新型要素沦为阻碍因素。据此，反垄断法予以了回应，不仅在总则部分明确经营者不得利用数据实施垄断行为，且在四种垄断行为的规定上，基本能够涵盖数据集中导致的垄断行为，如滥用市场支配地位中的拒绝交易条款能够规制拒绝提供数据访问权，经营者集中控制制度中赋予反垄断执法机关对未达到申报门槛的集中进行审查的权力同样可以预防数据驱动型并购的竞争损害。通过反垄断法的立法与实施，数据集中导致的新型垄断行为将得以纠正，并最大程度使得数据焕发出更大的价值，为推进现代市场体系建设服务。

三、现代市场体系建设中反垄断法的价值追求

完善反垄断法的立法设计与强化实施，需要以明确其价值追求为前提条件。在不同的国家和地区，反垄断法的制度功能因面对的市场环境不同而有所差异，构建符合我国市场环境的反垄断法制度

体系必须借力于多元价值的借鉴与融合。同时基于特定的时代特征，在构建新发展格局中强化反垄断措施还需全面考量数字经济的发展需求。因此，反垄断法应以保障数字经济高质量发展为价值追求，实现竞争、秩序、创新、安全等价值的相互协调。

首先，竞争自由与公平的统一在现代市场体系建设中需要更加被重视。自由竞争与公平竞争具有不同的含义，自由竞争侧重于市场主体主动选择是否参与竞争的可能性；公平竞争侧重于市场主体参与竞争的方式是否公开、平等、正当。《谢尔曼法》作为世界范围内首部现代意义上的反垄断法，自其颁行起，基本目标和固有价值就被确定为保护自由竞争的市场环境免受大托拉斯（垄断）集团的威胁。同时，市场公平竞争秩序也离不开反垄断法的保护。以我国为例，反垄断法中规定的滥用市场支配地位行为类型包括了排他性滥用行为与剥削性滥用行为。前者聚焦于实现竞争之自由，而后者则偏重于维护竞争之公平。在数字化时代，特别是针对当下主要超级平台所实施的强制"二选一""大数据杀熟"、数据封锁、数据过度收集、用户隐私保护降级等涉嫌支配地位滥用行为，反垄断法对自由与公平价值的统合保护显得愈发重要。[①]这一点在2021年4月国家市场监督管理总局对阿里巴巴集团在中国境内网络零售平台服务市场滥用市场支配地位行为的调查处罚中可见一斑。在该案中，国家市场监督管理总局对阿里实施的"二选一"行为作出了高达182.28亿元的罚款，实现了市场竞争秩序、平台内商家的合法权益、消费者利益以及平台创新发展等多元利益的统一，是保护市场竞争行为之自

[①] 参见孔祥俊：《论互联网平台反垄断的宏观定位——基于政治、政策和法律的分析》，载《比较法研究》2021年第2期。

由与公平的集中体现。

其次,完善的现代市场经济体系必须统筹经济效率与消费者权益。反垄断法通过维护竞争的有序性以提升市场经济的运行效率,从而实现资源的有效配置和经济效益的最大化。反垄断法有助于防止市场的僵化和资源的过度集中,保护市场的多样性和竞争的公平性。这种多样性和公平性促进了市场的灵活性和活力,使市场更好地适应经济发展的需要,提高了资源配置的效率。这样的制度设计不仅有利于增强市场的竞争和活力,也间接保护了消费者权益。这是因为随着数字经济的飞速发展,当下的市场结构和产销格局的重心也日益向消费者需求转移,消费者的市场地位愈发重要。在体验式互动的消费模式下,对平台企业市场竞争行为的最基本和最直接的约束力量来自于以自由选择权与公平交易权为核心的消费者权益束。[①]市场的多样性和公平竞争是对消费者选择权的有效维护。此外,反垄断法通过规制价格歧视和剥削行为,也直接保护了消费者的合法权益,确保了供给与需求的良性循环,是数字经济纵深发展与平台经济健康发展的共同需求。因此,反垄断法的实施需要统筹经济效率与消费者权益,以实现经济效率和社会公平的统一。

再次,完善的现代市场经济体系需要实现竞争与创新的动态平衡。党的十九届五中全会审议通过的《中共中央关于制定国民经济和社会发展第十四个五年规划和二〇三五年远景目标的建议》共提及"创新"47次,首次提出"坚持创新在我国现代化建设全局中的核心地位"。为回应新时代下的创新需求,反垄断法更应坚定不移贯彻

---

① 参见王先林:《我国反垄断法修订完善的三个维度》,载《华东政法大学学报》2020年第2期。

创新发展理念，实现竞争与创新的动态平衡。目前，关于"创新"能否纳入反垄断规制体系的课题在世界主要反垄断司法辖区均愈发受到重视。受美国经济学家熊彼特持续创新与"创造性破坏"理论的影响，许多学者认为，市场中的竞争与创新具有此消彼长的特征；而以美国经济学家阿罗为代表的另一派学者则认为，市场中的竞争与创新表现出正相关的特性。[1]然而，创新与竞争本就不应择一而需兼顾，创新离不开良好的竞争秩序，同时，也只有在不断地创新中才能使市场始终充满竞争和活力，两者的良性互动下方可实现经济高质量发展。聚焦于平台经济领域的反垄断规制，这一点更值得重视。

最后，完善的现代市场经济体系应统筹发展与安全。党的十九届五中全会明确提出把安全发展贯穿国家发展各领域和全过程，对于经济安全，指出要"确保国家经济安全"。经济安全是国家安全的重要组成部分，我国经济发展正处在信息通信技术和数字数据技术深度融合的窗口期，在这样的历史节点，机遇巨大而挑战同样严峻，其中以"新技术、新业态、新产业、新模式"为代表的"四新"经济，为新发展格局的建设与发展提供了强劲的动力。而另一方面，数字经济在国民经济中的地位日趋重要，特别是应对新冠疫情使这一趋势愈发明显。而同时，目前互联网平台企业展现的"大数据杀熟""二选一""封禁""烧钱补贴"等不正当竞争行为也强烈冲击了部分传统行业，反垄断法的实施必须统筹兼顾发展与安全，妥善处理数字经济展现的两面性，对于破坏自由公平竞争、扰乱市场秩序、危害经济安全的违法行为必须依法查处，做到"强监管、早监管、长监管"，筑牢发展的安全底线。[2]

---

[1] 参见韩伟：《创新在反垄断法中的定位分析》，载《中国物价》2019年第8期。
[2] 参见陈兵：《因应超级平台对反垄断法规制的挑战》，载《法学》2020年第2期。

第二节 现代市场体系建设中反垄断法的现状与实施困境

一、立法层面

目前,在我国《反垄断法》经过2008年的颁布与2022年的修订,配套规范同步出台的背景下,反垄断制度体系已趋于成熟,但在垄断协议规制制度、滥用市场支配地位制度、经营者集中控制制度,以及行政性垄断规制制度层面仍存在不足之处。

(一) 垄断协议规制制度

我国关于垄断协议规制制度的规定集中于《反垄断法》第16条到21条、《平台经济领域的反垄断指南》第2章与《禁止垄断协议规定》。《反垄断法》《禁止垄断协议规定》,以及《平台经济领域的反垄断指南》对垄断协议(包括协同行为)类型、相关市场界定、组织帮助达成与实施垄断协议、垄断协议豁免、行业协议主导与实施垄断协议,以及反垄断执法机关开展垄断协议案件调查等事项作出了较为详尽的规定,但现行的垄断规制制度体系仍然存在一些立法短板。在实施主体层面,现行垄断协议规制制度对垄断协议达成与实施的过程中,行业协会的多重身份并没有进行回应,可能导致行业协会作为经营者与公共事务管理者实施的垄断协议行为并没有得到合理评价。譬如,行业协会作为经营者与其他企业达成垄断协议,与其作为公共事务管理者主导垄断协议的达成性质显然不同,片面认定行业协会在垄断协议达成与实施中的角色,可能会产生执法误差。在行为表现上,组织、帮助达成垄断协议行为或者提供实质性帮助的认定标准较为模糊,组织与帮助两种行为的重要程度如何区分,以及提供实质性帮助中的"实质性"如何判断等问题均有待解决。在规制对象上,算法共谋等新兴领域的垄断协议行为具备更强的隐蔽性。根据场景进行分类,信使场景下的算法共谋容易地被纳入垄断协议规制体系中,因为算法在该类共谋中充当的是中介与工具,而非独立的角色。从这个角度看,信使场景下的算法共谋本质仍是经营者之间实施的垄断协议,只是实施方式的技术性更强。中心辐射式场景下的算法共谋与预测型代理人场景的算法共谋虽然更加隐蔽,但是算法在这两类垄断协议达成与实施中的地位仍没有发生实质性的改变,只是算法由传递信息的工具演化为决策工具。在算法作出决策的基础上,经营者根据决策选择是否达成、实施垄断协议,以及达成与实施的方式。整体而言,在这三种场景下的算法共谋中,经营者仍然充当了垄断协议达成与实施的决定性角色,能够被纳入现行垄断协议规制制度中。但是,对于自主学习型算法而言,现行垄断协议规制制度陷入了规制窘境。自主学习型算法实施的电子眼场景下的共谋行为已经排除了经营者行为,所有市场操作策略均由算法决定。①在这个过程中,经营战略与竞争策略的制定与实施已经由极度理性的算法替代了以往仅具备工具属性的算法提供的战略参考。对于整个垄断协议的达成与实施均由自主学习型算法一手操办的情况,很难明确责任主体与表现形式。《禁止垄断协议规定》第13条规定,具有竞争关系的经营者不得利用数据和算法、技术以及平台规则等,通过意思联络、交换敏感信

---

① 参见丁国峰:《大数据时代下算法共谋行为的法律规制》,载《社会科学辑刊》2021年第3期。

息、行为协调一致等方式达成垄断协议;《平台经济领域的反垄断指南》第6条明确经营者不得利用算法实现协调一致的行为;第7条明确经营者不得利用算法对价格进行限定价格与其他排除、限制竞争的交易条件。这一系列涉及算法共谋的规定仍局限在算法的附属价值、工具价值层面,只将算法视为经营者达成共谋的一种媒介,并未全面考虑算法在共谋达成与实施中的独立价值。简言之,现行垄断协议制度暂时无法应对电子眼场景下共谋行为对立法层面的挑战。

(二)滥用市场支配地位规制制度

我国关于滥用市场支配地位制度的规定集中于《反垄断法》第22条到24条、《平台经济领域的反垄断指南》第3章与《禁止滥用市场支配地位行为规定》。《反垄断法》《平台经济领域的反垄断指南》以及《禁止滥用市场支配地位行为规定》对平台经济领域相关市场界定方法、平台经济领域经营者市场支配地位的认定、拒绝交易、限定交易、搭售,以及差别待遇等新表现形式均有详细的规定,很大程度提高了滥用市场支配地位规制制度的适用性。在数字经济时代下,虽然滥用市场支配地位的规制制度在立法层面得以不断完善,但仍存在一些亟待解决的问题。在相关市场界定层面,价格作为传统主流竞争考量因素,通常是界定相关市场的主要依据,免费市场往往被排除在相关市场界定的范围之外,如传统的"需求替代性分析法""供给替代分析法"和"假定垄断者测试"均以价格作为核心的界定考量因素。[①] 此时,对于创新、算法、数据等维度的市场竞争策

---

① 参见赖丽华:《数字平台滥用市场支配地位反垄断法律规制》,载《江西师范大学学报(哲学社会科学版)》2022年第5期。

略，传统的相关市场界定方法显然存在适用难的情况。一是数字平台产品存在天然的复合性，以提供文字内容为主的今日头条以及以短视频提供为主的抖音平台该如何界定即存在争议；二是传统的价格上涨本身是可量化的数据，通过经济学分析能够准确得出在特定时间范围内，市场产品价格的上涨情况。而对于创新产出、创新效率等较为抽象的概念，其相关市场界定是否必要，以及如何界定，我国的滥用市场支配地位规制制度均未予以回应。在市场支配地位的认定上，传统主张以市场份额推定经营者是否具备市场支配地位的方式显然难以准确认定数字平台的市场地位。一是市场份额难以判断，如果不对市场份额的量化标准进行革新，很难解释一些大型平台企业为了维持既有支配地位不断降低销售价格以及附赠免费产品与服务的行为；二是市场支配地位本质是商品的替代性与经营者的替代性丧失的结果，[①] 现有的市场支配地位认定因素应紧密围绕商品的替代性与经营者的替代性情况进行量化考虑，而不应拘泥于销售额或者一些非必要的考量因素。在滥用市场支配地位的表现形式上，虽然《平台经济领域反垄断指南》对不公平价格行为、低于成本销售、拒绝交易、限定交易、搭售或者附加不合理交易条件，以及差别待遇在平台经济领域的表现形式作出了初步规定，但仍无力应对非典型滥用市场支配地位的情形。譬如，作为平台自治权扩张与数据市场竞争优势跨界传导结果的自我优待行为，囿于违法性标准缺失与竞争损害效果不明晰，[②] 滥用市场支配地位的规制制度并未将其纳入规

---

① 参见蒋和胜、陈乾坤：《竞争约束如何塑造平台相关市场？——基于反垄断案例的质性研究》，载《财经问题研究》2024年第5期。

② 参见孙晋、马姗姗：《数字平台自我优待的反垄断规制困境与优化进路》，载《法治研究》2024年第1期。

制范围内,部分大型平台可能利用自我优待行为的传导效应,实施不正当的跨界竞争,从多个方面损害市场的公平竞争秩序。

(三)经营者集中控制制度

我国关于经营者集中控制制度的规定集中于《反垄断法》第25条到38条、《平台经济领域的反垄断指南》第4章、《经营者集中审查规定》《国务院关于经营者集中申报标准的规定》,以及《经营者集中反垄断合规指引》。这一系列规定对委托审查的精细化、控制权认定标准、经营者集中分级分类制度、反垄断执法机关的主动调查权、简易案件公示程序等问题均作了详细的规定。随着经营者集中控制制度的持续完善,我国经营者集中审查工作具备了更强的可预期性。但在人工智能、算法、大数据带来的新一轮科技革命和产业变革的背景下,现行经营者集中控制制度仍面临严峻的现实挑战。在恶意并购的表现样态上,为了不断扩张数字业务版图,大型平台企业通常会频繁实施并购策略,包括将扼杀式并购与滚动式并购包裹在大型企业并购初创企业这一合法外壳之下。对于扼杀式并购而言,经营者集中审查的标准设定存在缺陷,尤其是在触发强制申报审查的门槛设置上。传统审查模式通常依赖于营业额等经济指标,这种设置在处理传统行业的并购时可能相对有效,但在数字经济领域,特别是扼杀式并购的情境中,营业额标准通常难以适用。另外,现行的竞争损害评估模型主要关注并购双方在市场上的直接经济影响,如市场份额的合并和价格变动。这种模型很难准确捕捉扼杀式并购对潜在竞争、市场创新的影响。对于滚动式并购而言,通过连续收购同行业内多个较小竞争者的行动,主导平台企业可以迅速增加其市场份额,扩大运营规模。这一过程不仅增加了市场集中度,而且降低了行业内的竞争程度,使得大型企业能够攫取规模效应所带来的经济利益,更容易引发反竞争行为。更甚者，通过连续收购其他行业中的小型企业，主导平台企业则可以通过注入自身所积累的大量数据和用户资源，迅速整合新收购的业务，并在衍生市场中建立起强大的市场地位，实现市场力量的跨领域传导。现行经营者集中控制制度的强制集中申报的标准设定意图在于捕捉可能对市场竞争产生显著影响的大规模并购活动，平台滚动式并购中涉及连续的小规模并购，这类并购通常因单个交易规模较小而不触发传统的经营者集中强制申报的营业额门槛。这意味着即便多次小规模的并购最终导致市场集中度显著提高，减少了市场的竞争度，这些逐渐积累的市场变化过程却不会受到经营者集中强制申报的约束。在新型投资关系的规制上，我国经营者集中控制制度也并未提出有效应对方案。新型投资关系是指，由大型科技企业发起，目标是拥有颠覆性技术或商业模式的中小型企业的投资模式。其核心特点是不仅仅局限于资金的流动，还包括技术共享、战略协同及市场互动等多个层面。投资方往往不会过多地持有另一家企业的股权，而是通过技术依赖、合同条款或战略协同等方式，对被投资公司产生决定性影响。大型科技企业通过与新兴科技公司的紧密合作或投资，可以迅速整合目标市场，增强市场头部企业的集中度，往往会导致市场上的竞争者数量减少，消减市场的竞争活力。而当大型科技公司在通过投资关系获得市场主导地位后，可能会提高目标市场的进入难度形成市场进入壁垒，并设定对其有利的市场规则，如技术标准或访问条件，从而进一步巩固其市场地位，抑制竞争。我国经营者集中控制制度主要针对直接控制和限制股权变动的情况，并未充分认识到控制权可以通过多种形式表现，不仅限于股权持有，因此对于合同条款中可能隐藏的控制权或影响力因素，如优先购买权、独家技术使用权等，缺乏足够的重视，而这些条款可能让大型企业在不增持股份的情况下,仍能对企业策略和市场行为施加关键影响,这就使得此类新型投资关系处于经营者集中审查的盲区之中。

(四)行政性垄断规制制度

党的十九大明确提出,要"打破行政性垄断,防止市场垄断",党的二十大再次强调,要"破除地方保护和行政性垄断"。依法制止行政性垄断行为对于规范政府行为,更好发挥政府作用,保护市场公平竞争,加快建设高效规范、公平竞争、充分开放的全国统一大市场具有重要意义。由于所倚仗的是具有行政性质的"行政权力",行政性垄断对竞争的破坏力往往比经济性垄断具备更强的危害性,进而损害社会主义市场经济体制。①我国关于行政性垄断规制制度的规定集中于《反垄断法》第39条到第45条与《制止滥用行政权力排除、限制竞争行为规定》。经过《反垄断法》修订与《制止滥用行政权力排除、限制竞争行为规定》的颁布,我国的行政性垄断规制制度已趋于完善,在行政性垄断的表现形式、案件线索举报程序、行政约谈制度、公平竞争审查制度、公平竞争理念贯彻方式等多个层面作出了细致的规定。然而,我国的行政性垄断规制制度仍然存在两大层面的问题。第一,既有的规定仍然无法涵盖一些新型的隐性行政垄断行为。一方面,在公共资源平台整合建设的过程中,容易出现以简政放权和资源功能整合的名义,把一些属于行政机关与具备公共事务管理职能的组织负责的公共事项下放到某些企业负责建设和运营的公共资源平台上,②导致这些企业兼具"运动员"与"裁判员"属性,即

---

① 参见叶高芬:《全国统一大市场视域下行政性垄断规制模式的重构》,载《法学》2023年第3期。

② 参见李青、方艳:《破除行政性垄断的难点与关键——制止滥用行政权力排除、限制竞争研讨会综述》,载《中国经贸导刊》2022年第9期。

它们同时具有建设和管理职能。行政机关利用自身的信息取得优势进入竞争性市场，可能严重妨碍其他企业的公平竞争。另一方面，如果行政机关授权特定的企业进入竞争性市场，这些企业基于敏感信息的获取，较之市场既存企业具备了不当的竞争优势，同样会严重损害市场竞争秩序。为了解决这些痛点问题，我国行政性垄断规制制度需进一步完善。第二，行政性垄断的法律责任条款有待优化。行政性垄断的性质既然涉及行政与市场两方面的结合，其法律责任的追究也应当与此相符合，法律责任层面不应仅限于行政法意义上的责任，而需要进一步重视反垄断救济。[1]当行政性垄断实施后，反垄断执法的首要任务是消除垄断根源，对行政性垄断行为进行彻底纠正。否则，如果不加强对行政性垄断实施主体的处罚力度以及对受害人的赔偿力度，很可能放任了行政性垄断行为的发生，降低了反垄断执法的实效性。

二、执法层面

在执法实践中，尤其是查处垄断协议与滥用市场支配地位，破除行政性垄断与经营者集中审查等方面仍存在阻碍，很可能影响反垄断监管效果，不利于维护市场公平竞争。

（一）垄断协议执法工作

垄断协议查处一直是反垄断执法中的重点与难点工作。2022年新立案调查垄断协议案件18件，办结16件，罚没金额合计5.69亿元。办结的16件案件中，从垄断行为类型看，11件涉及横向垄断协议（其

---

[1] 参见徐士英：《竞争政策视野下行政性垄断行为规制路径新探》，载《华东政法大学学报》2015年第4期。

中,7件涉及固定价格行为,4件同时涉及固定价格和分割市场行为);4件涉及纵向垄断协议(其中,1件涉及固定转售价格行为,2件涉及限定最低转售价格行为,1件同时涉及固定转售价格和限定最低转售价格行为);1件同时涉及横向垄断协议和纵向垄断协议;从违法主体看,涉及4个行业协会、106家企业,涉及的主体多样;从行业分布看,主要集中在医药、教育培训、建材、保险、燃气、机动车检测等民生保障领域。[1]从中可见,在反垄断执法实践中,我国越来越重视重点领域的垄断协议案件,主要原因是在垄断协议查处难度较大的前提下,侧重于对民生领域与其他风险领域的垄断协议进行查处,有利于合理分配垄断协议执法资源。然而,举证证明存在垄断协议是非常困难的,实施共谋的经营者往往很清楚它们的行为违反了反垄断法,因此它们通常会简化共谋达成方式、场景,甚至将本就为数不多的线索进行隐匿处理。在这种情况下,垄断协议证据取得就成为了反垄断执法过程中一直难以解决的问题。其一,垄断协议间接证据的取得。通常情况下,垄断协议查处往往缺少充足的直接证据进行支撑,间接证据的取得尤为重要。但是,轴辐协议的出现对传统垄断协议二分法带来了很大的挑战,其中对事实认定规则带来的挑战尤为显著,即对于缺乏直接证据的轮缘协议的认定应如何采信间接证据,[2]我国的垄断协议规制制度没有予以回应。其二,间接证据的效力问题。关于间接证据效力问题的解决直接关乎当下隐蔽性较强的算法共谋规制方案的建立。算法共谋本身就具备极强的隐蔽性,反

---

[1] 参见国家反垄断局:《中国反垄断执法年度报告(2022)》,https://www.gov.cn/lianbo/bumen/202306/P020230612294618624831.pdf,最后访问日期:2024年5月22日。

[2] 参见张晨颖:《垄断协议二分法检讨与禁止规则再造——从轴辐协议谈起》,载《法商研究》2018年第2期。

垄断执法机关如果不对算法实施者开展成本高昂的穿透式监管，几乎不可能取得算法共谋的直接证据。此时，间接证据的效力如何很大程度关系到执法效能问题。关于这个问题，美国的"附加因素"方法提供了范本。在戏剧企业诉派拉蒙电影一案中，法院适用了"附加因素"标准，即如果原告首先提出平行行为的证据，则它必须提供附加因素的证据（也可以理解为间接证据），以证明这种平行行为与共谋而非单边行为具有更大的一致性。[①]美国的"附加因素"标准认可了间接因素具备一定的效力，这无疑有利于反垄断执法机关对算法共谋等默示共谋行为的调查。在我国垄断协议规制制度尚未明确间接证据效力的情况下，针对默示共谋、协同行为等具备隐蔽性的协议行为调查显然缺乏激励机制，不利于规制垄断协议的常态化执法。

（二）滥用市场支配地位执法工作

近年来，查处的滥用市场支配地位案件主要聚焦医药和公用事业领域。2022年共查处滥用市场支配地位案件13件，罚没金额1.66亿元。从行业分布来看，供水、供气等公用事业领域案件9件，互联网平台、批发零售、物流、港口等领域各1件；从罚没金额看，处罚超过5千万元的案件1件，处罚1千万元至5千万元之间的案件3件，1千万元以下的案件8件。[②]值得注意的是，2022年11月至2023年11月查处的9例滥用市场支配地位案件显示，共有3例涉及医药行业，5例涉及公用事业领域。这很大程度说明了针对重点领域滥用市场支配地位，我国反垄断执法机关持续提高处罚力度，最大程度保障各

---

① 参见〔美〕克里斯托弗·L.萨格尔斯：《反托拉斯法：案例与解析》，谭袁译，商务印书馆2021年版，第197—198页。

② 参见国家反垄断局：《中国反垄断执法年度报告（2022）》，https://www.gov.cn/lianbo/bumen/202306/P020230612294618624831.pdf，最后访问日期：2024年5月22日。

所有制企业在竞争领域的公平竞争权。目前,我国平台经济领域反垄断已正式进入常态化监管新阶段,特别在针对"二选一"、大数据杀熟等新型滥用市场支配地位案件时,反垄断执法机关不仅开展了专项治理,也针对违法主体开出了巨额罚单,凸显了反垄断监管的威慑效果在不断提升。此时,需要密切关注反垄断监管在介入滥用市场支配地位时,是否存在监管超过必要限度的情况。如果只是因为规制对象属于大型平台,而选择简化甚至回避完整的滥用市场支配地位竞争损害分析时,监管结果很有可能出现假阳性错误。另外,反垄断执法机关并未对所有涉嫌滥用市场支配地位案件开展较为严格、全面的竞争分析。在有的案件中,反垄断执法机关只阐明经营者在相关市场中是否具备支配地位、经营者的行为举措是否属于特定的商业行为,以及经营者采取的措施是否具有正当理由。有的做法则是在前述的基础上,简要分析经营者的行为是否会对消费者造成损害,如重庆永康燃气有限公司滥用市场支配地位案。还有的做法是通过判断经营者实施的市场行为是否具备正当理由,进而推断其做法是否损害市场竞争,[1]如永福县供水公司滥用市场支配地位案。据此,在开展滥用市场支配地位的竞争损害分析时,应遵循何种分析标准,将哪些考量因素纳入标准中才合理,是当下亟须解决的问题。

(三)经营者集中审查工作

近年来,我国经营者集中审查工作已经步入常态化与标准化,审查体系逐渐成熟。市场监管总局公布的数据显示,截至2023年底,国务院反垄断执法机构共审结经营者集中5787件,其中禁止3件,

---

[1] 参见丁茂中:《禁止滥用市场支配地位制度的定位》,载《法制与社会发展》2021年第4期。

附加限制性条件批准61件,有效预防垄断行为,维护公平竞争市场环境,促进社会主义市场经济健康发展。在申报率方面,2023年调查处罚32起未依法申报案件,经营者集中申报率达到96.14%;2022年调查处罚85起未依法申报案件,经营者集中申报率达到91.07%;2021年调查处罚107起未依法申报案件,经营者集中申报率达到88.51%;2020年调查处罚13起未依法申报案件,经营者集中申报率达到97.56%。市场监管总局切实发挥经营者集中反垄断审查在助力企业优化重组和经济转型升级等方面的积极作用,致力于维护市场公平竞争秩序,强化经营者集中审查工作。近三年来,经营者集中申报率持续升高。经营者集中审查在促进经济高质量发展、改善就业环境、营造公平竞争秩序,打造法治化营商环境方面发挥着至关重要的作用。

然而,在数字经济快速发展,现代市场体系建设的过程中,我国的经营者集中审查工作仍存在一些审查低效的问题。在竞争损害分析层面,我国的经营者集中审查中的竞争评估考量因素源于《反垄断法》第33条。对于传统的并购模式,该考量因素能够较为全面地评估交易带来的竞争损害。但在数字时代下,尤其是平台经济领域,反垄断执法机关沿用传统的竞争损害往往会出现"假阴性"或"假阳性"错误。譬如,对于扼杀式并购而言,企业在完成合并后,往往并不会马上提价或者与其他企业进行合谋,更不会限制其他企业进入相关市场,这类并购的目的是扼杀对其产生竞争威胁的企业。此时,传统的单边效应、协同效应与封锁效应分析显然无法透视这类并购的竞争损害程度。在损害因素设置上,反垄断执法机关在依据《反垄断法》第33列举的审查依据进行竞争损害分析时,并不存在考量因素重要性顺序问题,这同样会导致某种考量因素未纳入考量,或者需要重点考量的因素被架空。从这个层面来看,现有的竞争损害分析模式仅是满足表面的全面分析,实质上欠缺了重点因素与附加因素。比如,如果大型企业收购初创企业涉及扼杀式并购,那么这种并购目的是损害创新与潜在竞争,《反垄断法》第33条考量因素如何调整其重要性将直接影响审查实效。

(四)行政性垄断破除工作

近年来,我国高度重视行政性垄断破除工作,对于不同类型的行政性垄断行为,反垄断执法机关秉持无死角清理的原则。2022年,在查办的行政性垄断案件中,涉及限定交易行为的案件占比38%,涉及制定含有排除、限制竞争内容规定行为的案件占比28%,涉及妨碍商品自由流通行为的案件占比21%,涉及限制经营者招投标的案件占比10%,涉及强制从事垄断行为的案件占比3%。[1]通过加强破除行政性垄断,形成有效威慑和示范效应,释放强监管、促发展的政策信号,为高质量发展保驾护航。

然而,随着行政性垄断隐蔽性的增强,单纯依赖反垄断执法机关开展调查不切实际。一是反垄断执法机关很难对所有行政性垄断行为展开全面的监管;二是同级政府可能会阻碍反垄断执法机关的进一步监管。此时,必须建设一种新的跨部门合作机制,充分发挥不同部门的优势,推动行政性垄断执法的高效性。目前,行纪衔接工作机制在实践中的成效明显,其指的是一种跨部门、跨单位的协作机制,旨在实现法律、行政等方面行为的衔接和协调。行纪衔接工作机制能有效发挥反垄断执法机关其他部门的协同性。然而,行纪衔接

---

[1] 参见国家反垄断局:《中国反垄断执法年度报告(2022)》,https://www.gov.cn/lianbo/bumen/202306/P020230612294618624831.pdf,最后访问日期:2024年5月22日。

工作机制仍不成熟，其如何与行政性垄断执法发生耦合，或者如何通过机制完善，使其在行政性垄断查处中发挥更重要的作用。为了完善行纪衔接工作机制，应积极组织地方反垄断执法机关，开展强化行政性垄断破除工作的培训，学习如何将行纪衔接工作机制与行政性垄断执法有机结合，出台相关的指引与办法，促进行纪衔接工作机制的标准化与常态化实行。

另外，行政建议书权威性不足也影响行政性垄断破除工作的开展。行政建议书要想充分发挥指导作用，权威性必不可少。然而目前，由于行政建议书的内容缺乏充分的数据支持，也缺乏案例支撑，导致行政建议书本身的权威性不足。加上行政建议书的撰写较为简单，并没有对行政性垄断的竞争损害效果，以及相关法律责任问题进行回应，行政建议书无法体现执法效果，也没有起到实质的指导作用。因此，如何快速强化行政建议书的权威性，将行政建议书的指导功能真正落到实处是当下亟须解决的问题。

三、司法层面

（一）公益诉讼

我国《反垄断法》第60条第2款规定："经营者实施垄断行为，损害社会公益的，设区的市级以上人民检察院可以依法向人民法院提起民事公益诉讼。"在此基础上，《关于贯彻执行〈中华人民共和国反垄断法〉积极稳妥开展反垄断领域公益诉讼检察工作的通知》进一步强调要稳妥开展反垄断领域公益诉讼检察工作，重点关注互联网、公共事业、医药等民生保障领域。反垄断检察公益诉讼相关规定的出台，使我国反垄断公益诉讼工作正式迈入新阶段。近年来，我国检察机关立案办理公益诉讼的案件逐年增加，特别是在多个民生保障领域积累了丰富的检察公益诉讼经验。既有实践为反垄断公益诉讼工作的开展奠定了良好的基础。不过,目前反垄断检察公益诉讼仍有几个有待解决的问题。一是反垄断公益诉讼的受案范围不明确。到底哪几类垄断行为能够被纳入反垄断公益诉讼受案范围目前尚不明确。二是缺乏诉讼激励机制。传统反垄断赔偿是借鉴民事赔偿方式,只能从法院获得一些象征性的赔偿,在数字平台领域,此种赔偿机制主要以填补损害为目的,难以对实施垄断行为的大型平台企业产生足够的威慑效果,导致提起公益诉讼的积极性不高。三是调查取证能力与方法欠缺。在数字平台、人工智能等技术密集型领域,信息化与技术化的取证方法非常重要,能直接影响线索固定情况。因为这些技术密集型领域的垄断行为往往隐蔽性较强、技术性较高,遗留的线索也以电子线索为主。因此,以询问、查阅、摘抄、复制以及委托鉴定评估为主的传统调查方案难以满足垄断行为调查的需要。

(二) 私人诉讼

反垄断法的私人诉讼又被称为私人执行,是指那些自身利益受到反垄断违法行为影响的企业和自然人通过向法院提起民事诉讼或通过仲裁等方式来执行反垄断法。[1]相较于公益诉讼,私人诉讼具备自发性、高效性等优势,不仅可以弥补公益诉讼的短板,也能促使更多受到垄断行为损害的企业与自然人参与到对抗垄断行为,维护自身合法利益的工作中来。在实践中,私人诉讼制度仍然不成熟,主要表现在多个方面。一是损害赔偿标准不明晰。在制度层面,目前我国反垄断民事诉讼中的损害赔偿计算缺少规范性文件的指引,加上

---

[1] 参见王健:《反垄断法私人执行制度初探》,载《法商研究》2007年第2期。

垄断行为带来的损害结果很难估算，导致法院支持的赔偿金额一般不高。例如，在吴宗区与永福县供水公司滥用市场支配地位纠纷案中，南宁中院在综合考虑行为性质、维权情况等多方面的因素后，作出了酌定被告赔偿原告经济损失及合理开支共计1000元的判决。① 可见，在司法实践中，私人诉讼得到的赔偿额并不高。二是举证责任分配制度仍有待健全。2024年最高人民法院发布的《最高人民法院关于审理垄断民事纠纷案件适用法律若干问题的解释》（以下简称《审理垄断民事案件的司法解释》）相较以往的规定，已经开始有意降低原告的举证责任压力。在对横向垄断协议的核心限制中，原告无须对相关市场界定承担举证责任。对于横向垄断协议内的非核心限制中，原则上原告对相关市场界定承担证明责任。但是如果原告能够证明被诉其他横向垄断协议的经营者具有显著的市场力量，或者被诉其他横向垄断协议具有排除、限制竞争效果，那么原告对相关市场界定不承担证明责任。在纵向垄断协议中，《审理垄断民事案件的司法解释》同样按照"一般情况+例外"的规定模式，与横向垄断协议中的非核心限制作出了一致的规定。对于滥用市场支配地位，《审理垄断民事案件的司法解释》同样要求原告在一般情形下需要对相关市场承担证明责任，只有在原告提供的证据足以直接证明被诉滥用市场支配地位的经营者具有市场支配地位，或者被诉滥用市场支配地位行为具有排除、限制竞争效果，原告对相关市场界定不承担证明责任。从中可以看出，虽然《审理垄断民事案件的司法解释》减轻了原告的举证责任，旨在鼓励私人诉讼的常态化开展，避免由于举证责任压力过大导致私人诉讼程序被架空。然而，《审理垄断民事案

---

① 参见（2018）桂01民初1190号判决书。

件的司法解释》关于举证责任的分配仍然存在局限,比如横向垄断协议中的非核心限制与纵向垄断协议的举证责任规定完全一致是否具备合理性。

第三节 现代市场体系建设中反垄断法的完善进路

一、进一步完善反垄断法及其配套规范

要推进现代化市场体系建设不断完善,首要方式是在制度层面完善反垄断法及其配套规范,以保证立法设计的合理性与可预期性,包括完善垄断协议规制制度、滥用市场支配地位的规制制度、经营者集中控制制度,以及行政性垄断规制制度。

(一)垄断协议规制制度

自2022年修订后的《反垄断法》实施以来,我国高度关注行业协会组织实施垄断协议行为。一方面,行业协会组织实施垄断协议行为一般涉及多方经营者,数量通常大于三。行业协会组织实施垄断协议行为的市场竞争损害更大、隐蔽性更强、持续时间更长。尤其需要注意的是,行业协会组织垄断协议的市场竞争损害之大主要体现为两个层面。在竞争损害深度层面上,行业协会组织实施垄断行为一般以横向垄断协议为主,常以价格联盟、价格跟随等形式表现的固定价格协议。[1]在竞争损害广度层面上,行业协会组织实施的垄断

---

[1] 孙晋:《加强行业协会反垄断监管 促进行业规范健康发展——纪念我国反垄断法实施十五周年》,载国家市场监督管理总局网,https://www.samr.gov.cn/zt/ndzt/2023n/2023jzz/zjgd/art/2023/art_f925eca82d3c49f18a93317042414987.html,最后访问日期:2024年5月19日。

协议行为涉及多方主体,既包括同一行业竞争者之间,也可能包括相邻行业、上下游行业的经营者。与传统意义上的双方共谋行为、经营者的组织帮助达成垄断协议行为相比,行业协会组织实施的垄断协议行为造成的竞争损害具有跨行业特性。而在这种情况下,新《反垄断法》以及配套规定仍然未对行业协会的角色定位进行明确,掣肘了行业协会实施垄断协议行为的规制。据此,应明确行业协会作为公共管理部门与经营者的双重角色。作为公共管理部门,行业协会也仅是行业内部的管理者,与行政机关管理存在本质区别,比如行业协会的管理对象仅限于协会会员,不能对协会外的第三方施加影响。[①]当行业协会作为公共管理部门时,通常负责主导与组织会员企业达成与实施垄断协议,如福建省爆破器材行业协会组织部分会员企业达成垄断协议案。对于这种情形,《反垄断法》第20条明确禁止行业协会组织会员企业达成与实施垄断协议。然而,当行业协会本身通过从事市场经营活动,进而获得经营者身份后,其很有可能作为参与者,与其他经营者共同达成与实施垄断协议。对于这种情形,反垄断法并未给予回应。据此,我国现行的垄断协议规制制度应充分重视行业协会作为经营者组织、参与其他经营者达成与实施垄断协议的情形。一方面,需要对行业协会的公共管理部门与经营者进行双层规制。当行业协会作为公共管理部门时,其组织大量会员企业达成与实施垄断协议行为涉及的主体范围大、竞争损害范围广,因此应规定较重的行政处罚,如提高罚款额度,甚至对行业协会负责人进一步追责。当行业协会作为经营者时,其既然是垄

[①] 参见焦海涛:《行业协会参与垄断行为的反垄断法应对》,载《甘肃政法大学学报》2024年第2期。

断协议达成与实施的组织者,也可能仅是参与者。此时,应对行业协会作为组织者达成与实施垄断协议作出较重的处罚,对作为参与者则相对较轻。整体而言,处罚力度的顺序应该是行业协会作为公共管理部门时最重,其次是行业协会作为主导经营者,再次是行业协会仅作为参与方。值得注意的是,近期我国出台的《国务院反垄断反不正当竞争委员会关于行业协会的反垄断指南》对行业协会的双重身份作出了回应,但也仅仅只是通过第12条简单阐明了行业协会可能具备经营者身份,并未对行为特征、表现形式以及相应的法律责任作出进一步规定,这将是今后我国垄断协议规制制度需要完善的主要方向。

除了需要理清行业协会的身份外,垄断协议规制制度还需进一步规定算法共谋的规制条款。针对算法共谋的规制已秉持审慎态度,一是算法共谋本身的存在需要较多的技术性线索来佐证;二是一旦不当扩大算法共谋的规制范畴,可能将平行行为等合法行为纳入其中,反而不利于市场公平竞争。据此,首先要灵活且合理认定和处理涉及算法的共谋行为。其次需要明确算法共谋的责任主体。具体而言,算法的使用者和受益人才是真正意义上的责任主体。如前所述,无论是人工智能算法本身,还是算法的设计者,都是为了企业的利益在从事相关行为,实际使用算法和从算法中获取直接经济利益并损害市场公平竞争秩序的只有算法的使用者——算法企业本身。[①]所以无论是传统定价算法还是新型自主学习型算法,算法共谋的责任主体都是企业本身,只是由于不同的算法共谋的竞争损害程度不

[①] 参见李丹:《算法共谋:边界的确定及其反垄断法规制》,载《广东财经大学学报》2020年第2期。

同,现行垄断协议规制制度应对不同算法共谋的实施主体责任力度进行分类,比如作为隐蔽性更强、竞争损害更大的自主学习型算法共谋,显然应对背后的企业提高处罚力度,必要时甚至可以剥夺企业的董事资格,以提高威慑效果。再次,我国垄断协议规制制度应引入算法公开标准,比如算法透明度分析、算法披露制度等,使得算法能够为执法部门、消费者所解释,减少不必要的信息壁垒。同样,反垄断执法机关也应充分利用算法展开监管工作,一方面,应当开展相关技术的业务培训,吸纳一批兼具法律与计算机等复合知识背景的专业执法人员,最大程度消除数字市场与反垄断执法机关之间的信息不对称,如此方能对算法共谋进行精准的监管,避免由于技术问题导致的执法过于宽松,使算法共谋责任主体逃脱法律制裁;也避免仅以表象判断是否违法而导致执法过严,打击本不应纳入垄断协议规制制度范畴的正常经营行为。另一方面,反垄断执法机关可以自行研发设计或通过招投标程序采购监管算法,利用算法监督算法,采用技术手段快速收集市场中企业频繁交换敏感信息、出现同时提价与跟随提价,以及突然改变商业策略等异常情况的信息,以此作为基础数据,引起反垄断执法机构的重点关注,并由专业执法人员结合其他因素将其作为规制算法共谋行为的执法证据。[①]

(二)滥用市场支配地位规制制度

滥用市场支配地位规制制度首先应该完善数字平台等新兴领域的相关市场界定问题,主要从丰富定性分析方法与定量分析方法两个层面进行补充。在丰富定性分析方法层面,应根据网络效应的程

[①] 参见李丹:《算法共谋:边界的确定及其反垄断法规制》,载《广东财经大学学报》2020年第2期。

度来决定是否有必要界定双边市场。如果平台两侧的用户互相影响的可能性大,即一侧用户的数量对另一侧用户的需求影响非常大,那么可以判断双边联系较为紧密,应当界定双边市场。如果一侧用户的数量与另一侧用户的需求并无必然关系,有客观事实证明,两侧用户并不相互影响,那么则应当分别界定相关市场。在丰富定量分析方法层面,最主要的是将产品与服务质量进行量化,[①]即在数字平台领域,需要更多的因素来表明产品与服务质量的高低,比如广告投放量、用户数量等。

在数字平台领域,特别在网络效应与锁定效应的影响下,市场份额与市场支配地位之间的关系也开始变得模糊,市场占有率高低与数字平台企业是否具备市场支配地位之间并不必然存在因果关系,在强大的网络效应与锁定效应的作用下,依靠销售额短暂占据市场支配地位的数字平台企业,也很容易因为市场竞争的动态性而丧失。低市场份额并不意味着不具有市场支配地位。如果数字平台企业经营者掌握关键技术的专利权,那么它们可以通过独占许可等方式获得利润。另外,如果一家数字平台企业在某个时间内研发了创新技术,而这种技术具备较强的破坏性,那么原先占据市场支配地位的数字平台企业可能被迫让位。换言之,互联网平台的动态性与创新性一定程度削弱了市场份额的作用。[②]此时,市场份额的认定应进一步量化,即在市场份额的认定方法上,可以综合考虑交易额、销售额、活跃用户数、平台流量、点击量等多种因素,来综合认定数字平

[①] 参见朱志峰、夏迪旸:《超级平台利用数据优势滥用市场支配地位行为的监管完善》,载《商业经济与管理》2023年第10期。

[②] 参见李扬、袁振宗:《数字经济背景下互联网平台滥用市场支配地位行为的认定》,载《知识产权》2024年第4期。

台的市场份额。值得注意的是,用户注意力作为数字平台企业的新兴竞争对象,无疑也会影响市场支配地位的认定。据此,对于用户数量的考量应当是认定数字平台企业是否具备市场支配地位的主要因素。同时,需要加强对数字平台、人工智能领域等进入壁垒的考量。一是有些先期进入市场的企业会通过设置大量沉没成本,使得市场潜在进入者望而却步,或者在竞争者进入市场之后,先行者企业会利用其用户黏性、研发产出等既有优势与市场新进入者进行恶性竞争,[①]旨在逼迫后者退出市场。二是技术成本同样是造成新兴市场高进入壁垒的关键要素。欧盟委员会在《建立内部市场白皮书》中曾明确要消除技术壁垒,足以说明技术壁垒对市场竞争妨碍的严重程度。数字平台企业的产品研发对技术提出了非常高的要求,容易引发该领域趋向寡头化。申言之,这些核心技术通常由少数龙头企业控制。因此,在判断数字平台企业是否具备市场支配地位时,除了考量数字平台端的活跃用户数、交易量等数据,还要考量市场端由技术与先进入优势造成的进入壁垒。只有综合两者,才能较为精准地识别数字平台企业是否具备市场支配地位。

除了认定市场支配地位外,如何判断企业"滥用"了市场支配地位更加重要。数字平台企业实施的滥用市场支配地位行为最直接的影响是损害市场创新,包括排他性的创新损害与非排他性创新损害。能产生排他性的创新损害较为典型的行为是拒绝交易。当下,数字平台企业为了扩大数字版图,提高用户黏性,往往会利用海量数据实施个性化推荐。此时,为了防止其他企业与其争夺用户,这类数字平

[①] 参见孙晋、赵泽宇:《互联网平台经营者市场支配地位界定的系统性重构——以〈反垄断法〉第18条的修订为中心》,载《科技与法律》2019年第5期。

台企业往往会拒绝开放数据接口,即其他企业无法获得任何有关数据。如果这种数据构成了必要设施,即其他企业不获得这些数据可能无法正常经营,那么数字平台企业的拒绝交易行为可能属于滥用市场支配地位行为,且旨在将其他竞争者排挤出相关市场,产生排他性的竞争损害。能产生非排他性的创新损害较为典型的行为是自我优待。自我优待行为并不是为了逼迫竞争对手退出相关市场,而是优待自身的产品与服务,不当获取垄断优势。在这种情况下,自我优待行为产生非排他性的创新损害,导致其他企业没有动力在该平台进行创新研发。

最后,反垄断法在认定是否构成滥用市场支配地位行为时,除了需要开展违法性审查外,还要对该涉嫌滥用行为是否具有合理性作出必要的审查。[①] 如果数字平台企业提出该行为实质上有利于产品服务创新、提高消费者福利,那么应考虑其通过抗辩审查,以平衡公平竞争维护与市场创新研发。

（三）经营者集中控制制度

对于扼杀式并购和滚动式并购难以达到经营者集中营业额申报标准的问题,应当考虑将营业额引入申报标准之中,以最大程度维护市场公平竞争,提高新兴领域并购的可预期性。在数字平台领域,初创企业面向普通用户的互联网产品通常采用免费或低价模式,甚至还采取补贴等形式提高自身的用户黏性与忠诚度。这一模式使得许多初创企业营业额较低,但并不能代表其不占据市场份额。换言之,如果依赖单一营业额门槛,那么这类大型企业并购初创企业并不

---

① 参见方翔:《数字平台滥用市场支配地位行为的创新损害分析——基于国内外典型案例的比较研究》,载《苏州大学学报（法学版）》2023年第2期。

会触发经营者集中申报。此时，一些以消除创新与潜在竞争的恶意并购可能逃逸了经营者集中审查，导致市场竞争秩序受损。而交易额标准可以更好地预防和捕捉发生在人工智能和数字平台领域中的恶意并购。譬如，虽然扼杀式并购主体的营业额不高，但是由于一方属于大型企业，交易额往往较高，更容易触发经营者集中申报。值得注意的是，《关于申报标准的规定》新增的第6条其实为交易额标准的引入提供了法律基础。该条规定，反垄断执法机关应当根据经济发展情况，对本规定确定的申报标准的实施情况进行评估。可见，在新兴科技领域中，是否僵化地适用单一营业额标准需要反垄断执法机关开展充分的竞争状况评估，并依此作出是否引入新标准的决定。因此，针对不同领域中不同类型的恶意并购采取差异化的标准，适时地引入交易额标准，既能够较好地应对实际情况，也于法有据。在交易额标准具体内容的设置上，应注重交易额反映出来的并购动机和策略过程。交易额标准能够客观地反映出收购方对标的价值和竞争威胁的评估、被收购方的保留价格，以及交易额标准对并购带来的风险。交易额标准更有利于大型企业与初创企业对于申报中遇到的风险实施反垄断合规，防止落入反垄断制裁中。同时，交易额标准相较欧盟守门人制度而言，更偏向软性执法，有利于激励数字平台与人工智能研发企业积极作出反垄断合规，而不是一刀切地要求这些大型企业实施某种特定的义务。

针对目前经营者集中审查对于新型投资关系关注不足的问题，需完善大型科技企业投资控制权认定标准，将大型科技企业的声誉影响力、大型科技企业与目标企业制定的隐性协议、大型科技企业是否派驻董事，以及大型科技企业与目标企业的业务重合度纳入考量。

首先，凭借多年深耕，大型科技企业积累了极高的声誉影响力，具有庞大的用户数量和极高的用户黏性。借助于此,大型科技企业无须耗费过多资源宣传推广,可以节约新产品打开市场的成本,轻易实现产品与服务的迭代和推广。当在头部大型科技企业在目标市场具有极高声誉影响力的情形下,与大型科技企业协作似乎是新进入企业的唯一选择。此时,大型科技企业的声誉越好、市场影响力越大,其他企业就能越便利、越迅速地推广自身产品和服务,大型科技企业的声誉影响力和其他企业发展之间呈正相关关系。大型科技企业凭借其影响力在协作中发挥主导作用,极有可能对其他企业形成控制。因此,在协作情形下,大型科技企业的影响力应当成为控制权认定的考量因素之一。其次,大型科技企业和目标企业之间所签订的隐性协议中可能具有反竞争效应的条款,如产品或知识产权的独占等等,此类条款将有害于技术创新和市场自由公平竞争。同时,基于民事合同的自愿原则,大型科技企业和目标企业之间可能具有反竞争效应的条款可以不对外公开,因而存在信息壁垒。其他市场主体无法得知其协议的具体安排,对其合作细节和商业策略处于信息不对称状态,更难实现差异化竞争,反垄断监管机构也无从监管。更值得注意的是,此类条款的反竞争影响往往具有滞后性。隐性协议签订时不会马上产生反竞争效果,在履行协议过程中,经由市场机制传导,才会对市场竞争产生消极影响。因此,是否存在大型科技企业与目标企业的隐性协议,也应当纳入控制权考量因素之中。

再次,近年来,投资者基于公司治理、减少反垄断诉讼风险等考虑,常常适用派驻董事会观察员的商业安排。相比于任命董事会成员,投资者可能更愿意任命董事会观察员而不是董事会成员,以加强信息获取能力和影响力,同时避免触犯反垄断法,在大型科技企业和初创企业生态系统中尤为如此。但是,大型科技企业可以借助董事会观察员掌握初创企业内部信息,并通过其传达信息施压与游说,基于大型科技企业的声誉影响力和市场地位,上述意见和建议往往会对初创企业的决策发挥相当重要的影响。故而,将派驻董事纳入控制权考量范围有其必要性。最后,大型科技企业在业务方面与其他企业存在不同形式的重合与互动,大型科技企业据此谋取控制权具有合理动机与现实基础。比如,在共享平台、云计算或人工智能等领域,大型科技企业通过与目标企业共同研发、市场推广或者共享资源等方式,可以在关键领域形成合作,但同时也可以控制目标企业的核心技术和市场策略。这种业务重合度高的合作关系,尽管表面上看似平等合作,实际上可能让大型科技企业在实质上控制了目标企业的业务发展方向和速度,使目标企业难以在某些关键技术或市场上与大型科技企业形成有效竞争。因此,业务重合度也应当作为判断大型科技企业是否具有控制权的考量因素。

(四)行政性垄断规制制度

强化行政性垄断规制制度与公平竞争审查制度的衔接。虽然《反垄断法》在总则中纳入了公平竞争审查制度,但并未明确公平竞争审查制度与行政性垄断规制制度的关系,这可能导致两者分别作为事前与事后规制方式时无法形成合力。因此,面对层出不穷的行政性垄断现象,充分衔接行政性垄断规制制度与公平竞争审查制度十分必要。通过公平竞争审查,将尽可能多地涉嫌行政性垄断的政策文件遏制在源头,后续的行政性垄断的执法压力会大幅减轻,能够将更多的执法精力集中于线索收集与竞争损害分析上,真正发挥"公平竞争审查制度+行政性垄断规制"的协同效能。在法律责任方面,我国行政性垄断规制制度可以进一步完善,包括声誉罚、行为罚与财产罚。在声誉罚方面,可以采取对查处的行政性垄断行为统一公开,并辅以警告与通报批评的方式,对行政机关予以警告批评与通告。[①]声誉罚很大程度能够影响群众对行政机关的依赖程度,因此强化声誉罚对规制行政性垄断通常较为有效。在行为罚方面,应当允许反垄断执法机关对更多潜在的行政性垄断予以处罚。一方面,一些尚未确定是否属于行政性垄断的隐性行为可能已经对市场竞争造成损害,反垄断执法机关介入调查具备正当性。另一方面,对这类行政机关实施的隐性行政性垄断行为,反垄断执法机关在咨询第三方与上级机关的意见的基础上,可以对这类行为作出处罚。在财产罚方面,由于行政主体的特殊性,可以考虑设置赔偿责任,为受害主体提供救济途径。

二、持续提高反垄断执法的实效性

(一)注重垄断协议的阶段性执法

垄断协议的达成与实施是不同的阶段,准确来说,垄断协议实施的整个步骤包括主导企业带领其他参与企业制定垄断协议,实施垄断协议,主导企业监督其他企业是否遵守与落实该垄断协议的实施,主导企业惩罚未实施垄断协议的企业。从中可见,垄断协议达成与实施本质是一个长期的过程,并不是单一行为。反垄断执法机关要想在查处垄断协议时得出较为准确的执法结论,注重阶段性执法必不可少。但阶段性执法并不意味着反垄断执法机关在垄断协议的各个环节均投入大量的执法资源,而是要平衡执法资源,并将其重点投入共谋维持阶段的执法上。一方面,共谋维持阶段是垄断协议产生竞争损害程度最高的阶段。经营者仅达成垄断协议而不实施,除

---

① 参见许身健:《行政性垄断的概念构造及立法完善——基于〈反垄断法(修正草案)〉的分析》,载《行政法学研究》2022年第3期。

了核心限制外，可能并不会产生竞争损害。而垄断协议维持阶段具备长期性，也是垄断协议实际实施的阶段，已经对市场竞争造成了损害，反垄断执法介入不仅具备紧迫性，也具备必要性。另一方面，共谋维持阶段能够客观反映垄断协议实施的稳定性。如果垄断协议实施的稳定性越高，那么其排除、限制竞争的效果越显著。在共谋维持阶段中，参与垄断协议的经营者实施的外观市场行为会更加活跃。据此，反垄断执法机关在注重垄断协议的阶段性执法的同时，将执法重心置于共谋维持阶段，能较为精准地获得垄断协议的线索。

在北京紫竹医药经营有限公司达成并实施垄断协议案中，反垄断执法机关对紫竹医疗达成转售价格维持协议后的共谋维持阶段开展了深入调查。这个过程中，紫竹医疗共实施了三类行为以维持共谋的稳定，分别为通过细化销售管理制度落实价格管控，通过委托公司监控经销商的销售价格，通过强化内部监督维护价格体系。这三类行为均附加了充分的事实证据。譬如，紫竹医疗与第三方数据公司签订了《专业数据服务合同》，委托该公司采集并提交经销商销售价格数据；制定了《OTC部营销管理办法》《OTC部窜货管理制度》《商务部营销管理办法》等系列文件，督促内部销售人员加强那个涉案商品的价格体系维护。[①]本案中，反垄断执法机关将重点置于紫竹医药的共谋维持阶段，并据此得到了较多可采信的线索与证据，极大提高了垄断协议查处结论的严谨性。

（二）丰富滥用市场支配地位行为的认定因素

滥用市场支配地位的认定环节中，较为困难的是判断何为滥用。目前，在执法实践中，尤其对于"二选一"限定交易行为的认定，我

[①] 参见北京市市场监督管理局行政处罚决定书（京市监垄罚〔2023〕06001号）。

国反垄断执法表现出了较高的优越性。具体而言,在识别滥用行为环节,反垄断执法机关强化案件调查环节,对前期存在的大量事实与线索进行筛选和分类,并结合反垄断法进行违法类型的认定,[①]开展行为的识别工作,进而认定行为是否属于滥用市场支配地位。但是,在反垄断执法中,滥用市场支配地位的认定因素需要进一步完善。一是需要对涉嫌滥用市场支配地位行为开展全面的竞争损害分析,包括对市场竞争、消费者利益,以及创新等多因素的影响。如果延续当下对滥用市场支配地位的个案竞争损害分析的方式,即某些案件实施全面的竞争损害分析,某些案件的竞争损害分析只考虑个别因素,那么不利于反垄断执法的稳定性与可预期性。二是在新经济、新业态的背景下,我国应建立健全的市场监测机制,反垄断执法机关利用市场监测机制,及时识别和分析当前市场可能实施滥用市场支配地位行为的企业。通过收集和分析市场价格,监测价格变动,以及市场技术研发、创新产出等方式,发现当下滥用市场支配地位的风险;三是在反垄断执法资源有限的情况下,反垄断执法机关应将监管重点放在当下频发的数据滥用行为上。比如,在数字平台领域,通过对头部平台企业以及一些数据高度集中的平台企业实施监管,防范其利用数据优势实施滥用市场支配地位。

总体来说,我国针对滥用市场支配地位的反垄断执法应将重点放在科技创新、民生保障等重点领域,并在此基础上丰富滥用市场支配地位的认定因素,从而更为全面、精准地识别滥用市场支配地位的竞争损害。

---

① 参见孙晋:《数字平台"二选一"行为的反垄断法公共规制》,载《政法论丛》2024年第2期。

（三）革新经营者集中审查模式

由于恶意并购是大型企业出于消除潜在竞争与创新的动机发起的，特别是在数字平台与人工智能等新兴领域，其主要目的是将目标产品与服务整合到数字生态与大语言模型研发系统中，而非追求单边效应与协同效应带来的价格上涨。在这种背景下，如果仍将潜在竞争分析视为恶意并购审查中的附属性因素，而过分倚重传统的单边效应、协同效应与封锁效应分析，那么很有可能严重低估了恶意并购的竞争损害程度。据此，将潜在竞争分析视为独立的竞争损害理论，并赋予其在恶意并购审查中独立的工具价值，有助于反垄断执法机关更精准地识别竞争损害。具体而言，反垄断执法机关应首先通过主营业务趋势、资金储备情况，以及技术占有等多个方面考虑并购弱势方是否属于强势方的潜在竞争对手；其次，反垄断执法机关应结合《反垄断法》中第33条的考量因素，分析恶意并购带来的潜在竞争损害，包括并购是否通过阻碍新技术发展、提高消费者黏性与忠诚度、扼杀潜在竞争者等多种方式产生潜在竞争损害效果。

另外，反垄断执法机关在对恶意并购展开竞争损害分析时，需要重点衡量动态创新市场中恶意并购对潜在竞争的影响。动态创新市场对技术与智力等创新要素的依赖远超过对其他生产要素的依赖，并且整个市场以创新为主要竞争方式，呈现动态变化的过程，包括数字平台行业、制药行业等研发与技术密集型产业。[①]在数字经济与信息技术迅速发展的背景下，动态创新市场中的非在位企业受益于网络效应，能快速获得优势地位，这种源自创新的潜在竞争威胁并

---

① 参见方翔：《动态创新市场企业支配地位认定的困与解》，载漆多俊主编：《经济法论丛》第41卷，法律出版社2023年版，第118页。

不是在位企业所乐意见到的,因此这类市场往往会出现越来越多的恶意并购。相较于传统静态市场,动态创新市场的恶意并购对潜在竞争的损害程度也更大,因为并购的目标资产主要是关键技术与核心数据。在并购审查中,FTC更关注动态创新市场的恶意并购,因为交易可能涉及某些重要的数据;欧盟委员会则认为动态创新市场的恶意并购更有可能妨碍先进技术的发展。整体而言,以篡夺关键技术与核心数据为目的的扼杀式并购,对未来市场的潜在竞争损害尤为严重。对于在位企业而言,其能够直接获得非在位企业的新技术与核心数据,强化既有优势地位,提高了市场进入壁垒。换言之,其他潜在竞争者可能由于在位企业篡夺的新技术,失去了与之抗衡的能力,被迫取消进入目标市场的计划。非在位企业则因为失去了关键技术与核心数据,导致很难得到进一步的发展。据此,动态创新市场中恶意并购对潜在竞争的影响更需要引起反垄断执法机关的重视。

在恶意并购的经营者集中审查中,目标市场是否属于动态创新市场将影响并购性质的判断。据此,在界定相关市场时,应重视市场性质的分析。如果目标市场属于动态创新市场,反垄断执法机关应关注在位企业的并购目标是否涉及非在位企业的关键技术、核心数据。如果并未涉及这些要素,可以初步判断在位企业实施并购不以消除潜在竞争为目的。反之,如果涉及了这些要素,反垄断执法机关需要进一步调查非在位企业是否具备可替代的技术与数据,或者能够保证关键技术与核心数据研发的知识产权与设备,从而评估并购是否可能严重损害潜在竞争。

(四)破除隐蔽性更强的行政性垄断

推动破除隐蔽性更强的行政性垄断,打通全国统一大市场建设堵点，促进现代市场体系建设，完成两个层面的执法工作十分必要。一是建立健全反垄断机制，充分发挥反垄断执法机关与其他部门的协作优势，在信息沟通、线索移送、协作督办等方面凝聚合力。具体而言，在驻局纪检监察组的监督下，执法人员对检查中发现的行政性垄断涉嫌违法线索，要当场移交属地市场监管部门进行进一步跟踪核实处理。通过驻局纪检监察组的参与，进一步压实监督检查职责，提高执法质效。目前，我国在医药、食品安全等民生保障领域已经实施"行纪衔接"工作机制，成果显著。在具备良好实施范本的背景下，通过引入"行纪衔接"工作机制，破除行政性垄断，既能减缓反垄断执法机关的监管压力，也能提高多个部门对反垄断执法工作的认识，间接强化了各部门对反垄断、公平竞争的认识。二是进一步完善"三书一函"制度，推动问责落实到个人。根据我国反垄断法规定，对于行政性垄断的责任承担方式只有两种，一种是由违法机关的上级机关责令纠正其违法行为，另一种是给予相关人员行政处分。反垄断执法机关可以向上级机关提出建议，对违法者依法进行处理。为规制行政主体的垄断行为，建议以是否收到"三书一函"（《提醒敦促函》《约谈通知书》《立案调查通知书》《行政建议书》）作为评估行政机关反垄断执法表现的依据。在对相关责任人进行效能问责的时候，应从行政违法的事实、性质、情节分析等方面确定对其责任的追究。

与此同时，需要明确行政建议书的强制性效力，加强行政建议书的权威性。一是要明确整改时限及要求。在行政建议书中说明当事人滥用行政权力排除、限制竞争的相关事实及理由，责令有关部门在上级业务部门指导下，在要求的时限内消除相关行为对市场的排除、限制竞争损害，废止或修改违反《反垄断法》有关规定的文件或条款,并在官方网站或者报纸上公示行政建议书以及整改情况,常态化加强案件信息公开,以增强监管执法的效果,保证履职到位。二是构筑双向报告机制。行政性垄断实施主体应当按照行政建议书载明的处理建议,积极落实改正措施,并按照反垄断执法机关的要求,限期将有关改正情况书面报告上级机关和反垄断执法机关。上级机关要对行政机关的整改情况做好监督工作,并及时向反垄断执法机关反馈相关情况。三是引入对建议书的第三方评估。在反垄断执法机构作出行政建议书并公示后,可以引入第三方评估制度,让第三方专家对建议书中列明的行政性垄断行为及相应建议措施给予评估意见,以增强行政建议书的权威性,为执法机构提高监管执法效能提供支持。

三、不断推进反垄断司法程序的落实

(一)健全公益诉讼的实施程序

面对当下反垄断检察公益诉讼存在的受案范围不明确、缺乏诉讼激励机制,以及调查取证能力与方法欠缺等问题,我国亟须进一步健全公益诉讼的实施程序,尽快推动公益诉讼的常态化实施。其一,将垄断协议、滥用市场支配地位与行政性垄断纳入受案范围。经营者集中不宜纳入受案范围。相较于前三种行为,判断经营者集中是否具备违法性,需要综合考量相关市场界定、竞争损害分析,以及合并方是否存在合理的抗辩理由。尤其是竞争损害程度的判断十分依赖于大量经济学分析,而且在分析过程中需扎实的经济学与法学知识,很大程度上提高了检察机关的调查压力。加上我国对违法实施经营者集中采取的是事前规制模式,即合并方提供申报材料,反垄断执法机关对申报材料进行审查。此时,违法经营者集中的垄断风险

一般在事前能够得以遏制。如果在事后增加针对经营者集中的检察公益诉讼程序，可能导致经营者集中控制的制度成本过高，反而不利于市场正常的商业交易。另外，由于我国采取的是行政主导的经营者集中控制模式，民事诉讼运用于经营者集中规制的空间极为有限，①反垄断执法机关本身在经营者集中审查工作投入的执法资源与力度足以应对违法实施的经营者集中。譬如，在欧盟，作为行政机构的欧盟委员会被赋予了较大的自由裁量权和程序主导权，其他主体不能针对经营者集中提起民事诉讼。②可见，在行政主导的经营者集中控制模式下，反垄断检察公益诉讼是不宜介入的。其二，推动电子取证普及化，利用算法、大数据等新兴技术赋能线索调查。美国的民事公益诉讼中同样存在电子取证机制不完善的问题，比如现有电子取证技术难以适应新经济新业态发展，从海量的数据中掘取有价值的线索。在这种情况下，应对电子取证的对象进行分级分类，对于检察机关容易获取的公开数据，线索固定无须较高的成本，按照传统的调查模式进行线索采集即可。对于企业较为私密的信息，如聊天内容、邮件内容、私信内容等敏感信息，但这些信息又与涉嫌垄断行为存在密切联系，且非常重要以及容易丢失，检察机关应当采取电子取证的方式。如此，针对重要的信息采取电子取证的方式可以最大程度平衡取证成本与效率。其三，建立健全反垄断检察公益诉讼激励机制。通过制度化的设计给予检察机关一定的物质与精神嘉奖，因为反垄断检察公益诉讼工作本身就涵盖了难度较高的线索调查与经

---

① 参见李国海、黄媛祺：《反垄断检察民事公益诉讼制度之具体构造》，载《竞争政策研究》2024年第2期。

② 参见卫新江：《欧盟、美国企业合并反垄断规制比较研究》，北京大学出版社2005年版，第142页。

济分析。通过健全激励机制,不仅弥补检察机关在诉讼中的经济损失与精力损耗,也可以起到示范带动作用,为后续的反垄断检察公益诉讼提供范本。

(二)完善私人诉讼的激励机制

推动私人诉讼程序的高效运转,分别从明晰垄断行为损害赔偿标准与优化举证责任分配制度两个层面完善私人诉讼的激励机制至关重要。

第一,明晰垄断行为损害赔偿标准。反垄断私人诉讼的首要目标是产生较大的威慑效应,通过引入适当的惩罚性赔偿,不仅很大程度提高了受害人能够得到的赔偿额,激励潜在的受害人充分利用私人诉讼的途径维护自身的合法利益,还对被诉企业产生了较强的威慑,潜在的实施垄断行为的企业也会再三衡量垄断行为实施的收益与风险,间接维护了市场的公平竞争秩序。

第二,优化举证责任分配制度。一方面,对于横向协议中的核心限制,在现有《审理垄断案件的司法解释》规定原告无须承担相关市场界定的举证责任的基础上,应将线索进一步分级分类,以平衡原告与被告的举证责任。由于核心限制的隐蔽性更强,对市场竞争的损害程度更大,在这种情况下,作为企业与自然人的原告,根本没有能力完成证据采集。《审理垄断案件的司法解释》仅降低了相关市场界定这一个方面的举证责任显然还不够,应针对具体的线索开展类型化分析。对于外部线索(包括公开与半公开线索),若原告有机会或者具备获得的可能性,则这类线索由原告承担举证责任。对于内部线索,原告不存在获得可能性,这类线索应由被告承担举证责任。另一方面,横向协议中的非核心限制与纵向垄断协议的举证责任不宜一致。横向协议与纵向协议的表现形式与竞争损害均存在较大的差异。相较之下,纵向协议的违法性程度更低,因此对于原告不宜采取过低的举证责任标准,否则容易导致滥诉。加上纵向协议可能在一定程度上提高纵向产业链的效能,故可以考虑要求原告承担关于纵向协议行为与损害结果的因果关系的举证责任。

第四节 现代市场体系建设中反垄断法的发展趋势

一、竞争政策基础地位不断夯实

作为经济政策体系中的重要组成部分,竞争政策是一套旨在促进公平竞争、保护市场机制和推动经济发展的理念、标准和工具。其核心目标是维护市场竞争的公平性,防止垄断行为和不正当竞争的出现。通过规范政府和企业行为,保护市场公平竞争和消费者权益。竞争政策不仅是维护公平市场秩序的重要一环,更是激发经济活力、增强创新、提升资源配置效率的关键举措。改革开放以来,经济政策在转变过程中,竞争政策逐渐取代了传统的产业政策,并成为推动经济发展的重要力量。

在改革开放初期,我国积极采取了财政政策、税收政策和信贷政策等多种手段,以促进经济发展,到了1986年,《国民经济和社会发展第七个五年计划》标志着产业政策首次被正式引入我国的经济政策体系,其逐渐被认为是推动国民经济和社会发展的关键工具,通过引导和支持特定产业的发展,促进经济结构的调整和优化。随着货币政策在1995年纳入《中国人民银行法》,我国逐渐形成了组合运用货币政策、财税政策、产业政策调节社会总需求与总供给的基本平衡的路径依赖。① 然而，随着市场主体的数量与日俱增，产业政策的弊端逐渐显现，行业壁垒、市场分割、地方保护等问题层出不穷，重复生产和资源配置扭曲的风险也不断增加。一方面，过度依赖产业政策会导致市场失衡和资源耗费，让企业在进入市场、分配资源和享受政府优惠等方面遭遇不公平竞争的困境。另一方面，随着国内外市场的开放和竞争的加剧，产业政策的作用逐渐受到限制，需要更加灵活和有效的政策手段来应对挑战。

2007年我国制定了《反垄断法》，并引入了竞争政策的定义，但其在经济政策体系中的地位尚不明确。直到《国务院批转发展改革委关于2015年深化经济体制改革重点工作意见的通知》发布，竞争政策才开始真正进入经济政策体系，我国开始追求竞争政策与产业政策之间的协调。同年，《关于推进价格机制改革的若干意见》提出要"加强市场价格监管和反垄断执法，逐步确立竞争政策的基础性地位"，自此，竞争政策的基础性地位逐步确立下来。2022年的新《反垄断法》中，在总则部分增加了"强化竞争政策基础地位"的表述，并在反垄断法体系中引入公平竞争审查制度，以实现公平竞争审查制度法制化和刚性约束，竞争政策基础性地位得到进一步巩固和加强，并获得了法律保障。

综上所述，改革开放以来，我国的经济政策已经从以产业政策为核心，转变为以竞争政策为基础。竞争政策可以发挥维护市场秩序、保护消费者权益、激发企业创新活力，促进资源优化配置等重要作用。强化其基础地位是反垄断法发展的趋势之一，也是遵循市场经济体

---

① 参见时建中：《新〈反垄断法〉的现实意义与内容解读》，载《中国法律评论》2022年第4期。

制从低级阶段向高级阶段发展规律的必由之路，体现了中国政府致力于构建公平竞争的市场环境和推动经济高质量发展的决心。

二、数字经济领域反垄断规则趋于完善

数字经济的迅速发展不仅极大地推动了产业升级和创新，而且彻底改变了传统产业的经营方式和商业模式。这种变革不仅在全球范围内迅速展开，还为经济注入了新的增长动力，创造巨大的经济效益和深远的社会影响。《"十四五"规划》和党的二十大报告中明确提出了加快数字经济发展的任务，强调促进数字经济与实体经济的深度融合。这一战略旨在打造具有国际竞争力的数字产业集群，以提升我国在国际舞台上的竞争地位。

然而，在数字经济迅猛发展的过程中，双边市场特性、网络效应、破坏性创新以及动态竞争等特征凸显，这使得其与传统领域的市场竞争明显不同，导致现有反垄断法在规制数字经济垄断行为中相对滞后。新兴技术带来了算法共谋、价格歧视、平台限定交易、大数据杀熟、强制收购、自我优待等各种反竞争行为。这些行为具有多样性、隐蔽性、复杂性和多发性等特征，如果不能迅速、有效地对其进行规制，会严重损害市场竞争，侵害消费者权益，妨碍创新和影响可持续发展[①]。在新发展格局下，为加快完善数字经济公平竞争监管制度，维护公平竞争市场秩序，构建现代市场体系，加快全国统一大市场建设，促进我国经济高质量发展，就要在反垄断立法中积极回应上述数字经济领域的反竞争问题。

2021年颁发的《平台经济领域反垄断指南》（以下简称《指南》）

---

① 参见孙晋：《数字平台的反垄断监管》，载《中国社会科学》2021年第5期。

是我国规制数字经济领域反竞争问题的重要一步。作为我国首个由官方颁发,专为平台经济领域设计的反垄断指南,填补了平台经济监管法规的空白。这一指南全面系统地梳理了平台经济领域反垄断执法的分析思路和考量因素,通过对反垄断执法的深入分析,企业能够更全面地了解市场规则和竞争机制,有效规避潜在的法律风险,帮助其更好地理解和遵守相关法规[①]。《指南》针对垄断协议、滥用市场支配地位和经营者集中等方面的规制提出了明确的指导原则。《指南》强调,需识别和禁止平台经济领域内可能排除或限制竞争的协议行为,并明确了经营者之间不当协同行为的界定,提出了针对平台特点的分析方法。对于滥用市场支配地位的行为,指南提供了判断不公平价格、拒绝交易、限定交易等行为是否存在的具体标准。此外,《指南》还规定了对平台经济领域内经营者集中行为的审查原则和程序,确保经营者集中不会对市场竞争造成不利影响,同时考虑了经营者集中对技术进步、消费者利益等的影响。2022年新《反垄断法》在总则部分明确禁止经营者利用数据、算法、技术、资本优势及平台规则从事垄断行为,并在第22条新增第2款,禁止具有市场支配地位的经营者利用数据、算法、技术及平台规则等从事滥用市场支配地位的行为。本次《反垄断法》的修订,将数据、算法、技术等元素纳入《反垄断法》的规制体系与分析框架,进一步凸显了对数字经济时代新垄断形式的高度关注,很好地反映了我国《反垄断法》的与时俱进。截至2023年3月,市场监管总局发布了四项重要的反垄断法配套规章,包括《制止滥用行政权力排除、限制竞争行为规定》《禁止垄断

---

① 参见喻玲、胡晓琪:《定价算法权力异化、消费者损害与反垄断法规制的政策补强》,载《华中科技大学学报(社会科学版)》2021年第6期。

协议规定》《禁止滥用市场支配地位行为规定》以及《经营者集中审查规定》，其中也针对数字经济领域内监管执法存在的问题，对部门规章中的相关制度进行了修改、扩充和完善。

健全数字经济反垄断规则已成为反垄断法发展的重要趋势，通过建立更加透明、公平和规范的监管机制，可以有效遏制数字经济领域内的反竞争行为，防止垄断形成，促进市场竞争的健康运行。同时，这些反垄断法配套规章的颁布有助于构建更为开放、竞争、有序的市场体系，为我国经济发展注入新的动力。

三、反垄断法实施机制逐步健全

新时代市场经济的高质量发展对政府的干预提出了科学性和适度性的要求。在推动经济发展的过程中，政府需要在充分尊重经济自主的前提下，进行合理审慎的干预。《中华人民共和国国民经济和社会发展第十四个五年规划和2035年远景目标纲要》的颁布显示，为构建现代化市场监管体系，深化反垄断法实施机制是保障市场公平竞争，促进经济发展的迫切举措。这一努力将有助于创造更加公正、透明、有序的市场环境，为企业提供更广阔的创新发展空间，从而推动经济朝着可持续增长的方向不断迈进。

在现代市场经济中，市场竞争的快速变化和垄断行为的多样化要求反垄断执法机构能够迅速、准确地发现、调查和处理垄断行为。因此，在合理配置执法资源的基础上，反垄断执法机构也需要和其他部门协同监管，二者缺一不可。通过合理的资源配置，反垄断执法机构能够更好地应对不断出现的新型垄断行为和市场挑战，保障健康的市场竞争。同时，现代科技的不断创新应用为反垄断执法注入了新的活力和可能性。反垄断执法机构要运用现代科技手段，加强数据采集、分析和应用,提升反垄断执法的科学性和准确性。通过大数据分析、人工智能等技术,反垄断执法机构可以更加精准地发现和评估市场行为的潜在风险,为执法决策提供科学依据。此外,反垄断执法机构还应建立风险评估机制,预测和预防潜在的垄断行为,采取积极干预措施,确保市场竞争的公平性和有效性。在反垄断执法过程中,反垄断执法机构还需要平衡效率和公平的关系,在维护市场效率的同时,保护市场参与者的合法权益,维护公平竞争的市场秩序。

为应对日益复杂多变的市场环境,促进健康公平的竞争,我国近年来采取了多项措施,全面优化和强化了反垄断法的实施机制。2022年的新《反垄断法》中新增了第11条,规定要完善反垄断规则制度、强化反垄断监管力量、提升监管能力和监管体系的现代化水平。同时,加强反垄断执法司法,完善行政执法和司法衔接机制。这些举措旨在确保反垄断法在实际操作中更具有针对性和有效性,增强法律执行的透明度和公正性,维护市场竞争的公平性,促进社会经济的稳定与健康发展。此外,在第54、55条中,《反垄断法》赋予反垄断执法机关对排除、限制竞争行为的行政性垄断行为展开调查,进行行政约谈的权力,建立更加健全和灵活的反垄断法实施机制,提升监管能力,加强现代化监管体系建设,以适应日益复杂和多变的市场环境。这不仅提高了反垄断执法的效率和灵活性,也增强了法律的威慑力。通过监管行政性垄断,可以减少政府部门不当的市场干预,促进市场资源的合理分配和效率的最大化。

完善《反垄断法》实施机制,是新发展格局下竞争法发展的重要面向。在现代市场经济中,建设现代化市场体系对反垄断法实施机制提出了更高的要求。为了提高反垄断执法的效率、科学性和公平性，反垄断执法机构需要合理配置执法资源、运用现代科技手段、建立风险评估机制，在执法过程中平衡效率和公平的关系。通过持续的改革和完善，我国反垄断执法机构不断提升执法能力和水平，为反垄断法的实施提供了更好的保障。

第四章　现代市场体系建设中的反不正当竞争法律制度及其实施

第一节　现代市场体系建设中反不正当竞争法的使命与担当

一、反不正当竞争法律制度的历史流变

改革开放之后,随着商品经济的发展,市场上出现了较多仿冒他人品牌、不当有奖销售、虚假宣传等不正当竞争的现象,使得反不正当竞争立法变得必要。与反垄断法相同,反不正当竞争立法的历史同样可以追溯到1980年国务院发布的《关于开展和保护社会主义竞争的暂行规定》。该规定明确肯定社会主义也需要竞争,也要鼓励和倡导竞争,同时提出反对垄断和不正当竞争以保护正当竞争,由此开启了我国竞争立法的序幕。1985年11月,《武汉市制止不正当竞争行为试行办法》公布实施,这是我国第一部反不正当竞争的地方立法,之后几年里,《上海市制止不正当竞争暂行规定》《江西省制止不正当竞争试行办法》等相继发布,这些地方立法为反不正当竞争法律的制定积累了经验。

1987年,国务院首次提出要制定全国性的制止不正当竞争法,草拟了反不正当竞争的行政法规。但在1989年,由于各方对立法中的诸如立法模式和在多大范围反对垄断等一些基本问题意见分歧太

大，导致立法工作停顿下来。1991年底，根据全国人大常委会的立法计划，反不正当竞争法的立法工作启动。[①]1992年年初，国家工商行政管理局根据全国人大常委会的立法计划成立专门起草小组，形成《反不正当竞争法（征求意见稿）》。1992年党的十四大明确建立社会主义市场经济体制的改革目标，而《反不正当竞争法》的出台无疑是市场经济建设的重要举措。1993年9月2日八届全国人大常委会第三次会议通过《中华人民共和国反不正当竞争法》，该法自1993年12月1日起施行。该法是我国第一部全国性的统一竞争立法，明文禁止11种不正当竞争行为，其中包括禁止市场混淆、商业贿赂、虚假宣传、侵犯商业秘密、有奖销售、商业诋毁等6种典型不正当竞争行为，和公用企业限制竞争、行政性垄断、低价竞销、搭售、串通投标等5种垄断或限制竞争行为。之后，与《反正不正当竞争法》相配套的规章也相继发布，《关于禁止公用企业限制竞争行为的若干规定》《关于禁止有奖销售活动中不正当竞争行为的若干规定》《关于禁止仿冒知名商品特有名称、包装、装潢的不正当竞争行为的若干规定》《关于禁止侵犯商业秘密行为的若干规定》《关于禁止商业贿赂行为的暂行规定》《关于禁止串通招投标行为的暂行规定》等等，这些规章将反不正当竞争规则进一步细化，使得对反不正当竞争的认定和实施更加准确。此后，《产品质量法》《消费者权益保护法》《广告法》《价格法》《招标投标法》等法律也相继通过，这些法律中也包含反对不正当竞争、维护市场竞争秩序的规则，是对《反不正当竞争法》的有益补充。

2008年反垄断法的制定，形成了分别立法的竞争立法格局，既

[①] 参见孙晋、李胜利：《竞争法原论（第二版）》，法律出版社2020年版，第273页。

有的反不正当竞争法与反垄断法形成了内容交叉,不利于厘清两者关系,增加了法律调整的模糊性。为此,2017年对《反不正当竞争法》的修改中,删去了反垄断规则,进一步捋清反垄断法与反不正当竞争法的关系,使两者相互并列互为补充,共同组成了现在的竞争法律体系。同时,面对互联网领域内的新型不正当竞争现象,增加了第12条,对互联网不正当竞争行为积极作出回应,一定程度上遏制了互联网不正当竞争的现象。

2019年4月23日十三届全国人大常委会第十次会议修正《反不正当竞争法》,该次修法旨在加强对商业秘密的保护。修改条款全部涉及商业秘密,扩大了商业秘密的保护范围,提升了对商业秘密侵权行为的惩罚力度,体现了我国对商业秘密的重视和保护商业秘密的决心,事实上也是对国外长期以来认为我国商业秘密保护不足的有力回应。作为具有商业价值的智慧成果和竞争获胜的关键要素,加强商业秘密保护有利于激发市场主体的创新创造活力,同时提升国外投资者来我国发展的意愿。《反不正当竞争法》发展至今,经历了30年市场经济的检验,而今,面临新的经济业态和商业模式,《反不正当竞争法》开始新一轮的修订,以回应快速发展的社会现实。反不正当竞争法就是在市场经济中适应发展需要而不断变化的。

二、反不正当竞争法在现代市场体系建设中的必要性

反不正当竞争法与现代市场体系建设密切相关。竞争机制是市场经济的核心机制,竞争机制的有效运行是市场经济健康发展的保证。公平竞争制度是社会主义市场经济的基础制度,反不正当竞争则是其中的重要组成部分。整体上看,尽管反垄断法往往被赋予"经济宪法"的美称,但反不正当竞争某种程度上更为实用。从价值理

念上看,反垄断法主要调整限制、削弱竞争的行为,侧重解决竞争自由不充分的问题;而反不正当竞争法则主要针对违反商业道德、善良风俗,侵害竞争对手合法权益的行为加以规制,侧重解决竞争公平的问题。反垄断法以调整竞争自由,维护市场竞争秩序与公共利益为宗旨;而反不正当竞争法的立法目的在于保护市场竞争机制的有效运行,使得市场竞争环境更加公平合理。

一方面,反不正当竞争法有助于维护公平竞争的市场环境和市场秩序。公平有序是现代市场经济的应有之义,这一任务的实现离不开反不正当竞争法,市场中总会存在不正当竞争行为,一些市场主体会采取虚假宣传、侵犯商业秘密、商业诋毁等手段获取竞争优势,打击竞争对手,这些行为应当得到制止。良性的竞争环境应当是,市场主体以诚信、平等的方式,凭借彼此的商品和服务争取商业利益和消费者。另一方面,反不正当竞争法有助于消费者保护。反不正当竞争法对消费者的保护是一种反射保护,是基于其对竞争机制的保护传导到消费者身上的,从而实现消费者的自由选择和自主消费,保障消费者福利的实现。保障消费者的自主选择和自主消费的权利,要求实现市场有序竞争,让消费者能够在市场活动中仅受自己的主观意志支配,不被经营者禁止、剥夺、限制或干涉。例如,对商业混淆的禁止则是通过反对假冒伪造等行为,为消费者带来福利。另外,反不正当竞争法有利于商业创新和科技进步。面对新兴技术,反不正当竞争法通过充分且全面的利益衡量,打击对经营者的破坏行为。反不正当竞争法通过保护知识产权和创新成果,鼓励企业加大研发投入,推动技术创新和产业升级,提升整个市场的竞争力和活力。例如,司法裁判中对"广告屏蔽"的禁止,能够有效保护经营者的正常经营行为和成熟的商业模式,促进新兴产业发展。现代市场体系建设有赖于公平竞争的市场环境,最终目标是实现消费者福利最大化,这些都有赖于反不正当竞争法发挥作用。

总之,反不正当竞争法在现代市场体系建设中至关重要,无可替代。反不正当竞争法律规则是市场经济的"标配"。相较于垄断行为,不正当竞争现象更加常见,在市场竞争中,不正当竞争行为更加频繁,因此在适用上,反不正当竞争法相较于反垄断法来说,门槛更低,适用频率更高,反不正当竞争一定程度上决定着市场经济竞争的整体质量。

三、现代市场体系建设中反不正当竞争法的价值追求

经营者以违反诚信和商业道德原则之手段,谋取自身利益,损害其他市场经营主体利益及扰乱市场秩序的行为,是不正当竞争行为。反不正当竞争法为规范经营者竞争行为,维护市场竞争秩序而制定,[1]是禁止以违反商业道德的手段从事市场竞争行为,维护公平竞争秩序的一类法律制度的统称。[2]我国《反不正当竞争法》第1条直接阐明了反不正当竞争法的立法宗旨和目的,也彰显着反不正当竞争法的价值追求。这之中,经济立法的最终目的是促进社会主义市场经济健康发展,再聚焦于反不正当竞争法调整的独特法律关系及直接目的,则是保护公平竞争秩序、保护经营者合法权益和消费者合法权益。

不正当竞争一般被人们理解为不公平竞争,正当与否的判断标准就是公平程度。体现《反不正当竞争法》独具特色之目的就是"鼓

---

[1] 参见杨璞立、龙圣锦:《知识产权法、反不正当竞争法和反垄断法的关系初探》,载《经济师》2018年第4期。

[2] 参见王先林:《竞争法学(第三版)》,中国人民大学出版社2018年版,第79页。

励和保护公平竞争"。实现市场经济公平竞争，乃是人类追求公平正义之道之一。在公平竞争的环境下，市场经营者方能挖掘自身竞争优势，通过竞争的洗礼，不断进行优胜劣汰的迭代，从而推动社会进步与经济发展。在市场竞争过程中，经营者务必遵循自愿、平等、公平、诚实信用的原则，一旦背离这些原则，便容易导致不正当竞争，偏离公平竞争之目的，最终将受到相应的制裁。①

反不正当竞争法一般将其直接价值取追求定位于公平，但实际上，竞争自由和经济效率是反不正当竞争法中暗含的价值取向，若忽视其存在，容易导致实践中对公平竞争的把握出现偏差。有学者认为，反不正当竞争法价值取向中，公平、自由和效率为一体两翼，以公平为体，以自由和效率为翼。竞争自由作为广义不正当竞争规制的逻辑起点，若完全缺乏维护竞争自由的意识，公平竞争无从谈起，而市场效率是维护市场竞争秩序后的目标追求，若没有效率导向，竞争公平和竞争自由就失去了最终的衡量标准，对三种价值的不同侧重，衍生出不同的竞争观和调整理念。自由竞争能提高市场竞争资源配置效率，也是保证效率的前提，市场主体的积极性、主动性和创造性有赖于自由竞争予以激发。然而，自由竞争须是公平竞争下的自由，市场竞争受到规范约束是基本前提，没有公平，信马由缰的自由竞争毫无疑问会扭曲市场机制。市场经济环境中，自由竞争是基础，反不正当竞争法只作为一种必要的国家干预。反不正当竞争法整体基调仍是使市场在资源配置中起决定性作用和更好发挥政府作用，而不是过多干预、过分管制。竞争行为所导致的损害实际上源于

---

① 参见葛正英：《不正当竞争与垄断的行为认定和法律规制之比较》，载《金融理论与教学》2015年第1期。

利益在各个参与者之间的重新分配与转移。然而,在确保市场竞争秩序得以维护且消费者福利不受影响的前提下,对于这种行为本身的干预应当适度,避免过度介入。①

在规制不正当竞争的理论和实务中,若对鼓励和保护公平竞争做表面化理解,将竞争行为的正当性判断标准泛化为道德化判断标准,以市场考量之外的社会公平和世俗道德加以衡量,就会使不正当竞争行为的认定偏离市场取向,容易导致一般条款认定正当性的滥用,过多干预市场自由竞争。故而,在价值判断上需要将竞争看作是一种动态机制与过程,以发展和市场的视角来评价竞争行为的正当性,以动态竞争观评价、鼓励和保护公平竞争这一立法目的。反不正当竞争法在举重明轻之需求下,于立法目的中单列出公平竞争,虽未将竞争公平作为唯一价值取向,但也说明了其作为本位性价值的核心地位,反不正当竞争法具体制度之展开亦围绕追求竞争公平进行设计。

第二节 传统不正当竞争行为的规制制度及其实施

一、传统不正当竞争行为的表现形式

(一)商业混淆行为

商业混淆行为是指在生产经营活动中,经营者擅自使用与他人的商业标识相同或者近似的标识,导致或者可能导致其商品或

---

① 参见冯博、张家琛:《数字平台领域〈反垄断法〉与〈反不正当竞争法〉的经济逻辑和司法衔接》,载《法治研究》2023年第6期。

服务与他人商品或者服务相混淆的行为。[①]该行为会破坏公平竞争的市场秩序,侵害其他经营者的合法权益,还会误导消费者的正常选择。

2017年《反不正当竞争法》在1993年的基础上作出了以下修订:(1)删去了"假冒他人的注册商标"和"引人误解的虚假表示"两项规定。在修改前,《反不正当竞争法》与《商标法》在规制有关注册商标的混淆行为时存在竞合,而假冒注册商标行为通常应由《商标法》专门调整,此次删减使《反不正当竞争法》与《商标法》之间的界限更明确。删去引人误解的虚假表示是因为该行为在性质上属于《反不正当竞争法》第8条的虚假宣传行为,应当明确两种行为的界限。(2)增加并细化了受保护客体的种类,设置了兜底条款。例如,增加了社会组织名称、域名主体部分、网站名称、网页等内容。(3)对混淆行为的构成要件及其表述方式进行了调整。与2017年相比,2019年《反不正当竞争法》对混淆行为仅作了细微的修订,在第6条第2项中明确指出,字号属于受保护的企业名称的范围,这为实践中经营者之间因字号而产生的竞争纠纷提供了法律依据。

商业混淆行为包括在对商品名称、包装、装潢等标识的混淆、对企业名称、社会组织名称、姓名的混淆、域名等网络标识的混淆。《反不正当竞争法》第6条在混淆行为构成要件上主要涉及三大问题:混淆、有一定影响、擅自使用。只有同时满足三个构成要件才能构成商业混淆行为,在认定时需要结合法律规定和商业实践综合分析。

混淆是指经营者的行为造成引人误认为是他人商品或者与他人存在特定联系的结果。因此混淆包括两种情形,包括商品来源的混

---

① 参见王先林:《竞争法学(第三版)》,中国人民大学出版社2018年版,第107页。

淆与关联关系（特定联系）的混淆。前一种情形是将经营者的商品误认为来源于同一生产经营者，例如消费者可能因为相似的包装或商标对商品产生误认；后一种情形是误认为经营者或其商品与被混淆对象存在商业联合、许可使用、商业冠名、广告代言等特定联系。[1] 最高人民法院《关于审理不正当竞争民事案件应用法律若干问题的解释》第4条列举了几类构成商业混淆的行为，包括使消费者产生对商品来源的误认，在相同商品上采用的包装、装潢等造成与知名商品的混淆，并规定在认定与知名商品特有名称、包装、装潢相同或者近似时，可以参照商标相关的判断原则和方法。

2017年修订后的《反不正当竞争法》将原来的知名商品的"知名"改为"有一定影响"，并作为所有混淆行为的构成要件。"知名"强调的是商品的知名度，"影响"则是强调商品的影响力，使用"有一定影响"比使用"知名"能够扩大受保护商品的范围，证明商品"知名"的要求似乎会更高，"有一定影响"则相对容易证明。其实"知名"与"有一定影响"在本质上是相同的，此前的认定方法仍然可以借鉴沿用。此外，《反不正当竞争法》第6条前3项都将"擅自使用"作为各类混淆行为的构成要件，擅自使用是混淆行为的主观构成要件，要求行为人主观心态上具有与他人的商品或服务或者商业活动产生混淆的故意。反之，如果行为人是在经过权利人同意后使用其商业标志则不构成混淆行为。

（二）商业贿赂行为

商业贿赂是指经营者在市场活动中，为了谋取交易机会或者竞

---

[1] 参见王瑞贺主编：《中华人民共和国反不正当竞争法释义》，法律出版社2018年版，第17页。

争优势,采用财务或者其他手段,贿赂交易相对方的工作人员、受交易相对方委托办理相关事务的单位或者个人或者利用职权或者影响力影响交易的单位或者个人的行为。①

商业贿赂行为具有隐蔽性,实践中贿赂行为通常在暗中交易,不易被人察觉,往往披着合法的外衣,掩盖不合法的目的,例如通过账本造假掩盖商业贿赂的事实。商业贿赂具有结果危害性,严重损害了正常的市场竞争秩序,违背诚实信用原则和商业道德,同时还会损害消费者的利益,属于典型的不正当竞争行为。商业贿赂不同于一般的商业惯例,在市场交易活动中,在合理范围内给予交易相对方一定的折扣、馈赠等,属于正常的交易行为,不会对市场交易产生不当影响。而实施商业贿赂却是为了谋取不当的交易机会或者竞争优势,将会严重扰乱正常的交易秩序,应当受到法律的严格禁止;商业贿赂的形式具有多样性,不限于通过财物进行贿赂,还包括其他通过非财产利益实施贿赂。

商业贿赂行为具有多种分类。根据实施主体的不同,可以分为商业行贿行为和商业受贿行为;根据实施手段的不同,还可以分为通过财物实施的商业贿赂行为,以及通过其他手段实施的商业贿赂行为;根据行为情节的严重程度,可以分为不正当交易行为、一般违法行为和犯罪行为。除此之外,还可以根据发生领域的不同、是否具有涉外因素等条件进行分类。

商业贿赂的主体包括行贿人与受贿人,商业贿赂的手段包括采用财务实施的商业贿赂与采用其他手段实施的商业贿赂。商业贿赂的目的是谋取不正当的交易机会或者竞争优势。《反不正当竞争法》

---

① 参见孙晋、李胜利:《竞争法原论(第二版)》,法律出版社2020年版,第300页。

第7条规定了商业贿赂行为的手段、贿赂的对象,经营者在交易活动中涉及折扣、佣金时的行为要求,以及判定工作人员的贿赂行为是否认定为经营者行为的考虑因素。现行规定与1993年《反不正当竞争法》关于商业贿赂的规定相比发生了较大的改变。现行规定进一步明确实施商业贿赂的目的是"谋取交易机会或者竞争优势",相比"销售或者购买商品"更体现出行为的本质。此外,现行规定明确列举了三类贿赂的对象,最后,现行规定还删去了有关"回扣"的内容。

(三)商业诋毁行为

商业诋毁是指在市场交易中,捏造、散布虚伪事实,损害竞争对手的商业信誉和商业声誉,削弱竞争对手的竞争能力的行为。[1]其行为特点是,首先,商业诋毁在行为结果上是损害竞争对手的商业信誉和商品声誉,该行为不仅从根本上违反了诚实信用原则,而且严重扰乱了正常的市场竞争秩序。其次,商业诋毁行为的实施者具有诋毁对手的主观故意,一般不存在过失诋毁的情形,其目的是削弱竞争对手的竞争力,增强自己的市场竞争优势。再次,商业诋毁行为的对象往往是特定的,诋毁的对象通常是与行为人具有竞争关系的同业竞争者,诋毁对象的数量可以是单个也可以是多个。最后,商业诋毁行为的具体行为表现为编造、传播关于竞争对手的虚假信息或者误导性信息。与1993年《反不正当竞争法》相比,现行规定在虚假宣传行为方式上作出了调整,从"不得捏造、散布虚伪的事实"修改为"不得编造、传播虚假信息或者误导性信息",增加了传播误导性信息这一方式,扩大了诋毁行为实施手段的范围。

---

[1] 参见王先林:《竞争法学(第三版)》,中国人民大学出版社2018年版,第173页。

（四）虚假宣传行为

"虚假宣传行为，是指在商业活动中经营者利用广告或者其他方法对商品或者服务表达与实际内容不相符的或可能导致客户或消费者误解的信息。"[①]

其行为特点是，首先，虚假宣传行为发生于市场竞争过程中。由于市场竞争激烈，有些经营者为了提高自己的竞争优势，使自己在同行业竞争者中脱颖而出，会采取虚假宣传的手段夸大自己商品或服务的质量或品质，从而吸引消费者的注意力，增加自己商品和服务的销量。其次，虚假宣传的主体通常是销售商品或提供服务的经营者。再次，虚假宣传的内容主要是对商品的基本要素进行的不实宣传，这些基本要素是消费者能够直观接收到的有关商品或服务的信息，并且能够影响消费者的购买意愿。最后，虚假宣传行为直接损害同行业竞争者，甚至会使恪守诚信的经营者竞争力下降。商品或服务质量得不到保障，损害消费者的利益，最终影响正常的市场竞争秩序，违反诚实信用原则和商业道德。

虚假宣传的认定标准在学术界和实务界已基本达成共识，目前虚假宣传的判断标准主要包括以下原则：一是一般消费者施以普通注意原则，即判断是否构成虚假宣传应当根据普通消费者平时的注意力为标准。二是整体观察原则及比较主要部分原则，整体观察原则是指判断广告等宣传是否引人误解，应从宣传内容整体上给消费者带来的印象是否会造成误导进行判断。比较主要部分原则，是指判断宣传的内容是否造成误解时应该着重关注主要部分的内容，只要主要部分涉及虚假宣传，即使次要部分是真实的，仍然应认为该宣

[①] 刘继峰：《竞争法学（第二版）》，北京大学出版社2016年版，第330页。

传内容构成虚假宣传。①三是异时异地隔离观察原则,由该原则判断宣传是否引人误解,可以引申出不同时间、地点分别观察的原则。

(五)侵犯商业秘密行为

《反不正当竞争法》第9条第4款规定,商业秘密是指不为公众所知悉、具有商业价值并经权利人采取相应保密措施的技术信息、经营信息等商业信息。这一概念对商业秘密作出了三方面限制:首先,该信息不为公众所知悉;其次,该信息必须具有商业价值;最后,该信息已被权利人采取相应的保密措施。

商业秘密所指的"不为公众所知悉",是指该信息是无法从公开渠道直接获取,公众能轻易获取的信息自然无法作为商业秘密;"具有商业价值"是指该信息可以为权利人所利用,为经营者带来竞争优势或者经济利益,当商业秘密被披露会使权利人遭受经济损失、竞争力下降的不利后果;"已采取保密措施"是指权利人采用保密协议,保密制度等其他方式的保密措施。据此,可将商业秘密的构成要件归纳为三性,即秘密性、价值性和保密性。商业秘密是权利人的一种无形财产,不仅通过反不正当法进行保护,刑法中也有关于侵犯商业秘密的条款,商业秘密对经营者的经营活动具有至关重要的作用,法律应当对侵犯商业秘密的行为予以规制。

(六)不正当有奖销售行为

不正当有奖销售是《反不正当竞争法》明文禁止的不正当竞争行为。《关于禁止有奖销售活动中不正当竞争行为的若干规定》第2条第1款规定,有奖销售是指经营者销售商品或者提供服务,附带性地向购买者提供物品、金钱或者其他经济上的利益的行为。同时有

---

① 参见孙晋、李胜利:《竞争法原论(第二版)》,法律出版社2020年版,第319页。

奖销售可分为附赠式有奖销售和抽奖式有奖销售两种类型。并不是所有的有奖销售行为都会被禁止，只有不当有奖销售行为才会被禁止，不正当有奖销售行为之所以被禁止，是因为不正当的有奖销售通常借助奖品或奖金的诱惑力影响消费者正常选择商品，也使同行业间的正常竞争受到影响，破坏公平的市场竞争秩序。有奖销售行为利用消费者的投机心理促进销售，而不是通过提高商品和服务质量吸引消费者，会降低经营者提高商品和服务质量、降低成本的积极性，阻碍人们消费心理的成熟，增加不正当竞争，不利于形成诚实的经营风尚。[①]

二、传统不正当竞争行为的规制难题

（一）不正当竞争行为认定困难

上述六种不正当竞争行为的划分，已经较为成熟和固定。学界对传统不正当行为规制的探讨，很大程度上关注的是不正当竞争行为的认定规则。不正当竞争行为的认定是反不正当竞争工作的核心及实质内容。

反不正当竞争法以"一般条款+列举"的方式概括地禁止不正当竞争行为，涉及市场竞争的方方面面，领域众多，但仅靠一部《反不正当竞争法》规定完市场竞争的所有细节是远远不够的，需要健全与之相配套的法规规章，如此才能支撑起反不正当竞争法的顺利实施。随着市场经济的发展和市场主体间竞争的愈发激烈，市场混淆、商业贿赂、虚假宣传、侵犯商业秘密、商业诋毁等长期存在的不

[①] 参见孔祥俊：《反不正当竞争法新原理·分论》，法律出版社2019年版，第514页。

正当竞争行为屡禁不止,违法案件不断增多,在不同领域的新的表现形式也相继产生,许多传统不正当竞争行为在互联网场景下花样不断翻新,给反不正当竞争规则及执法带来不少挑战。传统不正当竞争行为往往涉及多个领域和层面,难以准确界定其范围,如何明确区分正当竞争与不正当竞争,避免误判和漏判是实践中的主要问题。不正当竞争行为的认定,常常是在法律规定的基础上,由地方或部门对相关的违法情节补充和细化,以适应不同地区和不同行业的发展状况,而其能够为执法工作提供支持的具体判断规则是不够用的。

在实践中,一方面,反不正当竞争配套规则出台并不及时,使得不同地区不同部门对部分概念的认识和理解并不一致,这在商业混淆、虚假宣传、商业诋毁等传统不正当竞争行为也是存在的。例如原国家工商行政管理局1995年制定的《关于禁止仿冒知名商品特有的名称、包装、装潢的不正当竞争行为的若干规定》等规章,长期没有修改和更新。对相关条款概念认识不清晰是执法工作中的最大的阻碍,也是反映最集中的突出问题。另一方面,我国反不正当竞争地方立法的实践很早就有,但部分地方长期没有进行修订。在《反不正当竞争法》修订后,很多地方立法的修订跟不上,不少省份尚处研究论证阶段,制定或修订工作尚未真正提上议事日程,这种情况影响了反不正当竞争工作在地方的贯彻落实。[1]再者,反不正当竞争与不少法律存在重叠或者交叉,包括《反垄断法》《广告法》《消费者权益

---

[1] 参见《全国人大常务委员会执法检查组关于检查〈中华人民共和国反不正当竞争法〉实施情况的报告》,载中国人大网,http://www.npc.gov.cn/npc/c1773/c1849/c6680/fbzdjzfzfjc/fbzdjzfzfjc009/202101/t20210107_309460.html,最后访问日期:2024年5月20日。

保护法》《商标法》《电子商务法》,不同法律间的考虑因素和构成要件不尽相同,使得具体违法行为的性质判断起来颇为困难,这些造成了不正当竞争行为认定的困难。

(二)传统不正当竞争行为向线上延伸

传统不正当竞争行为在网络空间的延伸,主要指依托互联网技术及算法、平台等在网络虚拟空间进行的不正当竞争行为,其发生环境由传统市场变更为互联网,但仍属《反不正当竞争法》第2章描述的传统不正当竞争行为。这是由于在市场竞争,尤其是网络市场竞争中,技术日新月异导致竞争行为出现形式多样、难以预见的特点,对于本质上仍属于传统不正当竞争行为调整的延伸行为,不正当竞争法不可能做出具体化和可预见的规定,这些行为具体包括可归于商业诋毁行为的恶意差评,可归于虚假宣传的数据造假等。

现今,互联网渐已成为市场主体宣传和经营的重要阵地,与互联网相关的标识如域名、网络名称等等已经起到了区分和识别市场主体的作用。例如,域名混淆的典型表现形式包括抢先注册或蓄意注册与知名企业相似或相同的网页域名。这种策略使得用户在浏览广告和进行网络消费过程中,可能误认为这些域名所指向的是知名企业或者与其存在某种关联的企业。而实际上,这种混淆的目的正是为了达到某种不正当的商业目的,[1]获取用户的关注度及点击量,同样相关市场标识也极容易被商业混淆。

网络虚假宣传行为是指网络经营者对自身产品和服务进行不切实际的宣传,误导用户的行为,网络虚假宣传采用和传统线下宣传一

---

[1] 参见孟静、李潇湘:《事实与经验——商标混淆可能性的要素分析》,载《宁夏大学学报(哲学社会科学版)》2011年第2期。

样不切实际的描述,通过网络宣传产生效果,拟在网络空间增加用户的关注度和访问量以扩大影响力。电子商务领域的虚假宣传最为泛滥,消费者在网购中作出选择的重要依据是商家的销售量和用户评价,但电子商务中存在经营者通过线下雇水军、线上刷评等方式营造不实评价结果,以此构筑商业信誉,使得用户和消费者难以获悉正确的评价信息而做出错误选择,这也使得其竞争对手在按销售量、用户评价等进行排序时处于不利地位,损失交易机会,导致互联网经营者落入虚假宣传的恶性竞争怪圈,最终损失由用户和消费者承担。

传统不正当竞争行为在互联网上的延伸,行为方式具有多样性,除了在网站平台实施外,包括公众号、直播平台等自媒体也可以有意无意输出该种行为,电子商务领域也出现为谋取交易机会或竞争优势而虚假刷量的情况。其行为所造成的不良后果会一直持续。实体店内所印发的宣传广告等受到宣传时间、空间的局限,其信息的接收有时空上的隔绝。但在网络环境中,相关内容一旦发布,在未被删除前会一直留存,不特定用户能不受时空局限收到该信息,使得公众产生持续误解,即便删除,已造成的影响和部分网络备份也使得后果难消,在应对网络虚假宣传、商业诋毁时,还需要考虑到网络空间实施类似行为所造成的影响范围、持续时间等。

(三)反不正当竞争监管协调协作机制不健全

反不正当竞争多头执法的现象长期存在,一直没有得到很好的解决。反不正当竞争执法职权属于多个部门,《反不正当竞争法》第4条规定,县级以上人民政府履行工商行政管理职责的部门对不正当竞争行为进行查处;法律、行政法规规定由其他部门查处的,依照其规定。在市场监管部门之外,部分行业监管部门也有反不正当竞争执法权。反不正当竞争监管与商业银行监管、保险业监管、电信业监管等不正当竞争事务上存在重合和交叉。例如,《电信条例》规定,电信行业中的不正当竞争行为,由国务院信息产业主管部门对全国电信业实施监督管理;《商业银行法》规定,商业银行的不正当竞争行为,由中国人民银行监督检查。这些职权的行使会在违法行为认定、责任承担等规则方面与反不正当竞争法产生交叉甚至冲突。[①]协调不同执法权力对不正当竞争行为的规制便成为重要的问题。

反不正当竞争法的实施中,执法和司法是重要面向,学界长期以来有"执法主导"和"司法主导"的争论。但更为重要的是,在处理反不正当竞争案件中,执法和司法的协调。目前执法和司法并不协调,例如在处理商业秘密案件中所依据的举证责任制度是不完全一致的。再如,例如销售仿冒混淆商品行为是否构成反不正当竞争法第六条规定的"擅自使用"行为,行政执法与司法机关之间、不同司法机关之间对这一问题的认识有时也不尽一致。不止如此,各地市场监管部门的执法信息交流不够及时、案件移送不顺畅,一定程度上影响了反不正当竞争工作的进行。

三、传统不正当竞争行为规制的完善路径

(一)完善不正当竞争认定规则

健全的反不正当竞争规则是反不正当竞争法有效实施的前提。完备的反不正当竞争法律法规体系,是公平竞争市场环境的法治保障。因此需要不断健全配套法律法规,完善不正当竞争认定规则。首先,应当积极推动反不正当竞争法律修改,更新既往落后的制度规

[①] 参见王先林:《我国反不正当竞争执法体制机制的进一步完善》,载《竞争法律与政策评论(第9卷)》,法律出版社2023年版,第3页。

定,明确各类不正当竞争行为的认定要件,关注实践中的疑难多发案件,总结执法司法经验,使得法律规定适应不断发展的社会情况。其次,应当探索反不正当竞争法律与反垄断法、电子商务法、商标法、专利法之间的适用规则,明确不正当竞争违法行为的判断标准。当反不正当竞争法涉及商标专利等问题时,应当由市场监管部门会同有关方面,制定反不正当竞争规则,为企业提供清晰的指引。在法律规定之外,健全配套法规规章。细化反不正当竞争规则,依据地域、行业等特定场景补充不正当竞争行为认定的判断因素。例如及时修订《关于禁止仿冒知名商品特有的名称、包装、装潢的不正当竞争行为的若干规定》等相关规章。再次,适时发布典型案例、指导性案例和指导意见,明确案件办理的标准及尺度,统一法律适用。通过具有典型性的案例来指导并积累实践中的监管经验,完成对法律规则自下而上的构造,从而更好地在制度规制上弥补监管空白,克服监管难题。最后,地方上应当及时修改地方反不正当竞争条例,完善不正当竞争认定规则。当前,优化营商环境越来越受到关注,公平竞争的地方立法在多地已经开始酝酿,地方应当抓住机遇,及时修改反不正当竞争条例,以回应诸多反不正当竞争法实施过程中的现实需要。

(二)推动线上线下一体化监管

由上可知,传统不正当竞争问题依然突出,并且日益延伸至线上,愈演愈烈。面对这种情况,应当持续加强不正当竞争执法力度,推动线上线下一体化监管。传统不正当竞争行为向线上延伸,在行为定性上的难度并不是太大,难在执法水平和执法能力问题。面对互联网上层出不穷的不正当竞争行为,执法人员往往难以应对,执法水平不够,执法能力跟不上,加之地方竞争监管部门的执法资源本就有限,应对不正当竞争行为捉襟见肘。这种情况下,执法部门应当顺应互联网时代的监管趋势,加强智慧监管,提高执法能力和水平。

在数字和互联网技术日趋成熟的当下,应深入推进"互联网+监管",借助大数据、区块链、人工智能等新技术手段,能够使基层执法人员可以直观地对市场竞争新动态进行实时监测。探索推行以远程监管、移动监管、预警防控为特征的非现场监管,提升监管精准化、智能化水平。增强对执法相关的数据信息获取、存储、处理和分析的能力,对市场主体线上行为监测、线上证据进行固定的能力,在大数据技术基础上调查分析和观测监测,比如对于电子商务的价格监测,提高执法工作的穿透性。同时,也应当建立健全在线纠纷解决、消费投诉信息公示和举报评价机制,方便消费者参与社会监督,以科技助力营造安全有效的市场环境。以此提升执法水平,减轻执法压力,提升监管效率。

(三)优化反不正当竞争监管的协调协作机制

不正当竞争行为涉及多个部门和行业,因此需要跨部门协作。如何确保各部门之间的信息共享和协调配合,提高监管效率值得思考。应当增强市场监管部门的权威性,提升市场监管政策的稳定性和可预期性,解决监管主体的职能交叉、协调不畅等问题。在实体规范上明确纵向和横向监管主体之间的权力范围与责任边界,厘清各方的权利义务关系,充分发挥不同的监管部门在规则和标准制定、风险研判、统筹协调等方面的作用。在这方面,可以借鉴《反垄断法》的修法经验,以《反不正当竞争法》修改为契机,统一反不正当竞争执法权。总的原则应当是,《反不正当竞争法》统一适用于各个领域,特殊行业可以有例外,但要保证反不正当竞争执法部门的兜底管辖权。[1]构建跨部门跨行政区域的反不正当竞争案件移送、执法信息共享、彼此协助、联合执法等机制,针对新型、疑难、典型案件,畅通会商渠道,互通裁量标准。

为了实现反不正当竞争法的有效实施,必须加强反不正当竞争执法与司法的衔接,促进两套机制有机结合,既要充分利用行政执法手段灵活高效的优势,又要充分发挥司法维护公平正义的作用。我国的竞争执法总体来说还是依赖行政执法,而司法是反不正当竞争法实施的重要手段,是维护市场竞争秩序的最后防线,充分发挥反不正当竞争司法的作用。加强竞争执法和司法协调是竞争政策实施的重要方面,协调反不正当竞争执法和司法,既要厘清行政执法与司法的职能边界,又要促进执法司法领域的衔接协调,努力促进裁判标准统一。在这方面应当及时推进反不正当竞争民事诉讼司法解释的修改和完善。只有实现反不正当竞争行政执法与司法的完美契合,才能进一步构建起灵活、高效、科学的竞争实施体制。

总之,应当进一步健全反不正当竞争执法体制机制,优化竞争监管和行业监管的联动协调,推进反不正当竞争执法与司法的衔接协作,促成执法与司法相互补充相互支持的实施局面。

除此之外,还应当提升对反不正当竞争工作的认识,增强企业自律和社会监督意识。需加强普法宣传教育,提升思想认识,发挥反不正当竞争法的市场经济基础性法律制度的功能定位,把反不正当竞争工作作为优化市场环境的基础工作来抓。加强对反不正当竞争指导性案例的分析、解读和宣传,有利于提高经营者和社会公众对违

---

[1] 参见王先林:《我国反不正当竞争执法体制机制的进一步完善》,载《竞争法律与政策评论(第9卷)》,法律出版社2023年版,第4页。

法行为的认知度和警觉性,提高市场主体、执法机关以及行政机关的公平竞争意识,推动竞争文化建设,培育和弘扬公平竞争文化,厚植公平竞争的法治土壤,营造出政府严格执法、企业诚信守法、社会参与监督的良好局面。

第三节　新型不正当竞争行为的规制制度及其实施

一、新型不正当竞争行为的表现形式

(一)恶意交易

恶意交易是经营者以妨碍、破坏其他经营者的正常经营为目的,和其他经营者进行的真实交易行为。主要包含:恶意好评、恶意短期大量下单却不付款、恶意批量购买后退货等等。恶意交易行为同虚假交易、虚假宣传行为不同,其一般利用购物平台的规则,通过真实的交易行为达到妨害竞争对手正常经营的目的,具有损害市场公平竞争的效果。《征求意见稿》第14条通过"列举+兜底"的形式,对于恶意交易行为加以禁止。[1]

恶意交易行为损害消费者权益,造成消费者知情权和经济利益上的损失;同时也干涉妨碍其他经营者的经营活动,侵害了网络交易

---

[1] 《征求意见稿》第14条规定:"经营者不得为了牟取不正当利益,实施下列恶意交易行为,妨碍、破坏其他经营者的正常经营:(一)故意通过短期内与其他经营者进行大规模、高频次交易、给予好评等,引发相关惩戒,使其他经营者受到搜索降权、降低信用等级、商品下架、断开链接、停止服务等处置;(二)恶意在短期内拍下大量商品不付款;(三)恶意批量购买后退货或者拒绝收货;(四)其他利用规则实施恶意交易,不当妨碍、破坏其他经营者正常经营的行为。"

第四章 现代市场体系建设中的反不正当竞争法律制度及其实施

平台提供者的信誉和财产利益,破坏交易秩序,一定程度上恶化了社会道德水平,具备多重消极效果。

恶意交易行为中,经营者是否存在"恶意"是行为认定的关键。经营者主观上达到恶意妨碍、破坏其他经营者正常经营,才应受到否定性评价,这在《征求意见稿》禁止性规定中有所体现。在交易行为中,若行为人同其他经营者达成高频交易、频繁好评、批量购买商品后又退货、拒收等行为,单从表现上看是属于正常市场交易行为的,只有当其抱有妨碍、破坏其他经营者正常经营的目的,采取表面合规的交易行为使得竞争对手搜索权重降低或遭受惩戒等消极后果时,才构成恶意交易。"恶意"可界定为"故意+恶性",这需综合考虑行为是否具备正当竞争利益、是否遵循诚实信用原则和商业道德等,同时应造成恶性损害,这才具备竞争法意义上的非正当性。[①]这也与《征求意见稿》中除"恶意交易"表述外,另一处提及恶意的"恶意不兼容行为"相符,主要体现行为人的主观恶性程度,需在故意的前提下还有恶性意图。

对恶意交易行为规制路径的讨论,更多地集中在是否应该采取刑事手段对其进行规制以及如何运用多种责任形式对其进行综合规制层面。当前,我国已有两例"反向刷单"入刑案例。对于恶意反向刷单,给予其他经营者大量好评,激发平台对其进行搜索降权之行为,若影响恶劣并给其他经营者造成严重经济损失的,可能构成刑法上的破坏生产经营罪。在2017年全国首例将反向刷单者入刑并遭到电商平台起诉案中,网络交易平台以严重干扰平台的经营秩序,造

---

① 参见孔祥俊:《网络恶意不兼容的法律构造与规制逻辑——基于〈反不正当竞争法〉互联网专条的展开》,载《现代法学》2021年第5期。

成其财产损失和商誉损害为由,对行为人提起民事诉讼并获得法院支持。有学者认为,将反向刷单归于"以其他方法破坏生产经营"有类推解释之嫌。且反向刷单恶意好评实质上是一种新型网络不正当竞争行为,对于这种涉财行为,如若凭借经济处罚便能起到良好的遏制效果,便没有动用自由刑惩处的必要。① 对将恶意交易行为纳入破坏生产经营罪范畴予以规制素来颇有争议,此类行为实质上是一种网络新型不正当竞争行为,刑法介入应相对谨慎。但对其是否属于不正当竞争中的商业诋毁行为尚不能达成统一观点。目前对于恶意交易行为规制也陷入反不正当竞争法依据缺失的困境中。《征求意见稿》对恶意交易新增的禁止性规定,既弥补了原《反不正当竞争法》对此类不正当竞争行为的立法空白,也完善了《反不正当竞争法》对网络新型不正当竞争行为的规制。

(二)广告屏蔽

随着广告屏蔽技术的发展,其最初作为浏览器软件的扩展程序出现。但随着技术的不断进步,许多硬件制造商和软件开发者都深切考虑到消费者对于视频广告的抵触情绪,因此开始开发相应的屏蔽软件。通常而言,广告屏蔽的主要特征是不锁定具体目标,屏蔽对象具有不特定性。② 我国广告屏蔽的表现形式主要有三:一是向用户提供屏蔽他人广告的第三方插件;二是浏览器自带屏蔽广告功能;三是路由器带有屏蔽广告功能。③ 广告屏蔽是应网络用户需求

---

① 参见蒋丽:《网络涉法行为的刑法谦抑性分析——以淘宝网恶意刷单为例》,载《东南大学学报(哲学社会科学版)》2016年第2期。

② 参见郭壬癸:《互联网视频广告屏蔽行为的竞争法规制研究》,载《电子知识产权》2018年第8期。

③ 参见周樨平:《竞争法视野中互联网不当干扰行为的判断标准:兼评"非必要公益不干扰原则"》,载《法学》2015年第5期。

产生,给视频网站"免费+广告"商业模式带来冲击。在"互联网专条"生效实施前,法院对广告屏蔽行为惯于采用第二条一般条款予以认定。《征求意见稿》新增了对广告屏蔽行为的规定,给出较为明确的法律依据。根据《征求意见稿》,无正当理由,经营者不得对其他经营者合法提供的产品或者服务的内容、页面实施拦截、屏蔽等行为。

如肯定互联网视频"免费+广告"之商业模式,屏蔽行为会使得投放广告的经营者利益减损,违背了商业道德。考虑到平台和数字经济特点,在互联网平台中,用户以观看广告的时间支付相应对价,从而获取免费内容,在实质上,广告屏蔽破坏了平台与该类用户之间的交易关系。在以争夺注意力为核心的竞争环境中,广告屏蔽技术运营商利用屏蔽技术获得的用户流量变相,来自其他经营者提供的产品,这相当于流量劫持。[1]此外,广告屏蔽服务提供者巧妙地利用消费者对免费内容的渴求,却又不愿投入时间、金钱的矛盾心理,吸引相关平台和网站的用户。然而,这种行为实际上属于一种典型的"搭便车"策略,是一种不正当的市场竞争行为。[2]但也有观点认为,广告屏蔽反而尊重了消费者的自主选择权,带来了消费者福利,不损害公共利益也不构成实际损害,不应受到法律禁止。如此便产生了法益衡平问题。

基于对广告屏蔽行为是否具有正当性的探讨,出现过技术中立、消费者利益保护和利于创新和技术进步等观点,围绕不同法益

---

[1] 参见杨明:《互联网广告屏蔽行为的效应分析及规制路径选择》,载《清华法学》2021年第4期。

[2] 参见冯晓青、陈东辉:《浏览器屏蔽视频网站广告行为性质研究》,载《河北法学》2018年第5期。

衡平对广告屏蔽法律性质加以认定。在2014年百度诉奇虎360案中，北京高院提出了"非公益必要不干扰"原则，并获得了最高法院的认可。这一原则的逻辑形式包括"禁止干扰"与"公益例外"，前者赋予网络产品排他性的绝对权力，而"公益例外"则需满足以下条件：首先，干扰行为应以公益为出发点。典型的公益包括保护网络用户免受欺诈信息、病毒、恶意代码等损害。其次，干扰手段必须是必要的。如果其他手段也能达到保护公共利益的目的，那么就不应采取干扰他人互联网产品或服务正常运行的手段。同时，干扰结果需具有合理性。干扰行为应在保护公共利益的范围内进行，不得随意滥用。最后，行为人有责任承担证明干扰行为的必要性和合理性的责任。不过，该种裁判思路并未解决广告屏蔽行为正当性的法益衡平问题，存在着保护社会公众利益需要与对手段的干扰定性认定间的突出矛盾。如果干扰行为是公益的，实际便不能称作干扰行为，若是干扰行为，则不能其具备公益性。[①]且其所持不干扰立场，限制了部分正当竞争行为，实际背离鼓励竞争的立法初衷。[②]

因此，采用利益衡量方法对广告屏蔽行为的正当性进行评估是一种可行的策略。根据这一思路，判断是否构成不正当竞争，实际上是将经营者利益、消费者利益、竞争性损害的严重程度和技术创新的可能性等利益比较之后的结果。在这种情况下，需要将经营者利益、竞争对手利益和消费者利益放在社会整体利益的视角下进行综合权

[①] 参见黄勇：《论互联网不正当竞争的"新边界"》，载《电子知识产权》2015年第21期。

[②] 参见宋亚辉：《网络干扰行为的竞争法规制："非公益必要不干扰原则"的检讨与修正》，载《法商研究》2017年第4期。

衡,以实现各方利益的最小化损害,同时最大化总体利益。在广告屏蔽案件中,这意味着需要考虑广告时长和消费者权益等多重因素。①这种权衡同比例原则吻合,可仿照比例原则,通过适当性、必要性和均衡性等角度审查,对广告屏蔽行为的正当性进行判定,以增强法益权衡的可操作性。

（三）流量劫持

流量劫持是指利用恶意软件篡改浏览器、锁定主页或不间断弹出新窗口等方式,强迫用户访问某些网页,造成用户流量被迫流向特定网站或网页之行为。②"流量劫持"行为主要有两种,分别是"未经其他经营者同意,在其合法提供的网络产品或者服务中,插入链接、强制进行目标跳转、嵌入自己或者他人的产品或者服务"和"利用关键词联想、设置虚假操作选项等方式,设置指向自身产品或者服务的链接,欺骗或者误导用户点击"。这两种类型的行为显然属于流量劫持范畴。网络链接以其多种表现形式存在于我们的数字世界中,包括文字链接、图片链接和视频链接等。这些链接不仅能从主网站导向其他页面,还能将用户引导至其他网站,共享信息资源。正常运作的网络链接可以提升被链接者和链接者的网站访问量,进而增强双方在网络世界的知名度。然而,由于互联网用户的流量份额有限,一些不诚实的设链者开始采取不正当的手段劫持流量。通过设置误导性的链接,使得自己的网站获得不应得的关注,干扰了用户的选择,损害了被链接者的合法权益。在实际应用中,流量劫持通常表现为

---

① 参见史欣媛:《利益衡量方法在屏蔽视频广告行为正当性判定中的适用》,载《中南大学学报(社会科学版)》2017年第1期。

② 参见叶良芳:《刑法教义学视角下流量劫持行为的性质探究》,载《中州学刊》2016年第8期。

强制弹出窗口、强制跳转访问、篡改网页等行为,且往往与其他不正当手段相融合。

流量劫持行为损害用户的自主选择权,利用技术手段侵犯其他经营者公平竞争的权利。流量劫持行为具有流氓性质,应通过用户与经营者联合抵制方式,达成互联网行业自治自律,以保护正常市场秩序和维护消费者权益。[1]对于流量劫持行为的认定,难点仍在于适用何种标准判断行为的正当性。在流量劫持行为正当性认定中适用"非公益必要不干扰"原则存在一定争议,因为这过分强调"公益"作用,忽略了对个人权益的保护,且其适用情形存在一定偏差,主要适用于安全软件类案件中。对于"公益"的模糊认定也造成了裁量上的困难。流量劫持案件在判断行为人主观意志方面存在一定程度的复杂性,需要综合考虑相关的流量劫持侵权行为以及相应的损害结果。在确定某项行为构成流量劫持之后,关于所劫持流量额度的认定问题也往往引发争议。[2]

司法实践中,《反不正当竞争法》虽已创设"互联网专条",但仍有许多学者与法官主张针对流量劫持行为适用一般性原则条款。"互联网专条"的规定太泛化,以致恐将正当竞争行为包含在内,不可一味地将所有互联网相关竞争相关行为都认定为违反"互联网专条",进而违反《反不正当竞争法》。[3]而解决互联网流量劫持行为所带来的损失可引用惩罚性赔偿制度,在保障被侵害人受损利益得到弥补

---

[1] 参见王斌:《流量劫持是中国互联网公司"特色"竞争方式》,载《通信世界》2016年第1期。
[2] 参见白正岩:《安全软件插标和导航站劫持流量构成不正当竞争》,载《人民法院报》2013年第12期。
[3] 参见孔祥俊:《论新修订〈反不正当竞争法〉的时代精神》,载《东方法学》2018年第1期。

的同时最大限度遏制不正当竞争行为发生。[①]

(四)涉数据不正当竞争行为

涉数据不正当竞争行为是指不正当获取和不正当使用行为。不正当获取行为通常涉及盗窃、胁迫、欺诈、电子入侵等手段,旨在破坏技术管理措施,违反约定或违反数据抓取协议来获取数据。而不正当使用则主要表现为替代性使用,即足以实质性替代其他经营者提供的相关产品或服务的行为。在判断侵权认定时,一个重要的考量因素是该使用行为是否仅仅是对他人数据的简单复制,还是在他人数据的基础上进行了创新。如果仅仅是复制,很可能导致替代性后果,进而被认定为不正当竞争;反之,则需要综合考虑被告的使用行为创新程度、对原告利益的影响、其在促进社会福利提升方面的贡献,以及是否有更好的替代方案等因素,来评估被诉行为的竞争影响。

商业数据的反不正当竞争法保护路径得到了广泛支持。该法不预设权利客体,搁置权利证成、权属分配等难题,通过遏制不正当竞争行为,为新兴法益提供了开放性保护。这种保护范式以先试先行的法律实用主义为基础,积极构建符合数据资源特点、适应数据竞争需要的基本行为秩序。[②]针对数据平台的数据权属纠纷,实践中主要通过援引《反不正当竞争法》一般条款予以解决,这种裁判思路是将不正当获取和使用商业数据认定为一种不正当竞争行为。一般条款的适用在面对新兴领域的不正当竞争行为时,具有一定的灵活性和兜底作用。但适用一般条款也经常被批判存在滥用的可能,同时对

[①] 参见吴宗泽:《竞争法视野下互联网流量劫持行为法律问题研究》,载《特区经济》2018年第11期。

[②] 参见刘志鸿:《商业数据竞争法保护:耦合关系、现实挑战与优化方案》,载《中国流通经济》2022年第12期。

一般条款中商业道德的认定也存在很大的争议。《征求意见稿》第18条设定了专条对不正当获取或使用商业数据的行为加以规定。根据第2款规定：商业数据是指"经营者依法收集、具有商业价值并采取相应技术管理措施的数据"。数据并非所有涉大数据的数据类型，这里所指的商业数据只限于具有市场竞争意义和能够作为竞争性财产的商业数据，即以企业数据为核心的商业数据。[1]《征求意见稿》设专条对商业数据不正当竞争行为进行规制，将会使适用一般条款的问题得到有效解决。

（五）滥用相对优势地位行为

顾名思义，该行为是指需要依赖一定优势地位才可实施，但尚未达到《反垄断法》中"市场支配地位"的经营者所实施的不正当竞争行为。规制滥用相对优势地位的行为，既集中体现出对中小市场主体合法权益倾斜保护的意旨，又回应了数字经济领域突出的不正当竞争行为。尤其对于互联网平台经营者，凭借其在技术或数据信息上的优势地位，易做出影响所在市场公平竞争的行为，如利用优势地位对商户实施搜索降权、流量限制抑或限制经营者的交易选择，违背其自由意志强迫其进行"二选一"等。

市场支配地位和相对优势地位都是在一定范围内经营者具备优势的体现，只不过市场支配地位的优势更加绝对。从判断标准上看，对市场支配地位的确认需要满足《反垄断法》规定的标准，划定相关市场后，再通过分析市场份额等因素判断是否具备支配地位。而相对优势地位是指不具有市场支配地位的市场主体对于高度依赖于相

---

[1] 参见孔祥俊：《论反不正当竞争法"商业数据专条"的建构——落实中央关于数据产权制度顶层设计的一种方案》，载《东方法学》2022年第5期。

对方,在交易过程及其他情形下能对相对方产生一定控制和影响力的比较优势地位。①在市场主体中普遍存在依赖关系,判断是否达成相对优势地位需要依赖程度达到一定标准。即依赖方选择其他市场主体时存在障碍,要么没有多余的选择,要么选择其他市场主体需要付出更高成本时,便可以认为彼此存在依赖关系。由于相对优势地位的核心是判断交易双方是否具备依赖性,因此一般需要进行个案分析,每个案件中的依赖程度都是相对的,无须遵循判定市场支配地位的步骤。然而,对于依赖性本身的判断就是一种替代判断。拥有"相对优势地位"的企业也许从大的范围来讲不占市场支配地位,但从比较小的范围看,因为其没有可替代性,所以交易相对人对其就有极大的依赖性。②所以,认定"相对优势地位"事实上也需要一个范围,相对优势地位和支配地位会随着这个范围边界的模糊而相互交融,而市场支配地位包含于相对优势地位中,是相对优势较大,达到《反垄断法》标准的体现。

规制滥用相对优势地位的市场主体是必要的,滥用相对优势地位的贻害虽不及滥用市场支配地位,但本质上两者只是认定范围上存在模糊与不同,其损害经营者、消费者权益和破坏市场竞争秩序的性质却是相同。对此,《反不正当竞争法》的修订需要关注其他法律对滥用相对优势地位行为的规制,协调《反不正当竞争法》和相关法律的关系。针对互联网平台等滥用相对优势地位的新发地多发地,考虑到引入相对优势地位条款在立法和执法层面需作准备,应参照

---

① 参见陈勇:《滥用相对优势地位的法律规制研究》,广西师范大学2022年硕士学位论文,第9页。
② 参见王晓晔:《论滥用"相对优势地位"的法律规制》,载《现代法学》2016年第5期。

《电子商务法》分业渐进式立法，待实践检验后再纳入竞争法体系，通过准用性规范适用《反不正当竞争法》加以规制。针对其他市场监管领域，则需明晰《反不正当竞争法》之定位，非必要不干预自由竞争行为，对于需要规范的部分通过负面清单等方式做到分级分类精准监管。

（六）算法差别待遇行为

算法差别待遇这一行为出现已有一段时间，也有诸多学者进行了研究讨论。根据《征求意见稿》第19条，主要针对经营者利用算法，通过分析用户偏好、交易习惯等特征，于交易条件层面对交易相对方实施不合理的差别待遇，或者进行不合理限制的行为进行限制。

算法差别待遇有时表现为正常的商业行为，具有其存在合理性。因此要重视对合理性的分析，规制不合理的差别待遇行为。如对于典型的电商平台个性化定价行为的违法性，应当围绕着算法使用方式和平台规模这两个方面进行界定。数据和算法的使用方式是否侵害消费者的公平交易权，是界定个性化定价行为违法性的重要标准。[①]对此，必须明确禁止算法在数据收集和运作过程中的界限。需要根据数据信息的差异以及运算规则来判断是否存在歧视性待遇，从而确保算法定价的公正性和合理性。同时，应尽力消除监管机构在算法信息上的不对称，提高算法的透明度。这不仅意味着要向监管机构公开算法的数据收集细节，还应公开其运算法则。[②]另外在法

[①] 参见孙晋、王迪：《电商平台个性化定价行为的违法性界定及规制路径——基于动态定价行为和线下交易行为的比较视角》，载《西北工业大学学报（社会科学版）》2022年第1期。

[②] 参见施春风：《定价算法在网络交易中的反垄断法律规制》，载《河北法学》2018年第11期。

律路径上,应优化举证责任分配规则。于消费者利益保护视角,加强竞争文化宣传与算法个性化定价教育,还需赋予消费者一定的反制手段。[①]

(七)网络捆绑销售行为

网络捆绑销售的定义一般为,经营者在用户运行或下载指定软件时,通过不正当捆绑等方式,强行或未经同意,让用户下载不具有必要关联关系的软件,同时可能利用病毒、后台限制等技术使其很难被关闭、找出或卸载。网络捆绑销售的初衷在于开发者试图借用户下载软件的市场优势,拓展其他产品的市场覆盖范围。然而,捆绑销售的产品未必符合用户的实际需求。评估此类销售行为是否正当,关键在于观察其是否以明示方式尊重用户的自主选择权。恶意软件捆绑安装行为无视用户的知情权和自主选择权,采用欺骗、诱导等手段,使网络用户在不知情的情况下安装不必要的软件。除了侵犯用户的选择权,软件捆绑销售往往还利用某个主体软件的市场地位,对其他同类软件施加压力,限制它们在市场竞争中公平发展的权利。

(八)恶意不兼容行为

恶意不兼容行为主要指两个及以上软件和平台间,在运行过程中发生冲突,经营者为在竞争中获得优势,利用技术手段,故意对其他经营者的软件设定链接及写入障碍。经营者在商事活动中竞争无处不在,通过该种方式互相影响虽难以避免,但该种影响应控制在法定范围内,以维护网络市场秩序和用户权益。

[①] 参见喻玲、兰江华:《算法个性化定价的反垄断法规制:基于消费者细分的视角》,载《社会科学》2021年第1期。

二、新型不正当竞争行为的规制难题

（一）技术性与隐蔽性明显

互联网的创新永不止步，技术竞争相伴始终，技术更迭在促进商业模式创新的同时，也使得实施网络不正当竞争行为得到技术支撑，随着新技术手段的运用，新型不正当竞争行为亦随之出现。

网络不正当竞争的主体已不限于传统经营者的范畴，甚至是否具备营利性都不是一个必备要件。传统反不正当竞争法对于行为主体的标准无法完全包容。因此，法律需要规制的主体范围被大幅扩张，对行为主体制定更明确的认定标准是规制互联网不正当竞争行为的关键。相较于互联网不正当竞争行为实施主体具备的专业性和技术手段，普通用户和消费者没有选择余地，甚至没有意识到存在问题，难以做出应答更遑论救济，而互联网不正当竞争行为恰恰多是通过特殊技术手段及权限，限制竞争对手以为自己谋取利益。

技术性使得不正当竞争行为具有更强的隐蔽性，有些行为甚至藏在计算机程序和算法中，部分外观上还具备中立性，非专业人士难以辨识，需要借助技术设备的监测。同时，隐藏在网络背后的行为主体在没有专业技术加持的情况下，也很难知悉其真实IP和身份。这也导致执法人员和法官难于裁量，对不正当竞争行为违法性的认定相较传统不正当竞争行为更为复杂，证据的收集更加困难，极大增加了网络不正当竞争行为的查处难度，对执法部门的专业性和技术能力都有更苛刻的要求。

（二）损害难以量化

网络不正当竞争行为具备技术性和隐蔽性，这使得针对侵权行为取证举证困难,不正当竞争行为受损害方难以取证问题凸显。

互联网不正当竞争行为因其跨界性和极快的传播速度,使得行为一旦发生,损害后果的蔓延十分迅速,造成巨大损失,同时该损失结果难以用实体财产损失进行量化计算。如在腾讯公司与奇虎不正当竞争的案件里,案件当事人提供证据表明其软件有每秒几十个的下载量,在二十几天的时间里被告给原告造成了多达千万元的损失,体现了网络不正当竞争行为造成损害的严重性及难以量化的特征。

(三)以争夺注意力为核心

现今新型互联网平台中,流量及其背后体现的注意力是互联网公司赖以生存的根基,虽然各家公司的产品形态和商业模式不一样,但其本质都是通过平台汇聚用户,进而获取更大的流量或注意力。与之相适应,互联网不正当竞争行为也主要是围绕争夺流量或注意力这一核心问题展开,这与其他产业中以产品或服务为主要竞争目标的不正当竞争行为有着重要区别。

互联网环境中,不正当竞争行为与传统领域的类似行为本质上有所不同,主要体现在其对消费者选择权的干扰和剥夺上。消费者在网络市场中扮演着至关重要的角色,不仅是具有独立价值的重要参与者,更是经营者竞相争夺的市场资源。从《反不正当竞争法》第12条的相关条款出发,一些经营者习惯性地采用强制性、控制性的手段,对消费者的选择权进行干扰、阻碍或剥夺,包括屏蔽或限制特定功能、服务的访问,以及对特定软件的安装与卸载的选择。这种行为不仅破坏了其他合法经营者的产品和服务的正常运营与收益,也构成了对法律的公然违反。因此,对于此类行为,我们必须采取法律手段予以制止和惩治。

（四）违法成本低且收益反馈快

不正当竞争行为主体违法成本较低，利用一台电脑连上网络，侵权者就可以实施侵权行为，网络链接使得其在短时间内获得大量违法收益。以互联网为载体的新媒体的重要特征之一便是实时性，人们可通过互联网以图片、声音、文字等形式，对已经或正在发生的大小事件予以实时快速的传播。在互联网应用越来越普及的情况下，线上与线下的互动更有利于信息的进一步扩散。正因如此，互联网不正当竞争行为也借由网络传播路径，可以在短时间迅速扩散，波及范围广，产生的危害往往也更大。互联网企业惯于先争夺流量，以此为基础建立独有的先发展后盈利的商业模式，最终攫取巨额利润。可见，其侵权成本低、收益反馈快，这自然致使违法经营者肆无忌惮地破坏正常市场竞争秩序。

（五）损害的跨界性

互联网新型不正当竞争行为存在跨界性。信息传播在线上具有跨地域、无边界、海量信息与用户等优点。互联网市场正在逐步打破传统市场的时空和地域限制，形成了一个随时随地都能互相融通、互相联络的网络市场。在这个市场内，数据信息可以实现无国界、无业态区分的传播，可以实现即时交换，市场交易的跨界性得到无限延展。这种跨界性决定了互联网新型不正当竞争行为损害后果容易快速弥散，从而给市场主体带来更大的损害，这给司法实践在行为认定和证据固定等方面带来了较大挑战。例如，不正当竞争行为人利用网络进行商业性质的虚假宣传，编造虚假事实予以传播来诋毁他人的商业信誉等，这些行为皆会在短时间内广泛传播，其构成的严重危害与传统媒体相比有着天壤之别。

三、新型不正当竞争行为规制的完善路径

（一）完善新型不正当竞争行为判定规则

随着互联网产业高速发展，其市场竞争逐渐白热化，各类不正当竞争行为层出不穷，因此相应法律法规也纷纷出台。总体来说，新型不正当竞争行为规制法律法规主要分为两大类，一类以不正当竞争为核心，如2017年修订后的《反不正当竞争法》增加的互联网专条，对部分典型网络不正当竞争行为列举的同时，利用兜底条款，为可能出现的新型网络不正当竞争行为规制预留了空间，围绕《反不正当竞争法》颁布的部门规章也对网络不正当竞争行为规制做了更细致的规定；另一类是涉及互联网的各种法规规章，如《电子商务法》《规范互联网信息服务市场秩序若干规定》等。一些互联网行业自律规则也对规制新型不正当竞争行为有重要参考意义，其一定程度弥补了法规缺漏之处，发挥着独特作用。

新型不正当竞争行为的表现形式不断变化，给反不正当竞争规制带来了诸多挑战。因此，规制网络不正当竞争行为，应当加强法律规则在实践中的可操作性，为市场主体提供充分预期，明确行为底线。应当积极推动《反不正当竞争法》中互联网专条的修改，使其更加符合数字经济特点，在行为归类上更加周延和整全，同新《反垄断法》一道共同维护数字经济市场竞争秩序。一方面，应当紧密关注新型不正当竞争行为，以类型化思路和列举性规定归纳提炼典型不正当竞争行为的违法要件，这类规则的设计应当充分考虑到互联网高技术性和创新力的特征及网络竞争的性质，使反不正当竞争规则更能适应实践需求，能够跟上互联网发展的步伐。另一方面，对反不正当竞争一般条款要谨慎适用。当然，确有必要时，一般条款也能破

除法律不周延性造成的规制空白困境。

现行反不正当竞争法对竞争关系的认定存在狭义和广义解释。随着市场经济的发展,司法实践中出现了将直接竞争关系向外延伸的广义认定标准,即无论经营者是否属于同一行业的竞争者或关联行业的经营者,只要存在损害对方合法利益,获取不当利益的行为,均可视为具有竞争关系。因此,对于竞争关系的界定不应苛求,否则会妨碍对互联网领域新型不正当行为的规制。

通过《反不正当竞争法》修法及其配套部门规章,明确反不正当竞争规则中的重要法律概念及其意义,例如对反不正当竞争中"恶意"的认定。在恶意交易和恶意不兼容中都提及网络不正当竞争行为中对于主观恶意的认定,在互联网专条中也将主观恶意这一要件纳入行为违法性的判定范畴,这是对行为人主观要件的规定,但其认定确实存在难度。在网络市场竞争中,不兼容应是竞争的常态,如果兼容作为一种普遍义务就会阻碍经营者和互联网企业的创新,降低其竞争积极性,在遵守市场竞争秩序的基础上,经营者是否选择兼容其实是其意思自治的范畴。兼容是否具备恶意其实需从行为是否对市场竞争具有损害效果来判定。互联网专条对于网络经营者主观恶意的认定其实趋同于反不正当竞争法一般条款中规定的诚信原则与商业道德,而商业道德并非严格的法律标准,其语义泛化且模糊,给予执法者、裁判者极大自由裁量权,容易造成"假阳性"错误将正当行为认定为主观恶意,使得反不正当竞争法成为行政干预市场自由充分竞争的帮凶,背离应奉行的非公益不干预的竞争自由精神和谦抑态度。

(二)丰富责任承担形式和救济方式

根据我国现行《反不正当竞争法》规定,目前行政执法的方式主要是罚款,附带有责令停止违法行为、吊销营业执照等处罚。由于网络不正当竞争行为诉讼效率低,多采用行政执法解决,对于其造成的损害,除了处罚违法行为人外,更重要的是对受害人的损害进行补偿或赔偿。面对其传播速度快、传播范围广、损害后果严重的特点,现有以罚款为主要处罚手段的方式过于单一,震慑力度有限,难以有效救济网络不正当竞争行为受害者的损失,回应其正当主张。

不正当竞争行为法律责任多以行政处罚为主,附带有民事赔偿责任。就网络不正当竞争行为造成影响范围大、后果严重的特点,当前的责任承担形式应予扩张和调整。在《征求意见稿》中,提高了对不正当竞争行为处以罚款的数额上限,一定程度增强了震慑作用。但在民事赔偿责任方面,相关规定过于泛化,不具备可操作性。民事赔偿责任具体额度以不正当竞争行为给其他经营者造成损失为准。如果具体损失无法判断,以不正当竞争行为主体通过行为获得的非法收益为准。然而在网络不正当竞争行为中,又有以获取更多用户关注度和流量为导向的特点,无论是减少了受害经营者用户关注度及数量规模造成的经济损失,还是违法行为人借此获得的收益都无法有效量化计算,再加上由于信息不对称的原因,受害经营者可能并不知道自己权益受损,即使发现权益受损,受害经营者经济上的损失数额也难以证明,这导致受害人能获得的民事赔偿数额往往远低于其实际损失。

鉴于现行反不正当竞争法中处罚方式的单一性,亟须明确规定消除影响、赔礼道歉以及恢复名誉等民事责任,以丰富和完善法律体系。关于是否应当确立这些民事责任,关键在于企业信誉对企业生存和发展的重要程度。在许多互联网不正当竞争案件中,企业的竞争行为往往与商业诋毁有关。通过运用相应技术手段捏造事实，瓦解对方企业的客户群体，因此将消除影响、赔礼道歉以及恢复名誉等内容纳入《反不正当竞争法》是合理的。承担民事处罚责任的主体应仅限于不正当竞争行为的实施者。至于赔礼道歉和恢复名誉等措施的具体适用范围，应以该不正当竞争行为是否损害被侵害人的商业信誉为基本判断标准。

建立惩罚性赔偿制度，能大幅度提高违法行为的成本，强烈震慑经营者，引导其遵守法律，以实现维护互联网经济秩序的目标。构建这种机制，需要明确在哪些情况下可以使用惩罚性赔偿。对于惩罚性赔偿的适用范围，应主要考虑行为人的恶意程度和行为的严重后果。对于那些恶意实施网络不正当竞争行为且造成严重损害的行为，应实行惩罚性赔偿制度。

基于网络不正当竞争行为会在短时间内广泛传播的特点，若不在行为发生前后采取措施控制行为传播，损害后果将难以估量。因此，除了对行为发生后的损害设立行政罚款，予以民事赔偿外，需要重视对损害行为本身的制止及补救措施。然而我国现行《反不正当竞争法》对此没有规定，是不合理的。有学者称该项制度为诉前禁令制度，同事后有效的司法救济相对应，缺少诉前禁令制度的规定，使得互联网不正当竞争行为实施时间越长，行为人获得的收益就越多，受害人遭受的损失就越大。又因为互联网不正当竞争行为具备较强的技术性和专业性，取证复杂困难，往往会导致民事诉讼的拖延，致使在司法裁判中无法有效弥补裁判期间受害人遭受的损失。基于此，应在我国反不正当竞争法中引入诉前禁令制度，明确其适用范围，对于危害较大、传播范围广的网络不正当竞争行为，应采取该措施，要求申请人提供相应担保。

（三）强化新兴领域的行业自律

在互联网不正当竞争行为高技术与隐蔽性特点的背景下，行业内部的自我约束作用不可忽略。互联网组织应该在加强行业自律方面发挥更重要的作用。现行《反不正当竞争法》已经注意到行业自律的重要作用，第5条第3款规定："行业组织应当加强行业自律，引导、规范会员依法竞争，维护市场竞争秩序。"对于新型反不正当竞争的治理，实际上折射出行业治理的现实需求。数字经济发展迅速，商业行为及商业模式短时间内尚未稳定呈现，其正当性和合法性未必能够及时得到法律确认，法律治理的滞后性表现突出。行业自律能够弥补法律治理的不足。

行业协会本就是凝聚共识的组织，是行业主体进行交流商议的途径，具有服务和协调的角色和职能，应当更好地发挥其中间作用。其可以制定行业标准和行业自律规范，健全行业职业道德准则，参与制定行业相关的国家标准和政策法规，并通过宣传和示范的方式，引导企业遵守商业道德，落实企业社会责任，提升行业自治水平。当前我国互联网行业已有基本的行业自律规范，行业协会的规范能在法律尚未弥补其漏洞之前，起到灵活规范网络市场竞争环境的作用，对于新型不正当竞争行为，若无法找到适用性规范，通过行业自律规范对竞争行为性质作出认定，不失为一种良法，行业规范也能反过来促进反不正当竞争法及其他互联网规范细化改进。执法部门应当积极引导行业协会商会建立自律规范体系与职业道德准则，参与制定行业相关的国家标准和政策法规，发挥好其作为政府与市场主体联系的桥梁作用，进一步促进行业内企业自我合规自我约束。同时，执法部门应当重视对行业自律规范的审查，强调互联网企业竞争合规，并将行业自律规范融入执法实践中。

第四节　新发展体系下反不正当竞争法的发展趋势

一、一般条款的扩张适用功能受到关注

《反不正当竞争法》遵守着我国在多数立法文本中所体现的"总—分"立法体例,该体例能够兼顾规制行为的复杂性和原则性,在现实中发挥着良好作用。然而,受限于规则文本本身的有限性,反不正当竞争法的文本无法实现对不正当竞争行为规制的全覆盖,从而形成了原则性规定和具体性规定在规则适用上的冲突。

《反不正当竞争法》的主要内容之一,就是对不正当竞争行为的认定。该法采用的是概括式加列举式的方法。首先在第一章的总则中以一般性的规定对不正当竞争行为进行概述,界定出不正当竞争行为的构成要件;其次,在第二章中列举社会生活中和商事活动中典型的不正当竞争行为的具体种类,加以具体规制。

在未增设"互联网专条"之前,由于该新型不正当竞争行为常常无法满足《反不正当竞争法》第二章中具体列举的多数行为条款,导致司法机关更加倾向于通过总则的概括性条款及其解释来加以规制。但是,概括性条款属于一种兜底性条款,并不能经常出现,作为引用的规制条款,否则就会削弱具体条款的适用价值。在这种情况之下,一方面通过具体条款的修订和增加来扩大对具体行为的规制力度,另一方面,概括性一般条款也在同步释放规制的生命力,更多地出现在各类判例案件中,一般条款的扩张适用功能受到关注,一些优化一般条款适用的方案便涌现出来。

从条文上看,《反不正当竞争法》第2条规定,不正当竞争行为是指经营者在生产经营活动中,扰乱市场竞争秩序,损害其他经营者或者消费者的合法权益的行为。这说明不正当竞争行为的不正当性源于对市场竞争秩序的破坏以及对其他经营者和消费者合法权益的侵犯,具有相对宽泛的违法性识别标准,势必需要加以优化。

首先,对经营者和消费者的合法权益造成侵害是大多数市场竞争领域法律规则介入的前提,单纯地进行权利侵害的描述并不足以将反不正当竞争法的规制正当性予以清晰界定,无法将反不正当竞争法与其他相邻近的法律进行区别,可能会造成规则适用上的冲突。其次,扰乱市场竞争秩序、侵害相关主体合法权益的表述缺乏辨识度,并且带有较大的主观性,难以对现实中不正当行为进行针对性的规制,导致适用的泛化以及不正当竞争行为的泛滥。[①]最后,竞争秩序、市场主体权利的描述较为抽象,难以应对多变的市场经营行为,使得反不正当竞争一般条款的适用存在天然的障碍,无法发挥应有的治理功能。

综合而言,推动一般条款的扩张适用,需要不断提升其适用的便捷性和灵活度,厘清相关概念和术语的边界,破除容易引发争议的障碍,最终实现一般条款的兜底保障功能。

二、消费者保护的价值日益凸显

消费者是市场经济活动中不可或缺的重要参与主体,既是交易活动的价值起点,更是经营活动的终点。不同于以往的经济模式,消

---

① 参见黄军:《互联网不正当竞争类型化条款司法适用的反思与纠正》,载《财经法学》2022年第6期。

费者在数字经济中不仅作为重要的交易主体深度参与其中,还产生了诸多数据和流量等数字经济得以发展的必要生产资料,完成了互联网商业价值的形成与变现,有效推动了数字经济的发展。由于互联网的多栖属性和网络的规模效应,消费者地位在互联网时代日益凸显,[1]但是在我国《反不正当竞争法》施行中,消费者权益的保护却始终没有达到最理想状态,不正当竞争行为的违法性判定多从"经营者中心主义"出发,一定程度上忽视了消费者保护的价值作用。[2]

实际上,随着近些年互联网经济的快速发展,消费者的保护价值正在日益凸显,逐渐引起了学界的关注。首先,互联网背景下消费者主体具有了新的定位,消费者扮演着重要角色。与传统经济相比,互联网中的消费者并不必然总是支付对价,免费经济模式较为普遍,这从根本上改变和创造了互联网时代的商事经营模式。不仅推动第三方广告收入、消费者定制化支出成为了数字平台的重要收入渠道,还在此过程中将所产生的数据、流量迅速转化成扩大其他收入的生产资料,生产力赋能不断加速。在这一过程中,消费者始终处于支配地位,所有生产经营活动都以消费者为中心,是整个经济活动的基础。综上可知,互联网经济中消费者具有核心地位,这是互联网经济的显著特征,消费者的保护价值也与以往发生了重大变化。[3]

其次,消费者权益保护开始由间接保护走向直接保护。从反不正当竞争法的历史演变来看,消费者权益保护转向是反不正当竞争

---

[1] 参见孙晋、闵佳凤:《论互联网不正当竞争中消费者权益的保护——基于新修〈反不正当竞争法〉的思考》,载《湖南社会科学》2018年第1期。
[2] 参见李宁:《互联网不正当竞争中消费者权益保护研究》,载《河南司法警官职业学院学报》2021年第1期。
[3] 参见陈耿华:《论反不正当竞争法法益结构的转型》,载《商业研究》2019年第10期。

法现代化的重要标识,是其适应市场经济法治化进程的显著表现。进入现代社会后,消费者的权利意识也开始觉醒,各国政府开始调整反不正当竞争法的保护范围,增加消费者权益保护的内容,我国也不例外。例如将保护消费者权益和经营者权益同等重视,并将二者均当作为反不正当竞争法的立法目标;赋予消费者诉权,增加对消费者造成损害的不正当竞争行为的规制,为进一步保护消费者权益打开了制度通道。

三、不正当竞争行为的判断日益成熟

竞争行为正当与否是反不正当竞争法判断的重点。当前我国对于反不正当竞争行为的认定主要通过类型化条款和一般条款两种途径进行。我国《反不正当竞争法》第2条是判断竞争行为是否正当之原则性标准,因此也被惯称为一般条款。判断要件多是经营者是否遵循自愿、公平及诚实信用等原则,其显见得较为泛化模糊,依赖于裁判者主观裁量,标准不甚明确。机械适用一般条款往往不符合反不正当竞争法的宗旨,以多元利益衡量判断竞争行为正当性符合反不正当竞争的基本认定范式,也不易落入具体权益保护式的一般侵权行为判断模式。[①]

(一)司法裁判塑造并影响反不正当竞争规则

司法活动具有能动性,司法环节对反不正当竞争规则的塑造和影响具有积极效应。以数据抓取为例,在数据竞争背景下,经营者之间因数据抓取行为而产生的不正当竞争纠纷愈发多见,司法成为重要治理途径。通过对该类纠纷司法实践的观察发现,在裁判规则

---

① 参见孔祥俊:《论反不正当竞争的基本范式》,载《法学家》2018年第1期。

方面,经营者的数据权益得到确认,竞争关系的界定得以拓宽且作用有淡化趋势,反不正当竞争法一般条款的适用趋于规范,行为的正当性分析模式转向多元利益衡量。在裁判思路方面,设置网络爬虫协议行为的司法评价思路存在变化,突破或者绕开其他限制措施而能获得法院肯定的并不少见;对数据获取与数据利用进行分别评价的做法逐渐形成,裁判中需要克服论证过程中的笼统化倾向。[①]顺应数字经济发展要求,数据抓取类不正当竞争纠纷的治理外延不断延展,司法在合理保护数据基础上最大化促进数据流通上的价值不断显现。

(二)反不正当竞争法益保护日益多元化

从性质上来说,最初反不正当竞争法被当作一种私法,主要处理当事人双方的个体纠纷,维护的是个体经营者的合法权益。后来,随着国家经济管理职能的强化,维护市场公平竞争和自由竞争秩序也成为了多数国家的法定职责。此时国家公权力越来越多地渗入到反不正当竞争法之中,推动《反不正当竞争法》开始具有兼顾公法和私法的双面性质,整体竞争秩序得到确认意味着社会公共利益成为了竞争规则的重要保护法益。与此同时,消费者保护运动的兴起和消费者主权思想的确立,也导致反不正当竞争法越来越重视对消费者利益的保护,整体推动着反不正当竞争法迈入了现代化进程。时至今日,现代反不正当竞争法的利益保护呈现出三重的结构状态,即经营者的利益、消费者的利益以及竞争机制所代表的社会公众利益。整体而言,从个体保护到整体保护,从单一保护到多元保护是这一阶

---

① 参见孙晋、冯涛:《数字时代数据抓取类不正当竞争纠纷的司法裁判检视》,载《法律适用》2022年第6期。

段的特征。

四、反不正当竞争法与相关法律的融合进一步加剧

（一）反不正当竞争法与反垄断法的融合与交叉

反不正当竞争法与反垄断法都属于竞争法的范畴，两者以维护市场竞争秩序为己任，存在诸多共同之处。此前，受到当时立法背景及现实需求的影响，在20世纪90年代初制定和实施的《反不正当竞争法》从某种意义上来说是一种将不正当竞争行为与部分垄断行为进行相互混合构成的竞争法，[①]此时鉴于《反垄断法》并未成功立法，一些规制垄断行为的条款被纳入了《反不正当竞争法》之中，可以说从立法之日起，《反不正当竞争法》就包含了部分《反垄断法》的功能。后来，随着我国成功加入世贸组织以及市场经济的逐步发展，《反垄断法》单独立法的必要性开始显现。为有效解决《反不正当竞争法》和反垄断规则混同的问题，我国重启了《反垄断法》的修法工作，并对《反不正当竞争法》进行了重新修订。在修订过程中，公用企业滥用市场支配地位规则和行政性垄断规则等内容被剔除出《反不正当竞争法》范畴，使得我国竞争法实现了《反垄断法》和《反不正当竞争法》真正的二元分立。但是由于我国市场竞争情况极其复杂，二者之间仍然存在着部分重叠的内容，均对经营者和消费者在竞争规则的范畴进行特殊保护。与此同时，面临数字经济的挑战，反垄断法与反不正当竞争的关系显得比较模糊，边界变得并不十分清晰。例如，平台企业对数据占取既容易形成不正当竞争行为，又容易形成

[①] 参见王聪：《〈反不正当竞争法〉修订背景下竞争法的新发展》，载《河北企业》2018年第9期。

数据垄断。而平台企业利用其优势地位实施的自我优待、强制"二选一"等行为,既有不正当竞争的特征,有时又有垄断特征。最新的《反不正当竞争法》草案将滥用相对优势地位条款列入反不正当竞争规则之内,又与反垄断法产生规制重叠,二者有进一步的交叉融合之势。

（二）反不正当竞争法与商标法的重叠与界分

当前,《反不正当竞争法》与《商标法》的关系存在着三种学说。第一,补充说。对于依据《商标法》不能得到有效保护,但妨碍了市场正常竞争秩序的情况,可以根据《反不正当竞争法》的规定认定为不正当竞争行为。[①]第二,一般法和特别法。该学说认为,《反不正当竞争法》是调整商标权法律关系的特别法,《商标法》是调整商标权法律关系的一般法。第三,并列说。该学说强调《反不正当竞争法》与《商标法》的独立性,认为二者从不同层面对商标权益提供保护。整体上来看,《反不正当竞争法》与《商标法》既有联系又有区别。一方面,二者存在紧密联系。对于我国《商标法》相对有限的调整范围,《反不正当竞争法》可以从商标侵权行为可能为不正当竞争行为的视角进行补充介入,为行为规制提供有效的多元制度供给。《反不正当竞争法》是一个开放的法律体系,[②]在《商标法》没有明确的规定时,可以根据行为性质,适当从竞争视角对合法权利人进行保护。另一方面,二者存在明显的区别。《商标法》与《专利法》《著作权法》共同构成知识产权法律部门,而《反不正当竞争法》则是经济法部门的重要组成部分,二者的联系更多存在于法律实然阶段。但在应然阶

[①] 参见任浏玉:《商标反向假冒行为的属性重释与规制路径》,载《科技与法律（中英文）》2023年第1期。

[②] 参见孟雁北:《论我国反不正当竞争法之修订:包容、增减与细化》,载《中国工商管理研究》2015年第2期。

段,二者的独立性不容忽视。[①]第一,调整的法律关系不同。《反不正当竞争法》保护的是正常的市场竞争秩序关系,而《商标法》保护的是因商标使用产生的法律关系。第二,治理方式不同。《反不正当竞争法》主要通过强制性规定对不正当竞争行为进行处罚,而《商标法》主要依据授权性规定对被授权人超出许可范围或无权利人擅自使用商标的行为进行处罚。第三,效力范围不同。商标权遵循属地主义原则,在申请商标注册的范围内受到该国法律的保护。但是,《反不正当竞争法》对商标权的保护范围不以其注册地来确定,其对商标权的保护范围由商标所有权人或权利人的经营活动范围所决定。

---

① 参见谢飞:《〈反不正当竞争法〉与〈商标法〉对商标权保护的关系》,载《湖北警官学院学报》2013年第12期。

第五章　公平竞争审查制度的法治化发展

第一节　公平竞争审查制度的功能与规则体系

一、公平竞争审查制度的立法定位与价值

2016年6月14日，国务院印发《关于在市场体系建设中建立公平竞争审查制度的意见》(以下简称《意见》)，标志着我国公平竞争审查制度开始正式实施，逐渐成为我国社会市场经济体制深化改革的重要制度突破口，[1]在推进现代市场体制建设上发挥着关键作用。

（一）公平竞争审查制度的制度定位

关于公平竞争审查制度的立法渊源可以追溯到《宪法》第15条，即"国家实行社会主义市场经济。国家加强经济立法，完善宏观调控。国家依法禁止任何组织或者个人扰乱社会经济秩序"。此处的组织或者个人自然包括了政策制定机关。据此，《宪法》第15条可被视为公平竞争审查制度的宪法性依据条款。[2]

---

[1] 参见倪斐：《公平竞争审查制度的时代使命与立法走向》，载《中国市场监管研究》2023年第9期。

[2] 参见孙晋：《公平竞争审查制度——基本原理与中国实践》，经济科学出版社2020年版，第43页。

我国2022年通过的新《反垄断法》第5条规定"国家建立健全公平竞争审查制度",标志着公平竞争审查制度正式迈入法治化轨道。相较于事后的行政性垄断处置,公平竞争审查制度侧重行政法上的行政内部控制。即透视抽象行政行为的违法性,进而被纳入《反垄断法》的规制范围内。简言之,两者共同构成我国行政性垄断治理的基本框架。[1]从行政法的视角分析,行政机关内部决策合法性审查机制是依法行政原则的内在要求和固有体现,[2]即行政权力的存在,行政行为的实施必须要符合法律规范的要求。将这一内涵延伸到竞争法领域,公平竞争审查制度作为一种工具,可以强制性地要求抽象行政行为的实施符合竞争法的要求,以遏制行政权力恣意。随着我国公平竞争审查制度的健全,政府及其相关职能部门很难利用抽象行政行为无端干涉市场运行,市场竞争环境日益向好。

近期,国家市场监督管理总局将围绕加快全国统一大市场建设,推动《公平竞争审查条例》加速出台。[3]未来,《公平竞争审查条例》的出台与实施必然进一步提高公平竞争审查制度在限制政府权力,促进市场公平竞争中的重要地位。

(二)公平竞争审查制度的价值

1.持续优化营商环境

2020年1月,国务院颁布的《优化营商环境条例》第13条规定,

---

[1] 参见郭金良:《公平竞争审查的制度逻辑与实施进路——以2022年修订的〈反垄断法〉第5条的分析展开》,载《法商研究》2024年第1期。
[2] 参见金善明:《公平竞争审查机制的制度检讨及路径优化》,载《法学》2019年第12期。
[3] 参见财联社:《市场监管总局:围绕加快全国统一大市场建设 推动〈公平竞争审查条例〉加快出台》,载网易网,https://www.163.com/dy/article/IT95FR0C05198CJN.html,最后访问日期:2024年4月30日。

"制定与市场主体生产经营活动密切相关的行政法规、规章、行政规范性文件,应当按照国务院的规定进行公平竞争审查。"长期以来,优化营商环境都是我国竞争执法追求的主要目标之一。只有营造法治化的营商环境,我国的经济软实力、综合竞争力才得以不断提高。世界银行发布的《2020年营商环境评估报告》显示,我国在世界银行营商环境排名中取得了跨越式进步,从2018年的第78位跃升至2020年的第31位,处于全球最佳实践前沿,连续两年被世界银行列为全球优化营商环境改善幅度最大的十大经济体之一。随着公平竞争审查制度的实施,我国创造更加完备的法治化营商环境,不再仅依赖事后的竞争执法,而将公平竞争审查制度视为事前监管的强保障,协同扼杀反竞争风险。具言之,公平竞争审查制度指向的加强商品和要素自由流动标准审查是优化营商环境的关键。一方面,通过加强对外地和进口商品、服务价格与补贴政策审查,破除地区封锁,避免地方政府及职能部门建立市场壁垒;另一方面,重视对限制商品、要素区域间流动审查,密切关注地方政府及其职能部门是否优待本地企业,如是否设置了类似技术设置屏蔽等不正当限制商品与要素流动的障碍。加强公平竞争审查,无疑能在事前阶段修正未来市场可能存在的潜在竞争隐忧,与竞争执法相结合,全方位护航法治化营商环境优化。

2. 助力全国统一大市场建设

2022年4月,中共中央、国务院发布《关于加快建设全国统一大市场的意见》,强调完善公平竞争审查制度,明确了公平竞争审查制度在助力全国统一大市场建设中的重要作用。2023年12月召开的中央经济工作会议进一步强调,加快全国统一大市场建设,着力破除各种形式的地方保护和市场分割。而制度性市场分割是建设全国统一大市场首要解决的现实问题,其以地方保护为基础的表现形式愈发复杂,涉及的行业与领域也在不断扩大,亟须公平竞争审查制度的高效施行。[1]公平竞争审查制度能够打破市场分割的阻碍,精准识别落后地区产业扶持与不正当的地方保护,较为明确地判出初现阶段全国统一大市场建设的堵点。除了制度性的市场分割,利用隐性壁垒实施的地方保护同样不容小觑,可能会妨碍全国统一大市场建设。随着企业合规意识与公平竞争意识的增强,逐渐认识到地方政府及相关职能部门经常利用信用评价、地方标准,构筑新的隐性壁垒行为。在这种情况下,公平竞争审查制度可以针对性地排查这些隐性风险,如审查有关企业信用评价的文件是否存在区别对待的情况,地方标准的制定与应用是否涉嫌违反公平竞争等。简言之,公平竞争审查制度的实施能切实解决妨碍全国统一大市场建设中的堵点问题,有利于加快推进全国统一大市场建设。

3.厘清政府与市场的边界

公平竞争审查制度有助于从源头上厘清政府与市场的边界,防止政府不当干预市场,[2]旨在建设深得经营者与消费者信赖的政府,推动市场经济的健康、良性发展。随着公平竞争审查制度的实施,政府出台的与市场经济运行相关的文件均需接受审查,很大程度杜绝了政府随意充当"裁判员"的乱象。公平竞争审查制度在两层维度上,厘清了政府与市场的边界。其一,公平竞争审查都体现着对政府的政策措施中涉及市场主体活动内容的竞争性审查,目的在于消

---

[1] 参见王怀勇、冯鑫煜:《统一大市场背景下制度性市场分割的理论阐释与治理优化》,载《现代经济探讨》2024年第2期。

[2] 参见倪斐:《公平竞争审查制度的时代使命与立法走向》,载《中国市场监管研究》2023年第9期。

除或降低政府行为对竞争的阻碍和限制影响,属于对抽象行政行为垄断的治理类型,①从源头防范行政性垄断。例如,在政府投融资、采购等重点领域的政策文件,高效实施公平竞争审查有利于防止在招投标环节出现行政性垄断,维护各企业公平参与招投标活动。其二,公平竞争审查制度与行政性垄断规制制度均反映了现代市场体系对公平竞争的内在要求,突出市场机制在资源配置中的决定性作用。②公平竞争审查制度的实施,避免了政府干预之手过度干预市场运行,将资源配置功能还给市场,促使竞争机制充分发挥作用,激发市场竞争活力,提高消费者福利,推进技术创新。无论是从政府的角度来看,还是市场的角度来看,公平竞争审查制度均明晰了这两者的边界。

二、现代市场体系建设与公平竞争审查制度的关联

公平竞争审查制度的出台旨在为现代市场体系建设服务,加快公平竞争审查制度的实施将有利于丰富现代市场体系建设工具箱,推动现代市场体系建设的步伐。2016年6月,国务院印发《关于在市场体系建设中建立公平竞争审查制度的意见》,明确建立实施公平竞争审查制度,有利于使市场在资源配置中起决定性作用和更好发挥政府作用,深入推进经济体制改革和全面推进依法治国。无论是从该文件名称,还是内容层面的目标理念上来看,公平竞争审查制度均为现代市场体系建设下诞生的先进制度。

---

① 参见郭金良:《公平竞争审查的制度逻辑与实施进路——以2022年修订的〈反垄断法〉第5条的分析展开》,载《法商研究》2024年第1期。

② 参见孙晋:《规制变革理论视阈下公平竞争审查制度法治化进阶》,载《清华法学》2022年第4期。

现代市场体系建设要求夯实竞争政策基础地位,充分发挥市场在资源配置中的决定性作用。对于公平竞争审查制度而言,现代市场体系建设的要求落实到了两个层面。其一,公平竞争审查制度入法。2022年通过的新《反垄断法》第5条明确了公平竞争审查制度,同时在第4条阐释了现代市场体系建设的目标,即"国家坚持市场化、法治化原则,强化竞争政策基础地位,制定和实施与社会主义市场经济相适应的竞争规则,完善宏观调控,健全统一、开放、竞争、有序的市场体系"。可见,借助《反垄断法》修订契机,我国进一步细化了现代市场体系建设的目标导向,并且通过公平竞争审查制度入法的方式加快现代市场体系建设进程。其中,强化竞争政策基础地位是公平竞争审查制度的重要使命担当。要夯实竞争政策基础地位,必须使其在各行各业特别是在政策层面得到贯彻,[1]比如公平竞争审查制度通过对涉及市场主体经济活动的政策措施进行评估与审查,修改或废止不符合竞争政策要求的文件。同时,公平竞争审查制度的落实有序清理和废除已出台政策中妨碍全国统一市场与公平竞争的各种规定、做法,包括不符合要求的产业政策,从制度实施层面贯彻了竞争政策基础地位的理念。

另外,现代市场体系建设还倡导对外开放与规范有序。在对外开放层面,公平竞争审查制度旨在打破不当的市场壁垒,公平对待不同所有制企业与中外投资企业,并吸引外国投资设立子公司与分公司,扩大企业影响力。《公平竞争审查实施细则》第三章审查标准中的各项条款均涵盖了对外开放的理念。譬如,第13条第1款规定:"不

---

[1] 参见游钰:《公平竞争审查制度若干问题》,载郭春镇主编:《厦门大学法律评论》(第三十六卷),厦门大学出版社2023年版,第6页。

得设置不合理或者歧视性的准入和退出条件"。这些条件又包括"没有法律、行政法规或者国务院规定依据,对不同所有制、地区、组织形式的经营者实施不合理的差别化待遇,设置不平等的市场准入和退出条件"。由此可见,公平竞争审查制度将现代市场体系建设要求的对外开放理念融进了审查标准之中,通过公平对待不同地区与不同所有制的企业,打破外商投资壁垒,促进开放性市场建设。在规范有序层面,公平竞争审查制度并非不允许产业政策与政府补贴文件的存在,而是这些政策文件必须遵从竞争政策的基础地位,不得与公平竞争理念相悖。从这个意义上考量,公平竞争审查制度厘清了产业政策与竞争政策的关系,使得产业政策与政府干预市场的行为必须在竞争规范下有序实施,不得僭越。

最后,现代市场体系建设的目标仍回归到监管有力这一议题上。公平竞争审查制度作为反垄断事前监管的重要组成部分,不仅能精准识别行政性垄断风险,还能与事后监管相协调,最大程度避免政府行为损害市场竞争。传统的反垄断法一直强调事后监管,公平竞争审查制度的出台说明了现代市场体系建设追求的监管有力并非单面向地强化事后监管,而需要与事前监管结合。以往我国在市场监管、政府采购、重大工程招投标等方面存在不平等竞争现象,个别市场主体享有特殊待遇和优先权。[①]随着公平竞争审查制度的深入实施,市场监管将不断纵深推进,趋向全覆盖,同时对于一些不公平竞争行为,公平竞争审查制度也将担任市场监管的门卫,将风险遏制在源头。

---

① 参见李猛:《建设更高水平开放型经济新体制》,载《甘肃社会科学》2023年第3期。

三、公平竞争审查制度的规则体系

自公平竞争审查制度正式建立以来,持续朝法治化的方向发展。为落实公平竞争审查制度,健全公平竞争审查机制,规范有效开展审查工作提供指引,2016年8月,中央全面深化改革委员会第二十一次会议审议通过《关于强化反垄断深入推进公平竞争审查政策实施的意见》,第一次形成公平竞争审查顶层设计政策框架。新《反垄断法》将公平竞争审查制度正式入法。[1]这一规定不仅实现了公平竞争审查制度法治化和刚性约束,而且为"完善宏观调控,健全统一、开放、竞争、有序的市场体系"提供了制度保障和实现路径。[2]2023年5月12日,市场监管总局发布《公平竞争审查条例(征求意见稿)》,对比可以发现,条例中新增诸多规定,对公平竞争实施中的部分问题作出了回应。

(一)审查标准

我国公平竞争审查的标准主要是依据2021年6月29日市场监管总局等五部门印发的《公平竞争审查制度实施细则》。该文件规定了四条公平竞争审查标准,即市场准入和退出标准、商品和要素自由流动标准、影响生产经营成本标准、影响生产经营行为标准。审查标准的设立既有具体化,又有原则化,既有4条18项49目的详细参照,又有"具有排除、限制竞争效果且不符合例外规定的,应当不予出台

---

[1] 《反垄断法》第5条:"国家建立健全公平竞争审查制度。行政机关和法律、法规授权的具有管理公共事务职能的组织在制定涉及市场主体经济活动的规定时,应当进行公平竞争审查。"

[2] 孙晋:《我国〈反垄断法〉首次修改的要点及时代意义》,载《竞争法律与政策评论》2022年第8期。

或者调整至符合相关要求后出台"的宏观总括。

（二）审查主体

目前，我国的公平竞争审查制度采用的是以自我审查为主体的内部审查模式。政策制定机关需要严格按照四类审查标准对政策性文件的内容作出审查，不得制定含有排除、限制市场竞争的政策措施。《公平竞争审查条例（征求意见稿）》也要求政策机关建立内部公平竞争审查工作机制，作出公平竞争书面审查结论，制定公平竞争审查工作年度报告。并在以自我审查为主的基础上，拟要求地方层面建立会审制度，就重大政策措施的公平竞争审查进行会审。例如，如果政策措施符合例外规定的适用情形，需在政策制定机关作出公平竞争审查结论后，再将审查结论提交本级公平竞争审查工作协调机制办公室进行会审。政策制定机关初步得出的审查结论中应当对拟出台政策措施的必要性进行说明。

（三）监督救济

总体来看，我国的公平竞争审查监督体系较为完备，到目前为止主要包括四种：社会监督、自我监督、责任追究和执法监督。（1）社会监督即社会各界均有向决策机关举报的权利，旨在增强透明度和公共参与度。社会监督的重要途径是形成举报机制，允许任何单位或个人在政策措施没有经过审查或不符合审查规范的情况下，向主管部门或反垄断执法部门提出举报意见。（2）自我监督，即政策制定机关可以建立专门定期评估，也鼓励各地区、各部门委托第三方专家、专业机构如高校、律所等参与，协助对政策措施进行公平竞争审查和定期评估。（3）责任追究机制，是指在发现政策制定机关发生了违反审查标准的情形，由其上级机关责令改正，如果拒不改正或者拖延改正的，则对直接负责的主管人员和其他直接责任人员给予处分。这种以结果倒逼过程的监督机制可以有效地提高审查质量。（4）执法监督机制，即反垄断执法机构可以向政策制定机关或者其上级机关提出停止执行或者调整政策措施的建议，并将有关的处理决定和意见向社会公众公布。

第二节　公平竞争审查制度的现状与实施困境

一、激励机制缺位："自我审查"效果不佳

公平竞争审查制度虽确立了政策制定机关自我审查模式，但其审查效果的客观性、公正性和有效性尚待考察。公共选择理论认为，政府也是经济人，存在自利性，也会追逐自身利益的最大化。因此，政策制定机关或出于部门利益，或出于识别和预见能力不足，消极应对、滥用（如多部门联合出台的政策）自我审查和欠缺自我审查能力都会造成自我审查困境。当前，我国依然处于经济体制转轨期，行政性垄断会长期延续，构建自我审查机制是一项长期性、系统性、复杂性工程。从政策制定机关出发，追溯公平竞争审查制度中自我审查困境的根源在于以下三个方面：

（一）地方保护主义突出

改革开放以来，我国政策制定机关在资源配置方面享有较大的权力，地方保护主义显著存在。地方保护主义的本质在于政策制定机关在资源分配和政策制定过程中优先考虑地方利益，以促进本地经济的发展。然而，这种倾向往往忽视了市场整体的公平竞争规则，导致市场扭曲和效率损失。例如，政策制定机关难以确保国有企业

在与其他市场竞争者竞争中保持竞争中立。国有企业通常享有更多的政策支持和资源倾斜，这使得其他市场参与者处于不利地位，削弱了市场竞争的公平性。

地方保护主义的突出还在于其狭隘性和短视性。地方政府出于保护本地企业、增加地方财政收入以及提升政绩的目的，往往采取各种保护性措施。这种行为虽然在短期内可能有助于本地经济的发展，但从长远来看，却抑制了市场活力，阻碍了整体经济的发展。例如，一些地方政府为了保护本地企业，设置了各种市场准入壁垒，限制外地企业进入本地市场。这不仅违反了公平竞争的原则，还导致了资源配置的低效和市场分割。此外，地方保护主义还会导致市场上的恶性竞争和资源浪费。一些地方政府通过财政补贴、税收优惠等手段，扶持本地企业进行低价竞争，扰乱了市场秩序，导致市场竞争的失衡。[1]这种行为不仅损害了其他市场主体的利益，还影响了整个市场的健康发展。因此，消除地方保护主义，建立公平的市场竞争环境，是实现经济高质量发展的关键。

（二）政策制定机关严重的路径依赖

政策制定机关在面对复杂多变的市场环境和多元化的社会利益诉求时，常常表现出严重的路径依赖。[2]这种路径依赖主要体现在两个方面：一是过于依赖行政经验，二是倾向于延续已有制度模式。行政经验固然在政策制定中具有重要作用，但过度依赖行政经验可能导致政策制定机关在自我审查中忽视或不愿发现排除、限制竞争的

---

[1] 参见孙晋、孙凯茜：《我国公平竞争审查主体制度探析》，载《湖北警官学院学报》2016年第4期。

[2] 参见刘继峰：《论公平竞争审查制度中的问题与解决》，载《价格理论与实践》2016年第11期。

行为。例如,某些政策制定机关在进行市场监管时,可能更多依赖以往的监管经验,而忽视了市场环境和竞争格局的变化,无法及时发现和纠正市场中的不公平竞争行为。

另外,政策制定机关在面临潜在的立法和执法风险时,往往倾向于延续已有的制度模式。这种做法虽然可以降低风险,但也束缚了制度创新的空间。具体来说,政策制定机关可能会照搬已有制度的审查程序、标准和方法,而不考虑这些制度是否适应当前的市场环境。这不仅限制了政策制定机关在自我审查中的灵活性和创造性,也不利于市场主体活力的释放。此种路径依赖还可能导致政策制定机关在自我审查中缺乏积极性和主动性。由于政策制定机关在面对新的市场问题时,可能会选择沿用已有的解决方案,而不愿尝试新的方法。这种行为不仅限制了市场机制的有效运行,也可能导致市场监管的滞后和低效。因此,打破路径依赖,推动制度创新,是提升自我审查效果的重要途径。

(三)政绩考核机制的偏差

政绩考核机制是政策制定机关进行自我审查的重要动力之一。然而,当前的政绩考核机制存在明显的偏差,导致政策制定机关在自我审查中的主动性和实效性不足。政绩考核机制过度关注经济增长,特别是GDP增速。[1]这种以经济发展论奖惩的考核方式,使得政策制定机关在制定和实施政策时,更多关注短期的经济效益,而忽视了市场的公平竞争和长远发展。例如,一些地方政府为了追求经济增长,不惜采取各种保护性措施,干预市场竞争。其次,现有的自我审查评价体系和奖惩机制缺乏实质性的约束和激励。《意见》中提到

---

[1] 参见孙晋:《公平竞争原则与政府规制变革》,载《中国法学》2021年第3期。

"对失职渎职等需要追究有关人员党纪政纪责任的,要及时将有关情况移送纪检监察机关。"然而,这种自我审查评价体系往往停留在形式上,审查部门和人员缺乏实质性的约束和主动性。

政绩考核机制的偏差还表现在对政策制定机关自我审查的重视程度不足。由于自我审查在内部体制机制运行中处于非核心职能,政策制定机关在进行自我审查时,往往缺乏足够的资源和支持。这不仅影响了自我审查的效果,也削弱了政策制定机关进行自我审查的积极性。因此,完善政绩考核机制,强化对自我审查的重视和支持,是提升自我审查效果的重要举措。

二、审查标准模糊:适用规则尚待细化

《公平竞争审查制度实施细则》规定了四条公平竞争审查标准,即市场准入和退出标准、商品和要素自由流动标准、影响生产经营成本标准、影响生产经营行为标准。尽管审查标准的设立既有具体化,又有原则化,既有4条18项49目的详细参照,又有"具有排除、限制竞争效果且不符合例外规定的,应当不予出台或者调整至符合相关要求后出台"的宏观总括,但这些标准在运用判断起来仍会产生不少问题,无论是学界还是实务界对于公平竞争审查标准仍理解不够深入、适用不甚合理。当前公平竞争审查以自我审查为主,各地对审查标准的把握尚不统一,审查标准把握严格的地方在协调行业主管部门意见时处于较被动的地位,亟须从国家层面明确统一审查标准。为进一步提升审查标准的科学性、统一性、适用性,需要检视既有公平竞争审查标准的问题所在,如此才能对症下药,完善和改进标准。

(一)审查标准语义模糊

《实施细则》中虽然列举了四十多条审查标准,但在具体实践

运用时仍然显得十分抽象与不足。语义模糊是各地对审查标准把握不统一的重要原因。其一，主体要素不确定。例如，审查标准中，"特定经营者"是重要的违法要件，该概念本身内涵是确定的，但需要确定其在本法中的具体外延，"特定"意味着具体的且是少数的经营，但多少才是少数？公平竞争既反对针对所有市场主体的不合理规定，也反对对特定市场主体的歧视与优待。在公平竞争审查标准中，"特定经营者"主要是在生产经营成本标准中需要认定，其他只在准入和退出标准的特许经营权与指定交易的表现形式中出现过两次。对于后者，很容易认定，只要是未经竞争方式而直接将特许经营权授予特定的一个或几个经营者以及指定与一个或几个经营者进行交易，就属于违反审查要求。但是对于生产经营成本标准中的特定经营者，则存在较大的讨论的空间。一般来说，明确指出某个具体经营者名称，对其进行财政补贴、税收减免等政策优惠的属于"特定经营者"，但文件中出现所谓"龙头企业""领军企业""省级重点企业"等描述时，就存在商榷空间。其二，客体要素不确定。审查标准对于影响公平竞争的客体要素多采用列举方式，并以"等"兜底，如《实施细则》第15条第1项第3目，"在土地、劳动力、资本、技术、数据等要素"，第16条第2项"主要包括：拟定价格、成本、营业收入、利润……终端客户信息等"，未列举的要素是否纳入"等"的范围。其三，行为要素不确定。审查标准所确立的都是禁止性的行为规则，是否属于禁止的范围，一个很重要的行为规则具有"不合理的""歧视性的"的要素。审查标准中"不合理"一词出现四处，而"不合理的准入或者退出条件""不合理的差别化待遇""设定其他不合理的条件排斥或者限制""设置不合理的项目库"，不同语境中的相同用词，应当是有不一样的指代；"不合理"该作何解释，何者为"合理",这是需要进一步明确的。类似的还有"不必要"等等。不同的审查主体对同一个用词可能有不同的理解,就容易造成意见分歧。

诸多具体表现形式的结构是按照"没有法律、行政法规或者国务院规定依据+特定行为"作为构成要素。"法律、行政法规或者国务院规定"(简称为"上位依据")由于存在较大弹性空间,因而是该具体表现形式适用的关键之一。各项审查标准中,部分标准规定"没有法律、行政法规或国务院规定",将法律、行政法规和国务院规定等上位法作为限制公平竞争之行为的正当化要素。"上位依据"有助于在公平竞争审查制度中协调竞争政策与产业政策的关系。"上位依据"的内容,主要是产业政策,体现了竞争政策为原则、产业政策为例外的政策导向。依据《实施细则》,那么"上位依据"包括"法律、行政法规或者国务院规定",是否还包含其他,"上位依据"的具体范围是什么,党中央文件、全国人大决定、(中央)党政联合发文是否属于"上位依据"?另外,"国务院规定"是否包括"经国务院批准/同意","上位依据"能够作为依据的详细程度要求是怎样的,是否只有针对性地明确规定时,才可以作为依据。这些都会造成应用标准时的困惑,以至于使得不同主体审查出现偏差。[①]

(二)兜底条款适用困难

各地对审查标准把握不统一的另一原因源于兜底条款。虽然为了保证一定的开放和弹性,在规定中设置了兜底条款,将未穷尽列举的情形涵摄于"包括但不限于"的规定中,但正是这种模糊的表述

[①] 参见孙晋:《规制变革理论视阈下公平竞争审查制度法治化进阶》,载《清华法学》2022年第4期。

带给了政策制定机关困惑。诸多审查标准在列举具体的禁止性行为时，会使用"包括但不限于"的表述，作为行为类型的兜底条款，哪些属于未列举但应包括在内的行为，并不清晰。例如在市场准入和退出标准中的第一条：不得设置不合理和歧视性的准入和退出条件，包括但不限于以下规定了四条，虽然不限于这四条，但并没有规定其他不合理和歧视性的市场准入和退出条件的判断依据，审查时需要遵循哪些一般性的规定，并没有明确。

"包括但不限于"是公平竞争审查标准项内的兜底性条款。兜底性条款是在列举相关具体行为方式、方法或手段之后所作的概括性规定。兜底性条款使条文的界限保持一定弹性，就积极方面而言，将使条文规定更具有社会适应性、稳定性和简洁性，但就消极方面而言，也可能不当扩大打击范围而侵犯私人权益、不当扩张私人绝对权范围而影响公共利益。

（三）内容之间存在交叉

公平竞争审查的四方面标准并非完全独立且周延的，彼此之间存在不少内容交叉。其一，准入与退出标准和自由流动标准之间的交叉。广义而言，市场准入与退出包括通过设立、注销企业而进入或退出一般性的市场关系，和参与或退出特定地域的市场竞争，由此，根据《实施细则》的规定，准入与退出标准的第一种要求是"不得设置不合理或者歧视性的准入和退出条件"，实际上也包括外地企业在本地的进入与退出，这使得准入与退出标准和旨在保障外地企业与本地企业平等待遇的自由流动标准有重合的空间。此外，准入与退出标准还明确要求，不得对"不同地区所有制、地区、组织形式的经营者实施不合理的差别化待遇，设置不平等的市场准入和退出条件"，则直接体现了自由流动标准的要求。其二，商品和要素自由流动标准与生产经营成本标准之间存在交叉。前者要求不得对外地和进口商品、服务实行歧视性补贴政策，避免形成外地企业与本地企业在生产经营成本上的不公平待遇，这与生产经营成本标准调整的内容重合。其三，商品和要素自由流动标准还与生产经营行为标准有交叉。前者要求，在制定政府定价或者政府指导价时，不得对外地和进口同类商品、服务制定歧视性价格，后者要求不得超越定价权限进行政府定价，两者在实质上存在重合的可能性。内容的交叉容易造成实践中地方认知的差异和混乱。

（四）缺乏效果评价要件

现行的公平竞争审查标准过于刚性，二级标准之下多为"不得……"等禁止性条款。但所禁止的行为后果如何，是否毫无例外都具有反竞争效果，不能一以概之。审查标准的核心依据是《反垄断法》，主要规范对象是地区封锁和行业垄断，反垄断法对某一行为是否构成垄断的评价，经过长期发展形成了本身违法原则和合理原则的分析方法，重要的界分就在于是否具有排除、限制竞争的后果。

本身违法原则与合理原则是反垄断法上相互对立的两个惯常适用原则，但都是用于判断市场主体行为合法性。基于两大原则的共识性理解，在公平竞争审查标准领域，本身违法原则意味着政府的某些政策永远至少通常是排除或限制竞争的，因而只要符合公平竞争审查各项目标准，就违反了审查标准，无须再深究其可能后果；合理原则要求对于特定政策是否违反公平竞争审查标准，需要进行实质性的后果分析，而不能仅从其表现形式判断其违法性。

基于经验认识的本身违法分析方式总会面临经验不足的处境，需要合理原则的补充。本身违法原则在公平竞争审查标准中，主要体现为各项目的审查标准中。公平竞争审查体系中4条18项49目审查标准,每一目详细描述了政策内容的要素,政府的政策一旦符合任一目的要素,则可直接认定为违反审查标准。从法律性质上来看,各目规定类似于法律规则,政府政策内容能够涵摄于规则要素,则可产生违反审查标准的效果。但对政策适用本身违法原则,并不是绝对违法而要取缔,而是存在豁免的可能性。合理原则主要体现在兜底性规定中。一种兜底性规定是《意见》规定的与四项标准并列的兜底条款:"没有法律、法规依据,各地区、各部门不得制定减损市场主体合法权益或者增加其义务的政策措施;不得违反《反垄断法》,制定含有排除、限制竞争内容的政策措施。"另一种兜底性规定是《实施细则》各条标准之下每项规定中与各目并列的兜底性条款,语词表征为"包括但不限于"。各目之外的政策内容,即使对市场主体的经济活动产生影响,也不能直接认定其违反公平竞争审查要求,而是要从后果上判断其是否损害了有效竞争。由于各目标准中可能具有效果要素,效果要素的考察实质上也是合理性判断,因此,包含效果要素的各目标准适用时也要遵循合理原则。

  竞争执法机关同行业主管部门协调时比较被动的一个重要原因可能在于,有些产业政策并不是完全反竞争的,或者至少是可以探讨的。《实施细则》的审查标准主要是针对反竞争效果显著并且在绝大多数情况下没有显著正面经济效果的行为类型;但也存在某些行为,正负效应兼备,甚至可能在某些时空或场合之下,正面效应大于负面效应,这些有赖于场景化的解释和判断。如果做一刀切的处理,不仅有违科学精神,在实施时也会遭遇阻碍。因此有必要对判断标准进行分级分类,适当考量行为效果而不仅仅是形式,哪一些是必须完全禁止的,哪些还有评估和裁量的空间。

三、监督机制可操作性欠佳：内外部监督体系缺失

目前，我国尚未构建完善的公平竞争审查监督机制，内部监督及外部监督的相关依据散见于公平竞争审查制度的配套文件之中，并且当前公平竞争审查监督机制的相关规定均较为原则化，缺乏对于公平竞争审查体系化监督的细化规定，难以为监督工作提供实际、可靠、合理的路径依据。[①]监督机制运行不畅将直接影响我国公平竞争审查制度的实施进展，无法对公平竞争自我审查进行有效的外部约束，放任审查主体怠于或不按审查标准从事公平竞争审查工作，最终将使公平竞争审查制度成为一张"空头支票"。为此，有必要对我国公平竞争审查监督机制相关规定本身及其实际运行中存在的问题进行全面、深入的分析，以此为基础探寻科学、有效的公平竞争审查监督机制完善进路，从而显著提升监督主体对公平竞争审查工作的监督力度及效果，确保我国公平竞争审查制度实施工作的顺利、高效开展。

（一）内部监管

现行配套文件对审查主体的定期评估要求较为模糊，操作性不强，难以保证监督效果。《细则》要求审查主体定期评估经公平竞争审查后的政策措施对全国统一市场和公平竞争的影响。定期评估不仅可以弥补事前审查的遗漏，还能帮助审查主体发现市场变化，及时调整政策措施。然而，《细则》对定期评估的具体工作机制规定得较为原则，操作性较弱。首先，虽然《细则》规定定期评估的时间间隔原则上为三年，但又赋予审查主体自行决定评估时间的权力，这可能

---

① 参见郝俊淇、谭冰玉：《竞争政策视域下反垄断指南的定位研究——兼及竞争主管机构的塑造》，载《经济体制改革》2017年第5期。

导致部分审查主体长期不进行评估,不利于政策措施的及时清理或修改。其次,文件中未明确定期评估的方法,政策措施对市场竞争的影响不能仅依靠定性分析,还需结合经济学中的定量分析。但《细则》仅鼓励而非要求审查主体委托第三方专业机构参与评估,这影响了评估结果的科学性和可信度。最后,目前没有监督机构负责复核审查主体评估结果的真实性和准确性,也没有规定在政策措施不符合审查标准时由谁提出修改意见、监督二次审查以及认定修改后的政策措施是否符合要求,缺乏监督机制可能导致审查主体形式化评估。[1]

此外,对于适用例外规定政策措施的逐年评估,相关规定弹性较大,评估标准模糊。《细则》要求审查主体逐年评估这些政策措施的实际效果,筛选出实施期限到期或未达预期效果的措施。然而,相关规定未明确"未达预期效果"的判断标准,完全由审查主体独自负责,这可能导致各主体确立不同的评估标准,影响评估的规范性和准确性,也可能为部分审查主体利用宽泛的自主决定权谋取利益。如果政策措施继续实施能为审查主体带来利益,审查主体可能会利用完全的评估决定权让不符合条件的政策措施通过评估,忽视其对市场竞争的负面影响。同时,《细则》未明确哪个主体负责监督评估结果的正确性、评估方法的科学性及评估程序的正当性,增加了审查主体随意完成评估工作的风险。此外,《细则》规定审查主体经评估发现政策措施已达实施期限或未达预期效果的,应及时调整或停止执行。然而,未明确"及时"的具体时间,难以有效督促审查主体高效

---

[1] 参见叶光亮:《公平竞争审查制度:统一政府调控与市场规律的润滑剂》,载《中国价格监管与反垄断》2016年第9期。

完成内部监督。在政策措施调整后，由哪个主体判断其是否达到预期效果、如何确立判断标准和方式也需要进一步规定。在缺乏相关规定的情况下，审查主体可能避免评估或任意评估，影响公平竞争审查的内部监督效果。

（二）外部监管

在外部监督方面，《意见》和《细则》对公平竞争审查的社会监督和执法监督作出了相应规定，明确了外部监督机制。然而，从我国公平竞争审查案例的实证统计来看，外部监督机制在实际运行中还存在诸多问题，包括社会公众举报渠道不够畅通高效、审查案例公开情况亟待改善、审查案例文书撰写不规范、执法监督力度较弱等问题尤为突出。

1. 社会公众举报渠道不够畅通高效

《细则》明确规定，任何单位和个人均可向反垄断反不正当竞争委员会、政策制定主体或其上级机关举报未经公平竞争审查或违反审查标准出台的政策措施，并要求举报人以书面形式举报并提供相关事实及证据。尽管《细则》为社会公众监督公平竞争审查工作提供了必要渠道，但举报渠道的高效、畅通性仍存在问题。主要体现在两个方面：第一，相关文件没有明确举报人所提供的事实和证据应满足的具体要求，仅要求书面举报。这可能导致举报人无法准确把握书面举报应包含的具体信息范围，使得不满足条件的举报信息大量涌向接收主体，从而降低处理举报信息的效率，并可能被部分接收主体利用，以举报事实和证据不符合要求为由怠于处理举报信息。[①] 第

---

① 参见朱静洁：《公平竞争审查制度实施情况的实证研究——以国家发改委公布的59个审查案例为样本》，载《竞争政策研究》2018年第4期。

二，举报信息反馈机制的缺失影响社会监督效果，可能挫伤公众参与监督的积极性。《细则》要求相关主体接到有效举报后核实有关情况，但未对举报处理情况的信息反馈作出具体要求。举报人提交举报后，难以知晓举报事实及证据是否达到要求，相关主体是否核实举报情况，极有可能出现举报信息"石沉大海"的情况。

2.审查案例公开情况亟待改善

其一，公平竞争审查制度实施信息的公开不够充分。虽然国家发改委和国家市场监督管理总局在其官方网站上发布审查案例，但由于审查案例信息公开未规范化，不同审查主体撰写的公开文件差异较大，案例信息也存在缺失。统计分析发现，信息缺失的情况在四川、湖北、陕西、广东四个地区尤为突出。其中公平竞争审查启动时间、涉案政策措施出台时间及政策制定主体纠正时间信息缺失严重。重要的时间信息和结果信息能够反映审查主体的审查周期、政策措施的制定背景及整顿态度，也是衡量公平竞争审查效率的重要标准，关键信息的缺失将对审查制度的监督造成阻碍。此外，现有审查案例中，审查主体对例外规定的适用对象、理由、时间及定期评估等事项未进行公开说明，适用情况的公开仍是空白。例外规定的适用容易引起争议，缺乏科学可靠的判断依据及全面公开的监督机制，不但会加剧政策制定主体举证难度，还会影响公平竞争审查制度的实施效率和公正性，不利于社会公众的监督，并可能招致质疑。此外，公平竞争审查案例公开不够及时的问题也较为突出，按照《政府信息公开条例》，审查案例应在信息形成或变更之日起20个工作日内公开。但现有案例信息公开的及时性差异较大，近六成案例的公开时间在政策制定主体采取救济措施至少31天后，不符合规定要求。

其二，公平竞争审查案例的公开文件不够规范。目前我国对公平竞争审查案例的撰写缺乏统一要求，分析统计发现，各地区公开文件撰写水平参差不齐，部分地区存在关键信息公开不到位、说明过于简略的情况。例如，在"广西壮族自治区道路运输管理局纠正滥用行政权力排除限制竞争行为"案例中，审查主体在撰写公开文件时未提及涉案文件名称、出台时间、审查启动时间、政策制定主体纠正时间等关键信息，仅记录了相关事实，没有评估文件的竞争影响，未满足公开文件的规范性要求。这主要是由于《意见》和《细则》虽要求审查主体公开案件处理情况及结果，但未对公开文件的撰写框架及所需内容作出具体要求，各地区在撰写公开文件时缺乏模板，导致未包含公平竞争审查的关键信息。在这种情况下，社会公众仅能对案例事实进行简单了解，而无法了解审查主体是否及时启动审查、政策措施是否已调整或清理、审查周期等重要问题，难以实现公平竞争审查社会监督的预期目标。

第三节　关注公平竞争审查制度的重点实施领域

一、政府补贴资助

政府补贴是国家实现宏观调控目标的重要手段，能够促进经济结构调整，助力产业政策的实现。但是，不适当的政府补贴也会造成市场竞争机制扭曲等诸多不利影响。正是由于政府补贴具有正负两种效应，以及我国大量差异性政府补贴需要规范这一现实需要，对政府补贴进行公平竞争审查尤为重要。

(一)政府补贴资助概述

1.正外部效应

第一,调整产业结构。地方政府奖补政策通常作为调整产业结构的手段,企业与政府引导的方向一致,就能得到奖补,从而可以降本增效,推动企业的迅速发展。另外,由于市场机制的唯利性,有些公共事业、新技术和新产品开发的行业,投资者往往不愿投资,造成了市场资源配置效率降低。政府可以通过奖补的形式对公共产业、新兴产业予以支持,引导对落后产业进行调整,使之融入市场,能提升市场运行的效率,达到弥补市场失灵的效果。财政奖补的引导还可以实现产业的规模效应和产业聚集,从而实现产业规模化生产。

第二,促进本地经济发展。地方政府为了促进本地经济发展,通常会基于提高企业效率或社会效益而向本地企业提供财政奖补等优惠政策,企业效率包括鼓励企业的技术创新、技术进步和企业绩效等,社会效益包括通过推进企业的迅速发展来提供更多的就业岗位和创造税收等。另外,地方政府奖补具有向地方企业倾斜的特征,通过各种形式的奖补政策减轻本地企业的压力,给予本地企业无偿的财政奖补从而降低生产经营成本,促进盈利并扩大本地企业规模,以此实现本地经济增长以及公共收入的增加。

2.负外部效应

政府奖补政策除了上述积极效应外,其消极影响也不容忽视。相较于中央政府奖补政策,地方政府奖补政策更关注本地产业发展和对本地区生产总值的贡献,可能造成政策目标上的错位。另外,地方政府奖补政策可能会妨害商品或生产要素的自由流动、影响企业生产经营成本,产生扭曲竞争的效果,阻碍全国统一大市场的建立。

第一,地方政府奖补的竞争扭曲性。地方政府通过行政奖补的形式促进地区的发展,具体是为了促进某一产业、特定主体或特定区域的发展,但同时也可能导致市场公平竞争的扭曲。对特定企业或特定类型的企业进行奖补,会使受到奖补的经营者获得不正当竞争优势,从而获得定价上的优势,增加未受到奖补企业的经营成本,有违公平竞争原则。

第二,地方政府奖补的市场误导性。政府奖补虽然能在短时间内实现政府对特定产业附加的经济与社会目标,给企业带来积极的信号,但长时间下来,过度的政府奖补也会大大增加市场主体逆向选择和寻租的风险。由于政府大额奖补的存在,企业考虑更多的不是通过改善生产经营来降低生产成本,达到利润增加的效果,而是谋求一切机会最大限度地获取政府奖补。同时,政府的政策导向很可能引发市场盲目跟风投资,企业会盲目选择政府奖补力度大的项目或行业,这将在一定程度上削弱企业的自主创新能力,长此以往将会造成产能过剩。另外,政府奖补的权限掌握在政府部门手中,与地方政府联系密切的企业更容易获得地方政府的奖补,进而诱发寻租行为。

第三,地方政府奖补的实质隐蔽性。政府以出台规范性文件的形式制定政府奖补政策,形式上就具有一定的隐蔽性。另外,针对某些市场主体的扶持政策在形式上具有合法性,并不被法律法规所禁止,并且在目的上具有正当性,能获得法律法规的合法性授权。但实质上,出于增强地方竞争优势的考虑,地方政府出台财政奖补政策,多为正负面兼具的公权干预行为,奖补政策对市场竞争的影响需要更深入的判断。

最稳妥的方法是通过对竞争效果的评估来判断政府奖补措施是否存在限制、扭曲市场竞争的实质可能,对某项政府奖补措施促进经济发展的积极经济效应和损害竞争的消极经济效应进行综合分析。

但由于法律尚未明确禁止妨碍公平竞争的奖补政策,其形式上不具有违法性,且实质损害效果难以判断,奖补行为和损害结果之间的因果关系也不明显,因此竞争损害性难以被充分认识和察觉。针对中小微企业的奖补政策,看似具有反竞争性,但在实质上具有促进竞争的效果,奖补政策竞争效果的隐蔽性不言而喻。[①]

(二)政府补贴资助领域中公平竞争审查的实施进路

1.确立表面审查与效果评估的二元奖补政策审查方法

地方政府奖补政策公平竞争审查的难点在于实现整体利益与局部利益的平衡,经济合作与发展组织(OECD)发布的《竞争、国家援助和补贴报告》提出,平衡国家援助措施的正面和负面效应的最大困难是,平衡分析不确定性极大,需要具备前瞻性的视角。根据上述分析,我国地方政府奖补政策公平竞争审查标准难以对"特定经营者"进行统一的认定,并难以发现隐蔽于地方财政奖补政策中对市场主体的不公平待遇,不能有效平衡地方政府奖补政策的正面效应和负面效应,缺少对地方政府奖补政策实质内容的竞争效果分析。基于我国公平竞争审查的实践,本书以竞争为出发点,围绕"合理审查"理念提出如下完善地方政府奖补政策公平竞争的审查标准和方法:

(1)表面审查

地方政府奖补政策的种类繁杂且审查须具备一定的专业水平,如果对所有的地方政府奖补政策都进行全面细致的竞争效果评估,很可能会导致审查效率低下。因此,首先要对地方政府奖补政策进

---

① 参见孙晋、胡旨钰:《地方政府奖补政策公平竞争审查的困境检视与因应》,载《中国矿业大学学报(社会科学版)》2023年第2期。

行初步分析，如果初步分析能发现被审查的奖补政策明显具有排除、限制竞争的效果，那么该奖补政策就不能通过公平竞争审查，直接不予出台或进行调整后出台，但如果一项奖补政策促进地方经济增长的效果同样十分明显，无法直接判断其竞争效果，那就需要对其进行深入、全面的竞争效果评估。

针对地方政府奖补政策的特点，审查部门首先应该从奖补"中性化程度"和"去地方化程度"两方面进行基础评估，地方政府奖补中性化主要考虑政策制定是否具有一定的指向性，基础评估的主要标准有：第一，企业的性质要求，即奖补政策是否对奖补对象有性质方面的要求，比如有奖补对象必须是国有企业、民营企业或上市公司等规定；第二，企业规模的要求，即奖补政策是否对企业的规模、营业利润或是经营商品种类有规定，如要求企业为独角兽企业、净利润达到一定指标等；第三，企业地域的要求，即对申请奖补的企业有特定地域的要求，比如只对在本地注册的企业进行奖补。上述三项标准如果在奖补政策中有相应的体现，则说明奖补政策具有影响竞争中性的内容，从建设全国统一大市场的角度审视，接受奖补的相关企业相较未接受奖补的企业，会获得不正当的竞争优势，因此应判定该地方政府奖补政策为"消极"；如没有体现，则判定为"积极"。地方政府奖补政策的去地方化程度主要从地方政府奖补政策与中央政策的契合度来进行判断；如果奖补政策是依据法律、行政法规或国务院规定制定，则说明地方政府奖补政策具有上位法的依据，与中央相关政策规定相契合，应判定为"积极"；如果与中央政策没有一定的契合度或没有相关的上位政策与之匹配，则应判定为"消极"。

如果在奖补中性化程度和去地方化程度两项评估中同时出现"消极"的认定，则说明该奖补政策针对的是"特定经营者"，可能会出现扭曲竞争的效果,大多数审查到这一步即可判定该奖补政策违反了公平竞争原则,不能通过公平竞争审查。但当被审查的奖补政策同样具有明显的正向经济效应而不能以表面审查进行判断时,公平竞争审查制度作为一项由《反垄断法》所确立的制度,在进行审查的过程中也应秉持《反垄断法》的立法精神,即在审查的过程中要确定奖补政策是否在实质上排除、限制了竞争,而不是形式上有可能损害竞争就予以禁止。因此从竞争分析的角度来看,应进一步对地方政府奖补政策进行实质上的竞争效果评估,以此来确定该政策是否通过公平竞争审查。

(2)效果评估

效果评估要求对政策内容进行实质性的全面分析,评估者应该采用特定的经济分析工具、模型和数据来支持最后的结论。地方政府奖补政策的本质是影响了竞争主体的生产经营成本,则可以通过市场经济中同质的指标进行竞争效果分析。PSCP范式,是将公共政策作为内生变量引入到SCP(结构-行为-绩效)范式中,是对新产业组织理论的进一步演化与更新。首先,市场结构是企业市场关系的表现形式,反映企业之间、企业与消费者之间基本的商品交易地位和关系。决定市场结构的主要因素有市场集中度、产品的差别化、市场进入退出壁垒等。其次,市场行为是企业为抢占市场资源、获取利润而采取竞争行为或垄断行为,企业通过价格行为、非价格行为和组织调整行为在市场中进行竞争。再次,市场绩效是以市场结构为基础,由企业市场行为形成的资源配置和利益分配状态,其通常由利润率的大小和分布、技术进步和生产效率、管理价格和价格弹性等来加以说明。最后,将地方政府奖补政策作为一种公共政策纳入SCP的分析框架,通过对四项因素的联动模型进行分析,判断在地方政府奖补政策作用下，是促进规模企业走向更为集中的分布，还是会培育更多的新兴产业和中小型企业（市场结构）；是否会直接或间接提高或降低市场价格，或提高科技发展水平还是阻碍技术的进步（市场行为）；是否会对生产率、竞争力、消费者利益等产生积极或消极的影响（市场绩效）。通过分析四因素的相互作用，分析竞争效果，判断地方政府奖补政策对市场的竞争影响，同时可以量化比较该影响可能带来的实质性利弊，进而对其作出相应的纠正。

如果奖补政策具有排除、限制竞争的效果，但制定该奖补政策是出于公益性质，比如涉及社会公平、保护环境或保护弱势企业的发展等目的，则需要通过例外规定，对奖补政策进行豁免。由于公共利益参与竞争效果分析时存在异质利益之间的衡量，公共利益不能很好地转化为经济效率进行比较，因此，可以通过比例原则的运用对地方政府奖补政策进行公平竞争审查。首先，审查机关应综合分析奖补政策的目的是否与社会现阶段的现实需求和社会整体公共利益相匹配，以此来判断奖补政策的目的是否具有正当性与公益性。其次，要遵循相当性原则。如果奖补政策在保障公益目的的同时不存在限制竞争的效果，政策当然能通过公平竞争审查，但当奖补政策对全国统一市场建设和市场公平竞争产生不可避免的损害时，则需要衡量该政策带来的公益收益与竞争损害之间的大小，判断两者是否成比例。此时可以借鉴澳大利亚竞争评估制度中所确立的"成本与收益分析"以及欧盟援助控制制度中的"平衡测试"。如果地方政府奖补，政策所带来的公益积极效应能弥补其扭曲竞争带来的消极损失，那么就能通过相当性审查。在此过程中，应强调定量分析与定性分析的综合运用，尽量将奖补政策的正负效应予以量化，但由于公共利益存在难以量化的情形，也许需要通过更多的定性分析予以判断。最后,在兼顾两种重要利益的情形下,实现手段必须是一种最佳的选择,即在重视结果质量和更好规则的情况下,选择损害最小的方案。

此外,对于面向小微企业的小额奖补政策应予豁免。在国际上,严格禁止政府补贴的欧盟,设置了三年不超过20万欧元的小额补贴豁免制度。对小微企业的小额奖补对促进其发展有着重大意义,但对市场竞争的影响却极小。鉴于小微企业主要集中于零散型产业和未来产业中,相比于大型企业,在经营管理模式、技术支持等方面差距较大,导致小微企业在市场竞争中处于下风,但由于大量小微企业具有吸纳就业的作用以及抵御风险能力较弱,我国应当对小微企业出台针对性的小额奖补政策。对于小微企业的奖补可以根据行业的具体情况,以奖补时长与奖补额度为标准作出上限性的豁免规定。

综上所述,对地方政府奖补政策公平竞争审查的方法和标准可以通过表面审查与效果评估的方式逐步推进,但效果评估的环节涉及复杂的经济分析,且方法过于灵活,地方政府可以在自身完成表面审查的基础上,咨询上级机关或委托第三方评估单位进行实质性的效果评估,以此清理具有排除、限制竞争的奖补政策。

2.不断优化奖补政策工具

此前,公平竞争审查制度主要局限于法律效力位阶较低,公平竞争审查制度是国务院发布的规范性文件,属于"软法",在地方政府追求经济增长的压力下往往"力不从心"。如今,我国新《反垄断法》正式实施,将"竞争政策基础地位"和"公平竞争审查制度"纳入其中,公平竞争审查制度由此升级到法律层面,极大增强了其制度刚性和强制力。可以以此为契机,给地方政府植入公平竞争的基因,让地方政府深刻认识到公平竞争原则和公平竞争审查制度的重要性。因为偏好性奖补政策虽然在一定程度上能加速企业与本地的经济发展，但同时也容易加大企业之间的规模差距，造成马太效应，这种违反公平竞争审查制度的奖补政策缺少普惠性，很可能达不到奖补政策的预期效果，同样也不符合政府规制的初衷。

政府规制应尊重市场竞争机制和维护市场竞争秩序，通过革新转向竞争友好型规制，最大限度消除产业政策与竞争政策的冲突，针对市场竞争所不能，助力公平竞争。由此，在强调通过公平竞争审查清理排除、限制竞争的奖补政策的同时，同样需要找到优化奖补政策的工具。为此，可以借鉴欧盟的横向补贴模式，通过制定普惠性的奖补政策，以搭建科研平台、产业孵化园区等方式，对具体行业的所有企业提供技术、资金、服务等方面的普遍性支持，从而避免特定单一企业或某一类企业获得不正当竞争优势的情形，能在一定程度上减少因政府奖补而给企业造成的不公平待遇，相对有效地确保它们在相关市场上的公平竞争。

在此经验上，地方政府可以考虑以政府投资基金的形式来替代具有排除、限制竞争的地方政府奖补政策。政府投资基金与地方奖补政策在政策目标上具有一定的相似性，但与地方奖补政策相比，政府投资基金能在一定程度上弱化地方政府的偏好，在特定行业和领域中更易实现普惠性，是更具市场化的政策工具。因此，当奖励补贴政策面临违反公平竞争审查标准时，也可以通过出台市场化政策的方法，如政府投资引导基金等，推动地方经济建设。最后，可以考虑由国务院作为出台奖补政策的主要主体，制定面向全国并且相对统一的奖补规定，通过更加普适性的奖补政策来刺激全国各地区的经济发展，这符合竞争中立的原则。

二、政府采购

(一)政府采购概述

政府采购,是指各级国家机关、事业单位和团体组织,使用财政性资金采购依法制定的集中采购目录以内的或者采购限额标准以上的货物、工程和服务的行为。政府采购制度旨在建立公开、公平、公正的竞争环境,以保证和提高采购质量、采购效率和采购效益。我国政府采购领域目前对行政性垄断行为的规制存在许多不足之处,导致实践中存在各类排除、限制竞争行为。而适用公平竞争审查制度有助于规范政府采购中的政府限制竞争行为。

我国新《反垄断法》第42条规定,行政机关和法律、法规授权的具有管理公共事务职能的组织不得滥用行政权力,以设定歧视性资质要求、评审标准或者不依法发布信息等方式,排斥或者限制外地经营者参加本地的招标投标活动。《政府采购法》第3条确立了政府采购应当遵循公平竞争原则,《政府招标投标法》第6条规定,依法必须进行招标的项目,其招标投标活动不受地区或者部门的限制。任何单位和个人不得违法限制或者排斥本地区、本系统以外的法人或者其他组织参加投标,不得以任何方式非法干涉招标投标活动。

上述法律规定对我国政府采购领域的限制竞争行为进行了必要的规制,但是,在我国政府采购领域实践当中,限制竞争行为仍然较为普遍,常见的限制竞争行为主要有以下几种表现形式:

1.违法设置市场准入和退出条件

《政府采购法》第22条第2款规定了采购人可以根据采购项目的特殊要求,规定供应商的特定条件,但不得以不合理的条件对供应商实行差别待遇或者歧视待遇。但在政府采购实践中,常常存在违法设置市场准入和退出条件的行为：1.设置不合理和歧视性的准入和退出条件；2.未经公平竞争，授予特许经营权目录以外的经营者特许经营权；3.限定经营、购买、使用特定经营者提供的商品和服务；4.设置没有法律法规依据的审批或者事前备案程序；5.对市场准入负面清单以外的行业、领域、业务等设置审批程序。

《政府采购法》第22条第1款规定："供应商参加政府采购活动应当具备下列条件：（一）具有独立承担民事责任的能力；（二）具有良好的商业信誉和健全的财务会计制度；（三）具有履行合同所必需的设备和专业技术能力；（四）有依法缴纳税金和社会保障资金的良好记录；（五）参加政府采购活动前三年内，在经营活动中没有重大违法记录；（六）法律、行政法规规定的其他条件。"上述规定是《政府采购法》对供应商资格审查的相关规定，只要能够达到上述法律规定的条件，供应商即可参加政府采购活动。而实践中采购人或者代理机构往往会进一步设置超出前述规定的特殊要求，以不合理的条件对供应商实行差别待遇或者歧视待遇，从而排除适格的供应商，损害了其公平竞争的机会。如就同一采购项目向供应商提供有差别的项目信息；设定的资格、技术、商务条件与采购项目的具体特点和实际需要不相适应或者与合同履行无关；采购需求中的技术、服务等要求指向特定供应商、特定产品；以特定行政区域或者特定行业的业绩、奖项作为加分条件或者中标、成交条件；对供应商采取不同的资格审查或者评审标准；限定或者指定特定的专利、商标、品牌或者供应商。

2.影响商品和要素自由流动

党的十八届三中全会提出，要使市场在资源配置中起决定性作用，深化经济体制改革，保证各种所有制经济依法平等使用生产要素，实现商品和要素自由流动，促进国际国内要素有序自由流动。实行社会主义市场经济,需要在全国范围内建立健全、统一、开放、竞争有序的现代市场体系,而妨碍商品在地区之间的自由流通行为与这一基本要求是直接相违背的,人为地扭曲了竞争机制的作用和资源的合理配置。[1]

在政府采购实践中,下列影响商品和要素自由流动的行为并不鲜见:(1)对外地和进口商品、服务实行歧视性价格和歧视性补贴政策;(2)限制外地和进口商品、服务进入本地市场或者阻碍本地商品运出、服务输出;(3)排斥或者限制外地经营者参加本地招标投标活动;(4)排斥、限制或者强制外地经营者在本地投资或者设立分支机构;(5)对外地经营者在本地的投资或者设立的分支机构实行歧视性待遇,侵害其合法权益。在政府采购领域实施地区封锁行为,不利于市场平等主体参与市场交易活动,损害了全国统一市场的形成,严重阻碍市场在资源配置中的决定性作用。

(二)政府采购领域中公平竞争审查的实施进路

1. 审查主体

根据《政府采购法》的规定,政府采购当事人是指在政府采购活动中享有权利和承担义务的各类主体,包括采购人、供应商和采购代理机构等。采购人是指依法进行政府采购的国家机关、事业单位、团体组织。集中采购机构为采购代理机构。设区的市、自治州以上人民政府根据本级政府采购项目组织集中采购的需要设立集中采购机构。集中采购机构是非营利事业法人,根据采购人的委托办理采购事宜。因此,具体到政府采购领域,公平竞争审查的责任主体包括采购人和集中采购机构。

---

[1] 参见王先林:《竞争法学》,中国人民大学出版社2009年版,第322页。

现行的公平竞争审查制度是采购人和集中采购机构自我审查，存在以下弊端：（1）采购人和集中采购机构自我审查容易受领导个人或上级机关影响，而且带有强烈的公权力色彩，导致具体执行过程中大打折扣。（2）采购人和集中采购机构既当"运动员"又当"裁判员"的审查模式，审查结果难以令人信服，而且难以避免权力寻租，容易滋生腐败。（3）公平竞争审查是一种专业性审查，需要价值平衡、经济分析等多方面综合能力，甚至还需要对产业创新、行业发展等因素作出判断。显然，采购人和集中采购机构目前并不具备这样的专业能力。

在我国还不具备建立一个独立的竞争审查机构进行公平竞争审查的现状下，建议在采取自我审查的基础上，积极聘请独立的第三方机构实施审查，方能让审查结果权威、客观、专业。第三方评估机构，可以是与采购人、集中采购机构及评估事项无利害关系，且具备相应评估能力的实体性咨询研究机构，如高校、律师事务所等其他组织。

2. 审查对象

《政府采购法》规定了政府采购方式包括：公开招标、邀请招标、竞争性谈判、单一来源采购、询价、国务院政府采购监督管理部门认定的其他采购方式。其中，公开招标应作为政府采购的主要采购方式。因此，政府采购领域的公平竞争审查，审查对象不仅包括中央或地方政府发布的行政法规、规章、各类政策、文件、措施，还应当包括政府采购过程中发布的政府采购计划、招标公告、资格预审公告、招标文件和投标邀请书等文件。比如，某政府部门在采购车辆维修和保养服务的招标文件中设定的供应商资格条件为"必须是通过该市行业主管部门审验合格的一类机动车维修企业及二类机动车维修企业"。该招标文件设置了明显不必要的准入条件，排除和限制了三类机动车维修企业提供服务的交易机会。

在政府采购领域中,常常在招标公告、资格预审公告等采购文件中要求供应商在政府采购活动前进行不必要的登记、注册,或者要求设立分支机构;违规通过入围方式设置备选库、名录库、资格库作为参与政府采购活动的资格条件;设置或者变相设置供应商规模、成立年限等门槛等规定。这些规定和做法都限制了供应商参与政府采购活动,严重妨碍了公平竞争。在公平竞争审查中,此类招标公告、资格预审公告、投标邀请书等文件应当作为重点审查对象,进行清理和纠正。

3.审查标准

《公平竞争审查制度实施细则》进一步将《国务院关于在市场体系建设中建立公平竞争审查制度的意见》四大标准的18条具体判断标准,细化成50多种具体情形和表现形式,进一步明确了概念内涵。其中,第13条第3款对政府采购的招投标活动的限制竞争情形做出具体规定,即不得排斥或者限制外地经营者参加本地招标投标活动。同时《关于促进政府采购公平竞争优化营商环境的通知》中,列举了9个需要重点清理和纠正的规定和做法,可谓政府采购领域中妨碍公平竞争的常见行为的详细列举。但是在政府采购领域,政府限制竞争的方式可能更为隐蔽。比如:(1)限制供应商的数量或经营范围,对供应商的服务能力或资质等级提出高于法律法规规定的要求;(2)通过招标文件限制商品和服务的价格;(3)实施信息壁垒,延迟发布招标信息,或者要求供应商购买指定软件,作为参加政府采购的前提,或者以其他不易获取的方式提供采购信息,限制供应商参与政府采购活动等。因此,针对政府采购领域的不当干预行为,公平竞争审查的标准还应当继续完善。

三、政府投资

（一）政府投资概述

根据《政府投资条例》第2条的规定："政府投资，是指在中国境内使用预算安排的资金进行固定资产投资建设活动，包括新建、扩建、改建、技术改造等。"首先，"政府投资"这一概念，已经纳入行政法规来规定，从广义上来讲，可以说其是一个法律概念，具有比较明确的外延和内涵，同时，其制定、修改都需要遵循法律程序才能进行。其次，投资按照投资主体的不同，也即资金来源的不同，分为政府投资和非政府投资，政府投资的主体是政府组织，其他单位、机构、公司、组织等投资属于非政府投资，比如国有企业投资属于非政府投资，而政府投资也不含国有企业的投资。

过去，政府投资和国有企业投资常常被混为一谈，甚至被认为政府投资就等同于国有企业投资。在某些地区，政府投资项目常由国有企业来执行政府投资职能，这种情况并不罕见。然而，《企业投资项目核准和备案管理条例》和《政府投资条例》的出台，正式解决了这个问题，明确指出政府投资不是国有企业投资，两者并不相同也不能混为一谈。我国自改革开放以来，提出了政企分离的理念，解放企业的经营权，倡导现代企业制度，建立市场经济，明确减少行政干预，允许企业投资进入行政许可的领域。2004年，国务院发布《关于投资体制改革的决定》，明确了企业投资主体地位，界定了政府投资范围，规范了政府投资行为。在改革开放初期，提出了事权划分，简政放权，明确赋予地方政府投资决策权，随后确定了市场经济体制的目标，并提出要深化体制改革，加快政府职能转变，优化政府宏观投资调控能力。这些改革始终贯穿于我国政治体制和经济体制改革之中,最终政府投资职能和企业投资方式通过法规的方式明确下来,各司其职,针对不同的投资领域发挥不同的投资效能。

政府投资的资金来源于预算安排,我国《预算法》第4条第2款规定:"政府的全部收入和支出都应当纳入预算。"因此,政府投资属于政府支出这一部分,其也必须纳入到财政预算之中,不存在财政预算之外的政府投资。同时,财政预算与实际投资规模之间的不一致,需要通过依法对预算进行调整来解决,仍是预算法来解决的问题。

政府投资的标的物按照《政府投资条例》规定,政府投资的标的物仅限于资金,不得将其他形式的资产作为政府投资。在过去,许多地方政府因资金短缺常常采取划拨土地等方式间接出资,通过对地块进行评估作价,然而,根据目前《政府投资条例》的规定,政府不再允许以土地作价的方式进行政府投资,而是只允许以资金投入项目,再由项目权属主体使用这些资金采购项目管理所需的固定资产。

政府投资所实施的项目建设指的是政府投入的资金将转化为项目的固定资产建设。然而,《政府投资条例》并未对固定资产的范围进行明确规定。尽管政府投资与国有企业投资有所区别,但政府投资中的固定资产缺乏相关的具体规定,导致大多数政府投资项目仍采取独立企业的方式运营。我国《企业所得税法实施条例》第57条和《企业会计准则第4号——固定资产》第3条对企业的固定资产做出了明确定义。虽然《实施条例》和《会计准则》均是从企业的角度来赋予固定资产的含义,但在政府投资中具有一定的参考意义。显然,二者对固定资产的表述相对比较宽泛。在政府投资中,固定资产主要从建设活动角度出发,包括投入项目的资金转化为项目所需的土地、房屋、设备、运输工具等使用一年以上的有形资产。此外，政府投资建设不仅包括新建项目，还包括改建和扩建项目。

（二）政府投资领域中公平竞争审查的实施进路

将政府投资纳入到公平竞争审查中来，需要建立政府投资的公平竞争审查的制度。政府投资与企业投资、事业单位投资和社会投资不同，比如政府投资具有特殊的适用范围，主要投资领域为市场不能有效配置资源的公共领域、非经营性项目；比如政府投资项目属于需要严格审批的项目，具有严格的审批流程，政府对此制定了一些特殊的程序性政策和规范性文件等，程序公正才能保证结果的公平，公平竞争审查需要把关；比如政府投资大多数属于公共建设项目，项目专业性强，政府制定的针对性公告、规划文本、通知等，甚至针对单个项目本身，制定一些文件，因此也需要进行把关。总而言之，政府投资关系到国计民生、关系到社会公共利益，其投资金额大，对国家经济发展具有特殊的宏观调控功能，因此，有必要建立政府投资的公平竞争审查制度。

1. 审查对象

政府投资的公平竞争审查制度要解决审查对象的问题，即政府针对投资制定的哪些文件必须纳入到审查中来？也可以表述为，公平竞争审查对于政府投资行为来讲，具体审查的对象是什么？根据《国务院关于在市场体系建设中建立公平竞争审查制度的意见》的规定，公平竞争审查的对象包括两个方面：一个方面是由政策制定机关制定的市场准入、产业发展、招商引资、招标投标、政府采购、经营行为规范、资质标准等涉及市场主体经济活动的规章、规范性文件和其他政策措施；一个方面是行政法规和国务院制定的其他政策措施、地方性法规。

从《立法法》的视角来理解,关于政府投资的公平竞争审查对象包括国务院和国务院以下的各级人民政府制定的与政府投资相关的行政法规、地方政府法规、政府规章、地方政府规章、规范性文件和其他政策。从政府投资的实施过程来讲,需要审查与投资相关的公共服务领域的市场准入、经营性项目的市场准入、项目招标和投标、其他资本的引进、政府采购、经营规范、资质要求等的法规或文件。这里我们按照不同的形式,主要包括如下类型:

(1)行政法规、地方政府法规、政府规章、地方政府规章。比如《政府投资条例》本身。

(2)部门令。各级政府部门制定的一些与政府投资相关的政令,比如国家发展和改革委员会制定的《政府制定价格行为规则》和《必须招标的工程项目规定》等,比如湖北省人民政府颁布的《关于加快推进重大项目建设着力扩大有效投资的若干意见》等。

(3)规范性文件。各级政府或者各级政府部门制定的投资性的规定,比如《国家发展和改革委员会关于依法依规加强PPP项目投资和建设管理的通知》《中西部和东北重点地区承接产业转移平台建设中央预算内投资专项管理暂行办法》等。

(4)公告。各级政府或者部门制定与行业相关的管理公告,比如《政府定价的经营服务性收费目录清单》。

(5)规划文本。针对具体项目或者具体经济带发布的建设规划、批复和通知等,比如《关于气象雷达发展专项规划(2017—2020年)的批复》等。

(6)通知。针对具体项目的实施意见和指导意见,比如《关于下达气象基础设施2020年第一批中央预算内投资计划的通知》等。

(7)其他。政府投资建设完成后,对具体项目公司的运营进行管理的函或者批复。比如企业发债的批复等。

另外，关于法律是否适用公平竞争审查的问题，目前来看《国务院关于在市场体系建设中建立公平竞争审查制度的意见》没有将法律的制定纳入审查范围。笔者认为，主要原因是法律的制定相对来说，立法水平更高，制定程序极端严格，法条论证也更加严密，在制定过程中也经过多次修订，因此，其实立法过程应该已经充分考虑和论证了其条文含义的公正公平的问题。所以说不是法律的制定不适用公平竞争审查的问题，而是立法的要求不亚于公平竞争审查的标准，所以没有必要将其单独列进来。

2.审查标准

从政府投资实务视角出发，审查分成两个层面，一是合规性的审查，一是公平竞争性审查，两者虽然相互关联，但不能混淆。两者可以从表5-1中进行比较：

表5-1　公平竞争审查和合规性审查对比

	审查对象	审查标准	审查原理
合规性审查	政府投资的决策和参与主体的具体行为	1.所有法律法规和政策 2.党章、党规（特定情况下）	强制性规范 禁止性规范
	1.下位政策是否符合法律法规 2.下位文件是否符合上位政策	所有法律法规和上位政策	
公平竞争审查	行政法规、地方性法规、部门规章、地方规章、政府令、规范性文件、公告、规划文本、通知等	1.市场准入和退出标准 2.商品和要素自由流动标准 3.影响生产经营成本标准 4.影响生产经营行为标准	不歧视 不限制

（1）合规性标准

《政府投资条例》对政府投资有特殊性的规范，主要对以下情形做了合规性要求：

①投资决策方面

（a）投资资金审查。需要审查政府投资是否与经济社会发展水平和财政收支状况相适应，政府投资项目是否纳入了本级政府预算，原则上不得超过经核定的投资概算。政府及其有关部门不得违法违规举借债务筹措政府投资资金，政府投资项目所需资金应当按照国家有关规定确保落实到位，政府投资项目不得由施工单位垫资建设。

（b）项目建设决策审查。其是项目建设的必要性、可行性审查。

（c）投资方式审查。审查政府投资是采取直接投资还是间接投资的方式，具体投资的类型是什么，如资金注入、补助和贷款贴息等等，不同的项目类型对于投资方式是要求不同的。

（d）其他审查。如申报材料的审查，程序性审查，项目涉及国家安全或者国家秘密的审查。

②项目建设方面

（a）项目建设管理审查。包括项目开工、建设项目变更、建设资金管理、施工进度管理、工程质量管理、工程档案文件图纸管理、工程安全管理、法律风险管控等方面的审查。

（b）工程监督和评价。采取在线监测、现场核查等方式，加强对政府投资项目实施情况的监督检查。投资主管部门或者其他有关部门应当按照国家有关规定选择有代表性的已建成政府投资项目，委托中介服务机构对所选项目进行后评价。后评价应当根据项目建成后的实际效果，对项目审批和实施进行全面评价并提出明确意见。

（2）公平竞争审查标准

《实施细则》四个维度标准分别是市场准入和退出标准，商品和要素自由流动标准，影响生产经营成本标准和影响生产经营行为标准。首先，四个维度主要侧重于市场门槛、商品流动、生产经营的层面来加以判断和识别，而政府投资行为，涉及多个部门和第三方机构，需要这些部门和机构协作来完成，并且大部分机构均属于政府部门，这些政府部门主要起到的是组织、领导和审批作用，他们将具体的业务交给第三方机构去完成。如在政府投资的工程建设中，包括招标代理、工程预算、工程设计、施工、监理、采购、运输、检测、评估、审计等等，均是由各个专业机构来完成，政府部门就是审批、监管项目。因此，政府投资中政府的行为从定性来讲，属于具体的行政行为，具有一定的特殊性，政府投资公平竞争审查标准具有一定的特殊性，需要符合具体行政行为独特的判断标准。

其次，政府投资公平竞争审查标准必须符合《政府投资条例》的立法目的和满足其行政法规的侧重点，条例的主要效用就是管控和优化配置，科学决策，提高投资效益，因此，公平竞争审查标准主要应该集中在管控和决策上，重点在于规范政府的行为上，在合规性的基础上，促使政府出台更宽松、更趋向于自由竞争的规范性文件。

再次，我国公平竞争审查制度是采取的自我审查结合外部监督的模式，因此，审查还是自我审视的一个过程，为了保证公平审查的实际效果，就需要制定审查标准，政府投资公平竞争审查也必须拥有自己的标准，其适用也就更加容易。

四、政府特许经营

（一）政府特许经营概述

政府特许经营就是政府将某项公共事务的经营委托给社会资本执行。政府特许经营权是指根据公共事业、公共安全、社会福利的需要或法律的规定，国家和地方政府授权企业生产特定的产品、使用公共财产或在特定地区经营某项业务的独占权。授权主体为国家或政府，因为只有权力主体才有权处分该财产，取得特许权的企业仅拥有使用权，而无处分权。

1.政府特许经营权的特点

（1）授权主体具有特定性。政府特许经营权的授权主体是国家和政府，而不是单独经济主体。

（2）具有一定的强制性。与传统商业特许经营的自由性不同，在政府特许经营模式下，被许可经营人有提供服务的义务。如作为公用事业的天然气行业是政府特许经营的范围，天然气公司不得随意停止供应。此外，在政府端，如果申请者符合相应条件，政府应当授权其特许经营，不得附加其他条件。

（3）不以营利为目的。政府在授权特许经营的过程中只收取部分必要费用，而非以营利为目的。

2.政府特许经营逐渐成为我国公用事业的重要模式

在建设服务型政府及政府购买公共服务思潮的双重影响下，政府特许经营逐渐成为我国公用事业服务的重要模式。就政府特许经营项目的整体运营而言，基于多种法律关系可能产生行政法上的多元纠纷。行政机关在准入阶段侵犯利害关系人的公平竞争权，应允许利害关系人提起行政诉讼，但其利益保护方式取决于公益与私益的衡量。私人有权利就行政机关违反特许经营协议的行为提起行政诉讼并要求赔偿或补偿，行政机关则只能凭借行政优益权强制私人履行约定。私人在提供公共服务时，如果违反行政法之平等原则和正当程序原则，应赋予消费者相应的公法救济途径。行政机关违反担保义务致使消费者利益受损，应承担必要的国家赔偿责任。对于项目运作过程中存在的公私合谋损害公共利益之救济，目前则主要依靠信息公开，强化公众监督。

3. 政府特许经营的实施范围

《行政许可法》第12条第2项对政府特许经营范围做出了原则性规定。有学者认为该条款的表述过于含糊，实践中有可能导致政府特许经营使用范围的扩大，将可充分竞争的行业纳入政府特许经营的范围，人为制造新的垄断。[1]原建设部2002年发布的《关于加快市政公用行业市场化进程的意见》，2004年发布的《市政公用事业特许经营管理办法》确认了公用事业领域的政府特许经营。此外，根据《特许经营管理办法》第2条，涉及基础设施和公用事业领域的特许经营活动，应按该办法执行。综上，政府特许经营的范围主要涉及一些与公共利益相关的基础设施和公用事业，其中具体的特许经营项目可能随着客观条件的发展变化而产生新的内容。

4. 政府特许经营实施的权力边界与介入限度

政府实施特许经营乃是限制市场准入，可能对市场公平竞争产生不利影响，因此必须具备法律基础和对其相应的限制。"政府特许经营权利具有社会义务性，但这并不意味公权力对特许经营权利的

---

[1] 参见周汉华：《行政许可法：观念更新与实践挑战》，载《法学研究》2005年第2期。

克减没有限度。"[①]关于行政主体在政府特许经营中的介入限度的问题,可以根据《行政许可法》第13条来考虑。第13条体现了尊重市场主体自治与市场规律的价值取向,同时符合十八届四中全会《中共中央关于全面推进依法治国若干重大问题的决定》中关于"市场在资源配置中起决定性作用"的战略安排。因此,行政主体在介入特许经营活动时,应当尊重市场主体自治能力、充分发挥市场竞争机制的调节功能、尊重社会组织的自律能力,以及发挥事后监管的效果。

(二)政府特许经营中公平竞争审查的实施进路

1.政府特许经营的垄断性与排他性

根据政府特许经营的概念定位,由于设置了市场准入条件、限制了进入某市场的主体数量,本身就具有垄断性和排他性的特点。政府特许经营与一般的行政许可不同也是由于其垄断性与排他性。在政府特许经营中,作为授予方的行政主体对某特许经营项目的被特许人进行了明确的数量限制,只有经过申请环节最终符合条件的申请人才能获得特许经营资格,而在一般的行政许可中,只要申请人符合申请条件的最低标准就可以获得许可资格。因此,政府特许经营的项目往往由少数市场主体经营并控制,比如烟草、电力、供气、供水以及铁路等自然垄断的行业。但随着市场经济与生产技术的发展,传统的自然垄断行业也可能发生变化。如曾经食盐行业一直由国家垄断经营,后来逐渐市场化,打破了垄断的格局。因此,在政府特许经营中引入公平竞争审查制度有利于防止政府行为对市场竞争产生不利影响,充分发挥竞争机制的作用,提高资源配置效率,促进经济健康发展。

[①] 参见周佑勇:《特许经营权利的生成逻辑与法治边界》,载《法学评论》2015年第6期。

2.政府特许经营与公平竞争审查的衔接

公平竞争审查制度的目的是减少法律和政策对市场竞争不合理的限制,是政府遵循公平竞争原则,维护公平竞争秩序的制度载体和具体体现。通过对涉及市场主体经济活动的行政规章、规范性文件和其他政策措施,进行公平竞争审查,从源头上纠正政府对市场主体的不公平待遇行为,从根本上维护公平竞争,实现竞争中立。[1]政府特许经营与市场准入密切相关,直接决定了哪些市场主体可以进入市场进行商业活动,因此容易导致行政性垄断。为确保公平竞争,有必要针对特许对象的选拔规则进行审查。政府出台的任何与特许经营有关的行政规章、地方性法规、规范性文件、方案、通知等,都应当保障潜在参与主体的知情权、公平参与权、竞标权、签约机会权等。一切与选择特许经营市场主体有关的规定都不得直接或者间接包含具有排除、限制竞争的内容。然而,由于各行业的市场准入标准可能由行业法进行规定,行业法的实施使反垄断法无能为力,导致后者被边缘化。由于行业法的实施具备形式上的合法性,行业性垄断通常被排除在反垄断审查的范围之外。[2]

五、产业政策

(一)产业政策概述

产业政策是政府为了干预产业活动出台的涵盖调整产业发展方向,优化产业结构,推动产业升级等内容的经济政策,目的在于弥补市场的缺陷与不足,促进国民经济可持续健康发展。然而,由于政策

---

[1] 参见孙晋:《公平竞争原则与政府规制变革》,载《中国法学》2021年第3期。
[2] 参见徐士英:《竞争政策视野下行政性垄断行为规制路径新探》,载《华东政法大学学报》2015年第4期。

制定部门的"政策性偏离"和地方政府的"执行性偏离",产业政策从制定到执行上出现了偏离预期目标、限制竞争的情况。竞争是市场经济的灵魂和发展动力。为规范产业政策、防止出台新的限制竞争的政策措施,我国作出了一系列战略部署,为开展产业政策的公平竞争审查提供了政策框架。2015年,国务院批转的《国家发展和改革委员会关于2015年深化经济体制改革重点工作的意见》中要求"建立和规范产业政策的公平性、竞争性审查机制",明确提出了对产业政策进行公平竞争审查的诉求。2020年国务院在《关于新时代加快完善社会主义市场经济体制的意见》明确提出:"建设高标准市场体系、全面完善产权、市场准入、公平竞争等制度,筑牢社会主义市场经济有效运行的体制基础。"这说明随着我国市场经济进入高质量发展时代,对公平竞争的要求更加迫切,因此,对产业政策的公平竞争审查展开讨论具有政策依据和现实必要性。

改革开放以来,我国由计划经济逐步转变为市场经济,初步建立了社会主义市场经济体系。然而,过去形成的通过行政指令调整经济发展的思维并未完全改变,并且时常通过产业政策表现出来。其中,新能源车"骗补"事件引发的热议充分证明了这一点。政府通过产业政策影响市场判断的方式会带来诸多不利影响。例如,政府的产业政策会刺激一批企业盲目进入某一市场,造成市场内产能过剩,与最初的产业目标南辕北辙。需要明确的是,科技创新与产业升级不能全靠政府,也不能完全忽视政府的作用。政府在促进产业发展的过程中也起到关键的作用,但这个促进过程不代表政府能够简单粗暴地直接介入市场,而应该成为服务型政府。

产业政策的种种优劣表明,要更好地发挥产业政策在市场调控中的积极作用,就要对产业政策的制定和发布建立约束机制。而公平竞争审查制度的目标与对产业政策规控的目标相契合,通过公平竞争审查对已出台和将出台的产业政策进行评估,可以最好地发挥产业政策对竞争的积极作用。

(二)产业政策领域中公平竞争审查的实施进路

1.产业政策公平竞争审查制度的重点方向

产业政策中,公平竞争审查的核心在于评估在促进产业发展的过程中是否存在不必要的、不合理的、不恰当地限制市场竞争的情况。根据《意见》,我国产业政策公平审查主要是依据市场准入和退出标准、商品和要素自由流动标准、影响生产经营成本标准和影响生产经营行为标准进行判断。特别规定包括:没有法律法规依据,不得制定减损市场主体合法权益或增加其义务的政策措施;不得违反《反垄断法》制定含有排除、限制竞争的政策措施。当产业政策对市场竞争存在排除、限制作用时,就必须通过公平竞争审查来评价其潜在或已经存在的竞争影响,并寻找对竞争影响最小但又能达到产业政策目的的替代方案,以确保其在竞争中的竞争友好性。

2.产业政策公平竞争审查制度的目标追求

在任何一个国家,市场经济的运转离不开该国的社会制度、经济制度。因此,产业政策也必然具有自身的特点,并将根据本国的国情做出自己的选择。但任何一项政策一旦越界,都会造成不利的影响,而不当的产业政策则会造成巨大的经济损失。如果一国的产业政策表现为政府任意的行政干预,则会妨碍市场竞争机制的有效运作,这也是造成目前我国产业政策成效不佳的主要原因。所以,通过法律来规范政府的产业政策,防止其过度限制、排斥或扭曲市场竞争机制,就能有效地防止政府的行政垄断,这也是建立与实施产业政策公平竞争审查制度的目的所在。

第四节 公平竞争审查制度的完善进路

一、健全公平竞争审查制度的激励机制

（一）加强对政策制定机关的激励措施

1. 设置专项财政激励

在面临可能影响财政收入的公平竞争情况下，确保公平竞争审查制度的有效实施至关重要。为此，应考虑采取财政激励措施来支持该制度，以弥补政策制定机关在认真执行公平竞争审查制度方面可能产生的经济成本。澳大利亚采用的竞争支付制度为我国提供了重要参考。我国可以考虑由国务院作为牵头，统筹设置专项资金，支持公平竞争审查的落实。由国务院对专项资金进行统一管理，并根据各省份落实公平竞争审查制度的成效，将资金发放至各省，[①] 由省级政府负责统一支配专项资金在本省辖区内的划分，按照现实需求，对各级政策制定机关或者社会公众进行资金支持与奖励。

公平竞争审查专项资金的设置应当遵从相应的原则，保证专项资金切实发挥推动制度实施的作用，谨防激励措施流于形式。具体而言，专项财政激励应当主要遵从以下两个原则：一方面，资金规模的设置应当遵从能够负担原则。公平竞争审查制度只是行政机关工作中的一项日常事务，尽管当前该项制度对于建设全国统一大市场、维护营商环境来说至关重要，但其仍不适宜在财政支出中占过高份

[①] 参见孙晋、蔡倩梦：《公平竞争审查制度的实施保障机制》，载《学习与实践》2023年第10期。

额。因此，国务院在设置公平竞争审查专项资金时，需要根据自身的财政状况，也需要考虑其他可合理预期的事项进行谨慎计算和估量。在综合考核各项因素后，才能决定用于公平竞争审查的专项资金的初始预算金额。如果后续需要增加预算金额，那么国务院可以选择增加特定阶段财政转移支付金额的方式进行操作。[①]并且需要尽可能准确地评估当期的财政收入，作为追加预算金额的基础。另一方面，在设置公平竞争审查专项资金时，应遵循有效激励的原则。这意味着，资金的设立不应仅仅是为了支持地方政府或部门建设全国统一大市场，而应考虑扩大激励的对象。这是基于公平竞争审查确立的自我审查模式的固有弊端，限制了实施效果。因此，适度引入外部审查或监督的形式具有必要性，以保障公平竞争审查制度的落地实施。在设置公平竞争审查专项资金之时，应将社会公众的外部监督纳入激励的重要内容。同时，根据有效激励原则，需要控制专项资金奖励规模，设置合理上限，以避免政策制定机关为获取资金而审查造假，防止过度激励导致激励失效。

2.健全主政官员考核激励

在优化主政官员考核机制的过程中，应当重视将公平竞争审查的实施情况纳入政绩考核。随着我国行政体制的演进，行政利益的多元化逐渐明显，导致地方政府和政府职能部门在追求各自独立利益的过程中可能滥用行政权力，从而排除或限制竞争。[②]因此，主政官员在政府决策中的作用尤为关键，其个人利益的选择直接影响政策的制定与执行效果。故而在优化主政官员个人的考核

[①] 参见丁茂中：《公平竞争审查的激励机制研究》，载《法学杂志》2018年第6期。

[②] 参见王先林：《国家战略视角的反垄断问题初探——写在〈中华人民共和国反垄断法〉实施十周年之际》，载《安徽大学学报（哲学社会科学版）》2018年第5期。

指标时,应将落实公平竞争审查实施成效作为重要的考核内容,纳入官员的考核指标体系中,调节地方主政官员对于任职期间的执政业绩预期[①],以此引导官员转变落实公平竞争审查工作的态度,激发主政官员从事该项工作的主动性。《公务员法》第48条第1款规定,在工作中表现优异的公务员或者公务员集体可以给予奖励,并且可以采用物质奖励和精神奖励结合的方式。因此,对于公平竞争审查工作取得显著成效的政府制定机关和主政官员予以奖励,符合我国法律规定。如果公平竞争审查制度的实施成效能够影响到主政官员的职业发展前景,那么有效的政策制定机关及其官员不仅能获得荣誉表彰,还能获得具体的奖励和激励。这种考核和奖励机制的设置,可以提升主政官员满足自身尊重需求的感受,客观上促使更多责任主体积极参与到公平竞争审查工作中。《公平竞争审查条例(征求意见稿)》第43条也将公平竞争审查工作的考核结果纳入地方政府及其官员的政绩考核内容。如果《公平竞争审查条例》最终能够保留该条款,将能在很大程度上激励政策制定机关的工作积极性。

(二)增补对社会监督的激励措施

1.明确对于第三方评估机构的激励

自我审查模式下,政策制定机关需要独自承担审查成本,而审查收益则是全国共享的。这意味着未支付审查成本的其他地区也可以享受到公平竞争审查的收益,导致政策制定机关承担了审查成本,收益却无法完全归属于自己。考虑到政策制定机关数量众多且分散

---

① 参见叶卫平:《财政补贴、产业促进与公平竞争审查》,载《交大法学》2021年第4期。

的情况，以省政府为行政区域进行财政激励具有一定局限性。因此，在这种背景下，想要激励政策制定机关积极主动地开展审查工作，无疑需要投入较大的经济成本才能够达到预期的效果。可见，通过财政转移支付方式激励自我审查无疑是行之有效的措施，但其中产生的相当成本也不得不考虑。公平竞争审查自我审查已成为常态，但要想让政策制定机关的财政激励发挥作用，其成本必须引起足够重视。我国公平竞争审查需求量大、政策制定机关数量多差异大，通过规范性文件设定审查激励的后续成本不容忽视。

与此同时，第三方评估机制作为对政策制定机关审查工作的"再审查"方式，对于公平竞争审查制度的实施发挥愈加重要的作用。从我国当前的公平竞争审查第三方评估机制来看，第三方评估实质上属于自我审查机制。政策制定机关对于第三方评估机构的抉择拥有绝对的自主权，对于第三方评估机构的审查范围、审查内容和审查结果等内容也拥有决定权。可以说，第三方评估机构具有形式上的"独立性"，又具有实质上的"非独立性"。故而公平竞争审查制度激励机制应当将第三方评估机构纳入激励范围，通过设置外部激励措施，提高第三方评估机构审查工作的独立性。与政策制定机关相比，作为适格主体的第三方评估机构数量有限，而同样的奖励数额给政策制定机关可能激励效果十分有限。但若给予第三方评估机构则成效将更为显著。因此，应当在第三方评估机制中引入激励措施，对于达到特定要求的第三方评估机构设置奖励，[①]以此促进第三方评估机构在参与公平竞争审查工作时做到尽职尽责。第三方评估机构在审

---

① 参见孙晋、蔡倩梦：《公平竞争审查制度的实施保障机制》，载《学习与实践》2023年第10期。

查工作中做出的准确发现问题、广泛听从社会反馈、及时进行信息公开等行为,给予其一定的嘉奖。

2.重视对于社会公众的激励

随着福利社会的兴起与公共行政功能的增长,公众参与行政成为趋势。此趋势下制度建构不仅注重行政权力的控制,更注重建构的制度能够适应国家现实发展的需要。以新自由主义思想为根基,不仅捍卫市场机制中"看不见的手"的作用,也在行政管理过程中以所谓"公法私法化"的理念指导和改变行政激励和监管手段一定程度上可以解决激励成本问题,适应当前需求。"通过合理限制私法化实施方式的指向标的、自由度、交易公开性等方面,或可获得比刚性公法实施方式更好的实施效能。"[1]应对常态化自我审查,辅以常态化的公众参与及监督并配以适度激励能很好应对困境。[2]在公平竞争审查的激励机制中,重视对社会公众的激励能够有效促进社会参与。曾有研究提出,在缺乏激励的情况下,潜力仅能发挥20%—30%,然而如果能够获得良好的激励,潜力则可以发挥至80%以上。[3]目前,根据《公平竞争审查条例(征求意见稿)》第29条的规定,对于社会公众的参与主要体现在举报机制的设置。虽然对于公平竞争审查的举报机制作出了相关规定,然而其中只是规定了举报信息接收主体应当对举报信息作出处理,并没有明确举报人能够得到什么切实的益处。

---

[1] 参见曾云燕:《我国公法实施中的私法化问题研究》,载《山东社会科学》2012年第7期。

[2] 参见王霁霞:《公众参与与行政主体理论之变迁》,载《河北法学》2009年第12期。

[3] 参见朱静洁:《公平竞争审查制度实施的障碍及其破解》,载《经济法论丛》2019年第1期。

具体来看，在对社会公众进行激励时，有必要根据社会公众参与公平竞争审查的情况做出不同的激励措施。一方面，对于举报人应当采取物质性激励。举报人可以选择向政策制定机关的上级机关、本级联席会议或者行政部门的本级人民政府就公平竞争审查事宜进行检举。同时，举报信息接收主体应当设立处理公平竞争审查举报信息的内部机构，并指定专人负责接收举报信息。通过完善相关规定，明确给予举报人物质性奖励。由于实名制的举报人信息需要作出保护，精神褒奖更多地需要被外部公众所知悉，通过提高受奖人的社会评价达到激励的目的，故而精神褒奖不宜适用于举报人。而物质性奖励能够达到激励受奖人和保护举报人的双重目的，能够防止举报人信息外泄，导致举报人可能受到打击报复。另一方面，对于及时向政策制定机关提出其他意见的社会公众施以奖励。规范性文件的出台往往需要经过一定的程序，尤其是那些应当征求意见的政策措施，必须经由社会公众的公开讨论方可发布。在此过程中，社会公众参与制定规范性文件应当得到激励。对于向政策制定机关提供有效意见的社会公众给予荣誉奖励，评选为先进单位或个人，或者酌情给予一定数额的奖金都成为促进公平竞争审查实施的有益举措。

二、细化公平竞争审查制度的适用标准

（一）为兜底条款确立一般性审查标准

《实施细则》中的公平竞争审查标准掉入了具体类型规制的窠臼，毋宁说是对涉及市场的行政行为合公平性的汇编。第13条市场准入、退出标准中，第2项是依据《基础设施和公用事业特许经营管理办法》对特许经营权的相关规定，第3项是以《反垄断法》第32条

限定交易规定为直接渊源,第4项是依据《行政许可法》中对行政许可的设定以及有关规定;第14条商品和要素自由流动标准中,第1、2、3项的直接法律依据为《反垄断法》第33、34条的地区封锁规定,而第4、5项则以《反垄断法》第35条的区别对待规定为直接依据;第15条影响生产经营成本标准中,各项具体规定则分别与财政、劳动、保险、行政收费等方面的规定有关;第四类影响生产经营行为标准中,第1、2项直接来源于《反垄断法》第36条关于禁止行政机关对经营者施加外部压力要求其实施垄断行为的规定,第3、4项则是直接遵照《价格法》第三、四章关于政府定价和价格调整的有关规定等等。

《实施细则》四大标准的规定都仅以政策措施的适用对象作为规定的主体和主要内容,缺乏一般性审查标准的公平竞争审查制度,更像是反垄断法和相关法律法规的汇编,而这一问题的破除则需要标准制定方式的理性回归。《实施细则》的主要任务不是对典型行为的列举和针对性打击,而需要审查标准制定重回"具体到抽象"的基本规则。因此,公平竞争审查标准应从形式化的具体实践类型回归到实质化的概括性抽象,在搭建好审查标准的整体框架体系之后,应当在具体标准的基础上提炼一般性审查标准,通过审查标准的要件式解构,增强公平竞争审查标准的自主性、整体性和体系性。对于审查标准外部具体行业领域的规定,可以通过转介条款对一般条款进行扩充和细化,增强审查标准的可操作性。

尽管《意见》规定了"没有法律、法规依据,各地区、各部门不得制定减损市场主体合法权益或者增加其义务的政策措施;不得违反《反垄断法》,制定含有排除、限制竞争内容的政策措施",但该条规定过于抽象只能作为总则的内容。在《公平竞争审查条例》的制定中应当继续吸纳该条作为总则条款,一方面作为原则性规定统率分则的一般性标准,另一方面可以作为分则审查标准的兜底性规定,实现体系逻辑上的融贯和操作适用上的便利。目前《实施细则》的四大标准的划分只指明了该类型标准项下政策措施的作用对象,但是该政策措施的竞争影响及其规制方式、判断标准并未被包含,造成一般性标准内容不完整,因此应当针对市场准入和退出、商品和要素自由流动、生产经营成本、生产经营行为四大标准分别设置一般性审查标准,一般性审查标准的内容应当包括审查对象、竞争影响和判断标准。以"影响市场准入退出"标准为例,其适用对象是"涉及市场主体市场准入和退出的各类政策措施",行为是"没有法律、行政法规或者国务院规定,以行政检查、行政处罚、行政强制等方式,对不同所有制、不同组织形式的经营者实施不合理的差别化待遇,设置不平等、不合理的市场准入和退出条件",竞争影响是"排斥或者限制经营者或潜在经营者进入相关市场和公平参与竞争",核心判断标准是"是否对市场主体形成歧视和差别化待遇,市场准入和退出条件是否合理且必要"。综上而言,"影响市场准入退出"的一般审查标准可以概括为"在涉及市场主体市场准入和退出的各类政策措施中,没有法律、行政法规或者国务院规定,不得以行政检查、行政处罚、行政强制等方式,对不同所有制、不同组织形式的经营者实施不合理的差别化待遇,设置不平等、不合理的市场准入和退出条件,排斥或者限制经营者或潜在经营者进入相关市场和公平参与竞争"。

(二)对模糊性审查标准进行补充和细化

如前所述,尽管对于《意见》《实施细则》中很多条文而言,其具体解释有章可循,但是对于一些与竞争审查相关的基本专业术语以及一些基础概念也处于含混的状态,而且并无法律法规进行专门的解释,比如:公平竞争、市场、经营者、限制竞争、排除竞争、限定、不合理、歧视性、特定经营者等,进而产生了过大的解释空间,竞争审查的实践存在过大的差异性。而这种差异化的解读在审查实践中则会进一步演化为审查结果的差异化,实际上也是竞争审查标准适用上的差异性和不确定性,也会进一步衍生规则公平性以及公平竞争保障的实质性实现问题,因此亟须对这些模糊性的审查标准进行解释与细化。

1. 对"特定经营者"表述的解释

"特定"的文本含义为"某一种或某一个",因此对含有"特定经营者"并涉嫌对竞争造成不利影响的政策性条文需要逐项分析。例如在北上广这样的一线城市,世界500强企业数量居多,此时受到优惠政策的市场主体就不是"特定"的。但是在三线城市的县级市,世界500强企业经过排查只有1家,那么该政策文件中提及的经营者就是"特定"的。另外,此处的"特定经营者"既可以理解为单一经营者,也可以理解为某一类经营者,例如,"在深圳港完成集装箱量超过1000标准箱(含)的海铁联运或海江铁联运公司"此项表述涉及的经营有很多,看似并不特定,但其同样也规定了只有装箱量超过1000标准箱(含)的公司才能获得补贴,那么需要判断1000集装箱以下的公司在相关市场的数量从而分析获补贴企业数量占企业总量的比例,以此来分析该比例是否在一定合理的范围。从而来确定补贴对象是否属于"特定经营者",因而对某一类经营者进行奖补是否属于特定经营者的范畴需要具体情况具体分析。

但总的来说,判断是否"特定"只是第一步,只有这一条款涉嫌对竞争秩序造成不利影响,才能被纳入公平竞争审查范围之内。对于判断是否造成了排斥、限制竞争的消极影响,可以考虑根据"由窄到宽、由易到难"的思路,采取分步走战术,解决这一问题,地方政府一般直接指定某一个或者某几个企业予以较大金额的奖励措施,总是具有较大的排除、限制竞争的效果或者可能,应予禁止;对于通过事先确定的标准来遴选出一批企业予以奖补的,有可能对公平竞争及全国统一市场建设形成妨碍,也有可能弥补此类企业的竞争劣势,从而具有一定的促进竞争的效果,故应进行公平竞争审查范围之内;以优化当地产业结构为目的补贴特定产业(如高新技术产业、战略性新兴产业等)可能会使得接受补贴的本地企业获得相对于其他地区同类产业及企业的不公平竞争优势,应作公平竞争审查;对本地所有企业(不区分所有制、规模、行业、经营状况等因素)予以公平奖补的,由于单个企业也难以借此获得较大的竞争优势,因此可不作公平竞争审查,但需要说明的是,如果政策表述是"本土企业"而不是"本地企业",由于地方并不是只有本土企业,同时还有各地过来投资的经营者,其中就会涉及特定经营者的问题,因此就会违反公平竞争审查。

2. 对"不合理""歧视性""明显不必要"等抽象用语的分析

"不合理""歧视性""明显不必要"等专业术语的解释缺失,将会导致全国各地在适用审查标准使用法不一,产生"同案不同判"的问题。所以,我国应当进一步细化二级和三级审查标准,对相关术语进行专业界定,避免"同案不同判"的问题,避免市场经营主体为规避地方法律,实行市场投机行为,增加审查难度。

澳大利亚量化分析方法自适用以来成效明显,使竞争评估工作事半功倍,具体而言,澳大利亚的竞争评估制度主要包括建立审核、进行审查和实施审查建议三个阶段,第一阶段建立审核主要是指在对立法政策进行竞争评估前,应该确定要解决的问题。如:确定审查评估的重要性;确保审查指导委员会的独立性;确定适当的审查模型;确定明确的职权范围等。第二阶段进行审核主要是在评估机关依据大量确定的评估标准对立法政策进行分析,判断其对市场活动的影响,确定是否具有限制市场竞争的可能性。第三阶段实施审查建议主要是指当一项立法政策经过前两个阶段评估后确认其具有排除、限制竞争情形,在实行替代性审查方案后,克服其在实施过程中出现的障碍。其中竞争评估标准的制定和实行主要集中在第二个阶段,此阶段也是本段重点所在。根据《竞争原则协议》(CPA)大致可以将澳大利竞争评估标准分为两个阶段。第一阶段是初步评估阶段。该阶段评估比较简单便捷,主要包括两部分,第一部分主要是确定立法政策的实施目标;根据政策目标旨在解决的问题对其进行分类;最后确定需要进行竞争评估立法政策的优先性。该部分进行评估时,主要以政策目标和政策旨在解决的问题为标准开展竞争评估。另一部分是识别竞争限制的性质。澳大利在这一部分主要就是通过回答一系列的是非题判断一项立法政策是否在市场进入或者退出、生产和价格控制、质量、广告、输入类型、巨额费用及区别优势等方面存在排除、限制竞争的可能性。第二阶段是深入审查阶段。经过第一阶段的分析后,可以确定具体的限制类型,第二阶段的深入评估则是从评估限制影响和政策效益成本两个方面,进行深入评估。

虽然我国的《实施细则》是以澳大利亚的国家竞争政策为借鉴制定的,但是由于我国起步晚,再加之市场经济运行规律的独特性,在审查标准的制定和适用上面过于笼统和粗犷,因此,2020年,国家四部门联合出台《通知》要求进一步充实和细化审查标准,使其更加具有可操作性，澳大利亚这种量化分析方式适用性强，根据各地经济水平、市场经济活动规律差别化地制定审查标准，包容性大，对进一步细化"不合理""歧视性""明显不必要"等专业术语提供了方法指导。

（三）标准竞合问题下公平竞争审查标准的体系完善

由于目前的公平竞争审查标准体系经过近几年的推广和普及，具备一定的实践基础，改变太大不利于审查人员对审查标准的熟练掌握和运用。应当尽量在不发生太大改变的情况下对当前的审查标准体系进行优化。基于此，建议将《实施细则》第14条"商品和要素自由流动标准"修改为"限制商品、服务和要素自由流动标准"，同时置于三大标准之后。并在"限制商品、服务和要素自由流动标准"中增加一款，"违反该标准同时违反其他三条标准的，应当优先适用本条标准"。因为，如果政府出台政策措施的行为同时违反了"限制商品、服务和要素自由流动标准"和其他三条标准，意味着该行为不仅损害市场主体之间的公平竞争，也导致了地区之间商品、服务和要素自由流动受阻，破坏了全国统一大市场的完整性，影响全国统一大市场的高效设施，其他三条任何一条标准都难以对该种行为进行全面评价，所以产生审查标准适用竞合时，优先使用"限制商品、服务和要素自由流动标准"。如此一来，限制商品、服务和要素自由流动作为独立的审查标准，可以让审查人员清晰认识到该标准的特殊性及其对全国统一大市场建设的关键性要求，同时也不至于产生与其他三条标准混淆和误用的情况。实际上，公平竞争审查标准之间的竞合是难以避免的，可能也存在同一行政行为同时违反多个标准的情形，但并不会标准适用的重复而对问题文件的修改或者废止产生实质影响。审查标准的主要作用在于让审查人员有更系统、更明确的指导。因此，没有必要完全避免审查标准的重复，只需要对其审查标准之间的适用逻辑进行明确,并在审查标准的结构上明确其特殊性即可。

同时,由于列举式规定难以穷尽列举的问题,导致审查标准的形式化严重,建议对四大审查标准进行提炼,进行一般性概括。"限制市场准入退出标准"概括为"在涉及市场主体市场准入和退出的各类政策措施中,没有法律、行政法规或者国务院规定,不得以行政检查、行政处罚、行政强制等方式,对不同所有制、不同组织形式的经营者实施不合理的差别化待遇,设置不平等、不合理的市场准入和退出条件,排斥或者限制经营者或潜在经营者进入相关市场和公平参与竞争。""影响生产经营成本标准"可以概括为"在涉及市场主体生产经营成本的各类政策措施中,政策制定机关不得通过财政奖补、税收优惠、要素获取优惠等措施对具有选择性和针对性的特定经营者赋予竞争优势或者施加竞争限制,导致市场资源的调节作用扭曲或失灵"。"影响生产经营行为标准"可以概括为,"在涉及市场主体生产经营行为的各类政策措施中,不得通过商品或服务价格,生产、销售、进口数量等控制或者变相控制经营者的经营行为,强制、组织或者引导经营者达成垄断协议、滥用市场支配地位和实施经营者集中等垄断行为,不当干预经营者的自主经营行为,破坏市场竞争秩序"。"限制商品和要素自由流动标准"可以概括为"在涉及市场主体商品和要素自由流动的各类政策措施中,不得通过歧视性价格、享受补贴和优惠政策、参加招标投标条件或者技术性措施等,限制外地和进口商品、服务进入本地市场或者阻碍本地商品运出、服务输出,影响全国统一大市场建设和高效市场的实施"。

对于审查实践中适用较为频繁的标准进行重点凸显和细化,如第15条第2款实践中运用较频繁,并且存在遗漏部分典型情形的情况，可以将该项二级标准进一步细化三级标准，"根据特定经营者缴纳的税收或者非税收入情况，采取列收列支或者违法违规采取先征后返、即征即退等形式，对特定经营者进行返还，或者给予特定经营者财政奖励或补贴、减免土地等自然资源有偿使用收入等优惠政策"。作为第一项，增加"安排财政支出一般不得与特定经营者的实缴注册资本或经营贡献、经济贡献挂钩"和"没有法律、行政法规或者国务院规定，安排人才奖补资金不得与特定经营者挂钩"。同时，也需要对审查实践中适用较少的标准进行合并，如第15条第4款可以删去三级标准，修改为"没有法律、行政法规依据或者经国务院批准，不得要求经营者提供或扣留经营者各类保证金"。需要强调的是，三级标准的作用在于对二级标准进行解释，没有独立的意义，在审查适用过程中，只需要具体到二级标准即可。

为了防止政策制定机关从文义上和形式上规避目前的列举式审查标准，建议增加兜底性标准，同时将市场竞争效果标准融入其中，为形式审查存在偏差时进行校正，兜底性标准规定为"没有法律、法规或国务院决定和命令，不得制定减损市场主体合法权益或增加其义务的政策措施，并产生限制、扭曲市场竞争的效果"。

三、完善公平竞争审查制度的监督机制

（一）完善我国公平竞争审查的内部监督机制

我国的公平竞争审查内部监督主要体现为对已审查政策措施的定期评估及对适用例外规定政策措施实施效果的逐年评估。然而，现行文件关于内部监督的规定较为原则，留给审查主体过大的自主空间，容易导致评估结果被操控，最终使内部监督流于形式，难以保障公平竞争审查制度的有效实施。因此，需在分析现有问题的基础上,科学合理地完善公平竞争审查的内部监督机制,确保其高效运行,督促审查主体公正、准确地完成审查工作。

公平竞争审查的内部监督应以程序监督为主。第一步,相关规定应明确对已审查政策措施进行定期评估的时间周期,评估需基于一定时期内的数据,周期过短可能导致数据不足,过长则可能难以区分政策措施与其他事件对市场竞争的影响。综合考虑,将定期评估周期设为三年较为适宜。我国可以参考OECD的经验,将定期评估周期设定为三年,不再给予审查主体自行决定的空间。第二步,定期评估应以科学、可信的竞争评估报告为依据,可以引入第三方评估机构参与评估,并在相关文件中明确第三方机构的遴选和确认问题。政策措施的定期评估应结合定量与定性方法,进行实质审查,政策制定主体应将评估结果以书面报告形式提交同级联席会议,并在评估后对相关政策措施进行清理或调整。审查主体在评估时应向社会公开征求意见,并及时公开评估情况和结果等信息。① 最后,适用例外规定政策措施的逐年评估由政策制定主体负责,相关文件应要求政策制定主体委托第三方专业评估机构进行专业评估,撰写并公开书面评估报告,并在报告公开后六个月内清理或调整实施期限到期或未达预期效果的政策措施。逐年评估的监督工作可由市场监督管理总局牵头,对不当适用例外规定或未按要求进行评估的政策制定主体进行严格惩戒,并在全国范围内通报相关情况。

(二)优化我国公平竞争审查的外部监督机制

由于内部监督主体在评估竞争影响方面的专业能力有限,且与

---

① 参见时建中:《强化公平竞争审查制度的若干问题》,载《行政管理改革》2017年第1期。

政策措施有直接利益关系，内部监督不应是我国公平竞争审查的主要监督方式。从长远来看，监督工作主要应依靠外部长效监督机制，避免单纯依赖审查主体的内部自律。我国公平竞争审查外部监督机制的优化，应着力解决社会公众举报渠道不畅通高效、审查案例公开不足、文书撰写不规范等问题，以提升外部监督的有效性，改善监督不力的现状。

1.建立畅通高效的社会公众举报渠道

为保障举报渠道的畅通和高效，应在相关补充文件中明确举报人提供的事实、证据和举报书应包含的基本信息。同时，应在举报信息接收主体内部设立专门机构，负责处理公平竞争审查举报信息，包括接收、初步审核、传送和反馈。接收机构接到举报后，对举报书和证据进行形式审核，满足基本要求的给予接收回执，然后将资料交给相关审查主体审核，并在决定是否启动调查后及时书面反馈举报人。此外，可以通过建立全国统一的公平竞争审查信息互动平台，促进举报信息的接收和反馈，推动中央、地方及社会公众之间的高效信息互动。通过畅通、透明、高效的举报渠道，促进监督者与被监督者之间的意见交流，强化社会监督，提升公众参与公平竞争审查制度的积极性，充分发挥公众对审查主体的制衡作用。[①]

2.提升公平竞争审查案例信息公开的充分性、规范性和及时性

我国应解决公平竞争审查案例信息公开不充分、不规范、不及时的问题。首先，现有公开文件仅涉及存量政策措施的清理工作，范围较为局限，不利于全面监督。审查主体应将增量政策措施的审

---

① 参见李国海：《国有企业的特殊性与公平竞争审查之实施》，载《吉首大学学报（社会科学版）》2017年第4期。

查情况、定期评估结果、例外规定的适用情况及逐年评估报告等具体情况公开,确保信息公开的充分性。其次,市场监督管理总局应尽快提供公平竞争审查案例撰写的通用模板,明确公开文件的写作结构及必须包含的基本信息,[①]并对例外规定适用、意见分歧等情况进行详细说明,确保信息公开的规范性。最后,各审查主体公开案例的及时性差异较大,应通过补充规定明确遵守《政府信息公开条例》的相关要求,在信息形成或变更的二十个工作日内向社会公开,确保及时性。

此外,审查主体在进行公平竞争审查前,应及时公布政策措施的名称、编号、具体内容等,广泛征求公众尤其是利害关系人的意见,并在审查报告中记录这些意见,将其作为审查的考量因素之一。在时机成熟时,可考虑建立公平竞争审查结果中央数据库,将各地区的案例信息整合到中央数据库中。相关主体应利用数据库中的信息制作、发布定期报告,反映各地区的审查情况、被动启动审查(公众举报)的情况、因未按标准进行审查而被处分的情况及审查平均周期等。在此基础上,对各地区的公平竞争审查工作进行比较分析,并根据实施质量进行排名,督促审查主体高效、公正地开展工作。中央数据库的建立不仅为审查主体提供充足、权威的参考资料,还能对审查案例进行实时、全面的监督,有效提升外部监督效果。

---

① 参见王贵:《论我国公平竞争审查制度构建的基准与进路》,载《政治与法律》2017年第11期。

第六章 "竞争中立"原则下深化国有企业改革

第一节 确立国有企业改革中的"竞争中立"原则

一、竞争中立的制度变迁

"竞争中立"的概念起源于海外,其含义和范围随着全球经济的发展不断演变。从法理角度来看,这一概念最早出现在澳大利亚20世纪90年代的国家经济改革之中,随后借由OETC的大规模传播和普及,得到了国际社会的高度重视和赞同。①

作为实行竞争中立最早的国家,目前澳大利亚是全球唯一一个既将竞争中立作为竞争制度的原则,又有一套完整的执行、监督和投诉体系的国家。1996年,澳大利亚发布了《联邦竞争中立政策声明》,将"竞争中立"概括为5项基本原则:税收中立原则、信贷中立原则、监管中立原则、合理的商业回报率原则与价格反映成本原则。自此,"竞争中立"从单纯的法律原则变成了行之有效的国内法律规则。结果显示,由于实践"竞争中立"制度,澳大利亚成功地削弱了政府的

---

① 参见孙晋:《竞争性国有企业改革路径法律研究——基于竞争中立原则的视角》,人民出版社2020年版,第92页。

所有权优势,提升了国企的工作效率,让国企的价格与其资源成本保持一致,防止了资源配置失衡,进而保障了国内经济改革的平稳推进。①

OECD是目前国际上对"竞争中立"研究最为深入的组织,早在2009就开始对各国竞争中立的实践进行了跟踪研究,并且在2011年和2012年发布两份报告《竞争中立和国有企业——挑战和政策选择》和《竞争中立——确保国营企业和私营企业间的公平贸易》。在报告中指出了国有企业竞争优势的来源、对国有企业公司治理与实施竞争中立之间的关联、分析竞争中立的框架、竞争中立所规制的具体方面等问题。②其中,OECD的八项主张指向"规范国企运营模式、分账户核算、商业回报要求、透明补偿要求、税收中立、监管中立、债务与补贴中立、规范政府采购要求"。③在国际上形成了具有相当影响力的"国际软法"。"竞争中立"也逐渐从国内法的实践延伸至国际法的领域。

"竞争中立"在我国引起广泛关注,其一定程度上可以追溯至美国主导的《跨太平洋伙伴关系协定》(以下简称"TPP")。TPP专章规定了"国有企业和制定垄断",使其成为当时在竞争中立问题上标准最高、影响最广的国际协定。④美国借竞争中立的理念,在国际贸易和谈判中频繁指责我国的国有企业,意在全球竞争的语境下掌握

---

① 参见王玉辉、雷浩然:《竞争中立政策之理论逻辑与本土化路径建构》,载《经济法丛论》2020年第10期。
② 参见刘笋、许皓:《竞争中立的规则及其引入》,载《政法论丛》2018年第5期。
③ See OECD Corporate Governance Working Paper, http:www.oecd-ilibrary.org/governance, last visit on June. 20, 2023.
④ 参见应品广:《竞争中立规则研究——国际比较与中国选择》,中国政法大学出版社2020年版,第63页。

话语权，给我国施加了巨大的外贸和投资压力。尽管美国在2018年就退出了TPP，但在日本的推动下，2018年3月8日签署了《全面与进步跨太平洋伙伴关系协定》（以下简称"CPTPP"），全文照搬了TPP的国有企业规则。"美版"竞争中立更加强调自由竞争，反对竞争受到一切外来因素的干扰。"澳版"和"OECD版"均赞同政府对于市场的影响是积极的，适度的介入可以保障企业的利益，但是限制一般商业性国企与私企的公平竞争。①

我国首次提出竞争中立概念，是在2017年国务院印发的《"十三五"市场监管规划》中，明确指出要"把竞争政策作为制定经济政策的重要基础"，"实行竞争中立制度，避免对市场机制的扭曲"。自此，竞争中立逐渐成为了官方表达。实际上，尽管竞争中立理论并未最早出现在我国的政策环境里，但其核心含义已经深入当前的中国竞争法及竞争政策之中。随着竞争中立越发受到学界的重视，"全能政府""父爱主义"之下的积极干预主义成为过去，经济法的谦抑性、反垄断执法机构的谦抑执法开始成为主流。②竞争中立不仅在国际竞争的场域下发挥重要的作用，更是深刻影响了国内制度的发展以及我国参与国际贸易的进程。

市场经济是法治经济，根据自身经济发展的战略，各个司法区域的竞争中立架构展现了各自的特点，侧重点各有不同，其法律化实践也呈现不同的面貌。其实施往往需要考虑国家的经济发展阶段、政府对市场的干预模式及深度、本国的产业政策等多重因素，选择

---

① 参见陈啸、杨光普：《以竞争中立为核心原则强化竞争政策基础性地位》，载《海南大学学报（人文社会科学版）》2021年第3期。
② 参见孙晋：《谦抑理念下互联网服务行业经营者集中救济调适》，载《中国法学》2018年第6期。

适合于本国国情的方式予以推行。竞争中立深层内涵是促进公平竞争。在我国学界普遍认为,竞争中立即指在竞争法律和政策面前所有的企业一律平等,[1]要义就是尊重市场权威,由竞争本身决定竞争结果,本质就是强调国家经济治理应最大程度地避免限制或扭曲竞争,禁止政府反竞争行为。[2]因此,我国需要从国内和国际两个立场对竞争中立展开探索。在国内层面,首先,在既有的竞争法与竞争政策体系中挖掘竞争中立内涵,比如反垄断法、反不正当竞争法、公平竞争审查制度等。其次,在国有企业改革的进程中推进竞争中立原则,包括公司制改革、所有权和经营权的分离、促进国企和私企的公平竞争等。最后,在市场经济体制改革中贯彻和传播符合我国发展和改革方向的竞争中立理念。在国内改革的基础上,应当运用中国的经验、数据、实例来说明发展中国家如何在确保公平的市场竞争前提下,推动一国经济的发展。在国际层面,要避免竞争中立成为新型贸易保护主义。我国要始终秉持"全球价值链"理论,维护全球竞争的实质公平。在我国参与的国际贸易谈判中提出符合自身需求的竞争中立主张,对于我国实现更大范围、更宽领域、更深层次的对外开放具有决定性意义。这不仅需要构建中国版的竞争中立制度体系,还需要适当输出中国版竞争中立的理念。

竞争中立作为一个政策工具,其规则和程序必须要为一国的公共利益和社会福利服务。从本质上说,竞争中立是关乎政府如何处理与市场关系的关键问题,是每一个实行市场经济体制(无论是哪

---

[1] 参见时建中:《论竞争政策在经济政策体系中的地位——兼论反垄断法在管制型产业的适用》,载《价格理论与实践》2014年第7期。
[2] 参见张占江:《政府反竞争行为的反垄断法规制研究》,上海三联书店2020年版,第32页。

一种模式的市场经济）的国家和地区的市场经济内在的最基本需求，也是这些国家和地区的政府在处理与市场关系时最基本的原则也是最重要的立场。①政府与市场的关系是经济体制改革的核心问题，竞争中立的本意并非取消国有企业或者完全杜绝政府的干预。其背后隐含的经济生态系统观和企业生态系统理论，要求不仅要关注国有企业的改革目标与方向，还需要从全局经济和社会角度来定义改革目的。我国学界和政界现阶段对竞争中立的理解虽然是多元的，暂时还没有一个固定而统一的概念，但是国家决策层越来越重视这个问题，竞争中立越来越成为国家意志和市场的共识，这已是不争的事实。

二、国有企业改革逻辑及其与竞争中立制度的关系

从世界各国的发展脉络来看，国有企业勃兴时期应该从20世纪30年代算起，50年代后西方国家国有企业的投资已经占西方政府总投资额的50%以上。②自90年代开始，国际市场就出现了国有资本大规模参与全球竞争的特殊现象。③在英文文献中，一般使用State-Owned Enterprises（SOE）来表示国有企业；有时也将国有企业称为"政府企业"（government enterprises）。我国国有企业一般是指中央政府所有的企业（所谓的"央企"）和地方政府所有的企业。在不严格意义上，集体所有的企业也可归入国有企业的范畴。④我国国有企

---

① 参见孙晋：《新时代确立竞争政策基础性地位的重大意义和法律实现》，载《政法论坛》2019年第2期。
② See Yairaharoni, "Note——Performance Evaluation of State-Owned Enterprises: A Process Perspective", *Management Science*, 1981, 27 (11).
③ 参见刘雪红：《"国企条款"的历史演绎与法理逻辑》，载《法学》2023年第2期。
④ 参见石伟：《竞争中立制度的理论和实践》，法律出版社2017年版，第135页。

业成长和发展的过程中,始终在进行改革。要理解并贯彻"竞争中立"制度就有必要对我国国有企业发展及其改革历程进行简单的回顾,揭示国有企业改革背后的竞争中立逻辑。

(一)国有企业形成阶段(1949—1978)

我国建立和发展国有企业的过程中,主要参照了苏联的国营企业发展模式,即列宁主张的"国家辛迪加"模式。1956年社会主义改造完成后,国营企业和集体企业成为我国国民经济的主体。1961年9月中共中央发布的《国营工业企业工作条例(草案)》对国营企业的制度进行了规定。在此期间,国家投资建设的企业数量众多,构成了我国经济运行的基础。

(二)国有企业改革探索阶段(1978—1992)

1978年12月,中共十一届三中全会在北京召开。会议指出,我们当下要做的是在统一领导下,大胆将权力下放,把更多的经营管理自主权下放给地方和工农业企业;同时应大力精简各级经济行政机构;还强调重视价值规律的作用,坚决按照经济规律办事。这一时期,我国采取政策实验的方式,通过扩权让利的方式扩大了企业自主权,又确立了经济责任制进一步完善扩大企业自主权的改革制度。同时,经由利改税和承包经营责任制的渐进式改革方式,进一步激发了企业活力。在国企改革探索阶段,明确了以市场导向为主导的企业改革路径,从政府与市场的互动关系上看,已经由市场在资源配置中"起辅助性作用"发展到"起基础性作用",最终确定为"起决定性作用"。这一基本取向巧妙地契合了竞争中立的核心理念——要求国有企业应当是独立市场竞争主体并且采取市场化的经营方式。

(三)国有企业改革突破阶段(1992—2002)

这一阶段的改革重点在于对国有企业进行公司制改革,建立现代的企业制度是市场经济制度发展的必要条件。1993年12月29日，全国人大常委会审议通过了《公司法》，以法律的形式确立了现代企业制度的基本框架。以股份制试点和战略性改组作为国企改革的突破口，使得国企改革取得了阶段性的成就。经过公司制改革后的国有企业经营动机和奖惩等也会发生变化，其行为范式也强调突出市场导向、竞争意识和商业化理念。公司化改造并非强制性而是更具选择性，但是以公司制为主的国企改革符合竞争中立"简化国有企业运作形式"的要求。

（四）国有企业改革巩固阶段（2002—2012）

在改革巩固阶段，我国以建立现代产权制度、建立新的国有资产管理体制以及完善公司治理结构三个方面为改革的主要抓手，分地区逐步推行，由点及面地推进国有企业公司制的经济型治理结构。经济型治理能够与市场治理相结合，解决国有企业经理人的激励约束问题，同时建立健全市场化的经营机制。竞争中立普遍要求获取合理的商业回报率，而这一要求能够被满足的前提有赖于良好的公司治理方式，这也是OECD长期以来重视国有企业公司治理与竞争中立相融性的重要原因。经济型治理满足了竞争中立对国有企业治理方式的基本要求。

（五）国有企业分类改革阶段（2012年至今）

党的十八大以来，国有企业改革发展到一个前所未有的新阶段，本阶段国有企业改革无论是在纵向还是横向上，都达到了一个新的高度。2015年发布的《关于在深化国有企业改革中坚持党的领导加强党的建设的若干意见》指出，这一阶段国有企业改革集中在完善国有企业现代企业治理方式与加强党建的统一。同年发布的《关于深化国有企业改革的指导意见》中，针对分类改革强调要"稳"字当头,分步实施。竞争中立不论是在国内法还是在国际协议中,都表示其仅适用于商业活动。例如,澳大利亚在《竞争原则协定》中直接规定,竞争中立是为了"消除政府企业在开展重大经济活动中因为所有权因素而产生的资源配置扭曲""这些原则仅仅适用于政府所开展的商业活动,其所开展的非商业、非营利性活动并不包括在内"。分类改革的重点在于准确界定不同国有企业的功能,此举有助于区分不同企业在国民经济中的功能定位,从而清晰地设定它们的战略方向及发展目标,形成差异化的发展路径,增强企业活力与发展动力。国有企业分类改革将国有企业区分为公益类和商业类。前者的功能定位是保障民生、服务社会、提供公共产品和服务,后者则被要求以市场化方式开展商业运作。国有企业分类改革的核心思想就是竞争中立原则,与竞争中立的适用条件不谋而合。党的十八届三中全会《中共中央关于全面深化改革若干重大问题的决定》指出,要完善国有资产管理体制,以管资本为主加强国有资产监管,改革国有资产授权经营体制,组建若干国有资本运营公司。竞争中立的底层逻辑就是政府与市场的关系,更进一步说,是政府与国有企业的关系。政府与国有企业的关系不仅体现在产权制度上,更加表现在监管模式中。"管资本"作为主要监管方式有助于削弱政府和国有公司之间偏颇的联结关系,从监管层面上消除国有企业"不当竞争优势"与"不当竞争劣势"。这与竞争中立所宣称的监管中性要求更是高度契合。

纵观国有企业的改革历程不难发现,国有企业改革始终是中国经济体制改革的重点和中心环节,而国有企业的系列改革措施正是体现我国处理政府与市场关系思路的最好素材。虽然国企改革有诸多不足之处,但是改革的实践都有意或无意、显性或隐性、直接或间接地向竞争中性的核心理念、基本要义、价值追求、基础要求、根本

319

逻辑、本真功能和实现方式收敛与趋近。[①]

在新一轮深化国有企业改革的过程中,更应当贯彻竞争中立原则。一方面,竞争中立原则沿着"国内制度—双边规则—国际软法—国际规则"的路径逐渐演化,在国际上备受推崇。竞争中性不仅对推进国有企业改革提出了方向和要求,而且提供了破解现实问题的有益思路。其核心理念、主要原理、基本要求和关键内容在相当程度上契合推动国有企业与民营企业公平竞争的制度建构诉求,符合新一轮国有企业改革方向。新一轮深化国有企业改革需要将竞争中性的理念、原则和要求导入其中,全面审视、优化、调整改革目标和思路,构建基于竞争中立视角下的国企改革战略思维,探索解决国企改革深层次难题的战略性方案,推动国有企业发展行稳致远。

三、国企改革中竞争中立原则的本土化建构

国际贸易谈判争端的解决以及我国新一轮深化国企改革的现实需求,都要求我国尽快对竞争中立这一原则做出具体的回应。竞争中立主要是通过竞争法的方式规范政府的经济行为。竞争法不仅包括反经济垄断行为,也包括反政府限制竞争行为。当前世界上多数国家和地区都构建了域内的竞争法制度。如何立足我国国情,构建保障中国特色社会主义市场经济健康发展的竞争中立政策,成为中国竞争法治研究中的重要课题。

在国企改革的过程中,必须清楚地认识到竞争中立是一种原则,而不是政策。这种理念应该贯彻到政府制定政策、购买公共服务、

---

① 参见黄速建、肖红军、王欣:《竞争中性视域下的国有企业改革》,载《中国工业经济》2019年第6期。

税收与补贴、监管执法、招投标等所有行为中。首先,强化竞争中立原则在国企改革中的重要地位。国企改革对国内经济发展具有重大影响,与产业政策不同,竞争政策强调对竞争性市场机制的维持与发展,包括实现竞争、增进竞争和规范竞争的政策规定与政策手段。反垄断法和反不正当竞争法构成了我国现行的竞争管理体系的核心部分。但是,国有企业因其特殊性,往往豁免于竞争法。因此,需要竞争中立原则从宏观上来矫正国有企业与私营企业的不公平竞争关系。强化竞争中立在国企改革中的核心地位,是推进具体竞争中立政策的首要条件。其次,在国企改革中明确竞争中立原则,还需要全面贯彻。竞争中立意味着不能仅仅关注国有企业,而要看到由国有企业与民营企业一同构建的经济生态系统。竞争中立原则指向政府、国有企业和民营企业三者在竞争性市场中之间的关系,也就是说,政府有义务确保市场主体不因与政府存在特定联系而具有相较他者的竞争优势,保证法律规则的同等适用,以维护竞争环境的公平。[1]全面统筹国有企业与民营企业,从市场经济的整体效率考虑对二者平等对待。不仅要做强、做优、做大国有企业,更要激发民营企业的市场活力和盈利水平,努力实现"国民共生""国民共进""国民共赢""国民共强"和"国民共荣"。在这一过程中,不能只是狭隘地关注国有企业如何遵守竞争中立的原则,更要防止竞争中立对民营企业造成"挤出效应"。最后,竞争中立首先在国际层面受到关注,进而倒逼国内进行竞争中立原则的研究以及落实。我国应当有策略地接受并且按照合理的方式搭建具有我国特色的竞争中立体系,进一步输出我国的竞争中立理念。这是一个长期的战略规划而非短期

---

[1] 参见闫海、王洋:《论法治化营商环境视阈下的竞争中立原则》,载《商业研究》2019年第10期。

的战术手段。

（一）贯彻竞争中立的基本立场

竞争中立本质上是保护经济体制下各类市场主体能够在市场中公平竞争，使得市场在资源配置中起决定性作用。因此，竞争中立原则的贯彻需要与一个国家或者组织的社会发展阶段相符合。在竞争中立这一核心原则的引领下，具体的实现方式要根据实际的经济水平"因地制宜"。我国处于发展中国家的行列，一方面，要主动应对国际标准对我国国际贸易的冲击，积极融入价值链，才能分享全球化的惠益，实现经济的包容性发展。同时，提高对国际政治经济格局演变新趋势的本质认识。在国际交往和贸易中，关注竞争中立规则履行成本，慎重作出额外的承诺，避免国家的经济政策和外交策略陷入被动的境地，始终在国际贸易中维护我国企业的利益。另一方面，完全排除政府干涉的、全面自由化的经济在国内市场经济建设的过程中并非明智之举。发展中国家不仅需要通过实施竞争中立建立、完善本国公平竞争的市场环境，从而由竞争机制培育出代表高生产率的真正具有国际竞争力的企业，也有必要通过实施产业政策促进和推动企业（尤其是国有企业）生产率的提高，从而在国际竞争中获得最大利益。[①]回顾国企改革的历史，竞争中立一直暗含在国企改革的每个阶段之中，应当在顺应国际贸易中竞争要求的同时，坚持我国既有改革方向的步调。

竞争中立原则的实施要有完善法律制度作为保障。根据已有经验，完善的法律制度是维护公平市场环境、践行竞争中立制度的基石。我国以反垄断法和反不正当竞争法为主体的竞争法治为竞争中立的实施创造了法律背景，但是，与欧美国家相比还有完善空间。以

[①] 参见应品广：《竞争中立规则研究》，中国政法大学出版社2020年版，第160页。

企业税收为例,国有企业仍然可以通过政策文件甚至法律规定获得相应的减免和"优惠"。2009年财政部、国家税务总局发布了《关于企业重组业务企业所得税处理若干问题的通知》,将企业重组区分为"普通重组"和"特殊重组",一旦被认定为"特殊重组",国有企业基本可以获得超特殊税务处理优惠。[①]。

已经付诸实施并在探索发展中的公平竞争审查制度,也可以作为贯彻竞争中立原则时借鉴的本土经验。随着我国国有企业改革、政府管理体制改革的推进,影响经济可持续发展的结构性矛盾仍然存在。可以将竞争中立原则融入一系列的改革措施之中,分阶段逐步落实竞争中立理念的宣传和相关制度的建立。在法律和政策层面,应当进一步明确国有企业的法律地位,明确规定国有企业与政府的关系、监管框架等。同时,政府也应当将法律平等地适用于国有企业和民营企业。

(二)明确竞争中立的具体举措

首先,需要确定竞争中立的适用范围。第一,明确竞争中立的适用主体。竞争中立在国外的源起和发展一般都指向国有企业。但在我国具体制度中,还需要结合当下正在进行的国有企业分类改革,在商业类国企和公益类国企的分类象限下,明确商业类的国有企业才是竞争中立针对的首要主体。从竞争中立的制度内涵来看,不仅是为了约束国有企业,更关注整体市场的竞争活力。将来,竞争中立将在更加广泛的层面上涉及所有的企业。第二,区分竞争中立的适用对象。并非所有的国有企业都应当严格适用竞争中立原则,从国

---

① 参见崔威:《国有企业重组的"超特殊"税务处理:法律背景及评议》,载《中外法学》2010年第6期。

外竞争中立的适用经验来看,竞争中立仅适用于达到一定"门槛"的国有企业。澳大利亚的经验是通过清单的形式列出若干国有企业,其实施的行为会自动列入重大商业活动。或者可以借鉴CPTPP,以财务年度的年收入作为界定重大商业活动的标准。竞争中立原则虽然具有促进市场公平竞争,激发市场活力,保障市场在资源配置中发挥决定性作用等制度优势,但是也要注意不得盲目适用,以防阻碍经济的高效率的发展。第三,细分竞争中立的适用情境。商业类国有企业与公益性国有企业是对企业主体的宏观定位,而公益类国有企业可能存在商业性行为,商业性国有企业也可能从事公益性行为。政策制定和原则贯彻作为顶层设计,需要有长远眼光和规则储备。在适用竞争中立原则的时候,要进一步分析国有企业是否从事商业行为,在商业行为和非商业行为之间划定明确的界限。

参考已有的国际实践,在区分国有企业从事的行为是否为商业性行为时候,主要关注以下三个方面:第一,审查国有企业所提供的产品是否用于销售。第二,关注是否存在用户付费的情况,不管是民众、私营企业还是其他国有企业。第三,考虑提供商品或服务的国有企业是否能够收回所有成本或者绝大多数成本。如果以上三点都是肯定的,即可认定为从事商业性行为。从而适用竞争中立原则相关政策和法律。第四,明确竞争中立的适用除外。竞争中立并不是消除国有企业,完全排除政府的干预,而是防止政府对于市场竞争产生扭曲的竞争效应。非市场化领域的政府管理(比如军事防务、公立教育、财政转移、社会保障、外资禁止进入和国家安全审查等)不适用竞争中立。[1]

---

[1] 参见丁茂中:《竞争中立政策研究》,法律出版社2018年版,第111—127页。

其次，构建竞争中立的适用标准。竞争中立的原则要想落地，需要具体的制度安排与之匹配。国外的既有标准可以为我国的竞争中立标准提供有益的借鉴。在制度具体落实层面，要根据我国的经济发展状况和相关政策作相应的调整。在已有研究的基础上，我国的竞争中立使用标准可以概括为以下几点：1. 税收中立，确保国有企业和民营企业承担类似的税收负担。税收的计算方式以及征缴和处罚机制也需要同等标准。2. 债务中立，确保国有企业与民营企业产生的债务按照同等的利息进行计算。防止国有企业因为自身的优势比民营企业获得更加优惠的贷款利率或者间接由国家来承担相应的债务。3. 政府采购中立，确保政府采购政策和程序的透明性和公平性，对所有的企业一视同仁。防止国有企业因其与政府偏颇的联系，而在政府采购的竞争过程中获得不当优势。4. 监管中立，确保国有企业和民营企业处于类似的监管环境，监管的范围、政策、力度都要保证一致性。可以结合公平竞争审查制度对政府监管的公平性进行定期审查。5. 补贴中立，确保国有企业不会被给予不适当的补贴优惠。政府补贴的过程中应当做到对受补贴对象同等对待、补贴标准透明、补贴方式中立。6. 市场准入中立，确保所有市场主体能够公平地参与市场竞争，不会因附件中的市场准入条件，在商业活动中处于劣势地位。市场准入中立主要涉及以下三项指标，企业资质标准中立要求在赋予企业经营资质的过程中，不以企业的所有制形式作为考虑的因素，仅考量企业本身是否符合相关经营资格；经营地域中立，不得因为企业所在地而限制企业参与异地政府招投标、异地政府投资等项目；交易要求中立：不得有意设置对国有企业优待的指标作为交易的充要条件，通过设门槛的方式排除民营企业参与竞争。7. 市场交易中立：这与合理的商业回报率以及价格反应成本指标的底层逻辑是相仿的，都是为了确保商业类国有企业按照"市场化"的方式经营。识别国有企业的成本与收益间的关系，并确保国有企业的商业回报率与市场中的一般商业回报率基本持平。

再次，要落实竞争中立原则的各项标准，需要相应的监督和审查机制。在政府层面，要区分其作为市场监管者与国有企业所有者的职能。为保证监管的权威性以及相应的独立性，建议由国务院反垄断局承担竞争中立的监督审查工作。除了政府部门的日常监管，还应当设置相应的投诉渠道，使得受到不公平待遇的企业可以对不合理竞争优势的企业提出指控。投诉的主体既可以是民营企业，也可以是与被投诉对象存在竞争关系的国有企业。按照"谁主张谁举证"的原则，举证责任由投诉者承担，投诉者无法查证取证的，可以申请相关部门协助取证。反垄断部门对被投诉主体是否实行了违反竞争中立的行为进行分析，在此基础之上，可以对有关部门提出矫正建议。对于严重违反竞争中立原则的行为，可以赋予其对有关主体采取"矫正措施"的权力。

最后，竞争中立的实施涉及整个市场经济的运行，除了竞争中立原则的具体标准外，还需要相关的配套措施作为补充。比如：信息披露机制。透明度对国企规制的意义尤其重大。OECD曾指出，之所以要求国企像上市公司一样遵守严格的审计披露和会计标准要求，是因为国企须像上市公司向公众股东负责一样向公众负责。[1]将主动报告与请求告知相结合，强化信息披露的刚性。美国之前与新

---

[1] See OECD Guide lines on Corporate Governance of State-Owned Enterprises, 2015, pp. 13, 24.

加坡、智利、澳大利亚、秘鲁、哥伦比亚和韩国的自由贸易协定亦有类似的规定。同时,引入第三方专业监督机制和灵活的惩罚机制。设立国有企业或指定反垄断局,负责披露义务的日常监督。可以进一步结合披露的信息,对违反竞争中立的企业进行约谈或者施压督促其改进,而不是仅披露了信息之后就不了了之。使得信息披露从软约束转化为硬约束,自律披露结合他律监督的方式保障竞争中立的贯彻落实。我国现有的公平竞争审查制度和竞争法治的建设都能够成为国企改革中贯彻竞争中立制度的法律保障。

将竞争中立纳入国有企业改革议程是一个巨大的挑战,需要投入较大的成本。政府层面需要围绕竞争中立制度,制定全面完善的政策,还要注意与已有法律和制度的协调和衔接。企业层面需要提高内部治理能力,达到相应的企业合规需求。然而,如果能够妥善应对挑战,就能使挑战转化为机遇,并且在国际竞争中提出符合自身需求的竞争中立主张。我国已经在实现国有企业和私有企业公平竞争的方向上取得了诸多成果。我国国企改革政策在坚持社会主义市场经济改革方向的过程中确立的竞争中立原则,不仅对深化国内市场经济改革提供了全新的方向,也满足了解决国际贸易争端的现实需求。

第二节 国企改革中竞争政策与产业政策的协调与衔接

一、产业政策与国企改革

对产业政策的既有研究很多,作为研究的起点,如何理解产业政策,众说纷纭,但也凝聚了一些共识。依照产业政策在目的上的差异,可以将其分为功能性和选择性。为弥补市场失灵而制定的属于功能性产业政策,为实现一定目的而带有特殊扶植性质的属于选择性产业政策。①狭义的产业政策仅指影响产业间资源和要素再配置的经济政策,即选择性产业政策。广义的产业政策将产业政策理解为各种产业的特定政策,即政府有关产业的一些政策的总合。从中国改革开放以来的产业政策实践看,主要采取的是选择性的产业政策。②因此,这里与竞争政策并列的产业政策,主要是指狭义的产业政策。

产业政策常常和宏观调控联系在一起,是宏观调控的方式之一,通过产业政策对国家各种产业的形成和发展产生影响,以规划、限制、促进、诱导等方式实现特定的国家政策目标。产业政策主要发挥政府主导作用,由政府根据其认知水平选择主导产业或者区域内企业给予重点扶持,这是政府对市场经济活动的直接干预,体现了其在资源配置中的主导作用。③

新中国成立后,我国学习苏联实行计划经济体制,宏观的计划体制和微观的国有工厂构成了我国计划经济的基本特征,国有企业是计划经济体制的重要支撑。④企业在计划经济时期完全被当作政府行政机构的附属物,严格按照中央和地方各级政府部门的不同行政隶属关系进行管理,没有任何生产经营的自主权,当然也严格执行计划安排的生产。这是计划经济体制的重要特点。在这一体制之下,

---

① 参见叶卫平:《产业政策对反垄断法实施的影响》,载《法商研究》2007年第4期。
② 参见江飞涛等:《理解中国产业政策》,中信出版集团2021年版,第149页。
③ 参见孙晋:《公平竞争原则与政府规制变革》,载《中国法学》2021年第3期。
④ 参见邵宁:《国有企业改革实录(1998—2008)》,经济科学出版社2014年版,第5页。

国有企业即经济政策推行的重阵。在经济政策执行中，就是通过国有企业最终实现的。

如果把我国改革开放四十年划分为前期和后期两个阶段，那么在"前期"即市场经济萌芽和成长期，政府的宏观调控和产业政策几乎无所不在无时不在，在资源配置中无可争辩地起"主导型"甚或"决定性"作用。1978年至今，我国经历了由计划经济向市场经济的漫长转轨，并且仍在进行中。20世纪80年代初，受日本战后经济高速发展的影响，我国积极学习日本的产业政策，通过产业政策，选择性地扶植重点行业发展。《90年代国家产业政策纲要》被认为是我国第一部传统意义上的产业政策，是典型的选择性产业政策。经济快速增长的事实表明，辅以市场在资源配置中起基础性作用，彼时资源配置效率还是不错的。然而到了"后期"尤其是十八大以来，宏观调控和产业政策与日益成长并壮大的市场竞争机制产生了碰撞，这种政府直接或间接的干预对市场竞争限制越多破坏越大碰撞就越激烈，碰撞的结果就是政府干预的副作用越来越明显，资源错配效率低下，发展不可持续。[1]

我国国有企业经历了社会主义计划经济和市场经济两种不同类型和阶段。改革先后经历了扩权让利、经营责任制、利改税、承包责任制、股份制、建立现代产权制、国企现代治理、健全国有资产监督管理体制等阶段。我国的国有企业已经被改造成为社会主义市场经济体制下的现代企业制度。[2]由计划经济转向市场经济，就意味着，

---

[1] 参见孙晋：《新时代确立竞争政策基础性地位的现实意义及其法律实现——兼议〈反垄断法〉的修改》，载《政法论坛》2019年第2期。

[2] 参见陈美颖：《国有公共企业监督治理法律制度研究》，北京大学出版社2017年版，第20页。

作为社会主义国家生产资料公有制最典型组织形式的国有企业，必然是产业政策执行过程中的领头羊，是产业政策的主力军。以国企的战略性改组为例，主要注重三个方面：提高国有经济的整体素质，巩固其在我国经济中的主导地位；整合分散的国有资本，形成规模经济，提高国有经济的竞争力；与其他性质经济类型进行更好融合，在市场经济机制作用之下追求最优效率，强化国有经济控制力。在此目标追求下，重点行业、大型重点企业是国有资本重点关注的领域，把握住这些领域必然才能提升国有经济的地位。因此，落实产业政策的过程必然是国企进行目标化改革的过程。同时，下文也还将涉及产业政策的执行对国有企业的巨大偏好，这将产业政策与国企改革紧密联系在了一起。

二、竞争政策及国企改革新发展

针对竞争政策，学术界的大致共识是，其应当是市场经济条件下一个国家的基础性经济政策，贯穿于其他经济政策制定和实施的始终，保障市场竞争不被政府干预经济的行为所扭曲。[1]尽管对竞争政策的研究早已开始，但竞争政策进入官方话语体系却是近些年的事。2015年3月中共中央、国务院文件首次提出"竞争政策"的概念，10月12日国务院发布《关于推进价格机制改革的若干意见》，其中明确要求"逐步确立竞争政策的基础性地位"；2017年1月12日，《国务院关于印发"十三五"市场监管规划的通知》强调，"强化竞争政策在国家政策体系中的基础性地位……实行竞争中立制度……"，该

---

[1] 参见孙晋：《新时代确立竞争政策基础性地位的现实意义及其法律实现——兼议〈反垄断法〉的修改》，载《政法论坛》2019年第2期。

文件将竞争政策的重要性推到一个新的历史高度,同时也强调了竞争中立的重要性。2019年党的十九届四中全会提出"强化竞争政策基础地位,落实公平竞争审查制度";2020年《中共中央 国务院关于新时代加快完善社会主义市场经济体制的意见》明确要求"完善竞争政策框架,建立健全竞争政策实施机制,强化竞争政策基础地位","强化公平竞争审查的刚性约束,修订完善公平竞争审查实施细则";2022年《反垄断法》实施十四年后修订,在总则部分增加"强化竞争政策基础地位",并将公平竞争审查制度引入反垄断法,使其成为反垄断法体系的中的重要内容。由此可见,国家决策层对于竞争政策的重视与日俱增。

竞争中立与强化竞争政策基础地位尽管在话语层面上有差别,但核心理念异曲同工。政府对市场的干预应当充分发挥市场的作用,不能阻碍市场中的竞争机制,要保持平等公正的态度。正如前文所述,竞争中立是关乎政府如何处理与市场关系的关键问题,新时代竞争政策的内涵蕴含了竞争优先、竞争中立、谦抑干预和比例原则等内容,为我国确立竞争政策基础性地位和推动竞争政策有效实施指明了发展方向。[①]

国企改革越来越重视竞争中立的理念。从2012年开始,国有企业改革进入分类改革分类监管公平竞争新阶段。这一阶段的改革主要涉及以下四个方面:为了进一步提高国有企业国内外的竞争力和国内市场公平竞争的要求,进一步塑造国有企业市场主体地位;追求国有企业现代企业治理方式和加强党的领导的统一;健全国有资

---

① 参见孙晋:《新时代确立竞争政策基础性地位的现实意义及其法律实现——兼议〈反垄断法〉的修改》,载《政法论坛》2019年第2期。

产监管管理体制；立足全局分类推进国有企业改革。这些是在新的条件下国有企业市场化改革的方向。其中，更加注重市场竞争方面的要求：国有企业经营管理的前提就是经营的自主权，政企不分、政资不分、竞争不公平等现象依然存在，因此要调整政府与国有企业关系，完善国有企业市场主体地位，提升国有企业自主经营的积极性，推动国有企业参与市场竞争。而分类推进国有企业改革其中一方面是不同类别国有企业所适用的改革措施应当有所不同。2015年，中共中央、国务院在《关于深化国有企业改革的指导意见》中提出"商业类国有企业和公益类国有企业作为独立的市场主体，经营机制必须适应市场经济要求"。《意见》将国有企业分为商业类与公益两类，需要结合国有资本的战略定位和发展目标，动态调整国有企业的发展类别，推动国有企业同市场经济深入融合。由于不同的商业类国有企业性质、功能及地位的不同，其改革所依据的原则和具体举措也是有差异的，不可采取"一刀切"模式。对于竞争性商业类国有企业要实行商业化运作，切实增强国有经济活力，同时也要放大国有资本功能、实现国有资产保值增值的主要目标从而在市场中公平竞争并提升自身竞争能力。而公益类国有企业改革的主要目标是：保障民生、服务社会、提供公共产品和服务，但公共产品的提供并非只能由国有资本提供，因此也允许非国有企业参与经营，通过引入市场机制提高公益类国有企业提供公共产品和服务的效率和能力。

发展模式是以产业政策或是以竞争政策为主，需要结合具体经济发展状况进行选择。[①]相较于竞争政策，产业政策在我国长期占据

---

① 参见侯利阳：《产业政策何以向竞争政策转变：欧盟的经验与上海的现实》，载《上海交通大学学报（哲学社会科学版）》2016年第1期。

着更为重要的地位。在社会主义初级阶段,我国从计划经济体制向社会主义市场经济体制转轨过程中面临着艰巨的改革与发展任务,政府采用较多的产业政策是十分必要的。但随着经济体制改革的不断深化,现阶段以选择性产业政策为主导的产业政策体系越来越不能适应经济发展的需求。

三、国企改革中竞争政策和产业政策的冲突

改革开放之后的40年里,由计划经济向市场经济的转型是最重要的主题。但在旧经济体强大制度的惯性和市场体制本身发展不充分不平衡的双重影响下,政府过度干预、不合理干预和脱法干预比较严重,这些干预所依据的产业政策和宏观调控举措便成为阻碍各行业各地区深化市场化改革的重大制度障碍,并成为我国经济转型"最后一公里"的桎梏。我国是经济后发国家,为了快速追赶发达国家,集中有限资源选择特定的产业和企业进行有针对性的扶持,是迫不得已的选择。长期以来,我国政府倚重各类产业政策进行资源配置,市场处于"被动"地位,造成了规制的错位、越位和缺位,以奖补政策为主要工具的产业政策,一旦脱离竞争政策的束缚,就很可能扭曲市场竞争秩序、阻碍全国统一大市场形成等,其负面效果巨大。

作为调控经济的两种不同手段,竞争政策与产业政策在一定程度上是此消彼长的。[①]我国产业政策的目标是扶持重点行业和重点企业,政府通过财政、金融、税收等产业政策和手段对重点企业倾斜扶持,鼓励通过增加投资和兼并重组等方式迅速扩大规模,提高市场

[①] 参见孙晋:《国际金融危机之应对与欧盟竞争政策——兼论后危机时代我国竞争政策和产业政策的冲突与协调》,载《法学评论》2011年第1期。

占有率,以期在短时间内培育出具有国际竞争力的大企业。与之相对,竞争政策则对非普惠性非公益性的政策支持和企业市场份额的扩大及市场集中度的提高持警惕态度,对企业之间的并购进行严格审查。产业政策虽然不必然排斥竞争,但更强调企业间既竞争又合作的关系。[①]经济政策以产业政策为主,就容易忽视市场的公平竞争。有学者经过考察认为,中国产业政策具有较强干预和限制竞争的特点,主要表现在五个方面:(1)产业政策往往保护和扶持在位的大型企业(尤其是中央企业),限制中小企业对在位大企业市场地位的挑战和竞争。这类政策的做法有:制定有利于在位大型企业的行业发展规划;制定有利于大型企业发展和限制中小企业发展的项目审批或核准条件;制定有利于在位大型企业的准入条件或严格限制新企业进入。(2)中国的行政垄断主要是通过相应行业中的准入与投资行政审批实现的。依据某些行政法规与部门规章,企业进入特定产业参与竞争,是需要行业主管部门的许可或批准的。(3)投资核准、市场准入、强制淘汰(去产能)是中国推行产业政策具有较强约束力的重要手段,这些政策手段具有显著排除与限制竞争的特点。(4)中国产业政策是典型的选择性、特惠型的产业政策模式,这种政策模式往往有违公平竞争的基本原则。已有的研究表明,中国的补贴政策具有很强的国有企业偏好、大规模偏好、出口偏好,国有企业或大规模企业获得补贴的概率要远远高于民营企业及中小企业,大企业、出口企业获得补贴的强度也要高于中小企业或者不出口的企业。在信贷配置方面的产业政策一直就倾向于支持国有企业,政策性贷款也倾向于提供给国有企业、大企业。(5)各级地方政府制定

---

① 参见孙晋:《公平竞争原则与政府规制变革》,载《中国法学》2021年第3期。

实施有利于（或保护）本地企业的产业政策，这些政策使得地方保护主义大行其道。地方性产业政策就是地方保护主义的重要实现方式，地方政府出于发展本地经济的等方面的考虑，往往拒绝或者限制外地企业进入本地市场，或对外地企业进行歧视性对待，这些政策措施阻碍着全国统一大市场的形成。[1]

产业政策对国有企业的偏爱还有类似的例子。我国政府在国际金融危机中出台的4万亿元投资计划，经考察，这些投资的主要对象是国有企业和地方政府。央属大型企业获得了更多的政策支持，而广大的民营企业被排除在外，甚至形成"挤出"效应。[2]产业政策破坏了市场机制，客观上扶持国有企业，挤压民营资本。产业政策的高度行政化，使得公有经济在资源配置上能够取得显著偏好，对非公经济造成严重的挤出效应，加剧了国企与民企之间的不平等，延缓了中国经济的市场化进程。[3]因此，从市场的角度出发，制定和实施产业政策时，必须考虑到对竞争的影响，采取有效方式协调其与竞争政策的关系，化解产业政策对市场竞争可能产生的负外部性。

从国家治理和权力配置来看，政府的监管和调控在经济政策冲突中表现出来的是政出多门的产业政策和调控举措，以及竞争监管部门和行业监管部门的不协调，这大大加剧了经济运行的成本。鉴于竞争政策和产业政策的不协调不匹配及其带来的效率损耗，思考如何缓解产业政策和竞争政策之间的张力，优化产业政策和改善宏

---

[1] 参见江飞涛等：《理解中国产业政策》，中信出版集团2021年版，第176—179页。
[2] 参见李剑：《反垄断法实施与产业政策协调——产业政策与反垄断法的冲突与选择》，载《东方法学》2011年第1期。
[3] 参见戚聿东：《产业政策的竞争转型》，载《产业政策：总结、反思与展望》，林毅夫、张军、王勇、寇宗来主编，北京大学出版社2018年版，第175—181页。

观调控成为必要，积极运用公平竞争政策优化协调竞争政策和产业政策的关系尤为重要。

四、强化竞争政策基础地位推动国有企业改革的现实路径

竞争政策和产业政策都是经济发展所依赖的经济政策工具，真正的问题在于如何协调两者关系，使经济政策发挥最大功用，推动经济发展。任何经济政策都有其预设之政策目标，基于不同的政策目标，各经济政策之间难免会有抵牾，但彼此之间并非水火不容，也不是非此即彼、相互替代的关系。遵循公平竞争原则，强调通过市场配置资源，实现效率和公平价值，但并非排斥产业政策，[1]各项政策之间其实具有协调的可能与空间。正如公平竞争和竞争中立不排斥政府规制，只是主张通过公平竞争制度，将竞争政策置于基础地位和优先适用地位，在产业政策制定时前置公平竞争审查，以优化产业政策，在源头上避免对竞争的妨碍。在产业政策实施中利用竞争法对其约束，弥补对竞争的损害。

竞争政策基础性地位已经能够为竞争政策与产业政策关系的处理提供较为明确的方向。在确立竞争政策基础性地位的宏观目标下，处理好竞争政策与产业政策的关系成为必然要求。前者尊重市场导向，发挥市场竞争机制进行资源配置；而后者作为政府规制经济的重要手段，本身带有弥补市场缺陷和干扰破坏市场竞争的双重属性。[2]强化竞争政策基础地位既是我国市场经济发展的规律总结，又是我国改革开放深化经济体制改革的重要举措，而今已经成为政策措施

---

[1] 参见孙晋：《公平竞争原则与政府规制变革》，载《中国法学》2021年第3期。
[2] 参见孙晋：《新时代确立竞争政策基础性地位的现实意义及其法律实现——兼议〈反垄断法〉的修改》，载《政法论坛》2019年第2期。

出台实施的基本依据。在更加市场化法治化的中国,强化竞争政策基础地位已成为不可逆的发展趋势。新《反垄断法》第4条明确"强化竞争政策基础地位",体现我国已经充分意识到加快竞争政策实施、强化竞争政策基础地位,协调和平衡竞争政策和产业政策的重要意义和现实紧迫性。竞争政策不仅是国家约束市场垄断行为的工具,还是对政府出台的不当干预市场、限制竞争的产业政策的矫正工具,在促进市场经济更高质量发展的过程中,有着举足轻重的作用。强化竞争政策基础地位是市场决定论和更好政府论的必然要求,是推动市场经济更高质量、向更高阶段发展的必然要求。如何处理竞争政策和产业政策的关系,是确立和强化竞争政策基础地位的关键。

(一)加强对涉国有企业政策文件的公平竞争审查

落实公平竞争审查制度已经成为推行竞争政策的一个重要抓手,是我国确立竞争政策基础地位的一项重要举措。从2016年国务院发布《意见》至今,公平竞争审查如火如荼地发展起来。2022年新修改的《反垄断法》新增公平竞争审查制度的内容,进一步推动了公平竞争审查的法治化,目前市场监管总局也在积极起草《公平竞争审查条例》。未来公平竞争审查将会进一步得到落实,在政府经济政策制定过程中也会发挥更大的作用。

竞争中立原则和公平竞争审查制度的根本目的都是通过约束政府行为,保障市场主体的公平竞争,以建立统一开放、竞争有序的现代市场体系,都体现了反行政性垄断的价值取向。公平竞争审查制度是竞争政策不可或缺的重要组成部分,在政策出台的关口对其进行把关,从而实现政策的完善、补充和修正,使其更加合乎市场公平竞争的逻辑。公平竞争审查制度对推进全国一盘棋、建设公平竞争的统一大市场具有不可替代的意义,对畅通内循环、促进双循环良性互动的作用也不可忽视。打破地区分割和行政垄断，反对各种形式的地方保护主义，形成全国统一市场，这是公平竞争审查制度的重要时代使命。公平竞争审查制度强调的与市场经济相适应的公平与竞争正是产业政策的不足，所以为满足中国当前经济持续健康发展特别是经济体制改革的需要，建设统一开放、竞争有序的市场竞争环境，通过审查政府在经济领域的公共政策对竞争的影响，将对化解产能过剩、激励创业创新起到积极的推动作用，有利于充分地发挥产业政策对经济的积极作用。

纵观公平竞争审查标准及其所设定的禁止性行为，可以窥见国有企业在多方面存在相对有利的条件。由于历史、地位和自身性质的原因，国有企业在各地经济发展过程中备受重视，很多地方将其视为行业经济发展的领头羊，是所谓的"龙头企业"和"重点企业"。这些企业也往往是政府补贴、政府投资、政策优惠等的对象，一旦经济下行，这些企业也容易成为政策扶持的对象。相较之下，民营企业的经济实力、抵抗风险的能力要弱很多。国有企业往往容易成为公平竞争审查制度中的"特定经营者"，使得其在市场竞争中拥有很多得天独厚的优势，其他类型的企业难以拥有和其平等竞争的机会。因此，应当在国有资本投资、政府补贴、市场准入等领域积极进行公平竞争审查，构建公平竞争审查法治保障体系，防止给予国有企业不正当优惠政策，推动国有企业经营的市场化和法治化。

（二）正确处理行业监管和市场监管的关系

竞争政策与产业政策的冲突在监管方面主要表现为市场监管和行业监管的冲突。行业监管与市场监管在目标和作用方式两方面有着明显的区别。有学者以山水作喻，将这种区别形象表达出来。行业像山，容易"山头林立、行业割据"，市场像水，特点是"没缝找缝、有缝就钻"。作为监管的不同方面,行业监管和市场监管都会对市场产生影响,相比之下,行业监管是在行业安全和绩效的目标下,重视行政审批,更强调"有令则行、无令则止";市场监管则是在竞争秩序和社会绩效的目标下,重视市场规范,更强调"无禁则行、有禁则止",但最怕随便出手、疏堵不当。[①]行业主管部门的监管在特定行业内是全方位的,也是某些国有企业的上级主管机关。竞争监管机关具有维护市场竞争的法定职权,行业主管部门也有促进行业良性健康发展的职权,行业监管与竞争监管在对象上有一定重合,甚至出于不同层面的考虑而在同一阶段的措施有所冲突。因此,关键问题是竞争主管机关和行业主管机关在行使监管权力时如何衔接协调,才能使政府调节更加高效。这一问题较长时间以来是两者共同面对的难题。在我国,竞争执法机构与行业监管机构或行业主管部门的权限尚未厘清,两者依据法律法规,均有权管辖竞争违法行为。行业主管部门拥有一定竞争监管权限,由此与竞争执法机构的权限之间产生冲突,这是不可避免的,也是落实竞争政策基础地位必须面对的现实。目前,我国在这一方面已经建立协调机制,优化协调的实际效果,建立更高的协调机构,比如公平竞争审查联席会议。2023年末,国务院办公厅整合设立国务院反垄断与反不正当竞争委员会,其目的在于以更集中和更高级别的协调机构,推动竞争政策更好地实施。

有研究者提出,竞争监管部门和行业监管机关会形成各司其职、约束制衡、重叠执法与互动协调并存的关系模式,并日渐走向执法融

[①] 参见于立:《〈反垄断法〉对国有企业的适用性及疑难问题——E-B-C范式的构建与应用》,载《财经问题研究》2021年第4期。

合。①理论上讲,在强化竞争政策基础地位的背景下,践行公平竞争监管应该将竞争监管放在基础的地位。是否促进市场竞争是优先考虑的问题,其次才是其他问题。一方面,无论是竞争监管还是行业监管都应明确"公平竞争"的核心思想,强化反垄断法"经济宪法"的中心地位,将维护市场公平竞争作为政府监管的基本准则,以此来协调竞争监管与行业监管两者之间的冲突。政府机关对公平竞争的认同度越高,部门间的协商成本则越小。另一方面,公平竞争和竞争中立也应该作为政府推动国有企业改革的基本准则。在这一过程中,需要综合考虑我国特殊国情、产业政策现实、经济和法治发展阶段等因素,原则上排除那些关涉国家安全、掌握国家经济命脉的公共性公益类国有企业,以及部分竞争性商业类国有企业承担的部分公益职能,准确确立竞争中立适用的范围,做到有效隔离和分类分标准深化国企改革。②从实践上,可以建立各监管机构之间联席会议机制,加强各监管部门之间的联动响应和协作,构建信息共享、定期沟通和执法合作等具体工作制度,实现违法线索互联、监管标准互通、处理结果互认。在市场竞争的重点领域,可以由竞争监管机构牵头召集联席会议,研究协调市场竞争领域重大问题,指导落实相关的政策与任务,加强有关地方、行业间协调工作机制的沟通联系。目前,我国已经开始重视这一方面,例如建立反不正当竞争、反垄断联席会议机制等,加强统筹协调,进一步推动竞争政策实施。

(三)加强竞争执法司法推进市场主体平等保护

竞争执法司法的过程一定程度上就是对产业政策进行纠偏的过

---

① 参见孟雁北:《我国反垄断执法机构与政府产业规制部门的关系》,载《中国人民大学学报》2015年第2期。

② 参见孙晋:《公平竞争原则与政府规制变革》,载《中国法学》2021年第3期。

程。国有企业尤其是公用企业,大多具有自然垄断属性。一些具有公共服务属性或基础设施属性的企业,市场集中度普遍较高。国有企业一般规模庞大,涉及供水供电供气供暖等公用事业,向社会提供基础公用产品或者公共服务,因此关系到广大经营者和消费者合法权益。对国有企业严格执法司法,既有利于维护行业的良性健康发展,又有利于优化营商环境、降低实体经济成本以及保障消费者生活质量。

国企经营的领域长期以来是竞争监管的工作重点,不少垄断行为的施行者是国有企业。从行为类型来看,尤其应该注意对垄断协议和市场支配地位的查处,防止分割市场、搭售、指定交易、不公平价格行为等的出现。还应该关注其中伴随的行政性垄断现象。从查处案件的特点来看,垄断行为具有明显的区域性特征,市县一级公用企业垄断行为多发。由于国有企业特殊的市场地位,因此尤其应当引起竞争执法机关的重视。

竞争中立最核心的问题就是政府如何对待国有企业和其他市场主体。平等对待市场主体是公平竞争政策的内在要求,也是社会主义市场经济的应有之义。习近平总书记曾在企业家座谈会上指出,应当依法平等保护国有、民营、外资等各种所有制企业产权和自主经营权,完善各类市场主体公平竞争的法治环境……其基本精神是,运用法治手段保护企业产权,保证其在市场上公平竞争和公平交易,不能因为所有制的不同,国内外性质的不同而区别对待,这同竞争中立原则是一致的。但对于我国来说,竞争中性原则的贯彻并不彻底。为了提升我国国有企业在国际市场中的竞争力,国有企业在某些方面确实享受着民营企业所难以获得的利益和便捷,这使得某些国有企业在市场经营中会造成资源配置的扭曲,损害市场的公平竞争机制。产业政策对国有企业的扶持和保护是现实存在的且较为普遍,对国有企业的保护,是对市场上作为竞争对手的其他同类企业的不公平对待,这种区别对待现象不符合市场公平竞争原则,不利于充分调动民营企业的积极性,抑制应当有的市场竞争活力,这种产业政策虽然在短时间内可以保证国有企业获得竞争优势,但长远地看,将国有企业与外部竞争环境相对隔绝,企业的市场竞争力难以保证,并且也不利于提升资源配置效率,激发整体经济活力。

目前,民营经济占中国GDP的2/3左右,民营经济为国家创造了1/2以上的税收总量和2/3的税收增量,是国家财力增长的最大贡献者。目前,我国经济已由高速增长转向高质量发展,在经济潜在增速下降与外部环境不利等因素的共同作用下,民营企业发展中出现投资不振、信心不足等问题。促进不同所有制企业之间公平竞争,为各类市场主体发展营造稳定、公平、透明、可预期的良好环境,有利于增强民营企业信心,刺激市场内生力量走出下行周期,拓展发展机会和提高盈利空间,继续推动民营企业对经济作出重要贡献,是我国优化营商环境的关键举措,也是经济发展由高速度向高质量转型的重要保障。[①]

推进市场主体的平等保护,就应当坚持市场主体规则平等。因此在产业政策的制定执行过程中,民营企业应当获得与国有企业同等的发展机遇。无论是国有企业和私人企业都应一概适用相同的竞争规则,保证它们之间有一个公平竞争的环境,这样才能提高国有企业的竞争力。要想营造公平的竞争环境,必须依靠公平的竞争政策予以保障,秉持无歧视原则、透明度原则和程序公正原则。

---

① 参见孙晋:《公平竞争原则与政府规制变革》,载《中国法学》2021年第3期。

第三节　促进国有企业与民营企业公平竞争协同发展

一、竞争中立是促进国有企业与民营企业公平竞争协同发展的必然要求

社会主义公有制是我国的基本经济制度,相应地,以国有企业为主体的国有经济在我国各类所有制经济中占据主导地位。故而,"中国产权偏向性的资源配置倾向更加严重,国有企业拥有绝对资源优势,民营企业则处于相对劣势地位"。[①]然而,构建平等竞争的市场经济秩序是市场有效发挥资源配置作用的必要前提,对促进国家经济发展,维护社会经济秩序以及构建良好稳定的市场环境有着重要助益。竞争中性原则在平衡国有企业和民营企业的市场竞争地位中发挥了重要作用,已被市场经济国家所普遍认同。对尚处于经济转型期的我国经济发展而言,现有制度机制中,存在隐性或显性损害国有企业与民营企业之间的公平竞争问题。在我国健全完善现代市场经济体系的过程中,竞争中立原则能够为有效促进国有企业与民营企业协调发展提供重要保障。

（一）理论基础

竞争法理论认为,非中立的市场环境的重要来源之一是,政府通过非中立的产权偏向性行政干预的方式,为特殊市场主体创造更多的社会资源流向的机会。我国作为社会主义公有制国家,公有制

[①] 参见张宇霖:《竞争中立对民营企业高质量发展的影响研究》,首都经济贸易大学2021年博士学位论文。

经济的基础性地位使得我国在进入新时代以前的产权安排中,资源配置倾向有利于国有企业问题比较严重,并且导致国有企业凭借资源获取优势,相较于民营企业更好发展。

这点在金融市场中表现得尤为明显。有学者在经过调查测算后认为,中国金融市场中存在严重的融资歧视问题,解决该问题能够将制造行业的整体全要素生产率提升50%左右。[1]资源是一个市场主体在市场中获取持续竞争优势的重要源泉。因此,外部资源获取受到制约将严重阻碍民营企业高质量发展。[2]这就意味着如果政府无视竞争中立原则过度干预市场,将导致市场中的各类主体——尤其是民营企业——将本应用来生产和竞争的资源和要素分配给市场以外的方面,例如对政府的权力寻租,这会造成市场失去对资源进行有效配置的能力。Krueger认为,"发展中国家因政府限制进口(行政干预)而产生了大量寻租活动,并且寻租活动造成了经济社会巨大资源浪费"[3]。"政府实施的产业政策必将失败,其中一个原因是,产业政策会造成政府官员与企业家的设租与寻租行为,扭曲破坏激励机制。"[4]在现代化市场经济体系建设中,有效促进国有企业和民营企业之间的公平竞争,为民营企业发展创造预期的制度环境,进一步发挥民营企业在我国现代化市场经济体系建设中的使命感、责任感极

---

[1] 参见靳来群:《所有制歧视所致金融资源错配程度分析》,载《经济学动态》2015年第6期。

[2] 参见张宇霖:《竞争中立对民营企业高质量发展的影响研究》,首都经济贸易大学2021年博士学位论文。

[3] Kueger A, "The Political Economy of the Rent-Seeking Society", *The American Economic Review*, 1974, 64 (3): 291-303.

[4] 参见张维迎:《我为什么反对产业政策——与林毅夫辩》,载《比较》2016年第6期。

其重要。

(二)实证场景

对于正在全面深化改革的我国而言,通过竞争中立实现国有企业与民营企业竞争非中性问题,最终实现不同经济成分的市场主体公平竞争的目标,需要从政府补贴获取、企业融资渠道、监管环境等多个维度分析。

1. 补贴获取优势

长期以来,受计划经济影响的中国经济,为了确保国有企业在国民经济中的核心地位,以及不断提升国有企业综合竞争力,通过大量政府补贴帮助国企降低生产成本。但是此种补贴行为,既不利于市场价格机制作用的有效运行,又不利于国有企业和民营企业在市场场景下开展公平竞争。相关数据显示,A股上市公司在2020年共获得800亿元的政府补贴,在2018年上市的3844家上市公司获得了政府847亿元以上的政府补贴。而在获得政府补贴的上市公司中,中国石化、京东方A、上汽集团、维信诺、中国中车、晨鸣纸业等大部分企业都属于国有企业。[1]因此根据数据可以看出,相较于民营企业,国有企业能够更多地获得政府的资金补贴。

2. 融资优势

资金是企业取得市场竞争优势的战略性资源。"资金束缚"长期以来都是阻碍我国民营企业发展的难点问题,其原因在于我国民营企业在市场要素分配方面与国有企业相比具有一定差距。[2]特别是

---

[1] 详见《874亿政府补助给了谁? 163家上市公司拿的政府补助比利润多》,https://baijiahao.baidu.com/s?id=1676548654505885484&wfr=spider&for=pc,最后访问日期:2024年4月30日。

[2] 参见柳学信、张宇霖:《大力支持民营企业发展壮大——深入学习贯彻习近平新时代中国特色社会主义思想》,载《人民日报》2018年11月14日。

在金融市场中，"民营企业面临着严峻的融资环境，'融资难''融资贵'已经成为制约民营企业发展的最大障碍之一"。①相关国际组织联合发布的《对新兴市场微型、小型以及中型企业融资约束与机遇的评估》指出，我国以民营企业为主的中小微企业所能够得到的资金供给仅为2.5万亿美元，至少还存在1.9万亿美元缺口。②当然，这些民营企业为了缓解融资问题，通过"特殊方式"进行外源融资。③由此得出，"国有企业在融资过程中相较于民营企业而言享有更多的优势"。④

3.监管优势

政府监管是市场公平竞争保护的重要保障。当前，我国仍存在较普遍的行政性垄断行为。⑤这种监管环境，在过去的一段时间内，虽然扶持或支持我国现有工业产业体系的发展，但埋伏了不同经济成分的市场主体之间竞争非中性问题存在的制度障碍。⑥地方政府设立的各类市场准入门槛和政策规定，不仅提高了潜在民营竞争者

---

① 张宇霖:《竞争中立对民营企业高质量发展的影响研究》，首都经济贸易大学2021年博士学位论文。

② 详见杨孟著:《用"两只手"引导金融活水流向民营企业》，载中工网，http://finance.china.com.cn/news/20190214/4894352.shtml，最后访问日期:2024年4月30日。

③ See Johansson A. C., Feng X. "The State Advances, the Private Sector Retreats? Firm Effects of China's Great Stimulus Programme", *Cambridge Journal of Economics*, 2015, 40 (6): 1635-1668. Kung J. K., Ma C. "Friends with Benefits: How Political Connections Help to Sustain Private Enterprise Growth in China", *Economica*, 2016, 85 (337): 41-71.

④ 参见樊明太、叶思晖:《竞争中性、融资约束不对等性与经济效果评价》，载《金融评论》2019年第6期。

⑤ 参见张晨、马丽亚、赵靖宇、孙静:《竞争中立原则对我国国有企业竞争优势的影响研究》，载《中国价格监管与反垄断》2022年第11期。

⑥ 参见王岭、刘相锋:《竞争中性视域下的政府监管研究》，载《广东社会科学》2020年第5期。

的市场准入成本,形成较高的市场壁垒,产生排除限制、竞争的效果,同时也使已经取得准入优待的国有企业获得不合理的竞争优势,甚至会形成地方性垄断。

二、竞争中立是促进国有企业与民营企业公平竞争协同发展的实现路径

进入新时代以来,虽然我国在政府文件,甚至是政府工作报告中均提出过与竞争中立相关的理念和要求,在公平竞争审查中也存在相关规定。例如"不得限制进口商品、服务进入本地市场"等,然而我国政府尚未完全形成竞争中立的监管理念,市场中在一定程度上也依然存在非中性竞争行为。为此,要实现通过竞争中性原则促进国有企业与民营企业协调发展的目标,需要从立法、理念、监督三个维度来实现。

(一)提高竞争中立的法律地位

竞争中立是企业参与市场竞争的重要准则。国有企业与民营企业竞争中的非中性行为,不仅阻碍了我国市场资源的有效配置,而且还降低了不同经济成分的市场主体对政府监管职能的信心。加强相关立法、提高竞争中立原则的法律地位,既可以对竞争非中性行为法律规制,也能够为政府监管提供法律依据,是规制竞争非中立行为的首要措施。

目前我国为了实现国有企业与民营企业协调发展目标,前后修订和颁布了《外商投资法》《反垄断法》《关于在市场体系建设中建立公平竞争审查制度的意见》《关于营造更好发展环境支持民营企业改革发展的意见》等。但是,从竞争中立在促进民营企业与国有企业协调发展中的作用更好发挥,还需要进一步完善竞争中

立有关的法律法规，以及通过制度机制的健全而促进国有企业与民营企业协调发展。一方面，我国应当通过修改相关法律，逐步完善全面促进国有企业与民营企业协调发展的竞争中性激励机制以及相关的其他机制，进而加大政府职能运行中的非中性行为约束力度和惩戒力度，从而确保各类市场主体平等的市场竞争地位；另一方面，我国可以尝试建立《国家竞争中立管理条例》或《国家竞争中立指引》以形成多维的竞争中立法律法规，从而提高竞争中立的法律地位，最终为国有企业与民营企业的公平竞争和协调发展提供制度保障。

（二）保障国有企业与民营企业公平竞争的有序推进

市场失灵是政府干预经济的前提。我国在国家干预行为对不同经济主体竞争中性影响的问题上欠缺考虑，更强调"如何在市场准入、定价机制、投资以及退出等方面，通过政府监管纠偏市场失灵"[①]等问题。这种干预理念会导致一些地方政府产生地方保护主义，对本地国有企业和本土民营企业采取贸易保护措施，在相关政府补贴和政策奖励方面进行约束和偏向性分配，从而导致国有企业取得不正当竞争优势问题。在国有企业与民营企业协调发展中，需要转变原有的监管理念，建立前置性的竞争性审查机制，利用审查机制排除政府文件在市场准入前存在非中立性竞争条款；形成市场准入程序的竞争中立理念，避免政府对不同经济形式的市场主体进行区别对待；构建市场准入后参与主体的公平竞争理念，严厉打击企业之间的歧视性或差异性政策；构建市场退出全流程的竞争中性理念，避免异

---

① 参见王岭、刘相锋：《竞争中性视域下的政府监管研究》，载《广东社会科学》2020年第5期。

质性退出政策。

(三)强化监督以制约非中性竞争行为

强化监督应当建立支持监督的基本机制。政府部门应当完善反竞争行为的投诉联动处理机制,依法受理有关投诉、举报,并在规定期限内作出处理。监督国有企业非中性竞争行为的核心在于社会各类主体是否能够有效行使监督权,保障公民、社会组织和其他主体的监督权,构建多维度的监督渠道和反馈机制,是对非中性竞争行为的有效规制。此外,信息对称与信息可甄别是这些主体发现国有企业实施反竞争行为的关键。为此,对于不平等对待国企和民企的政府行为,应当通过建立"以信息公开为前提,以数字化监督为工具,以多主体监督为手段"的制衡机制,限制国有企业获取的非中性竞争优势。例如支持多种社会力量通过人民政府门户网站投诉平台、非公有制企业投诉服务平台进行网上投诉,或者通过邮寄信件方式向有关受理机构投诉。同时应当扩大社会获取相关信息的渠道和手段,构建阳光政府。

第四节 国有企业在竞争性领域的垄断行为规制

一、国有企业垄断的外部效应

(一)国有企业垄断的正外部效应

我国对重要行业和关键领域实行国有企业垄断。例如交通,烟草,通信等。《宪法》规定:"国家在社会主义初级阶段,坚持公有制为主体、多种所有制经济共同发展的基本经济制度""国有经济,即社会主义全民所有制经济，是国民经济中的主导力量。国家保障国有经济的巩固和发展。"我国的国有企业不同于资本主义国家的国有企业，最主要的区别在于经营目的的不同，国有企业是为了促进国民经济发展，稳定社会环境而设立的。国有企业是在国家的指导和宏观调控下，通过支配原材料供给、控制价格等方式，主导市场流通，朝着有利于人民利益的方向发展，这与资本主义垄断组织为了少数大资本家赚取高额垄断利润而控制市场，在社会性质层面上是截然不同的。

我国的国有垄断企业在经济方面的作用主要体现在以下方面：一是我国经济方向保证国有垄断企业保证社会主义国家的整体利益和长远利益，引导整个社会经济朝着有利于人民利益的方向发展，保证整个国民经济朝着社会主义方向前进，最终实现共同富裕；二是稳定国民经济，国有垄断企业把握整个国民经济命脉，是我国社会主义市场经济中国家进行宏观调控，克服市场失灵的不可或缺的物质手段；三是我国安全保障，国有垄断企业是保持我国经济独立自主，维护国家安全，应对国内外重大突发事件和经济危机、国内严重自然灾害的重要保证；四是我国高科技创新依托，国有垄断企业是实现重大科技创新，参与国际竞争，增强国家经济实力，实现国家现代化的坚强依托。[1]

（二）国有企业垄断的负外部效应

国有企业实施垄断行为造成的负外部效应是需要关注的重点，主要体现在以下三个方面。

---

[1] 参见王云中、沈建国：《论我国国有垄断的性质、特点和作用》，载《南京财经大学学报》2015年第2期。

1.对民营企业进入相关市场形成壁垒

进入壁垒是指在某一行业中,由于既有企业的存在或阻挠,对其他后来的企业企图进入该领域从事生产经营所形成的障碍。当涉及垄断时,需要识别不合理的垄断行为造成的非经济垄断的结果,其与具有明确授权的特许垄断是不同的,与经济性垄断也完全不同。在一些行业内,并不存在全行业的进入壁垒,但实际上存在着系统性、稳定性的垄断行为,这就造成了局部垄断。对此往往难以直接观察到,本质上是由各种隐性进入壁垒所致。[1]这种局部垄断市场的特点是,其与竞争市场经常是相互交织的,往往是在大的市场环境内存在的一块块具有垄断性的独立领地。一般无法控制全行业的市场供给,但是能控制其势力范围内的供给。在垄断中通常会存在着合理的经济性垄断与不合理的非经济垄断。难题在于,如何区分这两种垄断?从一般企业来看,追求"独一无二"的垄断是其天性。鼓励和适当保护创新形成的垄断,合理确定自然垄断的边界等,都能够促进社会福利最大化。[2]然而,如果把不同性质的垄断相混淆,就会形成市场上盛行依赖"权力或关系"的不公平竞争规则,这样就会落入愈演愈烈的"权贵资本"的不公平陷阱。因此,厘清垄断的不同本质是极为重要的问题。只有在确定不同性质垄断的理论基础上,才能有效地界定反垄断的边界。

2.企业运营效率低下

由于缺乏有效的竞争机制,不存在竞争压力,加上国有企业可以轻而易举地利用垄断优势攫取超额利润,导致国有企业缺乏创新

---

[1] 参见刘小玄:《从进入壁垒分析垄断》,载《经济论坛》2021年第5期。
[2] 参见刘泉红、钟华:《基于国有企业市场优势地位的反垄断对策研究》,载《中国价格监管与反垄断》2014年第8期。

意识，运营效率低下。如果国有企业进行创新，淘汰落后的生产设备，加强科研技术成果的转化，则需要投入大量的人力物力，耗费大量的成本。因此，与通过垄断行为获取高额利润相比，后者更符合其对经济利润的追求和政治利益最大化。而且，垄断性国企在国有经济当中占有重要地位，其在经济利润出现亏损的情况下，可以获得政府的补助，不会面临破产倒闭的风险。因此，对于垄断国企的保护会极大地损害其运营效率，降低在国内市场乃至国际市场的竞争力，不利于企业的长远发展。

竞争性国有企业低效率还体现在"僵尸企业"上。"僵尸企业"是近年来用来描述经营效率低下，但因政府救助或补贴而僵而不死的企业。在中国工业企业中进行"僵尸企业"数据统计，结果表明，从行业分布来看，以政府垄断定价和国有企业为主的行业数量占比较高；以所有制为区分界线，国有企业中"僵尸企业"数量和资产规模占比始终最高。[①]

3.一定程度上破坏市场公平竞争

竞争性国有企业的存在有其时代客观性和改革的阶段性，但是其很有可能在一般竞争性行业构成垄断地位，排除、限制竞争。一方面，竞争性国有企业有先天的优势地位，易形成市场支配地位且其市场支配地位的形成具有非市场性。竞争性国有企业取得市场支配地位往往并不是依靠市场公平竞争而获取的，不是通过市场自身的调节机制而形成的。

竞争性国有企业一般通过非市场化的机制形成支配地位，其获

[①] 参见孙晋：《竞争性国有企业改革路径法律研究——基于竞争中立原则的视角》，第122页。

取方式有三：其一，通过国家投入资金支持而获取，不需要长期的经济积累过程。其二，通过国家政策支持而获取，如国家通过出台相应的产业政策，提高进入该产业的门槛，竞争性国有企业自然而然成为国家政策福利下的既得利益者。其三，通过特许经营权而获取，特许经营权的存在一般和公共利益紧密相关。在选择特许经营权的权利主体时，政府会特别青睐于与国家和政府关系紧密的竞争性国有企业。[1]除此之外，还需考虑权力寻租及贪污腐败的因素。当前我国的国有企业数量众多，各个省份地区都依赖于地方国有企业带来巨大的财政收入和税收利益，地方政府会出台多种优惠帮扶措施。如将竞争性国有企业作为政府融资平台或者给予税收优惠，在国有企业经营过程中给予不适当甚至过度的资助，等等。反观民营企业，尤其是小微企业，融资困难长期得不到解决，在获取信贷服务中处于不利的地位。加之竞争性国有企业多属于后天性竞争性国有企业，即竞争性国有企业一开始存在的行业并不是竞争性行业，因研发成本过高、利润周转周期过长、时间成本过大、资金投入量巨大等原因，民营企业不愿进入或者无力进入。只是由于后来技术壁垒降低或政府降低门槛，只有允许民营企业进入才形成国有企业和民营企业后天"同台切磋"共同竞争的状态。基于此，竞争性国有企业早存在技术上、资源上、基础设施上、资金上等的关键优势，民营企业与其竞争是"有心无力"，更难以撼动其市场支配地位。[2]

---

[1] 参见孙晋：《竞争性国有企业市场支配地位取得与滥用以及规制的特殊性》，载《法学评论》2016年第1期。

[2] 参见孙晋：《竞争性国有企业改革路径法律研究——基于竞争中立原则的视角》，第123页。

二、《反垄断法》实施背景下的国有企业规制现状

（一）国有企业的设立目的与《反垄断法》立法价值之间的矛盾

在反垄断法上，"豁免"也叫"适用除外"，是指对某些行业或某些领域不适用反垄断法，即在某些行业或领域中允许一定的垄断状态、垄断行为存在而不予追究的法律制度。[①]国有企业的垄断行为是现在反垄断最大的难题之一，国有企业的设立目的与反垄断法的立法价值之间存在一定程度的冲突。这使得各国在处理反垄断法与国有企业关系方面存在两种不同的立场，导致各国反垄断法在适用于国有企业方面存在两种不同的选择。大多数国家（地区）的反垄断法覆盖了国有企业，但也有少数立法例将国有企业置于反垄断法适用范围之外。在我国《反垄断法》的制定过程中，关于国有企业是否应当获得特殊待遇的问题引致了激烈的争论，最终立法机关不得不采取模糊化的处理，暂时平息了正反双方的争论，这种模糊化处理的结果反映为《反垄断法》第7条的模糊用词。[②]

国有企业是一个与私人企业或民间企业相对应的概念，与私人企业存在多项显著的区别：1.企业的设立途径不同。私人企业一般根据公司法设立，而国有企业除了部分是依据公司法设立外，有很多是依据特别法律或条例设立。2.国家是否在企业中投资及投资的比例不同。国有企业主要由国家投资设立，国家在其中持有一定比例的资本或股份，而私人企业中一般没有国家投资，即使有少量国家投资，其比例也较低。3.国家与企业的关系不同。国家对私人企业只能通过

[①] 参见尚明：《〈中华人民共和国反垄断法〉理解与适用》，法律出版社2007年版，第386页。

[②] 参见李国海：《反垄断法对国有企业的豁免》，载《法学评论》2017年第4期。

公司法等一般法律进行规范和约束,而不能施加直接影响,国家对国有企业则可以凭借股权,或依据特别立法施加直接影响,控制企业的战略决策或管理团队的任命。4.企业承担的任务不同。私人企业的任务主要是为股东创造利润,而国有企业则要承担诸多具有公共属性的职能。反垄断法规制私人企业固属理所当然,但国有企业是否应被纳入反垄断法的适用范围,则并非十分确定。其中的原因就在于国有企业具有不同于私人企业的诸多特性,尤其是国有企业承担了不同于私人企业的特殊任务,或曰国有企业被赋予了特殊设立目的。

(二)解决之道

国有企业的设立目的和反垄断法的立法价值之间既然存在冲突,必然要寻求解决之道,可行的路径是在二者之间确定孰先孰后或孰重孰轻的位序。然而,在理论上,关于这个问题却没有现成的答案。国有企业在宏观层面上被纳入国家投资经营法部分,反垄断法属于市场规制法部分,国家投资经营法与市场规制法同属于经济法体系构成中的重要组成部分,在经济法中的位阶大致相同。如果说国有企业必须为实现国家投资经营法的立法目的服务,反垄断法也要为实现市场规制法的立法目标服务,二者之间不存在孰先孰后、孰轻孰重的先天区别。由于反垄断法立法价值与国有企业设立目的之间存在冲突,而且在理论上无法排定二者之间的先后轻重位序,这就使得人们在实践中采取不同的立场来处理反垄断法与国有企业的关系,并进而影响到反垄断法对国有企业的适用。

不过在当今世界,反垄断法中蕴含的竞争价值日益受到各国(地区)的认可和重视,国际社会已将竞争看成常态的贸易规则。与此同时,各国(地区)对国有企业的设立目的的认知更趋理性,除去国有企业的一些非必要的职能和任务,也更为合理地设计实现国有企业必要职能的方式和途径。这两个因素共同作用,各国(地区)在处理反垄断法与国有企业关系时更为重视实现反垄断法的竞争价值。在此基础上形成了普遍性的共识:国有企业绝对不适用反垄断法固失偏颇,而完全与私人企业同等对待也并非合理;在不影响国有企业实现其特定目的的限度内,将国有企业置于反垄断法的规制范围之内,才算得上是理性选择。此种共识导致各国(地区)在处理反垄断法与国有企业关系时纷纷采取了一种较为妥适的宏观框架:一方面,反垄断法须覆盖国有企业,国有企业整体上不享有反垄断法的豁免待遇;另一方面,为保证实现国有企业的必要特殊任务,在符合特定条件时,反垄断法则可以针对个别国有企业或国有企业的行为给予豁免。

《反垄断法》第7条只是表明国家对处于"国有经济占控制地位的关系国民经济命脉和国家安全的行业以及依法实行专营专卖的行业"中的经营者的合法经营活动予以保护,最多只是承认这些行业中的经营者享有法定的垄断地位[1],"反垄断法禁止包括这些企业在内的经营者滥用市场支配地位,任意抬高价格或达成垄断协议,损害消费者利益"[2]。我国《反垄断法》并没有宣示这些行业中的经营者可获得豁免待遇。既然连这些特殊行业的国有企业都要受《反垄断法》的规制,就足以表明我国的国有企业整体上是不能获得《反垄断法》的豁免的。至于个别国有企业或国有企业的特定行为是否应当获得《反垄断法》的豁免,那是另一个层次的问题。[3]

---

[1] 参见尚明:《〈中华人民共和国反垄断法〉理解与适用》,第24页。
[2] 全国人大常委会法制工作委员会经济法室:《〈中华人民共和国反垄断法〉条文说明、立法理由及相关规定》,北京大学出版社2007年版,第34页。
[3] 参见于立、杨童、冯博:《〈反垄断法〉对国有企业的适用性及疑难问题——E—B—C范式的构建与应用》,载《财经问题研究》2021年第4期。

事实上，在我国《反垄断法》的实施过程中，国有企业的某些垄断行为确实获得了豁免。例如，2008年10月发生的中国联通和中国网通的合并案，是在《反垄断法》实施后进行的，其营业额也达到了法律规定的法定申报标准，因此应主动向商务部申报，但其却未进行申报。在遭到质疑后，负责执法的商务部以"电信重组是依据国务院做出的决定进行的"和"反垄断执法机构自己拥有裁量权"为由反驳了质疑。又如，原国家工商行政管理总局于2016年12月发布《竞争执法公告》，公布了一份《行政处罚决定书》。这份处罚决定书显示，执法机关一方面查处了湖南盐业股份有限公司永州市分公司从事的搭售行为，另一方面又认可了盐业公司的分割销售市场行为。① 这表明，我国的反垄断执法机关认为处于专营行业的盐业公司的分割市场行为可以获得《反垄断法》的豁免。

三、《反垄断法》实施背景下的国有企业规制难题

（一）法律规范问题

第一，关于竞争性国有企业的法律规定界定模糊。我国有能力实施垄断行为的企业主要是国有大型垄断企业，这些企业往往又属于影响国民经济与整个社会的关键位置，属于影响重大的行业或关键基础性行业。在计划经济情结下导致的"公有制为主体""姓资姓社"等观念问题上，没有把握好合适的度，一些人盲目赞同、支持国有垄断企业的限制竞争和侵害消费者利益的行为。利用这种盲目的

---

① 湖南省工商行政管理局于2015年经授权调查了湖南盐业股份有限公司永州市分公司的搭售行为，在认定搭售行为违法的同时开出了罚单，没收违法所得69.83万元，并处以罚款27.2887万元。参见《湖南省工商行政管理局行政处罚决定书》（湘工商竞处字〔2016〕2号）。

同情,与国有垄断企业有重大利益关系的部门与人员,趁机支持和包容国有垄断企业的垄断行为。《反垄断法》第7条第1款规定,国家对关系国民经济命脉和国家安全的行业以及依法实行专营专卖的行业的经营者的合法经营活动予以保护。按照字面意思理解,该条规定标准明确,即国家要对关乎国民经济命脉的特殊类型国企的合法经营活动予以保护,并在此基础上进行行业管制。关系国民经济命脉的行业在社会经济体系中具有重要的地位,对这类行业中的国企进行特殊保护具备实质的合理性。但是,该条规定的标准难言明晰,首先,关于关乎国民经济命脉行业的范畴难以确定;其次,在这些行业中的国企和私企是否具有关乎国民经济命脉的地位以及该种地位由哪些机构来予以评判,《反垄断法》及相关法律都没有作出明确规定,缺乏固定的标准。标准的不明晰就给一些行政机关操作的空间,从而依据"关系国民经济命脉""维护国家安全"等理由,在行业内部为竞争性国有企业获取垄断利益提供保护。到现在为止可查证的官方解释是国资委的《关于推进国有资本调整和国有企业重组指导意见》,在该文件中首度明确要求国有资本绝对控制电信、电力、民航等行业,这些行业是"关系国家安全和国民经济命脉的重要行业和关键领域",因而国有资本必须对七大行业保持绝对控制力。姑且不论该文件本身的法律效力及位阶问题,从其对"关乎国民经济命脉及国家安全的重要行业和关键领域"的范畴所下的定义来看,水利等也为"特行业"应当由国家实施垄断经营。而通行的国际标准,对于"关系国家安全和国民经济命脉"的评判都极其慎重。综上所述,《反垄断法》第7条在修法时可考虑删除。

第二,竞争法对于行政性垄断的规制力度不足。根据《反垄断法》第51条和《反不正当竞争法》第30条,当出现政府及其所属部门实施排除、限制竞争行为意图的行政性垄断时,在现行法律体系下,相应的救济方式单一,只能由作出该垄断行为的上级行政机关责令其改正,即便情节严重,法律规定的处罚也畸轻,仅仅是对同级或上级行政机关责任人员给予行政处罚。

按照这两则竞争法条文的规定,行政机关实施行政性垄断行为的法律后果与该行为所造成的严重社会危害不对等。从某种程度来看,竞争法条文如此规定,存在放纵行政机关实施行政性垄断行为的嫌疑。由"上级机关"规制"下级机关"实施的行政性垄断行为,是基于这样一个假设,即上级机关相对于下级机关,与利益并无直接联系,也更能够抵制利益的诱惑,更具备反垄断、维护市场竞争的意识。但遗憾的是,案例表明这种假设是不成立的。除此之外,从一般法理角度出发,法律将下级行政机关行政性垄断行为的规制权授予上级机关,那么就应当明确这种规制权力的程序与范畴。比如应当确立有关上级机关的听证、调查、制裁措施、裁决等程序性规定,但这些都未在《反垄断法》《反不正当竞争法》的条文中得以体现。在这种背景下,上述条文一方面不具备法律效力,另一方面也缺乏可操作性。此外,虽然法律规定反垄断执法机构可以向有关上级部门提出依法处理的建议,但法律赋予反垄断执法机构的建议权,却未配套设置"建议答复"相关必回制度,也未制定能够有力约束查处机关的措施。因此,就权力属性来看,建议权属于软性权力。对行政性垄断行为法律责任归属的规定不明确,缺乏执行力,是国有企业非法运用其行政权力实施垄断行为屡禁不止的重要原因。

第三,对经营者救济制度有待完善。依据《反垄断法》第38条之规定,任何个人和单位都有权向反垄断执法机构举报,反垄断执法机构也可以依法调查那些涉嫌垄断的行为。《反垄断法》第60条规定,经营者实施垄断行为,给他人造成损失的,应当依法承担责任。经营者实施垄断行为,损害社会公共利益,设区的市级以上人民检察院可以依法向人民法院提起民事公益诉讼。此规定完善了遭受垄断行为的民事救济途径和公益诉讼救济途径,但是对于受害人在反垄断诉讼中的取证问题,以及补偿问题没有作出具体的规定。当竞争性国企实施垄断行为后,同一行业相关市场内的其他经营者的损失如何计算,尤其是间接损失是否该列为赔偿部分,立法还有待完善。

第四,根据《反垄断法》第32条至37条的规定,法定以及被授权享有管理公共事务职能的组织和行政机关滥用行政权力的垄断行为被概括出来,且该规定较为详细。但美中不足的是,条文缺乏对国企重组中实施的限制竞争的行政性垄断行为的规制,也导致在相关领域内无法有效对垄断违法行为进行规制。

第五,法律责任尤其是行政性垄断责任难以落实。《反垄断法》第七章"法律责任"中规定,企业违反《反垄断法》的,执法机关有权作出责令停止、没收违法所得、对企业进行罚款、限期处分股份或资产、承担民事责任等处罚。从条文的规定来看,这种处罚方式属于单罚制。但需要注意的是,由于竞争性国有企业的管理人员并不是资产的所有者,而只是国有资产的代理人,从最终责任承担的角度来看,表面上法律对企业进行了处罚。但实质上是由全体国民来承担这一不良后果。在处罚中呈现出行为主体与责任主体不一致的问题,违背了权责一致的原则,对国有企业的管理层缺乏有效的威慑力。[1]

---

[1] 参见孙晋:《竞争性国有企业改革路径法律研究——基于竞争中立原则的视角》,第308—311页。

（二）法律实施问题

在我国现有法律框架下，国务院反垄断执法机构主要负责全面组织协调我国的反垄断执法工作。在2018年国家市场监督管理总局组建之前，具体的反垄断执法工作分别由国家工商总局、国家发展改革委、商务部来实施，因此它们也被称为竞争法执法界的"三驾马车"。就我国的现实情况来看，我国的竞争性国有企业大多都属于中央各部委直属或国资委管辖，国资委和中央各部委又与之前的三个执法机构和现在的国家市场监督管理总局属于平级的行政机关。从基本法理出发，同级行政机关间的平行监督本就有违法理，这也导致行政处罚难以落到实处。由于反垄断执法机构的特殊地位，其在查处竞争性国企实施的垄断行为时，必然会考虑到负责投资设立管理这些国企的国资委及各部委的意见，这将极大削弱竞争执法的权威性和中立性。所以，从规制国有企业垄断行为的意义上讲，我国的反垄断执法机关仍然缺乏足够的权威性和执法工具。2018年，根据国务院机构改革方案新组建的国家市场监督管理总局，把分属于"三驾马车"的反垄断执法权集中于该局之一身，在一定程度上增大了反垄断执法的权威性，但是对于一些体量庞大的国有企业，反垄断执法机构在判断其是否涉嫌违法和处罚力度上仍然处于两难境界。

需要进一步指出的是，根据我国目前的行政机构设置和行政权力配置，反垄断执法机关是综合性的行政管理机关，在企业质量管理、标准等管理方面，其通常既充当竞争性国企的主管部门，又承担反垄断执法职责，这就极易造成"裁判员"和"运动员"身份同一的问题，容易出现反垄断最终陷入否定自己决策的尴尬局面，或有可能为维护自身行业利益而对反垄断的执行表现出消极懈怠。

当前并没有司法机关介入反垄断执法机构中，反垄断执法机构的性质是行政执法机构。这是因为，我国行政权力在权力现实图景中，总是比其他权力更强势，各行政机关都试图争取范围更大的执法权。另外，我国司法审查制度的缺位也是导致这种现象发生的原因之一。例如，反垄断执法机构对于财政部、国资委制定的规范性文件并无质询或异议权，所以财政部、国资委如果制定施行了违反竞争的政策和措施时，反垄断机构往往无能为力。此外，法院人财物统一归口管理尚未在全国范围内完全施行，这就使得法院在处理竞争性国企实施垄断行为的案件时，难免会受到政府的干扰，很难保证自己的中立，反垄断制裁措施因此也难以有效实施。

"程序法是实体法的手段和方法，没有程序法，实体法就无从实现。"我国诉讼法并未具体规定反垄断公益诉讼或是消费者集体诉讼制度，更何况集体诉讼维权的成本过于高，消费者个体与强大的竞争性国有企业并不在一个"重量级"之上进行对抗，高额的维权费用使得消费者在权利受到侵害时更多地选择忍气吞声。虽然近年来代表人诉讼被引入我国的法律体系中，但不可否认的是，这一制度仍存在许多问题。在司法实践中，近年来消费者对竞争性国有企业可能存在的侵害消费者利益的行为进行的诉讼维权案件，法院处理方式无外乎是不予受理或者是驳回诉讼，因此通过诉讼方式很难达到维权目的。而对于诉讼代表人制度，首先，法院受理人数不确定的代表人诉讼后，在公告期间内其他受害者进行登记才能成为诉讼当事人，同时登记人要证明与另一方当事人有明确的法律关系及损害事实，否则不予登记。这种登记制度的设置，事实上是将原本人数不确定的代表人诉讼变成人数确定的代表人诉讼，并不能解决主体为多数的反垄断案件中的起诉问题。其次，在代表人诉讼程序的规定上也存在缺陷，比如针对和解协议的问题，根据民事诉讼法的规定，法院在当事人和解的过程中一直处于消极中立状态,对和解协议内容不会主动启动司法审查程序。尽管这种规定看似保障了当事人的意思自治权,也充分体现了意思自治原则,但代表人诉讼在反垄断案件中并不能得到良好的适用,最重要的原因就是消费者、中小企业与垄断性企业在实力、地位、能够承担的成本方面存在极大的差距,代表人诉讼中的诉讼代表人或其代理律师在与被告签订和解协议之时,往往不能据理力争,只能签订不平等的和解协议。法院如果总是囿于传统的民商事裁判思维保持中立,在这种情况下签订的不公平的和解协议也不能为法院所认可,并且法院也无法实现规制垄断性企业垄断行为的功能,违背了经济法所追求的实质公平的理念,从而难以实现对弱势群体的保护。因此,反垄断公益诉讼机制和法院的反垄断裁判体制都亟待确立。①

四、《反垄断法》实施背景下国有企业规制的完善路径

(一)完善相关立法

要想对竞争性国企的垄断行为进行有效的规制,首先应当解决相关法律存在的问题,加快修改完善工作。从2022年《反垄断法》修改来看,仍没有对国有企业的垄断行为做出合理的规制和说明。《反垄断法》对于一些关键概念没有做出合理的界定。比如立法机关可以采取如界定"关系国民经济命脉的行业""关系国家安全的行业"的具体内涵等措施。另外,有必要设置一个独立于其他行政机关的反垄断调查机构,比如做实国务院反垄断反不正当竞争委员会

---

① 参见孙晋:《竞争性国有企业改革路径法律研究——基于竞争中立原则的视角》,第311—313页。

的职能,这一权威调查机构应当在重大反垄断案件发生时得以运转并负责审查,并以法律规定的形式对该机构的职能和设立进行详细的规定。法律、行政法规对行政机关和法律法规授权的具有管理公共事务职能的组织滥用行政权力实施排除、限制竞争行为的处理另有规定的,在依照其规定的基础上根据这条规定可由全国人大常委会作出专门的立法解释。另外,国务院可以在反垄断法实施条例中对竞争性国企实施的垄断行为进行进一步列举,以使对竞争性国企的反垄断查处更具有可操作性。

(二)建立相对独立、权威、高效的执法机构

"任何法律的效力都依赖于如何去解释和执行"。一部法律制定出来后,必须通过良好的执法机构来执行运作,在执法中得不到执行,再好的法律也会沦为废纸。纵观世界各国,大部分的国家和地区都成立了相对独立的行政机关来执行反垄断法,如欧洲、日本、韩国等,这些机关的组织方式与我国法院相似,具有专门的执行和裁决职能,不过性质为准司法机构。如何保证反垄断法的效力,反垄断机构自身的独立性是关键,如果缺少独立性,其他机构可以随意推翻和修改垄断机构的裁决,那么反垄断法就失去了效力,反垄断机构也就没有存在的意义。当然,这不意味着反垄断机构的裁决是绝对不能提出异议的,如果当事人对反垄断执法机构所作出的裁决不服,可以通过合法方式获得司法上的救济。

从我国反垄断执法机构所承担的任务来看,一方面要注意规制企业的垄断行为,尤其是那些规模经济效益显著、资金实力雄厚的大型国有企业;另一方面是实行行政性垄断行为的部分国企本身有着极高的行政级别(例如中石油、中石化是正部级单位),反垄断执法机构执法过程要直面相关的政府机关及其所属部门。这是执行过程

中的难点所在,也是我国当前反垄断的特点,反垄断立法和执法相对完善的西方发达国家并未把国家行政性垄断行为作为规制重点。为了应对这一难题,我国通过2018年《国务院机构改革方案》,把国家发展改革委、商务部、工商总局三家反垄断执法机构的执法职能统一到新组建的国家市场监督管理总局,分散执法的模式在运转十年后得到改变,统一、高效的执法体制得以初建。与此相对应的,在国家组织机构设置的相关法律和《反垄断法》中,应相应地作出调整,以法律的形式赋予国家市场监督管理总局较高的地位,这样才有利于反垄断组织工作的展开。众所周知,竞争法经常被誉为经济法领域的"龙头法",也时常被称作经济宪法,市场经济体制的成熟、国家经济发展、综合国力的提高、消费者权益的保护都离不开以反垄断法为核心的竞争法。为了中国特色社会主义市场经济的持续稳定发展,竞争法的进一步完善工作应当受到广泛重视。反垄断执法的权威性必须被树立起来,行之有效的确保竞争法有效实施的配套法律法规也应当尽快完善起来。

(三)强化反垄断执法的司法介入

由于传统思维的根深蒂固以及法律信仰的长期缺位,我国行政权力一直无法得到有效的规制,而竞争性国有企业与行政权力本质上的联系决定了我国反垄断机构的设置和相应的执法程序中所出现的种种问题需要通过司法机关的介入来解决。建立健全垄断行为的举报机制成为司法介入的第一步和关键所在。首先,司法监督程序的关键应当是建立行之有效的监督机制,这应当是一种外部监督,由人民法院对反垄断执法机构的执法工作进行监督,对怠于行使权力的反垄断执法机构可以通知其上级行政机关责令其进行改正。其次,还应当细化反垄断执法过程中的司法监督程序,以防止在调查竞争性国企反垄断案件中反垄断执法机构被竞争性国有企业所"俘获"。在此基础上，应当构建反垄断执法机构与行业监管部门相互协调合作，共同反垄断的司法审查制度，防止行业监管部门为维护行业垄断利益而进行不法的反垄断执法行为。

（四）建立反垄断法公益诉讼机制

公益诉讼是指一定的机关或公民为了维护社会公共利益，依法对违反法律法规、损害社会公益的行为提起诉讼，追究其法律责任的诉讼活动。我国反垄断公益诉讼起步较晚，在2022年新《反垄断法》中首次将反垄断公益诉讼入法，但仍处在初步阶段。想要彻底建立反垄断领域的公益诉讼机制，应当借鉴吸收民事诉讼领域关于公益诉讼的部分内容。由于经济法兼有公法与私法的属性，完善我国的反垄断法公益诉讼制度亟须解决以下问题。

首先，反垄断公益诉讼主体的界定。反垄断公益诉讼的法律关系主体包括法院、当事人和其他诉讼参与人，其中原告的资格问题尤为关键。从反垄断公益诉讼的本质特征上来看，与传统的部门法相区别，反垄断公益诉讼在原告资格的设置上应区别于传统的"必须是与本案有直接利害关系的人"的适格要求。[①]除此之外，还必须注意到以下两点：一是反垄断公益诉讼中的原告既可以自己的名义提起诉讼，也可以社会的名义提起诉讼。二是反垄断公益诉讼中检察院可以原告身份进行诉讼，也可以作为审判监督主体或诉讼参与人参加到反垄断公益诉讼中。

其次，反垄断公益诉讼中的举证责任问题。在该类诉讼中，举

[①] 参见冯博：《反垄断民事诉讼原告资格问题研究》，载《法学评论》2018年第3期。

证责任在一方,不得不考虑原告和被告方的实力差距,尤其是消费者和垄断性企业之间的实力差距。采用传统部门法的"谁主张谁举证"原则对于原告,特别是势单力薄的消费者来说是不公平的,这种举证责任的原则基本上不能保证原告实现其正当的诉讼请求,无法达到经济法所追求的实质公平。因此在反垄断公益诉讼中应适用"举证责任倒置"的规则,原告方只需要提供证据证明被告方的垄断行为和相应的损害事实即可,而相应的举证责任由被告方承担。[1]

反垄断法产生于西方市场经济国家,其实质是希望能通过政府权力对市场势力的控制来介入和解决市场中的垄断问题,以此来维护市场经济国家发展必需的良好的竞争环境和秩序。但是各国的实践都表明,单单依靠政府的力量无法妥善解决相关的问题,还可能产生政府权力扩张的副作用。为此,借助司法的力量,建立反垄断公益诉讼、集团诉讼确有必要。建立集体诉讼机制不仅完善了反垄断法经营者救济机制不完善的缺陷,还能够使社会公众力量参与到监督规制竞争性国企的垄断行为中来。由于公益诉讼与集团诉讼的理念存在互通性,二者的结合能够使反垄断诉讼机制更为完善,必将更为有效地规制我国竞争性国企的垄断行为。[2]

---

[1] 参见冯博、杨童:《我国反垄断集体诉讼制度的构建和实施》,载《中州学刊》2018年第6期。
[2] 参见孙晋:《竞争性国有企业改革路径法律研究——基于竞争中立原则的视角》,第316—317页。

第七章　数字经济背景下竞争监管理念转变与方法革新

第一节　数字经济对竞争法的冲击与挑战

一、"平台—数据—算法"三维结构改变传统经济业态

数字经济是在互联网、大数据和人工智能等新技术基础上发展起来的经济新业态。2017年,"数字经济"首次被写入政府工作报告,表明数字经济已成为国家发展战略的重要一环。这既是对近年来以互联网为核心的新兴商业模式的一种肯定,也是对未来中国经济发展模式的一种探索。伴随着新一代信息技术加速迭代,并向各产业、各领域深度融合,数字经济已经成为促进经济高质量发展的强劲引擎。2023年,中国信息通信研究院发布的《中国数字经济发展研究报告(2023)》显示,我国数字经济规模在2022年已达到50.2万亿元,占GDP比重相当于第二产业占国民经济的比重,达到41.5%,这说明数字经济是富有活力的新业态,是我国经济增长的新动能。

数字经济对市场竞争的影响较实体竞争更加广泛和迅速。世界范围内,微软、谷歌搜索、苹果公司、脸书和亚马逊电商等数字巨头不断遭遇来自世界主要国家的反垄断调查和处罚。在我国,淘宝公司与安徽美景公司不正当竞争纠纷案、浙江天猫滥用市场支配地位

纠纷案等热点案件比比皆是,昭示着数字经济领域的竞争愈演愈烈。对此,我国通过反垄断法治建设作出了积极应对。国务院《禁止滥用市场支配地位暂行规定》《禁止垄断协议暂行规定》《国务院关于促进平台经济规范健康发展的指导意见》的公布实施以及2021年2月原国务院反垄断委员会(现更名为:反垄断反不正当竞争委员会)发布的《关于平台经济领域的反垄断指南》正式实施在不同程度上体现出我国数字经济的发展出现了倒逼传统竞争政策更新的特点。然而,要应对数字经济对反垄断分析框架和权衡因素所带来的挑战,还应当具体分析数字经济时代的新型市场结构,以此增加规制数字经济垄断行为各类具体措施的体系性和可操作性。

数字经济的发展离不开高效的监管,要做好数字经济监管则必须把握数字经济自身的特点和演变趋势。数字经济平台收集用户行为等海量数据,利用各类算法技术对其进行整理、分析和反馈循环,一方面反映当前经营情况,另一方面预测未来可能的收支状况,将市场力量延伸至其他市场和"未来市场",高效率地开展与传统竞争状态不同的市场竞争,从而创造出多元的社会价值。由此可见,"平台—数据—算法"的三维结构已经成为数字经济时代的基本商业模式,开创了数字经济时代的市场竞争新格局。数字经济新业态以数字经济平台为载体,以数据要素为牵引,以算法技术为依托,对传统产业进行渗透、融合,重新构造了竞争的主体、客体、要素和工具,使竞争结构发生根本性变化,呈现出多元融合和动态竞争的特点。数字经济新业态具有摆脱传统静态竞争,转向动态竞争的新特点和在多元融合环境中发展的新特征,导致市场份额等反垄断考量因素在多元化和动态化发展中难以被有效评估,使得重构既有的反垄断法分析框架和体系化构建数字经济反垄断行为的法律规制具有必要性和紧迫性。

(一)数字平台成为新型市场主体

互联网平台经济是数字经济新业态的重要组成业态,已经深入到了国民的社会经济生活当中,占据着越来越重要的地位。2017年6月,中国国家标准化管理委员会和国家质检总局发布的《国民经济行业分类》在信息相关服务业中新设了互联网生产服务平台、互联网生活服务平台、互联网科技创新平台、互联网公共服务平台、其他互联网平台等五类平台经济类型。2018年8月,国家统计局关于印发《新产业新业态新商业模式统计分类(2018)》中也添加了互联网平台经济。2021年2月,国务院反垄断委员会印发《国务院反垄断委员会关于平台经济领域的反垄断指南》将数字经济平台界定为"通过网络信息技术,使相互依赖的双边或者多边主体在特定载体提供的规则下交互,以此共同创造价值的商业组织形态",这成为对数字经济平台较为权威的一种定义。

在互联网平台经济的商业模式当中,数字经济平台作为其载体越来越起到关键性作用。在世界范围内,占据最高市值的企业已经是快速崛起的数字经济平台企业,再加上这些企业仍然不断进行科技研发、创新与应用,数字经济平台很有可能会弱化甚至取代现有市场经营者的市场地位,成为新兴的市场主体。现如今,在线上交易过程当中,数字经济平台主要扮演信息中介服务的提供者和交易保障体系的构建者这两个角色。数字经济平台利用大数据、区块链和算法等先进技术,突破时空限制,连接双边市场的用户群体,并为他们提供综合性服务,包括但不限于信息获取、搜索、竞价和资源调配等信息中介服务,这是数字经济时代企业获取海量数据并且转化为生产力的主要组织方式。需要注意的是,从《国务院反垄断委员会关于平台经济领域的反垄断指南》的定义中可以得知,数字经济平台只能作为信息中介而存在,其业务中不应当包含提供实质性交易服务的互联网业务。此外,数字平台还为买卖双方提供第三方担保和各类交易工具,保障了支付的安全性和交易的可靠性的同时,还从多方面提振了消费者与平台商家之间的相互信任,促进了互联网平台经济的进一步发展。

数字经济平台具有如下与竞争相关的特征:第一,数字经济平台最主要的特征是双边市场。在双边市场模式下,数字经济平台为两组有着不同需求的用户提供交易平台,并对他们进行交叉补贴,向市场中网络效应低的一边收取更多费用,而按同等数量降低向网络效应高的一边收取费用,甚至免除平台使用费来影响总交易数量。[①]双边市场模式改变了传统市场的结构,重塑了有关市场的观念。第二,数字经济平台具有生态化特征,甚至超越了传统的双边市场与多边市场。一方面,随着互联网和数字红利持续释放,再加上数字经济新业态生态复杂、界限模糊、新功能开发周期短、业务范围扩张便利,这使得坐拥大量数据和海量可变现用户的数字经济平台存在跨界经营的冲动和优势,能够将数据、算法等各种生产要素整合起来,以扩展市场力量的影响范围,涵盖各类同类型、上下游市场,乃至混合型市场;另一方面,成熟的数字平台作为数据和流量的聚集地,必然会形成"虹吸效应",吸引众多数字经济相关企业和产业链向平台聚集和拓展,加速数字平台拓展其网络生态和产业生态,从而呈现出"赢者通吃"的马太效应。第三,数字经济平台生态链越完善,其所对应的生态系统中就越有可能产生"围墙花园"现象,要求所有的交易与操作都必须经过并留在该生态系统内。这种现象表明数字经济平台

[①] 参见孙晋:《数字平台的反垄断监管》,载《中国社会科学》2021年第5期。

逃避执行互联互通政策，可能会对产业和社会产生巨大的负外部性。

（二）数据成为市场竞争的核心要素

数字经济是以数据的生产、存储、流通、使用和消费等活动作为支撑的一种新兴经济业态。在这种经济业态中，通过对数字化的信息与知识进行识别、选择与使用，不仅能够催生各类新业态和新模式，而且还能够引导、实现资源的快速优化配置与再生，促进经济高质量发展。随着信息技术、大数据和人工智能的发展，数字驱动成为数字经济环境下企业行为的特点，数据已经成为当今最宝贵的资源之一。在土地、劳动力和资本之后，数据成为第四个重要的生产要素。党的十九届四中全会指出，健全劳动、资本、土地、知识、技术、管理、数据等生产要素由市场评价贡献、按贡献决定报酬的机制，首次增列了"数据"作为生产要素，标志着我国正式跨入了数字经济时代。

数据作为生产要素发挥作用的具体机制体现在其服务于生产而后因此获得回报的过程中。数据还对传统产业体系向现代产业体系升级起到了推动作用。从企业个体的微观视角来看，数据参与到产业生态体系当中有助于整合多种资源，推动企业核心竞争力增长和竞争力体系重塑。从产业体系的宏观视角来看，数据介入消除了集聚效应对空间所带来的限制，推动数字化产业及其上下游环节的数字化进程。此外，作为一种关键的生产要素，数据对实体经济和虚拟经济领域的生产经营活动的各个环节越来越具有重要意义，包括产品的设计、生产、销售等。与数据要素相关的生产劳动也应当获得相应的报酬，这改变了市场竞争格局，对数据要素的市场化配置等相关制度机制提出了新要求。

与土地、劳动、资本等传统生产要素相比，数据这一新型生产要素具有一些独特的属性。首先，数据要素必须具有规模性才能提炼出商业价值，只有全视域、多维度的系统性数据，才有助于经济主体超出原有的时空限制获取客观认知。其次，数据要素具有即时性。新一代信息技术不仅降低了数据要素的成本，而且也让数据生成（或者说收集）、传输、处理和分析的速度大幅度提升，这使企业能够实时分析经营状况并随时更新预测结果。再次，数据要素与传统生产要素相比，具有非消耗性。随着数据复制效率的不断提高，数据的损耗率及其边际成本不断下降，无限趋近于零。正是因为如此，数据要素呈现出低成本和大规模可得的特性，且作为一种资源被多方同时使用的门槛大大降低。最后，数据要素具有高度的流动性。不同生产要素之间存在着流动性的差异，这种差异影响着产品和服务的价值形成过程。流动性较高的生产要素更容易聚集和积累，可以通过重新配置流动性较低的生产要素资源来提高资源配置效率。数据作为最具流动性的生产要素，在这方面发挥着明显的作用：一方面，数字经济平台的统一调配能够充分盘活闲置资源，促进共享经济的发展；另一方面，数字经济平台运用数据进行供给与需求分析，同时满足供给方和需求方的个性化要求，使得市场生产的盲目性大大降低。

（三）算法成为数字经济的关键生产工具

虽然算法具有多元性和持续发展的特性，但仍然可以将其归纳为一系列旨在程序化地解决特定问题的明确指令。在算法的具体运作过程中，只需要将符合规范的内容输入，就能够在有限的时间内获得所要求的结果。算法是发挥数据商业价值的关键所在，如果不是算法优化了对数据的发掘和利用，那么后者就无法实现信息价值。人工智能和机器学习等技术的发展将算法设计推至了一个新的高峰，计算机越来越能够依据对数据的汇集、分析和利用，有效地解决复杂的市场问题、作出预测和决策，强化市场力量。算法作为自动化决策的核心，在数字经济时代被广泛地应用，其中最具有代表性的两种商业应用方式是动态定价和数字管家。在动态定价中，算法汇集、分析和利用数据，综合考虑过去的市场定价、产品市场需求、消费者购买力和购买偏好等因素，搭配机器学习技术，准确评估并进行调整的定价方式。这种定价方式不仅能够即时回应当前的市场条件，并进行个性化定价，实现最大化的利润，也能够最大程度地降低风险和提高收益。数字管家则是消费者用于解决价格和质量信息不透明以及信息不对称问题的一种工具。通过运用数字管家，消费者能够显著降低搜索成本，方便快捷地获得可比的价格信息，并找到最优选择。对于经营者来说，数字管家的这种作用则有助于平衡竞争环境。

从以上论述可知，算法技术为数字经济所带来的动态性和透明性成为其在运行态势上的重要特征。互联网市场的动态程度比传统市场更高，这一方面体现在动态定价的算法技术使产品创新竞争的重要性超越了价格竞争，另一方面体现在算法技术作为自动化决策的核心能够催生新的产业、新的生态和新的应用场景，能够打破市场格局的相对稳定性和静止性。数字经济市场的高度透明化则是对海量数据的挖掘、分析算法和机器学习的结合所造成的结果。数字经济平台或者相关经营者利用算法技术对其他经营者进行持续追踪和分析，使得市场行为完全透明，这改变了传统的市场竞争结构。毫无疑问，算法是数字经济最重要的技术驱动因素之一，因此算法技术不仅会被普遍运用，而且还会不断地被完善和优化，并进一步加深数字经济市场的动态性和透明性等特点。

二、数字平台生态化发展引发竞争法实施新需求

(一)平台生态化发展现状

当前,数字平台不仅不再限于单一的商品市场,而且甚至超越了传统的双边市场和多边市场,已经呈现出了生态化发展的特征。百度、阿里、腾讯、京东等在互联网市场中具有高度影响力和统合力的全功能经营者是我国生态化数字经济平台中的典型。一方面,数字平台自身通过整合多种要素和资源,进行技术和模式方面的创新,向产业链和供应链上下游进行横向跨界扩张和纵向业务延伸。另一方面,各类用户主都会被巨大的流量效应所吸引:对需求侧一方,平台不仅通过免费或补贴模式扩大用户数量,而且通过扩张到更多的服务领域将用户锁定在生态系统内部;对供给侧一方,虹吸效应将促使更多相同或不同的服务商集聚平台,加速促进了数字平台的链式扩张。在这两方面的双重作用下,数字经济平台逐步构建起业务交织、功能互补、全方位覆盖的庞大网络生态和产业生态,巩固了其多边平台的构造,呈现出强中心性和自成一体等特质。强中心化指的是在涉猎多元行业的情况下,生态化的数字经济平台内部仍存在着一个资源调配的中心,这一中心组织通过在前台通过制定和实施平台规则来进行约束、调整和引导平台内诸多主体的行为。数字经济平台"自成一体"这一特质具有两层含义,第一层含义指的是平台内的多种产品能够形成"一站式"的服务链条,为用户提供完整而全面的服务,满足用户各阶段、多方面的需求;第二层含义是指的是平台内各类商品之间具有互补性,这一互补性能够使平台经营者在系统内通过跨市场的引流和交叉补贴降低成本、实现利润。这些特性决定了生态化的数字经济平台与其他平台的竞争不止局限于同一市

场，呈现跨市场竞争的影响力。

（二）平台生态化发展造成竞争损害

在生态化的数字经济平台迅猛发展的同时，其所带来的新问题和新挑战也逐渐显现。其主要的问题之一是平台封禁。数字经济平台在获得一定的市场影响和优势地位的同时，也试图利用数据和算法对竞争对手进行屏蔽和封杀，从而不断巩固自身竞争优势。此处所言之经营者，既包括相关市场的直接竞争对手，也包括其他相关市场但具有业务关联性的其他市场经营者。在生态系统内部，数字经济平台倾向于创设充分的互联互通；面向生态系统外部时，平台则倾向于通过各种方式将用户锁定在自己的系统内，主要手段有链接封禁和数据封禁等。链接封禁是指数字经济平台拒绝外部企业的内容在自己的系统内部进行传播，从而防止外部企业以链接打开的形式获取流量、用户注意力，进而获取数据和其他生产要素。[1]某些数字经济平台屏蔽了一些平台生成的外部链接，却没有公开有关外链安全的审查标准，这会导致该数字经济平台企业专属的生态系统越来越具有封闭性，对竞争对手的损害也愈加明显。数据封禁则是指对生态系统内部数据对外交换的封禁，使得头部的数字经济平台形成"信息孤岛"，增加了信息获取与自由流动的成本，还降低了互联网上信息的整体质量。通过屏蔽封禁来维持市场竞争优势地位是低效无用的，因为这并不是真正基于产品和服务的竞争创新，反而是一种典型的损害竞争的行为。没有正当理由地拒绝互联互通不仅影响了平台中个人用户的使用体验，增加了社会公众的成本，如迁移成本、时

---

[1] 参见刘晓春：《数字平台生态系统的反垄断法定位与规制》，载《思想战线》2022年第1期。

间成本、自由选择成本等等,而且会产生阻碍竞争、助长垄断和恶化数字经济生态系统的风险,因此是需要受到竞争法规制的行为。此外,还有超级平台过度集中,平台兼具市场和产品双重属性等情况也排除、限制竞争的效果,会损害其他平台与用户的利益。

(三)平台生态化发展挑战传统反垄断分析框架

数字经济平台作为新型商业组织形式,具有独特的属性。而《反垄断法》《反不正当竞争法》作为调整平台经营者竞争活动的主要依据,在各种界定标准和规制方法中并未将生态系统的运作机理和竞争特点纳入考虑范围。因此,对于生态化的数字经济平台,需要将平台经济视作整体来展开系统的规制研究,以完善相关市场、市场力量和经营者集中等概念的判断标准。

依据我国《反垄断法》的规定,相关市场界定是判定市场主体是否具有市场支配地位和反竞争行为,并合理地进行反垄断规制的关键所在。界定范围过于宽泛会导致相关经营者免受反垄断处罚,过于狭窄则会使得无辜的经营者面临不必要的处罚。新《反垄断法》第9条的规定只是原则性规定,并没有细化数字相关商品市场的界定规则。依据《国务院反垄断委员会关于平台经济领域的反垄断指南》第4条规定,既可以通过确定平台一边的商品来定义相关商品市场,也可以根据平台涉及的多边商品分别界定多个相关商品市场,并考虑这些市场之间的相互关系和影响。当跨平台网络效应对平台经营者施加足够竞争约束时,可以整体上界定相关商品市场。

在传统的反垄断判断范式中,通常需要考虑需求替代性和价格关联度判定相关市场。传统的定性分析方法主要关注消费者对商品或服务的功能用途需求、价格接受度和质量认可度,以替代性分析为主。然而,在数字经济平台领域,这种方法可能无法适应以"非价格竞争"为核心的情况。在数字化商业生态系统中，商品或服务之间的界限模糊不清，跨界竞争和融合以及非对称性定价模式也增加了传统替代性分析方法的应用难度。这些因素共同作用，使得直接使用传统替代分析方法变得更加困难。[1]在数字经济情况下，必须同时考虑结构性指标和行为性指标，还必须同时考虑需求侧和供给侧的具体情况，大大增加了清晰界定相关市场的难度。例如，生态系统的开放性就对相关市场的界定具有显著影响。数字经济平台的开放程度越高，越有可能在产品供应市场和商业生态化系统层面分别界定相关市场。反之，数字经济平台的封闭程度越高，产品在不同系统间的互操作性越有限或者甚至不具备互操作性，则在商业生态化系统层面界定相关市场的可能性就越大。[2]

当前，学术界主要有如下几种思路：一是考虑用利润来源作为基础来界定相关市场，二是依据供给特征选定独立产品作为相关市场界定的起点，三是坚持传统的需求替代性分析，在双边市场的情形下，同时界定三个市场，考虑以网络效果、锁定效果形成的用户转移成本来替代传统分析思路中考察商业市场份额。然而，这些理论大多只考虑到双边市场和多边市场，仍未将互联网经济平台生态系统的运作机理和竞争特点纳入考虑范围。

按照传统的反垄断分析框架，要判断企业是否具有市场支配地位，需要在界定相关市场之后，结合企业在相关市场中的市场份额、市场集中度和边际利润这三个结构性特征进行分析。然而，数字经济平台生态化发展的特征和动态化竞争的趋势使这三者与平台市场

---

[1] 参见孙晋：《数字平台的反垄断监管》，载《中国社会科学》2021年第5期。
[2] 参见周围：《规制平台封禁行为的反垄断法分析——基于自我优待的视角》，载《法学》2022年第7期。

支配力的关联越来越弱,也弱化了这三者作为衡量标准的重要性。这是因为高市场份额、高市场集中度以及高边际利润并非唯一用于衡量市场力量的标准,而仅仅是反映了平台本身的特点,而且静态分析方法与动态平台的竞争在本质上存在一定矛盾。

首先,市场份额的指示作用被显著削弱。其一,市场界定的复杂性必然会导致市场份额测试结果的不准确;其二,高市场份额并不能保证平台一定拥有市场力量,平台企业以营业额为标准计算市场份额,但是数字经济平台独特的零定价模式导致营业额无法反映生态化数字经济平台的市场份额和市场重要性;其三,数字平台的竞争并非仅取决于市场份额,还包括资本实力、数据质量以及商业模式等方面的竞争。其次,边际利润的衡量方法与传统经济时期大为不同。一般而言,数字经济平台的经营者会在运营初期投入大量资金进行维护、宣传和提供免费商品或服务,这会导致数字经济平台前期与后期的边际利润之间存在较大的差距。最后,数字经济的市场集中度更高,并且更容易出现寡头垄断的情况,这是网络效应所带来的影响。然而,在数字经济领域,寡头垄断平台并不一定拥有无限制的市场力量。一方面,由于数字经济行业具有激烈竞争和动态竞争的特点,寡头垄断平台企业更倾向于通过技术创新来更新产品和服务以获取竞争优势,而不是通过共谋达成垄断协议。另一方面,即使存在垄断协议,新技术在其他市场中的出现也很容易打破寡头垄断平台之间所约定的平衡状态。数字经济平台的生态化发展也为经营者集中的审查带来考验。数字经济的动态性和生态性极大地增加了执法部门进行预测的难度。以营业额为经营者集中的申报门槛,使得执法机构难以对仅拥有庞大用户数量的平台企业进行审查和规制。竞争评估效果也不再能仅依靠市场份额、市场集中度和进入壁垒等适用于静态竞争的认定要素。数字经济领域还需要应对一个显著问题，即先发制人式合并收购（pre-emptive merger）。在数字市场背景下，这种并购策略是指在新兴企业刚开始发展阶段就进行并购，以避免具有竞争威胁或拥有潜力的企业成长壮大。假如当前营业额较低，但用户群庞大并快速增长，未来市场潜力巨大的初创企业被通过网络效应和数据壁垒而拥有市场优势地位的企业所收购，那么市场集中度将被加剧，数字平台市场的寡头竞争格局也会被固化和放大。

三、数据纠纷呼唤公平竞争治理新进路

在数字经济时代，数据的经济价值被广泛重视，已经转变为了一种生产要素，按照贡献参与分配，这凸显了数字经济时代流量竞争的法律风潮。近年来，企业之间的竞争已经扩展到了数据层面，经营者之间围绕数据产生纠纷的案例层出不穷。华为与腾讯、顺丰与菜鸟、"新浪微博诉脉脉案"各方所争议的核心问题都是数据。互联网企业之间的数据纠纷大多涉及通过不正当的方式，利用数据实施破坏互联网市场竞争秩序的行为，通常是指一方企业利用互联网技术，使用数据为自己谋取利益，并对他方商业利益和竞争优势造成损害。按照其基础进行分类，可以将数据纠纷分为数据型纠纷和技术型纠纷。数据型纠纷主要基于数据源进行改进或从中提取派生数据，与技术的关联性并不紧密；相较之下，技术型纠纷更多地依赖于技术手段，一般情况下是指利用大数据分析和程序算法等优势非法获取受保护的他人数据所引发的争议，主要涉及数据抓取方面的问题。当前，数据抓取是引发纠纷的主要原因之一。

数据抓取是指企业利用公开接口或计算机爬虫等技术大规模、快速获取网页数据的行为。这是两种不同的数据流通路径。开放应

用端口是根据多方合意达成的合同实现的数据互通共享,相关争议可以通过契约规则来解决。计算机爬虫是指利用网络爬虫工具,通过自动抓取网页和截取屏幕等技术手段,实现对他方数据库数据的自动提取行为。数据爬取形式爬虫技术如今被广泛地应用,根据腾讯安全云鼎实验室的数据,2018年中国互联网上的机器爬取流量和真实用户流量的比例几乎达到了1∶1。[①]数据爬取引发的争议日益频繁且激烈,因为其是一种单方面启动的非合意数据流通。当爬虫程序访问网络资源时,被抓取的网页会显示爬虫协议和开发者协议,这两个协议规定了原始网站管理人同意爬取方使用信息技术进行数据获取的范围。然而这只是一种行业惯例和行为准则,并不具备法律效力,也无法从技术上限定爬虫技术爬取数据的范围。数据爬取本身的技术性特征要求司法机关具备专业知识。在技术应用者的运作下,数据抓取可以通过巧妙的技术手段来保持高度隐蔽性,给司法机关处理相关纠纷造成挑战。

数据竞争行为的法律边界问题涉及竞争行为是否合法,主要体现在对数据获取和使用规则的讨论。数据的商业化使用包括提供数据、获取数据和使用数据等一系列活动。只有在用户完成了数据提供行为后,企业的获取和处理数据才会受到《反不正当竞争法》规制。检视司法实践可以发现,在涉及数据型纠纷的情况下,个人隐私因素和平台在数据中所注入的劳动要素共同构成评判数据获取行为是否合法的标准。而在技术型纠纷中,行业规则如Robots协议被视为数据获取的准则。然而,其合法性仍需要进行个案分析以确定。现有司法实践虽对保障企业数据权益、推动公共数据流通进行了有限的

[①] 参见许可:《数据爬取的正当性及其边界》,载《中国法学》2021年第2期。

探索，数据纠纷仍然缺乏统一的裁判规则和与时俱进的规制思路，数据法律赋权的建构、"竞争关系"的认定等问题仍带来针对涉数据不正当竞争行为的治理难题。

（一）数据的法律权属问题

数据爬取纠纷往往是由数据权属不明确而引发的，因此明确数据权属是解决纠纷的重要环节和前提。然而，当前数据的权属仍然未定，关于数据是否属于传统的民事权利客体，仍存在较大争议。数据本身具有多元归属性、易复制性和动态性等特点，这使得通过立法明确划定数据权属和数据权利的具体内容难以实现。有学者支持对数据进行赋权，以解决企业之间的数据纠纷。而与数据权利说的支持者不同，有学者认为竞争法对数据的保护不需要以确认数据权属为必要前提，对数据中附带的利益提供保护，并在此基础上平衡经营者利益、消费者利益和公共利益等多元利益是更为有效的规制路径。司法实践依照这两种思路发展出两种不同的裁判思路：权利侵害判断范式与行为正当性判断范式。前者以原告具有合法权益、存在利益损害以及被告的主观恶意为不正当竞争的构成要件；后者则需要裁判者通过比例原则等分析框架，对经营者利益、消费者利益和公共利益进行衡量，而后判断竞争行为是否具有正当性。然而两者相背而行，司法实践往往择一而从，应对企业数据权属的定性问题缺乏统一的裁判规则，数字经济时代，互联网企业间数据纠纷频发，此种权宜之计越来越难以实现企业数据纠纷的事前预防与事后救济。

（二）"竞争关系"的重新定义

在数据就是生产力的当下，跨界经营对执法和司法实践中认定竞争关系造成挑战。在审理数据纠纷案件时，法院往往先对被诉企业与原告之间的竞争关系进行认定，进而再对竞争行为的正当性进行认定。随着数字经济快速发展,行业界限和空间范围的打破,竞争关系的认定已经从总体上突破了传统的同业竞争关系。在当今商业环境中,企业建立收集用户数据、开发产品和吸引用户群体的积极反馈循环已经成为一种新的商业模式。对交易机会和经营资源的争夺,以及竞争优势此消彼长的特点,也成为竞争关系认定的一部分。与此同时,互联网行业的准入门槛降低,使得企业能够更便捷地进行跨界经营。因此,行业范围限定已从过去的判断标准沦为诉讼借口。虽然司法实践也已开始对"竞争关系"重新进行拓宽性的解释,也存在淡化竞争关系的认定的倾向,但是仍缺乏系统的分析与总结。

四、算法技术引起竞争法规范新挑战

算法作为新一代信息技术革命的核心,促进了新业态、新经济向更深层次发展。但是算法类垄断和不正当竞争行为纷繁复杂,且具有强技术属性和高度隐蔽性,造成反垄断法和反不正当竞争法视野下的规制困境。

(一)新型不正当竞争行为凸显《反不正当竞争法》的缺陷

实践中,算法驱动的不正当竞争行为主要包括传统不正当竞争行为在互联网领域的延伸和新型不正当竞争行为。前述有如虚假宣传和商业诋毁等常见的不公平竞争行为,已被《反不正当竞争法》所包含,后者有如利用算法实施的流量劫持等新型不正当竞争行为对应的则是现行《反不正当竞争法》当中的"互联网专条"。

然而,算法类不正当竞争行为类型复杂多样,互联网专条乃至《反不正当竞争法》整体在进行规制时也存在思路落后、标准模糊等一些较为明显的缺陷。首先,"互联网专条"只对有限的不正当竞争行为进行了规定,如插入链接、强制跳转和恶意不兼容等,这种列举式条款存在不足之处。随着大数据、算法技术、平台经济的不断发展,实践中出现的新型不正当竞争行为难以被现行《反不正当竞争法》囊括其中。不仅如此,互联网专条中所提及的三类行为之间以及与其他典型不正当竞争行为之间重叠,还需要进一步完善。此外,对于适用互联网专条兜底条款的情形也存在相当大的争议。一方面,兜底条款对构成要件的表述过于宽泛,通过影响用户选择或者其他方式"妨碍、破坏其他经营者合法提供的网络产品或者服务正常运行的行为"等构成要件缺乏实质要素,认定标准较为抽象,在实践中难免造成不当扩大适用的情形。另一方面,兜底条款的违法性判断标准存在一定模糊性,倘若采取宽泛的解释,全面禁止互联网企业在竞争用户注意力时,必然会出现"妨碍、破坏"行为,不利于维护正常竞争秩序、推动技术进步以及实现《反不正当竞争法》的立法目标。这两个方面共同作用,造成互联网专条兜底条款的可操作性低的情况。最后,互联网专条与一般条款之间的适用界限难以把握。由于互联网专条的列举条款有限,兜底条款难以承担兜底作用,容易造成适用边界不明,使一般条款的不当扩张,对裁判思路的统一构成威胁。

另外,在面对层出不穷的算法类不正当竞争行为时,《反不正当竞争法》作为行为规制法,从一般条款到类型化条款,对于判断不当行为的标准,应该在统一的价值导向、考虑因素和权益平衡的框架下进行。然而,面对技术和商业模式不断更新换代,新型经济形态迅猛发展,新型不正当竞争行为持续涌现的情况,实务界和理论界尚未就如何确定新型不正当竞争行为达成一致,存在保护竞争者范式和维护市场竞争秩序范式,分别基于法益侵害、多元利益平衡的价值取向。前者的支持者认为,新型不正当竞争行为具有阶段性,不宜勉强提炼出基础性的"案例群"和运用诚实信用等高度抽象的原则,对于竞争行为不正当性的判断应当回归法益侵害的思维模式。[1]后者的支持者则认为,算法在技术经济时代还承担着技术创新的考量因素,相关不当竞争行为的认定不能仅依赖于保护具体权益的一般侵权行为判断模式。[2]如果相关判决只注重对原告现有商业模式的静态损害,而未对技术和市场进行全面深入的分析和评估,对利益衡量的考虑过于狭隘,容易对新兴市场竞争行为过度指责,不利于培育市场理念,促使《反不正当竞争法》由权益保护法向竞争秩序维护法的回归。因此,在评估算法驱动的竞争行为是否不当时,应该综合考虑社会整体效益的可持续发展性,对不正当竞争行为损害的社会公共利益、经营者利益以及消费者利益予以衡平保护。

(二)算法垄断风险暴露反垄断法规制局限

伴随着大数据等互联网技术的迅猛推进和电子商务平台使用者的增加,消费者浏览记录和消费倾向等有效数据催生了算法的出现,使得互联网巨头得以通过数据传输、管理和分析,预测消费者的行为。然而,算法也具有负面效应,其在市场经济活动中干预竞争活动,触犯自由公平市场的良性运作机制,产生排除限制竞争的不利后果。在实践中,算法垄断风险主要产生于以下情形:其一,经营者利用算法进行合谋,达成和实施垄断协议;其二,经营者利用算法进行个性化定价,导致消费者权益受损;其三,经营者能够通过算法实施滥用市场支

---

[1] 参见李扬:《互联网领域新型不正当竞争行为类型化之困境及其法律适用》,载《知识产权》2017年第9期。

[2] 参见孔祥俊:《论反不正当竞争的基本范式》,载《法学家》2018年第1期;王磊:《法律未列举的竞争行为的正当性如何评定———一种利益衡量的新进路》,载《法学论坛》2018年第5期;熊文邦:《互联网不正当竞争行为司法认定中的利益衡量与平衡路径》,载《中国应用法学》2022年第4期。

配地位排除限制竞争行为，能更精准地进行计算，起到打击竞争对手、获取最大利润的目的；其四，主导经营者可以根据算法分析的结果，选择对潜在竞争对手进行扼杀式收购，进行精准识别和打击，对竞争秩序造成损害。

算法合谋是经营者利用算法的优势，提高数据收集和信息传递的效率，进行自动化决策，从而以比传统协同行为更加隐蔽的方式达成和实施垄断协议。随着算法的快速发展，竞争对手之间能够以迅速且以不易令人察觉的方式进行互动，他们可能会利用复杂编码作为媒介来共同实现目标。因此，在数字经济中，协议概念及其适用边界变得越来越模糊。对于算法问题，需要关注垄断协议的定义，以确定是否能够有效地规范类似算法合谋这样的新问题。算法默示合谋与算法明示合谋相对，是指经营者之间在不存在任何书面或口头协议，甚至不存在意思联络的情况下达成合谋的一种情形。与算法明示合谋不同，在算法默示合谋中，算法的决策具有相对自主性，经营者之间无须通过反复博弈磋商或者签订书面协议，就能利用"算法黑箱"准确且迅速地抓取竞争对手的价格数据，对市场上相关产品进行分析，进一步归纳出最佳的函数，从而心照不宣地达成合谋。在这种情况下，算法消除了价格合谋中的协议和沟通因素，使得经营者的主观意图和信息交流都具有隐蔽性，为执法机关的认定带来了困难。算法不仅扩大了默示合谋的应用领域，还使默示合谋更为隐蔽，导致了更高的价格，造成消费者福利的下降，这意味着现有的反垄断法需要向新领域拓展。新《反垄断法》第9条的规定将算法合谋纳入了我国反垄断法的规制框架中，但相关法规未提及对算法默示合谋的监管问题，使得对算法默示合谋的识别、认定以及规制问题悬而未决。

经营者可以根据消费者在网络上留下的个人信息进行用户画像，以推测不同消费者对价格的承受意愿，向每位消费者提供不同金额的优惠券或折扣率。这种行为导致每位消费者实际支付商品价格不同，从而使得他们支付了与产品质量不相符的费用，同时损害了他们的隐私权和总体福利。社会上要求对此进行规制的呼声很大，特别是在此类行为日益增长的情况下。但是，由于算法具有不透明性，造成的损害具有隐蔽性，所以难以对其进行规制。

算法对数字经济平台的自我优待也起到了辅助作用。由于掌握了算法技术，数字平台可以同时充当"运动员"和"裁判员"，利用"裁判员"的经济权力，利用排名算法和推荐算法实现自我优待，边缘化竞争对手，侵犯平台内其他经营者和消费者的合法权益。例如，利用算法，经营者在制定掠夺性定价的过程中能够实现精准计算，可以实现对特定竞争对手的精准打击，精确进行交叉补贴。在通过给予交易相对方隐蔽的补贴或优惠券等方式实现掠夺性定价时，算法可以精确地计算补贴额度、优惠券力度以及选择发放对象。平台自我优待行为与数字经济平台作为新型生态系统的运行机理相关，该系统的运作特点决定了其难以被纳入现有的反垄断分析框架之内。例如，平台自我优待大多时候意在将自身优势地位延伸到另一个甚至多个下游市场，这导致执法者不便界定竞争关系和难以具体分析竞争效果。数字经济平台内经营者对平台的依赖性来自专用性资产投资而导致的高迁移成本，这意味着反垄断法中传统的"必需设施"原则的分析思路不再完全适用。

此外，算法在扼杀式收购中也起到重要作用。经营者可以运用算法进行实时预测和监测，从而迅速识别市场威胁，进一步采取主动措施，提前收购可能存在的竞争对手，或积极应对竞争对手的市场进入。这种基于动态数据进行预测的并购,使并购交易的静态价格效应分析失效,以营业额标准为经营者集中申报门槛的单一量化指标也无法测量扼杀式并购所造成的真实损害,具有事前审查不足的缺点,容易使无序并购行为逃脱反垄断审查。并且,传统并购中个案分析的思路不适合扼杀式并购中经营者所采取的系统性的、频繁的并购策略。

值得注意的是,在算法带来多种垄断风险的情形下,反垄断法在风险实害化后进行规制的思路具有滞后性和局限性,尤其是面对具有复杂性、隐蔽性和技术性的算法垄断风险,过于倚重事后规制的传统反垄断实施方式呈现出威慑不足、成本较高且救济乏力的功能局限。其一,反垄断法的事后实施使其面对算法驱动的垄断风险时无法承担具有前瞻性的风险控制任务,事后实施导致的滞后性也会使威慑刚性有所折扣。其二,算法的性质增加了事后救济的成本消耗和失败可能性。反垄断的事后规制要遵循合理性原则的基本要求,具有严格的适用程序和标准,算法的复杂性和隐蔽性增加了适用分析的难度,不仅使得负责证明损害结果的一方需要担负较高的举证义务,而且意味着执法机关需要突破专业壁垒,进行对算法的竞争参与模式和运作机理、具体的竞争效果等予以详尽分析。这在增加相关成本的同时也提高了反垄断法适用分析的难度。其三,面对算法驱动的垄断风险,反垄断法的事后规制往往只能发挥停止侵害和有限的损失赔偿作用,难以通过行政或司法力量恢复原状、填补所有损失,也不能对消费者的权益损害进行直接弥补。[1]

---

[1] 参见闫静:《算法垄断风险的事前预防:理论证成、实践反思与路径优化》,载《华中科技大学学报(社会科学版)》2023年第1期。

第二节　数字经济发展下的竞争法监管理念的转变

一、贯彻积极的包容审慎监管

在数字经济高速发展的时代，数字平台规模急剧扩大，对经济、政治和社会产生了巨大的影响力。平台经济提升了社会整体的资源配置效率，正在逐步成为引领经济增长和推动社会发展的新引擎。同时也应该注意到，平台企业具有网络效应、跨界经营等特征，其竞合关系不同于以往。数字平台强化反垄断，问题本身在于资本无序扩张所带来的超级监管难题，单靠反垄断执法远远不够，需要整体监管思路和协同监管举措。数字竞争规则的建构也许不宜实行过于积极的包容审慎立法原则，但是，鉴于过去数字平台包容审慎监管过于消极，导致平台垄断问题比较严重，为适应数字平台未来健康发展需要，围绕公平竞争和鼓励创新，明确实施积极的包容审慎监管，应该是数字经济时代市场监管权力配置的理性选择。[1]积极的包容审慎监管与平台的动态发展相匹配，包容性监管强调为新业态发展创造宽松的创新环境；审慎监管保障新业态不突破法律底线；积极监管追求实现监管良好的实际效果。

包容审慎是在"互联网+"、共享经济等新业态背景下，我国政府探索监管创新的重要向度。[2]包容审慎监管体现了关于政府与市

---

[1] 参见孙晋：《数字平台反垄断监管的创新思路》，载《法治参阅》2021年第15期。

[2] 参见刘乃梁：《包容审慎原则的竞争要义——以网约车监管为例》，载《法学评论》2019年第5期。

场关系的新认识,其要求政府在是否监管和如何监管两方面均做到包容审慎。换言之,包容审慎监管是政府职能转变与优化的体现。[①] 此外,须认清数字经济对经济法理论的影响并非颠覆性的,经济法的基本原理和基本理论,依然具有相当大的包容性和解释力。不能因为传统监管理论出现问题而否定整体,而应对传统监管理论进行拓展和监管机制创新。党的十八届三中全会提出的"市场在资源配置中起决定性作用和更好发挥政府作用"也蕴涵了政府干预和监管的"自我克制"与"谦抑"。数字经济虽然有其特殊的经济结构,但这不能成为该领域不能适用反垄断法的理由。一方面,数字经济是通过数字技术和互联网开展信息交流和商务活动,其是与实体经济交织在一起的;另一方面,数字经济下的反垄断也需要界定市场势力,即便市场势力在不同经济领域有不同的表现。[②]

但是在以往的监管执法实践中,监管部门由于认知能力和技术手段难以跟上平台日新月异的技术创新和商业模式变化,加之既有的属地为主、线下为主、条块分割的监管体制与平台跨地域、跨行业、线上为主的技术架构和运营模式不匹配,导致监管面对平台经济出现严重"能力缺失"和"监管迷茫"。一方面,监管机构期望通过新兴行业的蓬勃发展来推动业务创新和经济增长,又担心背负"阻碍创新"的骂名,从而忌惮监管。实践中往往"包容有余"而"监管不足"。另一方面,监管机构则担心新兴业态对既有监管框架构成冲击,使其面临较大的监管风险,不知如何监管,技术创新和新兴业态

[①] 参见刘权:《数字经济视域下包容审慎监管的法治逻辑》,载《法学研究》2022年第4期。

[②] 参见王晓晔:《浅论数字经济的反垄断监管》,载《中国市场监管研究》2021年第2期。

的发展前景变幻莫测，监管机构也在"摸着石头过河"，很难提出一步到位的完美监管方案。于是，在主客观因素双重影响下，国家倡导的包容审慎监管原则，现实中往往异化为弱监管甚至不敢和不会监管。对平台一味抱持自由放任的态度，监管部门"有形之手"闲置，存在较大的政府失灵风险，必然为市场失灵埋下隐患。

鉴于此，围绕公平竞争和鼓励创新，明确实施积极的包容审慎监管，应是数字经济时代市场监管权力配置的理性选择。面对平台垄断问题，积极有效地包容审慎监管主要取决于监管的法律依据、监管意愿和能力。① 首先，应坚持法治化监管以保障实现有效监管。实现监管权力配置的法治化，不仅意味着要在法律的实体规范上明确反垄断纵向监管主体的权力范围和各横向监管主体之间的责任边界，厘清各方的权利义务关系，还意味着要在程序规范上明确监管执法的流程和方式、手段。其次，应明确包容审慎监管须是积极的监管。要辩证地看待对平台垄断问题，积极开展审慎监管，这不仅要求反垄断监管部门具有监管意愿，还要求依法科学审慎监管，在包容审慎和积极有效之中寻求平衡，避免假阴性错误和假阳性错误，既不放过垄断，也不误伤无辜。再次，应坚持监管赋能和能力提升，保障有效监管的全面实施。监管者对平台的认知、专业能力、方法工具应逐步适应和提升，未来坚持效能性原则探索对平台开展线上闭环监管、信用监管等柔性管理，丰富监管创新的工具箱，刚性手段硬化、柔性手段软化和中性手段精化，是平台监管拓展和提升的重要路径。② 最

---

① 参见渠滢：《我国政府监管转型中监管效能提升的路径探析》，载《行政法学研究》2018年第6期。
② 参见章志远：《监管新政与行政法学的理论回应》，载《东方法学》2020年第5期。

后，应着力加强前瞻性研究，提高预判能力，增强监管科学性，实现线上线下一体化监管。

二、强化公平公正监管

市场经济的动态发展决定了监管理念也应是动态变化的，监管方式会随着监管理念的变化而变化。数字经济的超强规模经济效应、范围经济效应和锁定效应等新特征，决定了平台企业的市场力量过度集中、数据封锁高筑壁垒、混业经营跨界竞争、产融结合风险叠加与传导等垄断和资本无序扩张问题成为常态，需要强化监管，逐步实现监管转型成为客观现实。当下语境的强化监管，并非片面强调从严监管加重责罚，重点在于监管转型，实质在于监管创新，旨在通过监管转型和创新，切实改进监管状况。公平公正的监管强调在市场竞争中确保各方主体的平等地位和公正待遇，这一理念在任何经济体系中都至关重要，特别是在数字经济背景下，其重要性更为凸显。数字经济的迅猛发展带来了前所未有的机遇，同时也引发了新的竞争问题和监管挑战。为了应对这些挑战，公平公正的监管理念需要具体化和细化，以适应数字经济的独特特点和需求。[①]

首先，应平等对待各类市场主体。在传统经济中，市场主体包括各种类型的企业，从小型的创业公司到大型跨国企业。而在数字经济中，市场主体的多样性更加显著，包括了大型科技公司、新兴初创企业、平台型企业以及众多中小型互联网企业。要实现公平公正

[①] 参见陈兵、马贤如：《全球视阈下数字平台经济反垄断监管动态与中国方案》，载《统一战线学研究》2022年第2期。

的监管,首先必须确保所有这些市场主体在法律和政策上享有同等的权利,承担同等的义务。监管机构在制定和执行竞争政策时,应避免对某些特定企业或行业的偏袒。历史上,某些国家或地区在推动本土科技发展的过程中,可能会倾向于保护和扶持本土的大型科技公司,甚至在监管上给予特殊待遇。这种做法虽然短期内可能有助于本土企业的发展,但长期来看,会破坏市场竞争的公平性,抑制创新,最终损害消费者的利益。因此,监管机构应确保所有企业在同一监管框架下竞争,避免不公平的保护主义政策。此外,为了激发市场的活力,监管机构需要营造一个开放和包容的竞争环境,鼓励更多的新兴企业进入市场。这不仅有助于打破市场垄断,还能促进技术创新和服务质量的提升。例如,针对初创企业的监管政策应更加灵活,以便其能够更容易地进入市场并与大型企业竞争。

其次,透明和可预见的监管规则是实现公平公正监管的重要基础。在数字经济中,市场变化迅速,新技术和新商业模式层出不穷,企业需要在一个稳定和可预见的监管环境中运营,以减少不确定性和法律风险。制定和执行竞争法律规则应当透明公开,使市场主体能够清楚了解监管要求和预期结果。例如,监管机构应通过公开听证会和公众咨询等方式,广泛征求各方意见,确保法规制定过程的透明度。此外,法规的具体条款和执行细则应通过官方网站、行业协会等渠道及时公布,方便企业查询和理解。同时,监管机构应通过制定明确的法规和政策,减少企业在法律合规方面的困惑和不确定性。例如,在涉及数据隐私保护和跨境数据流动的法规制定中,应明确企业的责任和义务,避免因法律模糊产生合规难题。透明和可预见的监管规则不仅有助于企业合规,还能鼓励合法合规的创新和竞争。企业在明确的法规框架下,可以更加大胆地进行技术创新和商业模式创新,而不必担心因为不确定的法规风险而遭受惩罚。例如,监管机构可以通过发布指南和白皮书,明确新兴技术(如人工智能、区块链)的合规要求,指导企业在创新过程中遵守法律法规。

再次,在公平公正的监管体系中,统一的执法标准也至关重要。合理的执法标准应基于客观事实和公正原则,避免主观和随意的执法行为。在数字经济中,监管机构需要通过科学的市场分析和数据支持,确保对反竞争行为的认定和处罚符合实际情况。数字经济中的市场结构复杂多变,传统的市场分析方法可能无法很好适用。因此,监管机构需要引入先进的市场分析工具和方法,进行科学的市场分析。例如,通过大数据分析和算法模型,可以更准确地评估市场集中度、市场进入壁垒以及企业的市场支配地位。这些分析结果可以作为执法的依据,确保处罚措施的合理性和公正性。具体而言,公平公正监管要求执法过程必须避免主观和随意性,确保所有市场主体在法律面前一律平等。监管机构应制定明确的执法标准和程序,确保执法行为的公正性和透明度。例如,在对涉嫌反竞争行为的企业进行调查和处罚时,应严格遵循法律程序,确保企业有充分的申诉和辩护机会。此外,监管机构还应通过定期发布执法报告和案例分析,向社会公众公开执法情况,接受社会监督,增强执法的透明度和公信力。

总而言之,公平公正监管理念在数字经济竞争监管中具有重要的指导意义。通过平等对待市场主体、透明和可预见的规则以及合理的执法标准,监管机构可以有效维护市场竞争秩序,保护消费者权益,促进技术创新和经济发展,使反垄断领域有法可依、有法必依、执法必严与违法必究。

三、积极推进多元共治理念

当前,数字经济的多元化和生态化发展呈现出跨界融合的趋势,平台垄断不仅对平台、其他经营者产生重大影响,也与社会公平、数据隐私保护、技术创新等公共议题有着深刻联系,因此协同监管具有必要性。互联网公司巨头对政府监管提出新的挑战,金融巨头具有"赢者通吃"的垄断特性和"大而不能倒"所产生的负面溢出效应,导致对于涉及金融的平台的反垄断。单纯依靠市场监管部门进行反垄断监管于事无补,还需要加强金融监管、反垄断执法和信息安全监管三者的协调配合。平台之间互相封禁、屏蔽作为平台自我优待的表现性质之一,不仅增加了消费者的分享成本,对互联网行业、平台经济健康有序发展也造成了损害,仅依据现行《反垄断法》难以解决,需要以行业监管为平台反垄断监管提供支持。当平台垄断与不正当竞争行为交织时,还涉及对反不正当竞争部际联席会议制度的利用。凡此种种,不一而足。由此可见,协同监管、整体监管是数字经济治理的内在要求和必由之路。平台经济领域存在《反垄断法》与《反不正当竞争法》等其他部门法的竞合问题,以及各部门、多主体之间的多元协同问题。《反垄断法》具有经济宪法的特性,但反垄断是一个多元综合规制体系,仅依靠《反垄断法》的一己之力不足以实现平台反垄断治理。

因此,需要确立大市场整体监管、协同监管和合作监管的现代理念,在政府层面促进部门协同和央地协同,在平台层面鼓励其进行自我监管,在社会层面推动行业协会参与治理,从而形成政府主导、平台自治、社会参与的多元协同的监管架构,才能为扩展性极强多元化经营的数字经济和平台企业的健康发展创造良好的发展环境。协同监管聚焦于监管体制，不仅须避免多头执法，而且须防止推诿扯皮。在面对共性问题时，市场监管部门要充分发挥积极作用，而在面对各领域、各环节的个性问题时，行业主管部门则要积极作为，打好"组合拳"。一方面完善横向协同监管，数字平台垄断问题因平台多元经营跨界竞争成为常态，需要不同监管部门多元共治。多个监管部门之间的关系和职能必然需要协调。只有厘清监管部门各自的功能和职能，不同监管事务才能有序开展。而不同监管部门的监管事务往往有交叉，针对某个行业的监管问题，往往涉及多个社会领域，因此需要多个监管部门协同发力。如针对数字平台巨头的垄断问题，单靠市场监管部门反垄断监管不能达到最好效果，需要加强金融监管和网络安全监管，形成反垄断执法的协同力量。建立协同监管体系要坚持竞争政策优先，以市场监管为中心，各部门紧密合作、多管齐下，建立协调互助的权力配置格局和协商机制，共定政策、信息共享、合作执法。另一方面，推进纵向协同监管，应优化监管事项层级配置，构建纵向一体化监管体系，增强中央和地方公平竞争监管一致性，在全国统一大市场的政策指导下完善监管架构，形成监管合力。既要优化公平竞争监管事项的层级配置，明确各层级职能，可以制定部门权责清单，又要推动跨层级综合监管，促进上下级执法联动。此外，应高度关注社会协同的积极作用。现代市场体系下监管对象的迅速扩容和监管过程的持续拉长，全链条公平竞争监管的运行需要配备更多的监管资源，然而在当前反垄断编制无法在短期内明显增加的情况下，寻求社会力量的参与可谓一举两得。吸纳社会力量参与市场监管不仅可以调动社会资源参与市场治理，节约监管成本，而且第三方监管的专业性、公正性可以有效提高监管的效能，防止出现监管俘获和监管套利。在具体操作上，以金融科技平台监管为例进行具体阐释,反垄断监管(执法)是一般性普遍性监管,金融监管是专业性监管。因此,数字经济下,对金融科技平台的反垄断监管必须建立在行业监管基础上,按照行业监管的基本原则开展反垄断监管。

政府的主导作用首先体现在完善顶层设计方面。首先,应当确立政府主导下的监管主体、监管范围、监管目标和监管原则,营造良好的协同监管适用环境。其次,需要在全国范围内统一反垄断执法尺度和标准,为市场主体确立统一明确的竞争规则,建立与统一执法相适应的制度规则体系。最后,政府可以在对监管过程进行全方面把握和控制的基础上,以不同主体的特性和优势为基础,划分其职能界定和责任范围促进其他非政府监管主体广泛和积极地参与到协作治理之中。

2023年2月,国务院办公厅发布《关于深入推进跨部门综合监管的指导意见》,提出要健全跨部门综合监管体制机制,完善协同方式,提升联动效能,加强支撑能力建设。当前,国家发展改革委、网信办、市场监督管理总局、工信部等多部门联合推动平台经济的健康发展。一方面,不同部门之间存在监管界限不清,职责功能交叉的问题。另一方面,在对具体行业进行监管时又不可避免地需要多部门之间进行合作,因此执法体系需要加强横向的职能协同和整合,以执法协作来回应日趋复杂的治理需求。具体而言,信息共享、制度规范、权责配置以及组织文化等因素都会对执法体系内部的协同作用和整体联动产生影响。在信息共享方面,应当推动各部门之间建立数据联通与共享机制,通过汇总和对比各领域、多维度的数据,有助于建立针对平台企业的全方位监管体系,形成监管合力。在制度规范方面,当前所需要的是建立统一完备的执法协作框架,为各类跨领域跨部门执法事务提供配套的原则、规范、程序和操作指引,明确指导各领域治理事务之间的衔接和联动。通过完善的协调和监督机制,可以消除政府部门之间的利益隔阂和目标冲突。并通过制度化方式确立有效的执法协同合作,以实现权力整体化和高效率。在权责配置方面,当前应当坚持大部制改革的路径,减少执法系统中的职责模糊地带,缓解分工争议所造成的部门冲突。具体可根据社会主要行业和领域的分类,促进政府职能划分的科学化。面向未来,可以适时调整当前行业类型的职能部门监管模式,将分散在各个部门的相关监管机构、职能、职权进行整合。设立专门的综合平台经济监管机构,统筹协调各方监管力量,对平台企业进行全面监督。

  要实现职能部门的相互支撑和兼容整合,还需要促进央地协同,建立起纵向联动的行政权力结构。当前,中央竞争监管部门和地方竞争监管机构分别负责全国性和地方性的市场主体,导致部分企业受到来自中央和地方的双重监管,造成市场监管成本居高不下,市场监管执法效率低下等问题。但由于地方监管容易受到地方性利益影响,中央部门执法监管难以做到面面俱到,因此应当发挥中央和地方两个积极性,依据中央政府与地方的相对优势和职责统一的原则,科学合理界定市场的权限与职责,促进建立各类政府科学分工负责、有机协调的监督管理体系。中央要听取地方意见,通过统筹调配弥补地方短板,地方要积极收集信息,共享地方监管先进经验。一方面,要做到增强中央和地方公平竞争监管的一致性,在全国统一大市场的政策指导下完善监管架构,建立健全中央与地方之间涉及平台经济监管的相关数据、算法、标准、格式、工具等监管要素、规则及方法的互联互通互认机制。另一方面,要科学合理界定市场的权限与职责,明确各层级职能,促进建立各类政府科学分工负责、有机协调的监督管理体系。在制定部门权责清单以明确分工的同时,也要注意推动跨层级综合监管,促进上下级执法联动,营造"优势互补、分工协作、沟通顺畅、齐抓共管"的监管格局,形成央地之间的良性协作关系。

新兴的平台产业具备高度创新性、强大的网络效应、模糊的市场边界以及极少数赢家垄断市场等特征,此类特征使得传统反垄断法或竞争政策难以直接适用。针对此,平台拥有独特的信息优势,能够克服传统政府监管单一主体所无法克服的监管信息缺乏和监管工具不充分的制度劣势。因此,在充分尊重互联网平台企业独立市场主体地位的同时,也应当推动平台进行自我监管,主要着力于完善治理规则,提升规则和行为透明度,推动企业进行合规管理等方面。由于各类平台背后的运行逻辑不同,所表现出的垄断行为和不正当竞争行为不尽相同,所以相关技术认定和法律适用呈现出专业化和复杂化的倾向,因而在平台内自成体系的自我监管之上,还须明确平台内监管的重点和关键,从而有针对性地对平台企业及平台生态内的规则进行完善和细化。例如,对于电子商务平台,限制性选择、补贴行为、排斥竞争等是该类平台所需关注的重点。对于搜索平台,应当重点关注对平台内广告商运营的监管;对社交平台,对于个人信息的侵犯以及不良信息的管控则是重中之重。

在社会主体参与监管方面,需要发挥行业协会的积极作用。行业协会因本身具备的公益性、自律性、自治性和独立性等特征,能够在政府和平台监管双重失灵时起到补充作用。近年来,国家愈发重视行业协会商会在网络平台中发挥的作用。行业协会一方面在本行业范围制定行业规范,认定、许可、评估资格资质,另一方面在平台与政府之间起到桥梁和纽带的作用,在监督管理中具有占据信息优势、监管范围广泛等优点，能够起到降低执法成本以及减轻政府失灵的影响、维护行业内的基本秩序的作用。因此，采用公私合作联合监管有助于提高效率，应当构筑反垄断机构和行业监管机构之间协调互助的权力配置格局，建立与有关互联网平台监管部门的常态化机制化沟通合作机制，发挥行业组织桥梁作用，共定政策，信息共享，合作执法。另外，可以适时向行业协会赋权，确立详细的监管流程和具体的框架结构，提升监管效率。积极推动行业协会制定适用于本领域的行为规范、经营准则、质量标准、自律公约和职业道德规范等，提倡将行业协会作为数字经济企业和从业人员重要的发声渠道，建立由行业协会主导的反馈机制，以便及时响应企业需求和解决行业问题。同时，探索在部分成熟行业领域依法建立授权委托的监管方式，鼓励社会组织、行业协会参与市场监管，充实监管力量，提升监管效能。

第三节 数字经济发展下竞争监管的方法革新

一、重视自我规制与激励性监管

数字平台以数据生产要素为核心，聚集了海量数据和巨量用户，快速发展并成为数字经济时代典型的组织形式。由于平台生态系统内交叉补贴、内部交易不透明，信息不对称，自我规制和激励性监管对于平台企业意义尤甚。传统的政府监管以强制性和事后惩戒性监管为主，自我规制是相对于政府规制／监管而言的，具有"规制负担更小，更有利于政府将稀缺资源用于更擅长的领域"，以及"能够利用累积性判断力和经验去解决政府较难处理的问题"的特点。[①]强化激励性监管使得政府监管资源被节约下来,可以重新优化配置。通过激励措施引导市场主体重视商业信用机制和商业声誉评价,开展自律性监管,将大大提高监管精准度和监管效能。激励性监管机制可有效激发市场主体内在积极性和主动性,将市场机制的有序运行渗透到市场主体自主逐利目标中,进而确保市场在资源配置中的决定性地位。引入并加强建设激励性监管机制能够最大限度激发市场主体的自我规制动力,从而保护市场主体的经营自主权,又能有效降低政府监管成本。在及时反思和总结经验基础上,应当加大现有市场监管体制机制改革力度,结合"放管服"改革,引入激励性监管,最大限度地激发市场主体的自我规制动力,如此既能保护市场主体经营自主权,又能降低政府监管成本,也有助实现常规性市场监管与数字平台市场监管的有机衔接。

  基于我国现有的监管现状,加快由强制性监管方式向非强制性监管方式的转变至关重要。应当综合运用合规指引、建议、辅导、提醒、规劝和约谈等非强制性监管方式开展工作,避免"一刀切"的执法措施可能带来难以弥补的损害后果。谦抑包容监管在目标上追求控制监管成本,提高效益,注重监管合作和全过程监管。对数字平台有效的反垄断监管,真谛就是各利益相关方强有力的合作共治。数字平台在其中扮演着举足轻重的角色。在监管方法论上,政府监管应充分利用平台企业的技术优势和组织能力,通过激励性监管方法调动企业自我规制的内在动力。[②]政府监管资源被节约下来,可以重

[①] Robert Pitofsky, Self Regulation and Antitrust, Federal Trade Commission (Feb. 18, 1998), https://www.ftc.gov/news-events/news/speeches/self-regulation-antitrust.

[②] 参见〔英〕安东尼·奥格斯:《规制:法律形式与经济学理论》,骆梅英译,中国人民大学出版社2008年版,第110—113页。

新优化配置。鉴于平台企业对平台内商户拥有一定的规则制定权，天然具有建构自我规制的优势，通过激励措施引导平台重视商业信用机制和商业声誉评价，有效开展自律性监管，将极大提高监管精准度和监管效能。

我国目前的监管体制以政府监管为主。这样的监管存在两个问题：一是政府的监管资源并非无限的，完全依靠政府监管会造成监管资源的不足。党的二十大报告指出要更好发挥政府作用，因此，要提高有限监管资源的利用效率。二是政府监管可能存在寻租行为，仅依靠政府监管可能会阻塞利害关系人维护合法权利的路径。正确引导下的行业自治和社会监督能够弥补这方面的缺点。《意见》中提出了一些具体措施，对促进行业自治和发挥社会监督的优势具有重要指导作用。针对"提升行业自治水平"，应当鼓励行业协会商会建立健全经营自律规范与职业道德准则、参与制定行业相关的国家标准和政策法规、开展公益诉讼与专业调解工作等；为了更好地"发挥社会监督作用"，政府应该积极有序地进行引导，发挥舆论监督的优势，建立"吹哨人"、内部举报人等制度，畅通群众监督渠道，整合优化政府投诉举报平台功能，为群众参与投诉举报和新闻媒体监督扫除障碍，在监管执法中更多参考专业意见，不断强化舆论监督，持续曝光典型案件，震慑违法行为。推进多元开放式监管格局的形成。一方面，需要从公权力主体的角度出发，有效提升激励性监管水平，构建符合我国发展需求的竞争法联合实施机制，另一方面，从私主体的角度出发，进一步加强行业自查、自律和自我改进，同时给予私人相应的诉讼能力，从而从公私两方面共同建立起多元开放式的竞争监管格局。

激励性监管旨在给予被监管者足够动力守法合规经营并积极参

与数字经济治理。合规制度追求被监管者的自我规制、自我管理、自我约束,是激励性监管和"自愿治理"的重要体现。如何拓展自我规制和激励性监管,有序推进监管创新,在具体举措上,可以强化平台企业的主体责任,合理分配平台和平台内经营者的法律责任,激励引导数字平台自主建立强健有效的反垄断合规制度,引导平台企业履行社会责任,激发平台加强反垄断合规审查和伦理审查的内在驱动,建立自律规范和行为约束机制。[1]应该认识到,企业合规不仅是一种公司治理方式或者规避监管的方式,而是属于可以获得激励的企业自我改进方式。市场主体通过合规指引就经营活动与监管部门进行约定,满足一定的合规条件后则会获得处罚减轻减免的合规激励。在具体的实现路径中,可以建立完善合规行政指导制度,强调基于特定行政目的而征求行政相对人同意、协商的柔性方式,比如建议、引导、辅导、提示、帮助、告诫、提倡等非强制性行为,出台一系列经营者合规风险防控指引等。公平竞争监管机构、行业协会和企业要相互配合,构建事前合规和事后合规工作体系,以正向激励和反向惩罚相结合的方式推进经营者加强公平竞争合规工作。执法机关可以建立完善行政和解制度,对市场主体存在的违法行为进行教育和引导。市场主体主动配合和改正后,免除或者减轻其责任。这样既能减轻行政主体和市场主体的负担,也有利于监管目的的实现。同时,激励性监管如果使用不当,可能会起到相反的效果。因此,应当对激励措施进行合理控制,既要防止激励不足,也要防止激励过度。应进一步明确激励内容,细化激励性监管标准,对不同危害程度的行为设置不同的激励梯度。同时,激励手段根据市场主体的合规进行程度来实

---

[1] 参见孙晋:《数字平台的反垄断监管》,载《中国社会科学》2021年第5期。

施，注意防止"激励套利"与"监管俘获"。此外，激励性监管可以不局限于市场主体，发挥社会共同治理的作用，合理利用公众监督，设置合理的举报激励以壮大监管力量。

二、加强信用监管与智慧监管

（一）创新信用监管工具

党的十八届三中全会决定对商事登记制度进行革新，将注册资本实缴登记制转变为注册资本认缴登记制，废除了以往对公司注册资本、出资方式、出资额、出资时间等具体规定。由此可见，政府工作模式已从过去的"审批为主，监管为辅"演变为"监管为主，审批为辅"。十九大以来，党中央、国务院进一步深化"放管服"改革的决策部署，持续推进简政放权，放管结合、优化服务，进一步推进政府工作模式向"放管服"转变。为了适应当前改革趋势，迎接数字经济发展中的新问题和新挑战，需要创新市场监管方式，以信用监管作为解决方案。2020年9月，国务院办公厅印发的《关于深化商事制度改革进一步为企业松绑减负激发企业活力的通知》增加了推进实施智慧监管和完善信用监管的相关内容。

信用是市场交易、市场投资和政府监管之间的关键纽带，同时也是市场交易和投资所依赖的基石。信用监管是在兼顾保护市场主体活力的前提下，规范企业行为、维护市场秩序的重要方式。随着政府放松市场准入，借助信用机制能够填补管束空白，通过借助平台经济的演化动力，政府可以从"被动监管"转变为企业的"主动监督"，以实现保障交易安全、降低监管成本、提升长期效率和树立诚信风尚等目标。这将继续在我国深化"放管服"改革、提高监管效能和进一步优化营商环境方面发挥重要作用。尽管在市场经济中，政府不再为市场参与者的信用提供担保,但由于现实社会存在信息不对称、机会主义行为和道德风险等因素,使得信用披露和信息发现成为必要措施。只有通过这些措施,才能减少交易双方的信息搜索成本,让社会形成一种无形的评价来判断交易主体的诚信状况。

完善信用监管的关键在于创新监管工具,形成政府、企业和其他社会力量多元参与的治理体系。首先,需要利用信息技术手段提升监管部门的风险识别水平和监管效率。传统的监管方式对所有被监管对象一视同仁,导致了高昂的监管成本,市场主体承受巨大压力且受到多重干扰。而基于信用的新型监管机制则根据市场主体的信用等级,采取不同程度的监管措施,对守信者保持低干预度,对失信者进行严格监督,从而提高了监管效能,使有限的资源得以更加精准地应用在关键领域上。在数字经济时代中,数据是至关重要的生产和治理要素,而平台则成为重要组织形式之一。因此,数字监管必须创新信用监管工具,依托大数据等信息技术,深入了解数字经济运行规律,推动建设"互联网+"监管模式,以契合数字平台创新的技术性本质特征,积极回应数字平台反垄断监管的特殊需要。第一,在宏观层面科学决策,要优化顶层设计,完善并统一信用评价机制和评价标准。第二,在风险识别层面,采用"互联网+"、大数据和区块链等技术手段,多方面汇总各部门监管数据,整合各类信用信息,不断完善信用信息的收集、共享和应用机制,综合验证平台企业的实际运营情况,提升对垄断现象的识别准确度,进一步进行有针对性的监管,从而增强监管效果。第三,在监管层面,利用信息化手段,对于重点平台、关键行为和重大风险,采用数字化和实时化的方式来监测信息、追踪来源并识别违法行为,以实现全程智能化的在线监管。进一步实现对主体信用风险的自动分类和监管,及时发现和预防潜在的跨行业、跨区域风险，为监管部门提供可靠的决策资源，实现精确监管。第四，在信息公开方面，要将"双随机、一公开"监管与企业信用风险管理有机结合，根据不同风险类别合理确定、动态调整抽查比例和频次，强化双随机抽查检查结果的公示运用。

其次，信用监管是一种社会共治制度，需要鼓励行业组织、第三方信用服务机构和市场主体充分发挥作用，形成全社会参与的强大合力，利用社会力量激发市场信用机制的约束和激励效果。对企业而言，其所大量掌握的信用信息有助于补充完善公共信用信息、共建广泛的信用信息交换平台与信用数据共享机制，也有助于建立科学完善的信用风险评估体系。倡导企业自我监管，完善平台身份验证、双向评价和信用管理等信用评估机制，以形成健康的平台企业信用环境。同时，在信用监管方面充分发挥公共信用综合评估、行业信用评估等各种形式的信用评价作用，准确描述市场主体的信誉状况，为监管部门开展差异化监管提供依据。此外，行规行约等诚信自律制度，征信、评级等信用服务也有利于市场主体自觉诚信合规，应当充分发挥其作用。

最后，应当建立完善社会信用监管奖惩机制，构筑综合公共信用评价体系，协调推进市场信用机制建设，利用市场化、社会力量如征信机制来实施对信用的限制，充分发挥市场信用机制在资源配置中的决定性作用。公共信用机制通过分级分类差别化监管，量化企业各风险指标综合分值实现，并且以分类分级结果为依据，对失信企业进行惩戒，将违规行为记入信用档案，对守信企业实行优惠支持政策，予以激励。市场信用机制主要是通过市场主体的自主选择来实现，运用同行评价、市场口碑等因素的量化使守信企业和失信企业分别获得与其信用水平相当的市场资源和交易机会。不仅要让各行政主体在自己的职能领域内,强化信用约束,还要运用社会力量,使企业在社会的各个领域都受到严格的信用约束。针对受到损害的市场竞争秩序,应当完善市场修复机制,建立完善的信用修复机制,对违法失信行为进行分类处理,并制定相应的修复条件、程序和方式,以实现精准修复。还需确保非正常经营的企业能够有序退出市场,以维护交易的安全性。

(二)运用新技术手段实现智慧监管

近年来,新业态、新模式不断涌现,以大数据、云计算等为代表的新一轮科技革命和产业变革颠覆了许多传统的生产经营模式和消费模式。随之产生的新型违法活动往往范围广、隐蔽性强,传统的监管方式已难以适应市场监管新需求。主要体现在,一是违法行为的识别与认定更为困难,二是对可能涉及违法的行为检测与响应需要更为迅速,三是执法人员的有限与监管任务的繁重之间矛盾逐渐凸显。智慧监管是在综合运用移动互联网、物联网、云计算、大数据、人工智能等新兴信息技术基础上,对传统监管机制的颠覆性革新。通过将新兴信息技术融入监管环节,化挑战为机遇,实现监管主体对市场行为进行及时、高效、准确并且可预测的判断与决策。通过技术赋能,在反垄断监管执法中广泛利用互联网、大数据、云计算、人工智能等技术手段,打造数字平台监管人工智能系统,对重点平台、重点行为、重点风险实施超越时空的监测、分析和预警,推动监管从事后覆盖到事前事中,促进反垄断监管的数字化转型,有助于提升平台监管协作能力、创新信用监管工具、提高智慧监管水平、实现精准监管,同样有助于减少反垄断监管成本和提高监管效能,有力维护数字市场公平竞争秩序。秉持以科技处置科技的态度,采用对相关算法的反制技术,降低算法的负面影响。借助区块链技术,建立一套既能解决潜在市场失灵和监管失灵问题，又能够充分考虑新兴技术独特性的反垄断监管新范式。[①]目前我国正在食品监管、药品监管、平台经济等特殊领域开展智慧监管的探索性实验，打造具有通用性和实效性的监管工具。充分利用大数据等技术手段，加快提升市场监管政务服务、网络交易监管等方面跨省通办、共享协作的信息化水平。然而智慧监管的本质不仅仅是监管技术和监管工具的智慧化，更是在市场监管理念中融入智慧监管的新思维和新理念。对于监管实践较为艰难的数字平台来说，政府可以通过技术联结授权和赋能于平台，平台在政府赋能的基础上，强化用户的自我约束意识，能够有效提高监管效能。在智慧监管理念下，实现监管机构的技术赋能，监管机构不仅能够更新监管手段，使用智能化科技化的外部跟踪仪器，通过鉴定市场竞争行为等方式实现事后监管，也能够运用大数据、区块链技术等技术手段对企业行为实施跟踪捕捉，以此完善事前事中的监管方式。

三、建立健全全链条竞争监管体系

数字经济时代，我国经济正在向形态更高级、分工更复杂、结构更合理的阶段演化，对反垄断监管提出更高要求。事前事中事后全链条公平竞争监管，一方面能够推动竞争监管模式向精细化、全程化转变，实现有效性监管，另一方面能够破解新业态下监管供给需求新矛盾，促进监管机构和社会力量相互协作，完善新产业新业态治理结构，对于数字经济高质量发展起到积极作用。

[①] 参见杨东：《〈反垄断法〉修改可设数字经济专章》，载《经济参考报》2021年3月16日，http://dz.jjckb.cn/www/pages/webpage2009/html/2021-03/16/content_72382.htm，最后访问日期：2024年4月30日。

事前监管的价值和基本职能是干预节点的前置化,数字经济反垄断干预节点前置对反垄断制度的前瞻性提出了较高要求,不仅需要对数字经济垄断风险带来的竞争秩序损害有所预期,还需要基于预期在垄断风险发展成为客观实际的竞争损害之前发挥功效,既包括在风险形成之前消除风险,还包括在风险形成之后但尚未发展成为具体的实害后果前调控风险。[①]为使前置干预节点,促进事前监管发挥其功能,应当通过前置性市场调查、算法竞争合规倡导和监管对象特殊化等方式,了解数字经济垄断风险。首先,在防范数字经济平台垄断行为的路径中,增设常规性的市场调查对于准确把握市场动态、提高执法效率和效果至关重要。欧盟《数字市场法》第四章对市场调查的规定为我国对系统性违约行为、新服务和新做法的市场调查开展调查工作提供了借鉴。在开展常规性市场调查时,应当结合我国实际情况,进一步开展对相关市场动态的分析,从而对执法重点做出更为有效的研判。

其次,作为一种新型垄断行为,算法垄断行为对现行反垄断法理论和制度构成了挑战。为有效规制算法垄断行为,应当对算法设计提出竞争合规要求,要求企业在算法设计的过程中遵循"竞争中立"和"竞争友好"的要求,禁止包含可能导致反竞争效果的程序代码,例如算法设计不得鼓励价格合谋等。具体到监督主体,可以进行内外综合治理,一方面可以让执法机关在算法设计的阶段就介入,并推动完善算法备案制度;另一方面可以在企业内部建立治理制度,增强算法的规则透明和可问责原则,对算法运行可能产生的反竞争效

[①] 参见闫静:《算法垄断风险的事前预防:理论证成、实践反思与路径优化》,载《华中科技大学学报(社会科学版)》2023年第1期。

果进行监督。

再次,作用对象特殊化也能够起到增强反垄断实践针对性和有效性的作用。欧盟《数字市场法》创设性地提出了"数字守门人"的概念。通过综合考量平台企业的规模、市值、用户数量等因素确定"守门人"身份,要求其承担参与市场竞争的"积极义务"与"禁止性义务"。在美国,新布兰代斯学派也将规制目光重新投向大型平台,将达到法定市场规模的数字平台纳入特别监管范畴,试图从根本上降低大型平台破坏限制竞争的风险。在《终止平台垄断法案》《平台竞争和机会法案》中,"涵盖平台"主要指市值超过6000亿美元,在美国境内月活跃达到特定规模(在线平台月活量达5000万;传统平台月活量达10万)且被视为"关键贸易伙伴"(critical trading partner)的企业。在《美国创新与选择在线法案》中,"涵盖平台"的认定标准被降低,年净销售额或市值从超过6000亿元降低为超过5500亿美元,持续年限从10年降为7年。扩大了"涵盖平台"的适用范围,降低了"涵盖平台"的门槛。其目的是将作用对象特殊化,从而有针对性地进行事前监测,规范可能出现的垄断风险。2021年10月,中国市场监管总局发布了有关互联网平台分类分级和落实主体责任指南的征求意见稿,同样明显地释放出对特殊平台予以特殊事前监管的信号。如果要遵循其思路,强化对大型平台和超级平台的行为的事前规制,大型平台和超级平台有责任确保其经营行为不会无充分理由地扭曲平台内市场竞争,并且不会对平台用户进行剥削或歧视。这要求大型平台和超级平台在经营过程中必须遵循以下基本规则:一是规则透明。平台要公开所有涉及其经营行为的条款,包括与竞争相关的条款,以避免其行为被误解。二是交易公平。平台必须明确向消费者和市场内经营者提供公平的价格和收费标准。

三是安全信任。支配平台必须确保其经营活动中不会出现对消费隐私造成伤害。四是客观中立。平台必须对自身经营活动保持中立,不能存在偏向性自身或者任何其他经营者的行为。五是开放接入。平台必须与其他企业建立合作伙伴关系,使消费者可以自由地在不同的交易渠道中进行选择,而无须在不同的交易渠道之间做出排他性选择。

最后,当市场主体存在损害公平竞争秩序的可能性或者倾向时,监管部门可以作出积极应对。比如,通过行政指导、行政建议、约谈警示等柔性执法方式,促进市场主体在作出具体决策前,能够从竞争政策和反垄断政策的角度审视自身的行为,通过开展深入细致的调查研究和科学合理的分析评估,认识到自身行为的危害性,并在此基础上采取相应措施加以预防和抑制。这不仅有助于建立起执法主体与经营者之间的交流对话平台,更有助于优化全链条监管各环节之间的协调性,提高反垄断监管工作的协同性。

在事中监管环节,政府需要提升监管的专业性和智能性,以保证监管执法的有效性和及时性。在数字经济背景下,平台企业的违法行为更具有隐蔽性,因为其可以利用自己的技术能力,运用新技术手段实现科学监管,对动态运营数据进行处理和分析,利用数据和算法优势实施反竞争行为。为了更好地控制平台企业的违法行为,政府需要有足够的数字监管能力,通过专业的技术和分析,才能发现平台公司的"差别待遇""算法合谋"等违法行为。在这种情况下,政府需要通过技术赋能,在监管执法中运用技术手段,从技术上实现对平台企业的有效监管,以确保市场秩序的稳定。此外,智慧监管具有动态实时、数据不可篡改、精细化、共享共治等优势,能够有效提高监管工作的穿透性。因此,政府需要积极采取措施,利用智慧监管来提高执法工作的效率和效果，利用大数据、区块链等技术，对企业进行实时跟踪捕捉，对大数据算法运行情况进行动态监测。充分发挥反垄断局的竞争政策与大数据中心在市场竞争状况评估、市场监测、大数据分析等方面的作用，对数字经济市场主体进行调查分析和观测监测，并对市场主体排除、限制竞争的行为展开综合判断和评估，以确保监管执法的反应能力和机动灵活性，形成对反垄断执法全过程的支撑保障能力。对于区块链和生成式人工智能等新技术，则应该在监管模式上进行创新，通过实验性监管等方法，最大程度地平衡效率与安全。

在事后责任承担方面，应当采取"结果可见性"原则。即要求企业只要能够观察到限制竞争的效果，就有义务采取措施，使市场竞争秩序恢复到垄断发生之前的水平，或者承担补充赔偿责任和惩罚性赔偿责任。无论数字经济的运行逻辑多么复杂和难以理解，其结果总是可以观察到的。如果能够将限制、排除竞争的结果与在事前监管中观察到的上述企业在选择和工作机制过程中的可疑行为相互印证，就能认定成立垄断或排除竞争的行为。所以，通过规定企业在竞争状态被垄断改变时恢复竞争水平的责任，是防止企业之间的相互依赖的有效的举措。但是，对于情节轻微，或者尚未造成严重后果的，应当鼓励企业自我纠错。对于在规定期限内完成整改、消除维护后果的，可以视情节对当事人依法从轻、减轻或者免于处罚。除了完善救济措施之外，数字经济反垄断事后监管还需要设立观察期，持续关注企业动态，进行合规培训等。在执法结束之后的环节中，为防止企业再次发生相同或类似的违法行为，执法机关应当督促涉案企业进行企业合规培训工作，做好合规监督评估工作，定期对涉案企业进行合规考察，弥补企业制度建设漏洞，充分发挥全链条监管事后服务功能。

第八章　国际视野下现代市场体系建设的竞争法问题

第一节　世界银行 B-READY 评估体系中的市场竞争指标

一、B-READY 评估体系的主要内容

（一）从 DB 到 B-READY

良好的营商环境对于经济发展的重要性日渐凸显,营商环境也是投资者进行投资前所着重考察的外部条件。在国际营商环境评价体系中,综合性以及认可度最高的就是世界银行于2001年发起的《营商环境报告》项目(Doing Business Report Project, DB)。2001年,世界银行成立全球营商环境评估项目组织,并于2003年发布了第一份营商环境报告,直至2019年,营商环境报告涵盖了全球190个经济体。[1]"世界银行的营商环境评价体系侧重于关注企业运营的便利度,其指标大多围绕手续、时间、成本三大要素构建"[2],共包

---

[1] See Word Bank, *Doing Business 2019*, available at https://www.doingbusiness.org/content/dam/doingBusiness/media/Annual-Reports/English/DB2019-report_web-version.pdf, last visited on 14 May 2023.

[2] 王鹏:《营商环境评价体系的反不正当竞争指标完善研究》,中国社会科学院大学2020年硕士学位论文。

含10项一级指标，49项二级指标。《营商环境报告》覆盖范围广泛，发布周期稳定，评估内容较为客观，对全球投资、国际贸易和营商环境的改善产生了重大积极作用。但是，营商环境项目出台和实施也引起了学界的争议和反思。2018年，纽约大学法学院的凯文·E.戴维斯（Kevin E. Davis）教授在《数据与分权：多层治理体系中的法制绩效评估》一文中指出了《营商环境报告》及其同类型评估所处的境地：一方面，人们需要一套绩效评估指标以推进改革和发展；但另一方面，多层治理体系的复杂性与评估指标的简化处理方式必然产生冲突，从而导致"测不准"。[1]我国也有学者指出营商环境项目具有前提假设存在偏差、无法适应所有国家的评估需求，以及营商环境指标设计较为粗糙的问题。[2]也对营商环境评估工作特别是对其所依据的"良性法律+良性执法=良好的经济绩效"的理论进行了深刻反思，指出不应盲目迎合分数评估体系，而是应认真学习营商环境评估体系方法论的先进之处，发现其方法论存在的缺陷与漏洞，从而探索更加符合我国国情的评估方法和指标体系。[3]

2020年，世界银行确认《营商环境报告》发生数据异常情况，世界银行管理层决定暂停下一份营商环境报告，并对报告内容及其方法进行了审查。此外，世界银行内部报告提出了道德问题，具体包括前董事会官员以及现任和前世行员工的行为。2021年9月16日，世

---

[1] 参见凯文·E.戴维斯：《数据与分权：多层治理体系中的法制绩效评估》，王美舒译，载《北大法律评论》2019年第2期。

[2] 参见王婷婷等：《从营商环境到B-READY：世行纳税指标体系的新变化及中国的应对之策》，载《财经科学》2022年第10期。

[3] 参见程金华：《世界银行营商环境评估之反思与"中国化"道路》，载《探索与争鸣》2021年第8期。

界银行集团管理层决定终止营商环境报告。[①]

2022年2月4日,世界银行发布了暂时命名为BEE(Business Enabling Environment)的新一代评估体系的《前期概念说明》(Pre-Concept Note),向社会公开征求意见。世界银行于2022年12月正式发布BEE《概念说明》(Concept Note)。在《前期概念说明》发布、向社会公开征求意见以及《概念说明》发布阶段,该项目被临时命名为BEE,此后该项目被正式命名为B-READY(Business Ready)。2023年5月1日,世界银行发布了B-READY《指南手册》(B-READY Manual and Guide)和《方法论手册》(Business Ready Methodology Handbook),作为对《概念说明》的补充。

(二)B-READY的框架性文件

世界银行于2022年12月发布的B-READY《概念说明》[②],2023年5月发布的B-READY《指南手册》和《方法论手册》搭建起了B-READY项目的主要框架。

B-READY《概念说明》介绍了项目的目标、原则和方法。总体而言,B-READY项目详细的数据和总结性的报告旨在实现三重目的:(1)对政策改革的倡导;(2)提供具体的政策建议;(3)为发展政策的研究提供数据。具体而言,B-READY的目的是了解企业发展的商业环境,为政策制定者提供改革建议,政策制定者和研究人员可以利用B-READY项目的数据来帮助设计企业的发展道路。

---

① See World Bank, *World Bank Group to Discontinue Doing Business Report*, world bank (Sept. 16, 2016), available at https://www.worldbank.org/en/news/statement/2021/09/16/world-bank-group-to-discontinue-doing-business-report, last visited on 14 May, 2023.

② 该《概念说明》中使用的仍是该项目的临时名称,即Business Enabling Environment。

B-READY 数据和报告旨在为全球提供一种公共产品,帮助世界各地对社会和经济发展感兴趣的机构和个人。[1]《概念说明》将 B-READY 项目与此前的 DB 项目进行了对比(参见表 8-1),详细介绍了为评估经济体所设立的十大指标。对于十大指标的分析将在本节的第二部分进行展开。

表 8-1 《营商环境报告》和 B-READY 项目关键特征对比[2]

	《营商环境报告》	B-READY 项目
总体特点	对影响中小企业个体的商业环境进行基准评估。	对影响私营部门整体发展的商事法规和公共服务的基准评估范围。
评估范围	以企业的商事法规负担为重点,同时考虑到一些公共服务。	不仅关注企业的监管负担,还关注监管的质量和为企业提供的相关公共服务。
数据搜集	部分指标只关注法律上的监管,而其他指标只关注事实上的监管;通过专家咨询收集数据;广泛使用带有严格假设的案例研究以提高数据的可比性。	平衡对于监管框架和公共服务的法律和事实层面的关注;通过专家咨询和企业调查相结合的方式收集事实数据;使用假设不太严格的案例场景,以增强相关性。
主题	选定的主题围绕公司的生命周期,但相对重要性并不均衡;部分主题设立的理由并不充分,存在遗漏。	主题的选择也围绕公司的生命周期,包括公司对市场的参与;涵盖了所有重要的主题。

---

[1] See World Bank, *BEE Concept Note*, p. 3, world bank (December, 2022), available at https://www.worldbank.org/content/dam/doingBusiness/pdf/BEE%20Concept%20Note_December%202022.pdf, last visited on 14 May, 2023.

[2] Ibid., p. 22.

（续表）

	《营商环境报告》	B-READY 项目
指标	十大主题下设指标主要分为商业法规的效率和商业法规的质量；并非所有主题都有上述的结构；指标与案例研究假设相联系，限制了其代表性。	所有主题都有着结构一致的三个支柱：监管框架、公共服务和效率；在案例研究限制不那么严格的情况下，指标能更好地展示经济体的信息。
评分	根据排名和分数来评估经济体的表现；高度重视综合排名，以最大程度提升公众利益和激励改革。	经济体的表现将根据可量化的指标进行评估；根据企业灵活性和社会效益，将在最细分的指标层面进行打分；把分数汇总成每个主题的分数，并可能汇总出一套更高层次的分数；旨在激励改革，同时避免围绕整个经济体的排名进行炒作。
覆盖范围	191个经济体的主要商业城市；也对其中11个经济体的第二大商业城市进行评估。	经济体和经济体内部的覆盖面尽可能广泛；经济体内部的覆盖面可能因国家或地方不同层级而不同。
更新频率	每年更新一次。	通过专家咨询方式搜集的数据每年更新一次；通过企业调查方式搜集的数据交错式地每三年更新一次。

  B-READY《指南手册》规划了评估的工作方案，较大篇幅的内容涉及数据处理和数据发布工作，如数据的可靠性（第2章）、数据管理和审查的规则（第5章）、报告与数据的审核与发布（第6章）、报告和数据传播有关的程序（第7章）等。[1] 根据《指南手册》，世界

---

[1] See Word Bank, *B-READY Manual and Guide*, p. 7, world bank (Dec, 2022), available at https://thedocs.worldbank.org/en/doc/5d79ca28ad482b1a9bc19b9c3a9c9e19-0540012023/original/B-READY-Manual-and-Guide.pdf, last visited on 14 May, 2023.

银行将最初三次 B-READY 项目评估的数据搜集和报告阶段作为试验阶段,制定了开展最初三次 B-READY 评估的时间规划。根据《指南手册》中列明的时间规划,B-READY 项目目前已经完成了《概念说明》的发布工作和执行的准备工作,接下来世行将以年为周期,每年完成大约 60 个经济体的评估,预计将于 2024 年、2025 年和 2026 年分别发布 B-READY 项目数据和报告,以期完成一轮对覆盖范围内经济体的评估。[①] 此后,结合《概念说明》中说明的更新频率,通过专家咨询方式,这些评估数据将每年更新一次,通过企业调查方式搜集的数据将交错式地每三年更新一次。在每个报告周期,对于在该周期中未通过企业调查方式搜集数据的经济体,将使用前一个或前两个报告周期中的企业调查数据来完成分析与评分。根据世行公布的评估名单,对我国香港地区的评估将被纳入第一份 B-READY 报告中,对我国内地的评估将被纳入第二份 B-READY 报告中。

B-READY《方法论手册》详细介绍了项目的评估方法。《方法论手册》以章节为单位介绍了每一个核心指标的方法论说明,内容安排上主要包括对核心指标的说明、核心指标下设的指标汇总介绍、数据来源、使用的参数、评分规则等。此外,每个章节后还附有评分细则和附加说明的调查问卷,其中评分细则对每个核心指标的评分方法进行概述,从评分细则可以看出,每项指标都被分配了至少一项企业灵活性分数(firm flexibility point, FFP)或社会效益分数(social benefit point, SBP),这也正是 B-READY 项目对 DB 项目在评分规则上改进较大的一个方面。附加说明的调查问卷主要包括与对应核心指标有关的词汇表、调查使用的相关问题,呈现了每个指标

[①] See Word Bank, *B-READY Manual and Guide*, pp. 96–97.

和问题之间的对应关系。①

（三）十大核心指标概述

和此前的评估体系一样，B-READY项目的评估指标围绕企业的生命周期及其市场活动而设立，涵盖其中所有重要的主题。B-READY项目所确立的十个主题即核心指标分别是企业准入（business entry）、获得经营场所（business location）、公用服务连接（utility connections）、劳工（labor）、金融服务（financial services）、国际贸易（international trade）、纳税（taxation）、争端解决（dispute resolution）、市场竞争（market competition）、办理破产（business insolvency）。在每个指标中，B-READY项目还将同时关注与商业环境相关的三个跨领域的内容，分别是数字技术（digital technology）、环境可持续（environmental sustainability）和性别（gender）议题。②

表8-2 《营商环境报告》和B-READY项目核心指标对比

《营商环境报告》核心指标	B-READY 项目核心指标
开办企业	企业准入
办理建筑许可	获得经营场所
获得电力	公共服务连接
财产登记	劳工
获得信贷	金融服务

---

① See World Bank, *Business Ready Methodology Handbook*, World Bank (May, 2023), available at https://thedocs.worldbank.org/en/doc/357a611e3406288528cb1e05b3c7dfda-0540012023/original/B-READY-Methodology-Handbook.pdf, last visited on 14 May, 2023.

② See World Bank, *BEE Concept Note*, p. 9.

（续表）

《营商环境报告》核心指标	B-READY 项目核心指标
保护中小投资者	国际贸易
纳税	纳税
跨境交易	争端解决
执行合同	市场竞争
办理破产	办理破产
政府采购（DB2020）	数字技术（跨领域）
	环境可持续（跨领域）
	性别（跨领域）

总体观之，与DB项目的一级指标相比，B-READY项目保留了纳税和办理破产两项指标，取消了保护中小投资者指标和政府采购指标[1]，增之以市场竞争指标。其他七项指标，存在一定的对应关系，如开办企业与企业准入、办理建筑许可与获得经营场所、获得电力与公共服务连接等，但在名称和内容上存在一定程度的调整；B-READY项目增加了三项跨领域议题，分别是数字技术、环境可持续和性别。

B-READY项目在每个一级指标下都设有被相关文件称为支柱的三个二级指标，三大支柱分别是监管框架、公共服务和效率。监管框架指标评估的内容包括企业在开设、经营和关闭时必须遵守的法律法规；公共服务既包括政府直接或通过企业提供的支持企业

---

[1] 值得注意的是，政府采购指标（contracting with the government）作为评估项目是从2020年起加入营商环境报告中的。

合规的设施,也包括使商业活动得以开展的关键机构和基础设施。B-READY 项目中的公共服务仅限于与企业生命周期相关的商业环境领域;效率指的是监管框架和相关公共服务在实践中的结合效率,其目标是推动企业的运作。①监管框架与公共服务两项指标将通过专家咨询完成评估,效率将通过专家咨询和企业层面的调查完成评估。②

纵观从营商环境项目到 B-READY 项目一级指标的变更,市场竞争指标的确立是其中最具有突破性的变化。B-READY 项目评价体系的一级指标中去掉了保护中小企业投资者指标,吸纳了政府采购这一观察指标,确立了市场竞争指标,表现出在商业环境评估中对于公平竞争因素的特别考量。

二、市场竞争指标分析

B-READY 在市场竞争指标下也设立了三个与其他指标相同的二级指标,分别是:(1)促进市场竞争的法律法规质量(法规支柱);(2)促进竞争的公共服务的充分性(公共服务支柱);(3)促进市场竞争的关键服务的实施效率(效率支柱)。每套指标都涵盖竞争政策和法规执行的各个方面,重点是改善企业竞争,包括政府服务或商品购买者的市场竞争。③接下来分别对其进行详细阐述。

(一)法规支柱

第一个二级指标评估的是促进市场竞争的法律法规质量。这一支柱下有三个三级指标,分别是竞争法律法规的质量、促进创新和知

---

① See World Bank, *BEE Concept Note*, p. 12.
② Ibid., p. 9.
③ Ibid., p. 83.

识产权转让（技术转让）的法律法规的质量和政府采购合同招投标法律法规的质量。

法规支柱的第一个三级指标是竞争法律法规的质量，涵盖与反卡特尔和滥用市场支配地位执法、并购控制相关的法规。具体而言，该三级指标将衡量以下内容：法规是否识别这些反竞争行为，并赋予当局调查和施加一系列制裁的权力；是否提供宽大处理计划，并通过程序保障、保密性、匿名性和举报人保护等方式激励企业打破卡特尔行为；并购控制法规的范围是否明确，是否包括不需要进行审查的交易类型（如低于通报门槛的交易是否适用简化的并购控制程序、自愿通报制度等）；公司是否需要支付并购审查的申请费用（费用水平和类型）；反垄断调查和并购审查过程中是否存在程序保障，允许各方行使其辩护权利；是否存在以客观和经济标准为依据赋予国有企业和法定垄断合理性的框架。《概念说明》还指出消费者保护的某些方面也可以纳入考虑范围。[1]

法规支柱的第二个三级指标是促进创新和知识产权转让（技术转让）的法律法规的质量，这一三级指标为《概念说明》在《前期概念说明》的基础上新加的内容。该指标将关注旨在促进创新、促进公平的技术和知识产权转让或采用，同时维护市场公平竞争的良好实践。具体而言，该指标将衡量：保护知识产权的法规（包括专利、商标、版权和相关权利、工业设计和商业秘密）；公平转让此类知识产权的方法的法规；关于竞争者在研发方面的（横向和纵向）合作协议的法规。[2]

---

[1] See World Bank, *BEE Concept Note*, p. 84.
[2] Ibid., pp. 84–85.

法规支柱的第三个三级指标是政府采购合同招投标法律法规的质量。该指标将评估公共采购的监管框架在法律上能否提供公平的评估过程,能否提供法律的确定性,是否采纳了在市场准入、竞争、透明度、诚信、创新、最佳性价比等方面的国际公认的良好实践。这一三级指标的评估范围将仅限于促进市场准入和竞争行为、惠及整个私营部门的法律法规。此外,该指标还将衡量良好的监管实践是否将环境、可持续性和性别考虑融入公共采购中,重点关注有利于市场准入和竞争的领域。国际公认的良好实践的选择将与《评估采购制度方法论》(MAPS)和《联合国国际贸易法委员会公共采购示范法》保持一致。具体操作中,该指标将以招标量为依据,收集中央政府中三个最大采购者的招标数据(有待专家咨询确认),来确定各经济体是否采用了良好的监管实践,收集这些机构在货物、服务和工程招标方面的数据,并且不考虑那些受到特定领域或国家整体安全法律法规约束的货物和服务。[1]

(二)公共服务支柱

第二个二级指标评估的是促进市场竞争的公共服务是否充分。这一支柱下有三个三级指标,分别是能够促进市场竞争的竞争执法的制度框架及其执法质量,支持企业创新的制度框架以及电子采购平台的透明度和交易特征。

公共服务支柱的第一项三级指标是竞争执法的制度框架及其执法质量。该三级指标将关注执法实践中主管竞争当局的体制框架。包括:其独立性的程度(是否受政府直接监督);其任务范围的广度(其任务仅包括维护竞争还是有其他职权);对其决定的上诉可能性

---

[1] See World Bank, *BEE Concept Note*, p. 85.

（企业是否可以向专门的独立机构上诉，或非司法机构是否可以推翻该机构的决定）；发布关于反垄断和并购控制的指导/倡导报告的能力；与其他政府机构（监管机构）的合作；与跨境竞争机构的合作。该指标将从以下方面评估竞争执法的执法质量，包括：是否可以线上进行并购申报；线上是否有可用的标准化表格；竞争执法机构是否在线发布其决定及其背后的法律和经济理由；竞争执法机构是否就反垄断和并购控制发布指导报告等。[①]

公共服务支柱的第二项三级指标是支持企业创新的制度框架。该三级指标将评估两个政府提供的两项关键的公共服务。包括知识产权注册和政府为企业创新提供的便利服务。第一个部分将重点关注知识产权主管机构提供的透明度和数字化服务。如申请人是否可以访问关于专利和其他知识产权的所有权和转让的最新数据库；申请人是否可以在线提交知识产权申请、支付相关费用、访问和管理已注册的知识产权；申请人是否能够通过申请撤销来挑战已授予的知识产权的有效性等。此外，该部分还将衡量知识产权主管机构在协助国内外知识产权权利人准备知识产权申请和起诉，以应对可能的侵权行为时提供法律援助的能力。第二个部分将衡量政府在促进和引导企业创新方面的作用，将重点关注政府是否帮助企业获得创新和合作的财务支持。例如股权融资、贷款方面的资助，以及研发基础设施发展计划等非金融支持；是否通过政策方案提供早期支持（如孵化器和加速器）；是否有技术转移办公室计划（technology transfer office programs），如帮助大学和研究机构建立技术转移、保护和管理知识产权的办公室等。该指标还涉及性别这一跨领域指标，将通

[①] See World Bank, *BEE Concept Note*, pp. 85–86.

过关注某些服务是否直接针对促进女性领导者的创新和创业来予以考量。[1]

公共服务支柱的第三个三级指标是电子采购平台的透明度和交易特征。这一指标反映了政府促进市场进入和减少反竞争行为的情况。电子采购的重要性在于其能节省时间、提高效率,帮助新企业进入市场。电子采购还通过环境标识等功能,促进政府采购的可持续,也可以成为确定性别差距的强大工具,为基于性别的采购(genderbased procurement)[2]提供更好的政策依据。信息的可获得性可以促进各类企业(包括中小企业)的平等进入,通过减少信息不对称,降低了大型的或有良好关系的企业因此获得优势的可能性,促进政府采购领域的竞争。研究表明,电子采购有助于高质量承包商的进入。该指标分为两个组成部分:电子采购系统的透明度特征和交易特征。电子采购指标将收集三个最大采购方的数据,这些数据将通过专家咨询的途径来搜集。[3]

（三）效率支柱

第三个二级指标评估的是促进市场竞争的关键服务的实施效率。这一支柱下共有六个三级指标,其中关于行政程序的有三个。包括:通常采用简易并购申报程序的交易及其审查程序的有效实施情况,通过招标程序达成合同的时间,以及对政府项目承包商进行给付的时间和滞纳金。关于竞争政策的整体有效性的三级指标有三

---

[1] See World Bank, *BEE Concept Note*, pp. 86–87.
[2] 基于性别的采购,或称性别回应性采购(gender-responsive procurement),指的是在采购服务、商品和公共工程时考虑它们对性别平等和对女性赋权的影响,参见联合国妇女署官网的定义,载https://www.unwomen.org/en/about-us/procurement/gender-responsive-procurement,最后访问时间:2024年4月30日。
[3] See World Bank, *BEE Concept Note*, p. 87.

个。包括：企业所反馈的市场活力和竞争行为以及企业对竞争政策规定的了解，企业自身体验到的进入政府采购市场的便利程度，以及企业在产品创新和研发投资等方面的表现，这一三级指标也可以反映竞争、知识产权和创新政策的整体有效性。[①]

效率支柱的第一个三级指标是并购申报简易程序的高效实施。该指标将评估以下内容：提交并购申报的时间、审查并作出决定的时间、竞争管理机构是否适当地使用简易程序。《概念说明》认为，不完善的并购审查流程和竞争政策的无效实施，可能对经济产生负面影响，实施不当的并购审查流程，可能使企业认为并购成本过高或并购审查结果过于不确定，阻碍企业的发展。[②]

效率支柱的第二个三级指标是通过招标程序达成合同的时间。该指标将评估投标截止和签订合同的时间间隔。在采购市场中，签订合同的过程过长可能会阻碍市场进入，诱发串通行为。企业在决定是否进入政府采购的市场时，也可能会考虑投标的成本和招标程序的持续时间。该指标将以企业角度反馈的效率来衡量采购主体实施公共采购程序的能力。然而，应认识到，并不是时间越短就意味着政府采购规定的实施就更加高效，基于此，该指标将使用具体参数构建不同的情景，以确保可比性和相关性。[③]

效率支柱的第三个三级指标是政府对项目承包商进行给付的时间以及滞纳金。该指标将评估政府对承包商进行给付所需的时间。滞后支付会给企业带来负外部性，如停止营业和对员工、供应商的延迟付款。这可能导致企业流动性不足，在获得有限的信贷准入的情

[①] See World Bank, *BEE Concept Note*, p. 87.
[②] Ibid., p. 88.
[③] Ibid.

况下,延迟支付最终可能迫使企业退出市场,对其供应商和客户产生额外的负面影响。①

效率支柱的第四个三级指标是市场活力和竞争行为。该指标将对市场竞争进行整体评估,通过直接向企业提问有关其市场的某些特征(如市场集中度和市场退出率),以及它们在水平和垂直方面的竞争能力是否受到反竞争行为或政府监管的限制(例如定价能力的限制或更换公共服务提供商的便利性),来评估市场动态和竞争行为。该指标通过了解企业所在市场国有企业的数量,询问企业在与国有企业竞争时是否存在不公平竞争的情况,来评估国有企业对市场活力和竞争行为的重要性。②

效率支柱的第五个三级指标是政府采购市场的准入。该指标将评估企业参与政府招标的激励或抑制因素,对投标便利程度进行评估。评估问题将聚焦投标的准备,例如投标的行政负担或准备竞标方案的时间是否充足,而不涵盖与招标过程或合同执行相关的内容。③

效率支柱的第六个三级指标是企业的创新。该指标将以企业创新的范围来整体衡量市场活力,通过企业调查,了解使用外国公司许可的技术的企业比例或企业进行研发支出的份额等信息。④

此外,还可以结合B-READY项目《方法论手册》中给出的评分细则,对市场竞争指标有更具象的了解。整体而言,与营商环境项目相比,B-READY项目市场竞争指标的确立具有一定的开创性,其不

---

① See World Bank, *BEE Concept Note*, p. 88.
② Ibid.
③ Ibid.
④ Ibid., p. 89.

是营商环境中政府采购指标的简单复制,而是与时俱进、吸收国际先进学术成果而创立的一套全新的指标组。吸纳并丰富了政府采购指标,还将目光放到了促进市场竞争的法规质量、公共服务的充分性和关键服务的实施质量上,对相关行政行为实施的透明度、效率、公平性进行广泛的考察。

三、市场竞争指标的启示

党的十八届三中全会提出"市场决定资源配置"的重要论断后,我国竞争政策得到前所未有的重视与发展,竞争政策的基础地位逐步得到确立和巩固。[①]世行的营商环境项目对我国营商环境建设有着重要的参考和借鉴意义。在B-READY新项目推出之际,我国也应与时俱进,通过研究B-READY项目中最新确立的市场竞争指标,结合我国具体实践,学习借鉴国际实践中维护市场公平竞争的先进做法,尝试克服新评估体系下我国可能产生的不适应性。

(一)本土化吸收:在既有营商环境评估体系中加入市场竞争指标

B-READY项目突破性地确立市场竞争指标为新的一级指标。我国可以借鉴B-READY项目的内容,适度吸收市场竞争指标中符合我国实际需要的部分,在既有的营商环境评估体系中加入市场竞争指标。

2018年,国家发展和改革委员会按照国务院部署,牵头构建了我国的营商环境评价体系。从2018年至今,营商环境评估的地

[①] 参见孙晋:《新时代确立竞争政策基础性地位的现实意义及其法律实现——兼议〈反垄断法〉的修改》,载《政法论坛》2019年第2期。

域范围逐渐扩大，评价指标不断完善，评价机制日益成熟。我国的营商环境指标体系共包括18个一级指标和87个二级指标。一级指标中围绕企业全生命周期链条视角设置了15个指标，包括开办企业、劳动力市场监管、办理建筑许可、政府采购、招标投标、获得电力、获得用水用气、登记财产、获得信贷、保护中小投资者、知识产权创造、保护和运用、跨境贸易、纳税、执行合同、办理破产等，此外，还围绕城市高质量发展设置了3个指标，包括市场监管、政务服务和包容普惠创新。① 我国对营商环境评价体系指标的设置一定程度上借鉴了世行DB项目指标体系的经验，从一级指标来看，我国的指标体系更加丰富多元，贴合中国实际发展战略需求。然而，我国营商环境的评估中对于竞争环境的评估和DB项目一样散落在政府采购、招标投标、保护中小投资者、市场监管等指标之中，未能就竞争政策、竞争执法、市场竞争环境的评估形成一个独立的指标组。

　　随着改革开放的深入，推动全国统一大市场建设成为经济发展的重要战略，为此，努力消除阻碍生产要素（资本、劳动等）流动以及商品和服务流通的区域壁垒、地方保护主义以及不合理政策，努力消除行业之间以及部门之间阻碍生产要素流动的垄断行为、行业壁垒以及不合理政策和规定，成为亟待解决的问题。② 这些问题的解决都需要借助公平竞争政策的实施，来维护良好的市场竞争状况。而传统的静态的、碎片化的竞争环境评估指标难以系统反映出区域市

---

① 参见林念修主编：《中国营商环境报告2021》，中国地图出版社2021年版，第3—9页。

② 参见陈朴、林垚、刘凯：《全国统一大市场建设、资源配置效率与中国经济增长》，载《经济研究》2021年第6期。

场竞争状况，以及对市场竞争状况精准画像。世行 B-READY 项目的推陈出新以及市场竞争指标的确立，一定程度上为我国进一步优化营商环境评估体系提供了经验借鉴。构建竞争状况评估指标，及时发现典型经验并加以推广，有利于精准识别垄断和竞争失序风险及时进行预警，推动监管链条由事后向事前事中延伸，营造公平有序的竞争环境，推动营商环境的优化，为市场主体营造更有活力的空间。①

因此，建议国家发展和改革委员会在既有的评估体系中加入市场竞争指标，在次级指标制定上可以适当借鉴 B-READY 项目，把地方政府对竞争政策的落实情况（特别考察其是否处理好竞争政策与产业政策的关系）、对市场竞争的监管与服务水平、公平竞争审查制度的实施情况、政府电子化服务平台建设情况、市场监管执法情况作为次级指标。在评估机制和评估方法设计方面，要吸收营商环境停运的经验教训，首先是提高评估体系的可操作性和明确性，对评估方法、评估标准进行严格论证；要注重维护评估体系的科学性和评估主体的中立性，在具体环节可考虑强制引入专家评估机制、第三方评估机制；要不断提高评估工作整个流程中的透明度，在相关平台进行即时的数据公开公示，接受监督。

（二）系统性回应：持续巩固并完善公平竞争政策

B-READY 项目新确立的市场竞争指标，分别从法规、公共服务、效率三方面评估经济体的市场竞争状况。整体而言，B-READY 项目不仅关心政府对于公平竞争秩序的维护能力（主要包括反不正当

---

① 参见江北区市场监督管理局：《率先开展市场竞争状况测评推动营商环境持续优化》，载《中国价格监管与反垄断》2022年第S1期（增刊）。

竞争与反垄断工作),还关心政府对于企业参与竞争和进行创新的赋能。公平竞争政策的实施是政府维护公平竞争秩序的基本手段,因此,B-READY项目中市场竞争指标的确立,对受评估的经济体实施公平竞争政策的质量形成了考验。具体而言,法规方面,B-READY项目考察竞争法律法规的质量和政府采购合同招投标领域法律法规的质量;公共服务方面,B-READY项目考察竞争执法的制度框架和执法质量;效率方面,B-READY项目考察并购申报简易程序的实施、通过招标程序达成合同的时间、企业所反馈的市场活力和竞争行为以及企业对竞争政策规定的了解、企业自身体验到的进入政府采购市场的便利程度。B-READY项目市场竞争指标体系考察的内容对我国公平竞争政策的实施有几点启示。

其一,要进一步完善公平竞争政策实施所依赖的法律法规体系,不断巩固公平竞争政策的基础地位。为此需要不断推动公平竞争政策特别是法律法规体系的修改与完善。在推进全国统一大市场建设,实现高质量发展的背景下,要全面清理法律体系中与全国统一市场、公平竞争不相适应的内容,由全国人大和省级人大的立法机关牵头,全面、定期清理现行法律、行政法规、地方性法规、部门规章、地方政府规章中,有悖于全国统一市场和公平竞争的内容,废除排除限制竞争的规定,为强化竞争政策的基础地位扫清法律制度障碍。[①]此外,还需要不断健全数字竞争规则,研究高标准国际经贸规则,探讨与之对接的路径,回应国内数字经济发展、国际政经环境变化、国际竞争执法协调合作的发展趋势带来的挑战。

---

① 参见李青:《"十四五"时期强化竞争政策基础地位的几点思考》,载《中国市场监管研究》2021年第7期。

其二，应逐步建立起能够同公平竞争政策基础地位相匹配的竞争政策实施的组织体制。面对当前产业政策的主管机构、行业监管机构都具有相对强势的地位的现状，要强化提升竞争政策制定和实施主体在行政体系中的地位，强化其权威性和独立性，加大竞争政策对其他经济政策的统领和协调作用，强化反垄断反不正当竞争委员会职能，构建起竞争政策的统筹制定和不同政策主体之间的沟通和协调机制，由委员会来完成不同经济政策之间的协调工作。面对地方市场监管机构的地位难以产生权威性的问题，要理顺中央与地方竞争政策主管机构的关系，打通推动竞争政策自上而下实施的堵点。[1]从横向、纵向两个层面推动竞争政策实施的组织体制变革和治理模式的优化，进而使我国竞争政策的制定实施能够较高层面实现高效的协调与统一。

其三，要加强竞争倡导和公平竞争政策的宣传工作，使市场主体感受到公平竞争的氛围。可以看出，B-READY数据搜集中格外强调企业所反馈的市场竞争情况、企业对竞争政策规定的了解以及企业自身体验到的市场准入情况，这就要求政府做好竞争倡导和对公平竞争政策的宣传工作。一方面，可以通过公布典型的竞争案例、细化合规指引、建立合规激励机制，使得市场主体构建起合规制度，推动竞争政策的实施。具体而言，可以通过鼓励各部门、各地方与行业协会进一步加强公平竞争的宣传教育和政策培训，提升企业对竞争政策理念和原则的认知和理解，使得企业和社会各界对公平竞争重要性的认识不断深化，推动构建理解与拥护竞争政策的

---

[1] 参见李伟、贺俊：《确立竞争政策基础地位的激励约束和能力障碍》，载《学习与探索》2021年第5期。

社会环境。

（三）开放性举措：加强竞争执法领域的国际合作

B-READY项目市场竞争指标评估体系借鉴了国际公认的良好实践。并且较为关注受评估经济体的竞争主管部门参与国际合作协调的情况。在此背景下，我国应注重对确认国际公认良好实践所依赖的文本的研究，加强竞争执法领域的国际合作。

法规支柱的第三个三级指标是政府采购合同招投标法律法规的质量。根据《概念说明》，该指标在评估公共采购的监管框架是否采纳了在市场准入、竞争、透明度、诚信、创新、最佳性价比等方面的国际公认的良好实践。国际公认的良好实践的选择将与《评估采购制度方法论》和《联合国国际贸易法委员会公共采购示范法》保持一致，启示我国对有关文本进行研究，充分了解国际良好实践，吸收国际先进经验。

公共服务支柱第一项三级指标所考察的竞争主管部门、竞争主管机构与其他政府机构、与跨境竞争机构的合作。一方面，中国市场监督管理局要加强与其他政府部门的合作，构建起多部门联动的监管机制；另一方面，要完善市场监管国际合作体系和对港澳台交流机制，深入开展双边交流与合作，积极参与国际组织和多边机制，加强公平竞争政策的国际协调，积极稳妥地推进竞争议题谈判，加强竞争执法国际合作。近几年来，我国着力拓展竞争领域制度型开放，举办金砖国家国际竞争大会，并与其他国家和地区签署反垄断合作文件，就数十起重大垄断案件开展国际合作。[1]我国竞争主管机构应继续

---

[1] 参见林丽鹂：《强化公平竞争政策实施，深化竞争领域国际合作》，载《人民日报》2021年11月9日，第013版。

加强与其他政府机构、跨境竞争机构的合作，构建多部门联动机制，并加强多双边自贸协定中反垄断和竞争政策议题的谈判，推动贸易和投资自由化便利化。

第二节　CPTPP 中的竞争政策

《全面与进步跨太平洋伙伴关系协定》（简称 CPTPP）是由亚太经济合作组织成员发起，旨在促进亚太地区贸易自由化的高水平多边贸易协定。其前身为《跨太平洋伙伴关系协定》（简称 TPP）。自美国退出 TPP 后，其他 11 个 TPP 成员国决定继续推进 TPP，保留了其中大部分的内容，并将协定名称变更为 CPTPP。在国际经贸规则方面，CPTPP 一定程度上反映了新一代贸易协定的最高标准。协定设立专章规定了缔约方的竞争政策。加入 CPTPP 对于中国来说既是挑战，也是完善现代市场体系的重要机遇。2021 年 9 月 16 日，我国正式提出申请加入 CPTPP。2021 年 11 月 4 日，习近平主席在第四届中国国际进口博览会开幕式上发表的主旨演讲指出，我国将坚定不移推动高水平开放，将深度参与绿色低碳、数字经济等国际合作，积极推进加入《全面与进步跨太平洋伙伴关系协定》。[①] 竞争政策是 CPTPP 的组成部分，对其开展研究尤为重要。在此背景下，研究 CPTPP 第 16 章竞争政策中涉及的主要的竞争法问题显得尤为重要。

从结构上来看，CPTPP 第 16 章竞争政策包括正文（9 个条款）、1

[①] 参见《习近平在第四届中国国际进口博览会开幕式上发表主旨演讲》，载《人民日报》2021 年 11 月 5 日，第 001 版。

个附件和1个换文,内容上涵盖竞争立法及其实施、竞争法实施中的程序正义、私人诉权、竞争主管机关之间的合作与技术合作、消费者保护、透明度、磋商和争端解决的不适用等。一般而言,国有企业和指定垄断章节的内容也是竞争政策的组成部分,但CPTPP将其单独列为第17章。

一、竞争立法及其实施

CPTPP第16章第16.1条规定的是"竞争法和主管机关与限制竞争商业行为"。这部分主要包括竞争立法、竞争执法与竞争主管机关三方面的内容。

(一)有关条款内容评析

CPTPP第16.1条第一款和第二款是关于竞争立法和竞争执法的规定。第一款要求"每一缔约方应采用或维持禁止限制竞争商业行为的国家竞争法,以提高经济效率和消费者福利,并应针对该行为采取适当行动。这些法律应考虑1999年9月13日订于奥克兰的《APEC关于加强竞争与监管改革的原则》。"可见CPTPP在反竞争定义上,采取了行为主义的立法模式,要求缔约方应当采用或维持"禁止限制竞争商业行为"的竞争法。第一款的规定体现了CPTPP竞争政策议题在缔约国竞争立法上关注的两项目标——经济效率和消费者福利。需要指出的是,条款中提到的《APEC关于加强竞争与监管改革的原则》主要包括非歧视、全面性、透明度、问责制。[①]第二款规定,"每一缔约方应努力将国家竞争法适用于其领土内的所有商业

---

① See APEC, *APEC Principles to Enhance Competition and Regulatory Reform*, APEC (1999), available at https://www.apec.org/meeting-papers/leaders-declarations/1999/1999_aelm/attachment_apec, last visited on 14 May, 2023.

活动。然而,每一缔约方可规定某些免于适用其国家竞争法的情况,只要这些免于适用情况是透明的且基于公共政策理由或公共利益理由。"CPTPP在这部分内容中,对缔约方提出了对于其领土内限制竞争的商业行为普遍适用竞争法的要求,但也允许缔约方基于公共政策或公共利益理由规定豁免的情形,这符合国际主流竞争立法实践。

CPTPP第16.1条第三款规定的内容围绕竞争法实施的组织架构,要求"每一缔约方应设立一个或多个负责执行其国家竞争法的主管机关(国家竞争主管机关)。每一缔约方应规定,其一个或多个主管机关的执行政策依照第1款中所列目标行事且不因国籍不同而有所歧视。"

(二)启示

概括而言,第16.1条关注的是缔约方竞争法的制定和有效实施的问题,条款内容包括竞争立法、竞争执法与竞争主管机关三部分。竞争法的制定和有效实施是市场经济国家维护市场经济运行的重要制度保障,"成熟市场国家的发展经验表明,竞争政策是保护市场竞争、发挥市场配置资源决定性作用的有效手段"[1]。党的二十大报告作出了"加快构建新发展格局,着力推动高质量发展"与"坚持全面依法治国,推进法治中国建设"的战略部署。高质量发展离不开高水平创新,高水平创新离不开公平竞争,公平竞争则需要高质量法治保障。而市场垄断和行政性垄断会扭曲竞争机制,破坏竞争秩序,最终损害创新。[2]这就要求我国不断提高竞争立法和执法水平,完善竞争

---

[1] 参见李晓琳:《市场经济体制背景的竞争政策基础体系解构》,载《改革》2017年第3期。

[2] 参见时建中:《高质量法治建设保障高质量发展——学习党的二十大报告关于高质量发展与全面依法治国的体会》,载《政法论坛》2022年第4期。

第八章 国际视野下现代市场体系建设的竞争法问题

主管部门的组织架构。

从竞争法治体系的内部视角来看,竞争法治的良法善治需要竞争立法、执法、司法实现各自完善和整体协调。首先,竞争立法完善是基础。CPTPP对于反竞争定义采取了行为主义立法模式,竞争法学界也高度关注竞争行为,尤其对垄断行为和不正当竞争行为有大量细致的研究。在此基础上,如何提炼相关的竞争行为理论或竞争法的行为理论,并将行为理论与主体理论相结合,仍是需要努力的重要方向。[①]特别在数字经济迅速发展的背景下,新型的竞争法主体(主要为平台)的竞争行为具有一定的特殊性,采取行为主义立法模式的竞争法律体系,要解决识别"限制竞争商业行为"的问题,对有关行为的合理性和合法性进行整体评估,不断推动竞争立法的完善。第二,从竞争法的执行来看,CPTPP强调缔约方一国竞争法对其领土内的所有商业活动的普遍性适用,从执法层面来看即强调执法的公平性,这点也契合了我国构建适应全国统一大市场建设的市场监管体系的需要。结合我国市场监管的实践经验和发展规划,可以通过严格落实竞争监管领域的行政执法公示制度、行政处罚告知制度以及依法规范行政处罚自由裁量权的行使来对行政权力进行约束,推动竞争执法的公平性。[②]第三,优化竞争法实施的组织机构也是推动竞争法治"善治"的重要方面。虽然我国在2018年的国家机构改革中整合了此前的三个竞争执法机构,解决了以往反垄断分领域执法中的问题,然而,我国竞争执

[①] 参见张守文:《"双循环"与竞争法治的"内外兼修"》,载《中国价格监管与反垄断》2020年第11期。

[②] 参见国家市场监督管理总局:《法治市场监管建设实施纲要(2021—2025年)》(国市监法发〔2021〕80号),载国务院网站,https://www.gov.cn/zhengce/zhengceku/2021-12/21/content_5663791.htm,最后访问时间:2024年4月30日。

法机构的权威性、独立性还不能与竞争政策的基础地位完全匹配；在人员配备、专业人才培训方面也与反垄断先行国家的竞争主管机关存在差距，仍需进一步优化竞争执法的权力配置，完善竞争法实施的组织体制，推动竞争政策与竞争执法的统一。

二、竞争法实施中的程序正义

CPTPP竞争政策章节中包含了一系列与程序正义有关的、各成员国需要承担的义务，主要规定在第16章第16.1条"竞争法实施中的程序正义"中。内容上主要包括在竞争法实施过程中，被调查的当事人享有的程序权利，以及缔约方的竞争主管执行机构需遵循的程序性要求。

（一）有关条款内容评析

CPTPP第16.2条第一款规定了被调查的当事人在竞争主管机关调查执法过程中所享有的程序权利，要求"每一缔约方应保证在对一人因违反其国家竞争法而实施处罚或救济之前，向其提供：（a）关于国家竞争主管机关的竞争关注的信息；（b）由律师代理的合理机会；以及（c）听取意见和提交证据抗辩的合理机会，但是一缔约方可规定在其实施临时处罚或救济后的一合理时间内听取该人的意见并允许其提交证据"。"特别是，每一缔约方应向该人提供提交证据或证词进行抗辩的合理机会，包括：如适用，提供合格专家的分析意见，盘问任何作证证人，以及审阅和反驳在执行程序中引入的证据。"该款规定了在执行程序[①]中当事人所享

[①] 根据条文注释，本条中的执行程序指在对涉嫌违反竞争法的行为进行调查后的司法审查或行政复议程序。

有的权利,包括知情权、获得律师帮助权、提交证据或证词进行抗辩的合理机会。

第二款到第九款明确缔约方的竞争主管机关在调查与执法过程中应遵循的程序要求。第二款要求竞争主管机关在开展调查时应采取或设立书面程序,还要设定调查的时限,设立调查程序和证据规则(包括证据引入程序),并规定这些规则"应平等适用于程序中的所有当事方"。第四款要求缔约方在涉及强制执行时,应给予当事人寻求审查的机会,包括在法院或独立法庭中根据当事人的主张审查实体或程序层面的错误。第五款规定"每一缔约方应授权其国家竞争主管机关,经该机关和执法行动相对人同意,自愿解决涉嫌违法行为。每一缔约方可规定此类自愿解决需获得法院或独立法庭批准,或在最终解决前设置公众评论期"。在中国制度语境下,就是要求缔约方竞争主管机关建立有关和解制度,缔约方可规定在达成和解前需要经过法院或独立法庭的批准,或通过公众的评议。第六款规定了缔约方的竞争主管机关发布公告披露一项未决或正在进行的调查时,不能暗示相关主体或其行为违反了竞争法。第七款明确了缔约方的竞争主管机关对于所指控的违法行为承担法律和事实层面的举证责任。第八款要求缔约方竞争主管机关在执法程序过程中,对于商业机密信息和依据法律按机密信息处理的其他信息予以保护。另外还规定"如一缔约方的国家竞争主管机关在执法程序中使用或有意使用该信息,则在其法律允许且适当的情况下,该缔约方应规定一程序,允许被调查人可及时获得针对国家竞争主管机关的指控准备充分抗辩的必要信息"。第九款规定了缔约方的国家竞争主管机关在调查过程中,应保障被调查人的咨询权,包括就重大法律、事实或程序问题咨询竞争主管机关。

(二) 启示

正义不仅要实现,而且要以看得见的方式实现。没有程序的正义便难以达到实体的正义。近几年来,竞争政策在我国市场经济建设中的基础地位逐渐确立,我国竞争执法处理的案件预计将会越来越多,CPTPP竞争政策章节的程序正义条款启示我国:要重视竞争法实施过程中的程序正义问题。

在行政相对人程序权利保障方面,我国历来重视行政执法正当程序的运用和完善,在行政相对人权利保障方面取得了重大进步,基本构建了一套行政当事人的权利保障体系。然而,竞争执法特别是反垄断执法在我国仍属初创阶段,与这一新形式执法相适应的当事人权利保障机制仍需进一步探索和完善。[①]以我国反垄断执法为例,我国《反垄断法》主要在第六章"对涉嫌垄断行为的调查"规定了一些反垄断执法的程序要求,但其程序规定比较简单,条文内容主要是对进行反垄断调查的主管机关授权,较少直接规定被调查的经营者的程序权利。仅从反垄断法律条文数量和表述来看,反垄断执法相对人的程序权利还没有在法律中得到充分体现。新《反垄断法》第51条规定"被调查的经营者、利害关系人有权陈述意见",但同时也规定了相对人应当配合执法调查的义务;新《反垄断法》虽然在第49条中增加了反垄断执法机构及其工作人员对执法过程中知悉的个人隐私和个人信息有依法保密的义务,但仍然存在着被调查的当事人权利不明确或权利行使的细节缺失等问题。

以反垄断领域为例,要通过立法手段尽快细化程序规则,构建

[①] 参见董灵、张雪:《欧盟竞争执法程序中当事人权利保障制度研究》,载《价格理论与实践》2015年第6期。

确保相对人有效参与的陈述、抗辩和申诉制度；确保反垄断执法程序的公开、透明，以便于相对人了解和参与反垄断执法过程，从而行使一系列程序权利，包括陈述意见、进行举证、提出抗辩和进行申诉。这些程序权利使相对人能够抗衡反垄断执法机构的执法权，监督反垄断执法自由裁量权的运用，防止执法滥权、恣意。①

本条第二款到第九款也启示中国竞争主管机关在调查与执法过程中遵循有关程序要求，完善有关程序规则。首先，我国应该进一步完善《反垄断法》第六章的规则，对于反垄断调查过程中执法信息的公开性、透明度进行原则性规定；并在既有的部门规章中进一步细化反垄断执法程序规则，保证执法具体程序规则的统一、透明。此外，还要不断推动反垄断执法领域和解制度的完善。我国在现行《反垄断法》第53条借鉴国外执法协商和解制度确立了经营者承诺制度，并在具体的部门规章如《禁止垄断协议》《禁止滥用市场支配地位行为规定》中按照一定范式对有关程序规则进行细化，但仍存在一定的完善空间，需要进一步明确执法和解的适用范围、建立执法和解的程序公开机制，不断推动经营者承诺制度立案前调查和评估程序纳入法治化轨道。程序规则不仅关乎公正和效率等基本法律价值的实现，也直接影响竞争执法机构具体行政行为的合法性问题，需要我国竞争执法部门予以重视。

三、私人诉权

CPTPP第16章第16.3条规定的是"私人诉权"。这部分内容共

---

① 参见游钰：《论反垄断执法相对人的利益保护》，载《厦门大学学报（哲学社会科学版）》2012年第2期。

有五款,明确私人诉权的合理要求,即一旦发现违反竞争法后,缔约方同意为违反竞争法一方所造成的损害提供独立赔偿的请求权,或允许个人发起对其竞争机构启动调查的权利。①

(一)有关条款内容评析

CPTPP第16.3条第一款开门见山地明确了"私人诉权"的内涵,规定"'私人诉权'指一人独立或在国家竞争主管机关作出违法认定后,向法院或其他独立法庭寻求就因违反国家竞争法的行为对其造成的损害进行赔偿的权利,包括禁令、金钱救济或其他救济"。从私人诉权的行使主体来看,私人诉权的行使主体是与公权力相对的"私"人,此处的私人应该理解为自然人和法人;从行使私人诉权的前提来看,个体行使私人诉权不受国家竞争主管机关是否已作出违法认定的限制。从管辖机构来看,个体可以向法院或其他独立法庭寻求救济;从个体通过私人诉权寻求的救济类型来看,主要包括禁令、经济赔偿以及其他补救措施。

第二款将私人诉权定位为"国家竞争法公共执法的重要补充",并要求缔约方通过法律或其他措施确定独立的私人诉权,如果缔约方没有这样做,那么需要按照第三款规定的内容,赋予一人采取有关行动的权利,包括"(a)请求国家竞争主管机关对涉嫌违反国家竞争法的行为发起调查;及(b)在国内竞争主管机关作出违法行为认定后向法院或其他独立法庭寻求赔偿"。第四款强调缔约方在确定私人诉权或有关权利时应以不低于该缔约方本国人获得该权利的条件使另一缔约方的人获得,体现出非歧视原则的色彩。第五条规定"缔

---

① 参见李玫:《CPTPP中竞争政策规则及其对中国的借鉴研究》,江西财经大学2018年硕士学位论文。

约方可制定合理标准,以行使依照本条所产生或维持的任何权利"。该条给缔约方对私人诉权进行适当限制留下了调整空间。

(二)启示

"私人诉权是国际条约之私力执行的一种制度安排。"[①]私人执行国际条约与国家执行国际条约的诉权形式"国家诉权"相对应。[②]从国际法的视角来看,"私人"应将其理解为与公共实体相对应的,根据国内法或国际法不行使公共权力的行为体,比如自然人、跨国公司、非政府组织等。另外,私人与国际法学者通常所说的"个人"相区别,国际法中的个人往往既包括本文所说的"私人",也包括诸如国家元首、政府首脑或其他根据国内法或国际法行使公共权力的个人。[③]

从一般原理出发,"法的实施,即法的规范在社会生活中的贯彻和实现"。[④]包括法律的执行、适用、遵守和监督等。竞争法的实施包括竞争法的执行、竞争法的适用、竞争法的遵守和法律监督等,私人诉权是竞争法实施体系中的重要组成部分,其内涵既包括请求国家竞争主管部门开展调查,推动竞争法的执行,也包括向法院或其他独立法庭寻求救济,从而推动竞争法的适用,以及进一步产生推动竞争法的遵守和监督的效果。CPTPP中对于私人诉权的规定,启示我国不断完善竞争法的实施体系。以反垄断法为例,私人诉权是反垄断法私人执行的重要内容和前提,而反垄断法的有效实施有赖于公

---

① 参见中国社会科学院世界经济与政治研究所国际贸易研究室:《〈跨太平洋伙伴关系协定〉文本解读》,中国社会科学出版社2016年版,第194页。
② 参见孟凡娟、余德厚:《审视国际法上的私人诉权》,载《西南交通大学学报(社会科学版)》2017年第3期。
③ 参见蔡从燕:《公私关系的认识论重建与国际法发展》,载《中国法学》2015年第1期。
④ 参见漆多俊:《经济法基础理论》,法律出版社2017年版,第339页。

共执行和私人实施两种资源的共同利用和有机配置。完善反垄断法的实施体系,就需要将私人执行作为公共执行的重要补充内容。

从我国反垄断法有关规范文件中对于私人执行的规定来看,我国反垄断法的实施主要在于公共执行,新《反垄断法》第12—13条、第46—55条即第六章规定的对涉嫌垄断行为的调查、第61—65条都规定了公共执行机构的职责及其执法过程中的相关问题。相较之下,我国新《反垄断法》仅在第60条提及私人执行制度,该条文规定"经营者实施垄断行为,给他人造成损失的,依法承担民事责任"以及"经营者实施垄断行为,损害社会公共利益的,设区的市级以上人民检察院可以依法向人民法院提起民事公益诉讼"。虽然第60条在原则上确认了对私人主体利益受损时有关经营者要承担民事责任,但整体规定较为笼统,缺乏具体规则,如该条文并未明确规定私人主体可以就垄断活动中权益受到的侵害提起私人诉讼,即原告资格的确立,在损害赔偿模式、举证责任等问题上,《反垄断法》并未明确。最高人民法院2012年出台的司法解释《最高人民法院关于审理因垄断行为引发的民事纠纷案件应用法律若干问题的规定》(2022年修正)就原被告举证责任的分配、私人诉讼案件管辖权、诉讼时效等方面作出了详细规定,强化了私人执行制度在我国反垄断法实施机制中的法律基础,为私人执行的发展铺平了道路,但仍然缺乏一些程序性与实体性问题的规定。总而言之,目前我国反垄断法执行中仍然存在公私执行制度失衡、私人主体的诉讼动力不足、私人执行缺乏可操作性、民事责任追究存在困难的问题。[①] 在此背景下,我国应该对

[①] 参见吴露露:《论中国反垄断法私人执行制度》,华东政法大学2014年硕士学位论文。

私人执行制度进行有效的发展,使其成为公共执行的重要补充。为此可以基于我国的国情借鉴国际经验,通过修改有关法律和司法解释进一步细化与完善私人执行的规则,如原告主体资格的确定,包括损害赔偿和禁令在内的救济制度、私人执行制度的限制制度;建立有效的公共执行与私人执行的协调机制,为私人执行提供制度土壤和制度保障,充分调动竞争法执法资源。

四、消费者保护

CPTPP第16章第16.6条规定的是"消费者保护"。这部分内容共有六款,主要内容围绕消费者保护政策与执法,强调消费者福利的重要性。

（一）有关条款内容评析

CPTPP第16.6条第一款规定"缔约方认识到消费者保护政策和执法对在本自由贸易区内建设高效率和竞争性市场及提高消费者福利的重要性"。该款肯定了消费者保护政策实施之于高效率和竞争性市场建设的意义,体现了CPTPP对于消费者福利的关注。

CPTPP第16.6条在内容上着重强调了缔约方国内法对于欺诈和欺骗性商业活动的规制。该条第二款中给出了欺诈和欺骗性商业活动的定义:"欺诈和欺骗性商业活动指对消费者造成实际损害或如不加制止即会造成此种损害的迫近威胁的欺诈和欺骗性商业做法。"该款列举了三类欺诈和欺骗性商业活动,分别是"（a）导致被误导的消费者的经济利益明显受损的对重要事实进行虚假陈述的做法,包括暗示性事实虚假陈述;（b）在收取消费者费用后未向消费者交付产品或服务的做法;或（c）未经授权而对消费者财务、电话或其他账户收费或借记的做法"。第三款中要求"每一缔约方均应采取或维持消费者保护法或其他法律或法规,以禁止欺诈或欺骗性商业行为"。指出应通过法律途径来规制该类行为,且CPTPP在条款脚注中表明缔约方采用或维持的禁止这些活动的法律或法规可以属民事或刑事性质。总的来说,构成上述行为一般要求对消费者造成了实质损害(一般是人身或财产损害),或者是立即造成实质损害的可能。列举的不实陈述、未提供商品或服务、未经授权扣款三项行为,是具有代表性的欺诈及欺骗性商业活动。通过定义及列举影响缔约国的消费者保护立法,进而使得消费者在消费活动中,更能对侵害自己的行为进行识别,及时寻求救济。[1]

第四款到第六款为合作性条款,要求缔约方在规制跨国性欺诈和欺骗性商业行为时进行合作。第四款规定"缔约方认识到跨越国境的欺诈和欺骗性商业行为不断增加,宜通过缔约方之间的合作和协调有效应对这些活动"。阐述了在规制该类行为时缔约方进行合作的重要性。第五款进而对缔约方设立开展合作和协调的义务,规定"缔约方应酌情推动就涉及欺诈和欺骗性商业行为的具有共同利益的问题开展合作和协调,包括在各自消费者保护法的执行方面"。第六条进一步指出缔约方间开展合作和协调的主体和程度,且可以看出方式主要为外交途径,规定"缔约方应努力通过其确定的负责消费者保护政策、法律或执行的相关国家公共机构或官员,在与各自法律法规和重要利益相一致的前提下,在各自合理可获得的资源范围内,就本条所列事项开展合作和协调"。

---

[1] 参见何嘉锐:《中国自由贸易协定消费者保护条款研究》,广东财经大学2020年硕士学位论文。

（二）启示

消费者是市场主体中除了政府、经营者之外的另一大主体,然而与政府、经营者不同,消费者在市场中往往处于相对劣势的地位,这就涉及消费者权益的保护问题。随着全球经贸往来的发展,贸易范围逐渐扩大,消费者保护问题就拓展到跨境消费者保护的层次。然而,在20世纪80年代区域贸易协定迅速发展的阶段,各缔约国主要关注的是与贸易方面直接相关的议题,以消除贸易壁垒为目的,并不关注消费者保护条款。21世纪以来,自由贸易协定的数量大量增长、涉及的内容也愈加广泛,各国加强国内消费者权益保护立法的同时,也注重在自由贸易协定中加入消费者保护条款。CPTPP在第十六章竞争政策中,首先提出了其目标之一就是增进"消费者福利",并在第16.6条中进一步明确有关定义以及缔约方在消费者保护方面的义务。CPTPP消费者保护条款是自由贸易协定消费者保护条款水平较高的表现,然而我国自由贸易协定消费者保护条款现有规则存在内容原则化、分布较为分散、涵盖范围大小不一、消费者保护规定措施单一等问题。

CPTPP竞争政策章节中的消费者保护条款启示我国未来签订自由贸易协定时,在自由贸易协定有关条款的谈判阶段可主张在竞争政策条款中加入消费者保护条款,并根据实践发展需要,完善消费者利益保护条款,强化对消费者利益的跨境保护。随着经济社会的不断发展,竞争政策与消费者保护之间的联系逐步显现出来,一些国家竞争法开始将消费者保护作为其政策目标之一而予以规范。[1]我国

---

[1] 参见钟立国:《从NAFTA到TPP:自由贸易协定竞争政策议题的晚近发展及其对中国的启示》,载《武大国际法评论》2017年第6期。

的《反垄断法》亦将保护消费者利益作为我国反垄断法的立法目的之一。经合组织也指出,竞争政策和消费者政策在增强消费者福利上的目标是一致的,在这个层面上他们高度互补。[1]因此,在竞争政策章节增加消费者保护条款,是对竞争政策条款的有益补充,是消费者保护政策对跨境消费者保护问题的有力回应,同时也是解决既有的、潜在的跨境欺诈问题的路径。

在消费者保护条款的制定和完善上,我国可以依据实践的需要,要求缔约方采纳或维持消费者保护法或其他法律法规,以禁止欺诈或欺骗性商业行为;要求缔约方在跨境消费者保护法方面就共同关注的事项进行合作;就跨境消费者保护政策和减少跨境消费者保护违法行为的方法进行磋商;就消费者保护法的制定与实施交换信息;要求缔约方相互通报涉及在另一方领土内发生或起源于另一方领土或对另一方领土内消费者或市场有重大影响的消费者保护违法行为的调查和诉讼程序;以及就打击重大跨境违法行为的执法行动进行咨商和协调等,[2]由此来不断推动自由贸易条款下消费者利益保护国际合作的深度和广度,制定更具操作性的跨境消费者保护规则。

五、透明度

(一)有关条款内容评析

透明度规则的主要内容可以概括为信息公开要求、决策透明、

---

[1] See OECD, The Interface between Competition and Consumer Policies, available at http://www.oecd.org/regreform/ sectors/40898016.pdf, last visited on 1 June, 2023.

[2] 参见钟立国:《自由贸易协定竞争政策条款研究》,载《武大国际法评论》2020年第6期。

公众参与三个方面。这些规则不仅在确保竞争政策的公正性和公开性方面发挥关键作用，还对提升市场信心、促进国际合作和推动法治化进程具有深远的启示。

CPTPP的透明度规则注重信息公开，强调"APEC竞争与政策数据库"的重要性，要求缔约方维持和更新数据库中的信息；规定缔约一方应其他缔约方请求须公开国内竞争法的实施政策与实践以及实施的例外和豁免规定。各成员国被要求及时公布其竞争法律、法规和行政措施。这包括所有与反垄断和反不正当竞争相关的立法和修正案，使市场参与者能够清楚了解适用的法律框架。信息公开不仅限于法律和规章，还包括竞争主管机构发布的相关政策文件和操作指南。这些文件应详细解释如何实施和执行竞争法，以帮助企业和公众理解并遵循规定。

CPTPP的透明度规则要求决策透明，强调竞争法终裁必须以书面形式作出并公布，裁决书应当提供裁决所依据的法律分析和经济分析。在CPTPP框架下，竞争政策的透明度义务仅有两种例外，即保密信息例外和公布不可行例外。竞争主管机构在做出涉及反垄断、合并审查等重大决策时，应公开其决策的理由和依据，包括所依据的事实、法律规定和分析方法。这种做法不仅提高了决策过程的透明度，也增加了市场参与者对监管机构公正性的信任。此外，重大案件的决策结果应以书面形式公布，并提供详细的案件分析。此种决策公开有助于市场参与者理解政策的执行和监管标准，减少误解和误判，从而促进公平竞争和市场效率。

CPTPP的透明度规则注重公众参与，要求各成员国在制定或修改竞争政策时，应通过公开征求意见、举行听证会等方式，广泛征求企业、学术界、消费者和其他利益相关者的意见。这种广泛的公众参与确保了政策制定过程的开放性和透明度。通过建立有效的反馈机制，成员国可以确保公众和企业提出的意见和建议能够得到认真考虑和回应。不仅提高了政策制定的科学性和民主性，也增强了政策的合理性和可操作性。

（二）启示

首先，在CPTPP的框架下，各成员国被要求及时公布其竞争法律、法规和行政措施。这种做法对中国反垄断法的完善具有直接的启示作用。我国虽然已有较为完善的反垄断法律体系，但在信息公开方面仍有待改进。具体而言，可以进一步加强反垄断法律、法规和政策的公开透明度，确保市场参与者能够方便地获取相关法律信息。这不仅包括正式的法律文本，还应包括反垄断执法机构发布的指导意见、执法案例和政策解读文件。通过信息公开，能够减少信息不对称，提升市场参与者对法律的理解和遵循，促进公平竞争。

其次，在CPTPP框架内，竞争主管机构在做出重大决策时，应公开其决策的依据和理由。这一点在中国的反垄断执法中同样适用。中国的反垄断执法机构在处理重大反垄断案件时，应更加注重决策的透明度。具体而言，在对垄断行为进行调查和处罚时，应公开调查过程中的关键事实和证据，以及作出决定的法律依据和分析方法。这不仅有助于提高决策的公正性和透明度，也能够增强市场参与者对执法机构的信任，避免因信息不透明而引发的争议和质疑。

再次，CPTPP鼓励成员国在制定或修改竞争政策时，广泛征求公众意见。这种公众参与机制对于中国反垄断政策的制定和执行具有很大的启示作用。在中国，尽管一些政策在制定过程中已经开始征求公众意见，但公众参与的广度和深度仍有待提高。中国可以借鉴CPTPP的做法，进一步完善公众参与机制，通过公开征求意见、举

第八章 国际视野下现代市场体系建设的竞争法问题

行听证会等方式,广泛听取企业、学术界、消费者和其他利益相关者的意见和建议。这不仅有助于提高政策制定的科学性和合理性,也能够增强政策的公信力和执行效果。

第三节 《中欧投资协定》中的竞争政策

《中国-欧洲联盟全面投资协定》(英文Comprehensive Agreement on Investment,下文简称《中欧投资协定》或CAI),于2014年1月21日开启第一轮谈判,历经7年35轮谈判,最终于2020年12月30日由中欧领导人共同宣布谈判完成。《中欧投资协定》生效后,将取代我国与欧盟成员国之间现行有效的26个双边投资协定,为中欧双向投资提供一个统一的法律框架,给中欧双向投资带来"更大的市场准入、更高水平的营商环境、更有力的制度保障、更光明的合作前景"。《中欧投资协定》的主要内容包括四个方面,分别是市场准入承诺、公平竞争规则、可持续发展议题以及争端解决机制。

随着中国与欧洲的经济贸易往来逐渐增多,公平竞争环境塑造问题愈发成为两国交往间的重点关切问题。近年来,我国致力于改善营商环境,努力创造公平竞争环境,不但在国内政策层面对公平竞争原则持积极态度,也在贸易谈判中对公平竞争相关问题展现出更加开放和包容的态度。在《中欧投资协定》中,我国就改善公平竞争环境作出了承诺。公平竞争规则是《中欧投资协定》中的主要内容,包括市场准入承诺、国有企业和补贴透明度的要求。《中欧投资协定》中公平竞争规则的核心是摒除市场竞争中企业产权性质和国别差异所带来的不公平待遇,减少企业所面临的贸易壁垒和歧视。中欧双方从优化公平竞争的营商环境角度出发，在诸多方面达成了共识。

一、市场准入

市场开放与准入问题是本次协定讨论的重点内容，也是双方谈判的核心。我国在协定中以"准入前国民待遇加负面清单模式"对诸多行业和领域作出了进一步扩大对欧盟企业市场开放的承诺。并对包括制造业、汽车行业、金融服务、计算机服务等众多重要行业与领域作出了具体的准入承诺。下文将对其中几个重要领域进行评述。

（一）制造业

制造业是中欧双方都密切关注的核心领域，也是协定的最重要领域之一。根据协定内容，我国将大幅度取消制造业（包括欧盟投资者在华投资最多的轨道交通、电信设备、化学品、医疗器械等领域）的外商投资限制，以使得我国制造业的对外开放水平与欧盟制造业的对外开放水平整体持平。在我国作出的全面承诺中，只有很少一部分制造业（主要是产能严重过剩的产业）被排除在外。

在协议中，我国已经同意废除并淘汰合资企业限制，并承诺对新能源车辆市场进行开放。从2018年开始，国家已经逐渐放开了对汽车领域的外资股比限制。到目前为止，已经取消了对专用车、新能源汽车、商用汽车等领域的外资股比限制。根据《2020年版负面清单》，汽车行业唯一保留的一条外资特别管理措施为："除专用车、新能源汽车、商用车外，汽车整车制造的中方股比不低于50%，同一家外商可在国内建立两家及两家以下生产同类整车产品的合资企业。（2022年取消乘用车制造外资股比限制以及同一家外商可在国内建立两家及两家以下生产同类整车产品的合资企业的限制)"。中欧协定中关于"逐步取消汽车领域的合资要求"的承诺,是否以及在何种程度上进一步加速放宽乘用车制造的外资股比限制及企业数量限制,值得后续关注。

(二)金融与服务业

我国将进一步开放金融服务业,取消银行、证券和保险(包括再保险)交易以及资产管理中的合资企业规定和外资股权上限,并将持续进行更深层次的开放。

在医疗健康领域,我国将解除对我国主要城市(包括北京、上海、天津、广州和深圳)的私立医院的合资要求,提供新的市场开放。根据《国家卫生和计划生育委员会、商务部关于开展设立外资独资医院试点工作的通知》(国卫医函〔2014〕244号),从2014年7月25日开始,外国投资者可以在北京市、天津市、上海市、江苏省、福建省、广东省和海南省等地,以新建和收购的形式建立外商独资医院。而本次协定生效后,开放的速度与力度会更大。

根据我国签订的《服务贸易总协定》(GATS)的相关规定,外商独资企业在建筑服务领域仅能承揽四种类型的建筑项目:全部或部分由外国投资或赠款资助的建设项目;由国际金融机构资助并通过根据贷款条款进行的国际招标授予的建设项目;外资等于或超过50%的中外联合建设项目以及外资少于50%但因技术困难而不能由我国建筑企业独立实施的中外联合建设项目;由我国投资但我国建筑企业难以独立实施的建设项目,经省政府批准由中外建筑企业联合承揽的。根据本协定相关规定,我国将消除服务贸易总协定承诺中保留的项目限制,在后续的实践中,欧盟投资者在建筑服务领域将不再受任何额外限制。

在商务服务方面，我国对房地产、租赁、道路维护、广告、市场调研、管理咨询、翻译、环保服务等各行业的合资要求都将被废除。

（三）数字产业

电信与云服务市场作为互联网领域最具有商业价值的细分行业之一，一直是全球投资者的重点关注对象。而我国作为全球第二大经济体，有着庞大的市场潜力。因此在本次协定中，针对电信与云服务领域的谈判非常之多，我国也作出了相当大的让步。根据协定，我国将解除针对云服务的投资禁令，欧盟投资者可以通过设立合资企业的方式开展云服务相关业务，在合资企业中欧盟投资者可以达到最高50%的股本上限。在过去，我国允许外商投资的电信业务范围仅限于我国在加入世界贸易组织（WTO）时承诺开放的电信业务，而我国加入WTO已超过二十年，在这二十年间电信相关业务飞速发展，新的业务品类层出不穷。当下，包括云服务、互联网数据中心、内容分发网络、互联网接入在内的许多新业务形态外商都无法涉足。在这种监管背景下，部分外国企业通过与我国持牌企业进行"技术合作"的方式，曲线进入我国相关市场。遗憾的是，工信部于2016年发布的《关于规范云服务市场经营行为的通知（公开征求意见稿）》明确，针对我国云计算企业与境外企业进行技术合作，提出了诸多附加条件，如：外资企业不能直接与客户签约，不能只采用外资企业的品牌等。虽然该征求意见稿未最终生效，但在实践中，大多数外国企业与我国云服务企业的技术合作依然以该文件为"准绳"及"底线"，使得外国企业真正参与我国云服务市场的机会和程度非常有限。中欧投资协定就是在此基础上，尝试通过打破市场准入壁垒来为欧盟投资者带来新的投资机会，并促进我国国内市场竞争秩序更加稳定繁荣。[1]

与此同时,我国将致力于对计算机服务市场进行开放,并确立"技术中立"原则,以保证对增值电信业务的股权限制不会影响到金融、物流、医疗等其他线上业务。其中对"技术中立"原则的承诺尤为值得注意。"技术中立"这一原则是欧盟电信、互联网监管制度中的一项关键原则,这一原则本身就具有丰富的内涵,在欧盟适用该原则的成果中产生了不同角度的解释。[2]而我国做出的"技术中立"原则的承诺则主要针对电子通信网络和某些服务领域之间的融合现象。根据我国的《互联网信息服务管理办法》及相关法律法规,凡是以营利为目的、通过互联网提供"信息"服务的企业均需要获得增值电信业务牌照(即ICP证),而目前外商持股超过50%的外资企业是无法获得ICP证的。但互联网目前已与许多传统产业深度结合,许多传统服务行业都会涉及互联网信息业务,致使许多本来已经取消了外商投资限制的行业,外资企业仍会因无法获得ICP证而实质上无法涉足。因此,《中欧投资协定》中与"技术中立"有关的承诺可能消除已承诺开放领域存在的隐性市场壁垒,为外国企业带来切实的市场准入机会。[3]

总体而言,我国在《中欧投资协定》中作出的市场准入承诺不仅涉及在新领域、新部门取消对外商投资的显性限制(如外资股比要求等),更重要的是可能对既有已开放的领域消除外资运营面临的隐

---

[1] 参见肖瑾、苏畅、周小棋:《中欧投资协定全面解读(一)——市场准入有承诺》,载微信公众号"金杜研究院",2020年12月31日。

[2] 参见王贵国:《贸易数字化对国际经贸秩序的挑战与前瞻》,载《求索》2021年第4期。

[3] 参见韩冰:《中欧全面投资协定:市场准入谈判与应对建议》,载《中国发展观察》2020年第8期。

性市场壁垒。在这个意义上,协定的全面执行将为我国深化改革、扩大开放、构建开放型经济和新发展格局提供动力。

二、国有企业

国有企业是国家对市场进行调控的主要载体,其相对于民营企业而言往往被认为具有不正当的竞争优势。我国国有企业在全球范围内的影响力越来越高,其在全球范围内的投资活动也越来越频繁,这一现象引起了人们对国际投资市场的公平竞争氛围是否正在恶化的忧虑。在国有企业方面,我国承诺国有企业行动必须基于企业利益且不区别对待其购买或销售的产品和服务。此外,我国还将在必要时向欧盟提交具体资料,以评价特定企业是否承担了在《中欧投资协定》中所商定的义务。

1. 涵盖实体

在欧盟公布的《中欧投资协定》的谈判文本中,并未直接使用"国有企业"(state owned entities)这一术语,而是使用了"涵盖实体"(covered entities)来进行表述。相较于"国有企业","涵盖实体"所覆盖的范围更广。中欧投资协定对"涵盖实体"的概念进行了详细列举,包括与政府存在股权、投票权、决策权、任命权和依法控制联系的五类企业,以及独头垄断和双头垄断的两类实体。在实践中,这七类主体既包括国家独资企业和国家控制企业,也包括由政府通过少数股份来决定其决策的企业,或者是政府虽然没有股份但仍然可以通过法律或行政命令对其进行支配的企业。[①]在判定标准上,《中

[①] 参见张金矜:《〈中欧全面投资协定〉国有企业规则述评》,载《国际经济法学刊》2022年第4期。

欧投资协定》并不以从事商业活动作为界定国有企业的要素,进一步扩大了国有企业规则适用的主体范围。协定中对"国有企业"这一概念的宽泛定义,体现出欧盟对中国国有企业在经济贸易中可能占有不正当优势地位的担忧。

2.国有企业的商业行为

《中欧投资协定》对国有企业的商业行为提出了两方面的要求。第一,东道国有责任保证本国的国有企业在同外国公司进行商务活动时,出于商业上的考虑给予另一方非歧视待遇;第二,当它们的国有企业相关行为产生消极影响的时候,缔约国有义务公布有关资料。[①]

《中欧投资协定》规定"商业考虑"的特定要素包括货物的价格,品质,可用性,可销售性,运输,及其他买卖的条款及条件,或在有关交易或产业中,基于获利并受制于市场势力的公司,在其经营决定时,一般会考虑其他的因素。[②] 根据我国已加入的《关税及贸易总协定》(GATT)以及《WTO争端解决条约》相关规定,国有企业仅需要遵守非歧视原则即可,而商业考虑仅作为判断是否存在歧视的考量因素而存在。商业考虑义务作为本次协定新增加的义务,体现了欧盟对于我国政府通过国有企业干预影响市场竞争的担忧。

《中欧投资协定》也对国有企业的透明度进行了要求,既要求国有企业在经营过程中如果对其他缔约国造成负面影响时应当进行相关信息披露,也要求国有企业在内部治理过程中"努力确保其涵盖实体尊重公司治理和透明度的国际良好实践。"通过信息披露保障国

[①] 参见肖瑾、苏畅、周小棋:《中欧投资协定全面解读(二)——国有企业》,载微信公众号"金杜研究院",2021年1月15日。
[②] 参见张斌:《国有企业商业考虑原则:规则演变与实践》,载《上海对外经贸大学学报》2020年第4期。

有企业的透明度,能够有效地解决欧盟担心国企治理结构复杂、信息披露有限的问题,降低海外监管机构获取国企信息的困难。在《中欧投资协定》中,竞争中立原则主要体现在对国有企业的相关约束中,上文提及的"涵盖实体"概念、商业考虑原则、透明度条款等都蕴含了竞争中立精神。

3. 政府相关行为

《中欧投资协定》中对政府通过行政手段直接或间接干预经济活动的行为也进行了限制,这种限制主要是通过监管中立原则的确立以及政府补贴透明度披露来实现的。

欧洲商会2018年发表的一篇文章,对欧盟企业来华营商的14项制度困境进行了剖析,具体表现为:许可申请难、行政体制复杂、知识产权保护不完善、透明度不高、制度规定不明确等。[①]《中欧投资协定》规定,各成员国应遵守公正性、非歧视性和独立性的原则。公正性需要各方保证监管机构和其他机构在管理活动中对处于相同境况下的所有公司一视同仁。非歧视性规定各缔约国必须保证它们以不歧视的方式对包括国有企业在内的所有实体执行。独立性要求监管机构不能和国有企业有重叠的治理结构。

《中欧投资协定》以WTO《补贴与反补贴协定》为依据,将补贴透明度扩展到了服务业。协定关于政府补贴的透明规定比较宽松,只是规定了政府根据申请向国企提供补贴的义务,并将补贴的目的、法律依据、形式、预算金额、接受补贴的对象等内容都予以

---

① See European Union Chamber of Commerce, *European Chamber of Commerce in China—Position Paper 2018/2019*, Benelux (Oct, 08m2018), available at https://beijing.bencham.org/news/european-chamber-commerce-china-position-paper-20182019, last visited on 1 June, 2023.

公开,但对于补贴的主体、对象、行为和结果的原因却没有进行具体说明。

4.例外情形

《中欧投资协定》还规定了特定的不受协定管辖的商业活动情形。首先是两种商业领域,视听服务领域和航空服务领域不受协定管辖。其次是集中特定场景的例外情形,包括政府采购、公共服务、非商业场景等。另外,对于那些在最近三个财政年度里单独一年内营业所得少于两亿元特别提款权的小型公司,该协定也不适用。

《中欧投资协定》的核心内容是通过对国企的改革,建立一个平等的市场。该协定是我国第一份就国有企业问题作出具体规定的国际条约,通过对"涵盖实体"概念的明确、确立商业考虑原则、保障企业透明度等方式来对国有企业进行规范,防止其依靠政府偏好来获取不正当竞争优势,破坏公平的市场竞争环境。目前我国国有企业新一轮改革的方向应当以竞争中立原则为指引。竞争中立是中欧投资协定的共识,不仅满足了国有企业"内促改革"的现实需求,也与目前我国目前倡导的新发展格局理念契合。在此基础上明确以下几点:第一,将国有企业与私营企业一视同仁;第二,并非所有的国有企业都可以采用竞争中立的原则。比如,当国有企业可以实现同样的公共政策目标,而这些企业又可以利用自己的优点,将政府所需的必要支出减至最小,那么它们就可以不受竞争中立原则的限制;第三,强烈反对一些国家利用竞争中立原则为借口来限制我国的经济发展。

三、补贴透明度

在补贴透明度方面,《中欧投资协定》对服务业的补贴政策提出了透明度的要求，并尝试建立协商机制以便在补贴政策对两国的投资收益造成不利影响的情况下进行相关修改，以应对由此带来的不利后果。

《中欧投资协定》（CAI）中的"补贴透明度"，在定义上，满足WTO下货物贸易补贴的定义即可，但增加了对服务业部门的补贴透明度的要求；在适用范围上，要求补贴具备"专项性要求"。CAI对补贴透明度主要有两个部分进行了规制。第一个部分为第二章投资自由化中第三条之二，对"涵盖实体"补贴透明度进行了说明，"一方有理由认为其在本条下的利益受到另一方涵盖实体的商业活动的不利影响时，可以书面形式要求该方提供与执行本条规定涵盖的该实体的经营情况"。第二部分内容为第三章监管框架第二节透明度（transparency of subsidies），主要包括信息披露、一般透明度义务、公布信息、联络点和提供信息等内容。其中，"补贴"审查范围从货物贸易延伸至服务领域，补充了WTO项下服务部门补贴的空白。CPTPP中补贴透明度主要体现在"非商业援助"上，其对象主要针对国有企业，而CAI透明度对象为"涵盖实体"，没有国企与非国企的限制。[①]

近年来，中欧之间的经贸往来发生了巨大变化，我国从欧盟过去的单纯投资目的国，嬗变为双向投资国。我国企业开始大批量地投资、收购欧盟企业，我国出口产品的技术含量也越来越高；而欧盟企业在华投资却往往因为贸易壁垒而铩羽而归。在这种背景下，欧盟急需化解这种不对等投资的环境问题。补贴问题常与公平的营商

[①] 参见何适、廖雨：《〈中欧投资协定〉公平竞争规则对中国"引进来""走出去"的影响》，载FT中文网http://ftchineselive.com/story/001096682?archive，最后访问日期：2024年5月21日。

环境挂钩,是当前欧盟竞争政策与产业政策的重要议题。[①]以往,欧盟只将欧盟成员国家产生的国家援助补贴问题纳入立法视野,近年来,为纠正外国补贴对欧盟市场的扭曲,同时在全球经贸体系发生重大变化的背景下,为提升欧盟的全球战略地位,欧盟积极作为,强化外国补贴监管,试图重构国际经贸规则。2022年11月28日,欧盟理事会批准通过了《外国补贴扭曲内部市场条例》(Foreign Subsidies Regulation,以下简称"FSR")。2023年7月10日,欧盟委员会公布了《〈外国补贴条例〉的配套实施细则》,进一步安排了针对扭曲内部市场竞争的外国补贴的审查细节。2023年10月12日,有关并购交易和公共采购的强制申报要求正式实施。FSR所指外国补贴,为"如果第三国直接或间接提供财务资助可为从事联盟内部市场经济活动的经营者提供收益,而该经营者的利益在法律上或事实上仅限于单个或多个经营者或行业企业,则应视为存在外国补贴"。FSR的生效及施行,意味着涉欧企业在欧盟市场活动时将面临前所未有的义务和法规要求。尽管外国补贴监管并不针对特定的国家,但从实践情况来看,我国企业是主要的规制对象。欧盟已多次表示要对中国企业展开调查,涉及电动汽车、光伏、风力、医疗器械多个行业。

欧盟认为,中国在国有企业"走出去"的过程中政府补贴严重威胁了欧盟相关产业和挤压了欧盟相关企业生存空间。基于此,欧盟希望通过补贴透明度规则为中国企业出海制造一定的障碍,同时为欧盟企业提供较大的发展空间。国有企业是我国政府补贴的主要发

---

① 李本、徐欢颜:《境外投资补贴的规制动因、审查框架与中国应对——以欧盟〈外国补贴条例草案〉为切入点》,载《国际贸易》2021年第11期。

放对象。CAI补贴透明度规则对中国国有企业的影响较为直接，一直以来欧盟认为中国政府对国有企业进行了不公平补贴，导致欧盟来华投资企业失去竞争优势，因此CAI补贴透明度相关规则有助于减少欧方对我国国有企业补贴干扰公平竞争的担忧，进一步引入外资。

CAI中"补贴透明度"范围的延伸将对我国国有企业补贴政策提出更严格的要求。因此，应当考虑我国国有企业补贴的发放过程中，是否存在政策目标不明确、资金分配不公、监管不到位等问题，这些问题不仅会影响补贴政策的有效性，还可能给国有企业带来不必要的风险。需要对现有补贴政策进行全面梳理和评估，找出问题所在，为下一步的政策调整和完善提供有力依据。其次，我们应当完善政府与公共机构补贴的法律法规和产业政策。在法律法规方面，需要制定更加明确、具体的补贴政策规定，明确补贴的目的、范围、标准和程序，确保补贴的发放和使用符合法律法规的要求。在产业政策方面，需要根据国家发展战略和市场需求，制定有针对性的产业政策，引导国有企业向高端化、智能化、绿色化方向发展，提升国有企业的市场竞争力。

公平竞争问题一直是欧盟密切关注的议题，也是本次中欧投资协定的聚焦所在。在中欧经贸交流日益密切的今天，中国已经是欧洲最大的贸易伙伴国之一，中国市场的公平竞争问题也引起了欧洲投资人的高度重视。欧盟多次在相关文件中表达出对我国市场环境的担忧。在2021年欧洲议会通过的《新欧盟-中国战略》（New EU-China Strategy）报告中，欧盟强调尽管中欧经济体制不同，但必须营造公平竞争的市场环境。由此可见，公平竞争已经成为中欧经济往来中的一个重点话题。同时，随着我国市场经济的快速发展以及改革的不断深化，公平竞争的重要性也日益凸显。

在面对日益复杂的世界经贸格局时，坚持公平竞争，打牢国内企业自身实力，以更开放的姿态面对未来的不确定性，是我们应当坚持的方向。

第四节　中国-东盟自贸区投资协议

中国-东盟自贸区作为我国首个对外商谈的自由贸易区，同时也是发展中国家之间规模最大的自由贸易区，有力促进了区域内部贸易和投资自由化，是世界上最具有活力与潜力的自由贸易区之一。

自1985年3月12日至2001年12月12日，我国分别与泰国、新加坡、马来西亚、菲律宾、越南、老挝、印度尼西亚、柬埔寨、文莱、缅甸相继签订了关于鼓励、促进和保护投资的双边协定。这些双边投资保护协定与属于多边协议的投资协议并行不悖，都属于有效文件。2002年，我国与东盟各国领导人共同签订了《中华人民共和国政府与东南亚国家联盟成员国政府全面经济合作框架协议》（以下简称框架协议）。2009年，《中国-东盟全面经济合作框架协议投资协议》（以下简称投资协议）签订。2015年，《关于修订〈中国-东盟全面经济合作框架协议〉及项下部分协议的议定书》（以下简称议定书）的签订，标志着中国-东盟自由贸易区进入了新的发展阶段。议定书是在原自贸区的基础上，覆盖了许多方面的一项提升协议，但由于两国之间的贸易往来日益加深，实际需要也发生了许多新的改变。因此，有必要针对经济贸易合作的各个方面的问题，来改进现行的协定，使之适应新的情况。发展中国和东盟的经贸合作具有重要意义，加速推进我国的投资自由化进程，出台有利于提高投资效益的政策措施，

463

营造良好的两国投资氛围,对我国"走出去"具有重要意义。通过上述多部投资协定,中国-东盟自贸区构建起了制度完善、充满活力的高规格经济合作平台,这对自由贸易区的建设以及提升我国及东盟其他国家的竞争能力具有重要意义。

《中国-东盟自贸区投资协议》共计27项条款,以列举式条款为主,较直接地列举了行为规范与权利义务分配,有助于减少适用时所产生的分歧,更好地指导协议各方经贸往来。同时协议第23条也规定了兜底条款,以此来保证协议的灵活性。中国-东盟自贸区11个成员国之间的法律关系存在诸多不确定性,可能会产生法律风险,投资协议的达成在一定程度上抵消了这种风险,将极大地推动自贸区范围内的跨国直接投资。

中国-东盟自由贸易区3.0版本举行了第一轮磋商,双方达成共识,在货物贸易、投资、数字经济、绿色经济等方面展开全面合作,共同建设一个更加开放、现代、全面、互利的中国-东盟自由贸易区。

一、投资者国民待遇与最惠国待遇

一个国家的投资政策能直观地反映出一个国家的投资法治状况。其不仅关系到外商的利益,而且关系到国家主权、外交保护、国家责任、国际规则等方面的利益,也是各国签署投资保护协议时首要考虑的重要问题。

(一)国民待遇

国民待遇原则是国际投资法中的基本原则之一。国民待遇原则是指缔约国一方保证缔约国另一方的公民、企业在本国境内享受与本国公民、企业同等的待遇。具体而言,国民待遇原则要求国家不得对外国投资者实施任何形式的歧视,包括税收、准入、管理、运营等方面的歧视。在税收方面,国民待遇原则规定不得对外国投资者实行差别税率,这就意味着在纳税方面外国投资者应当享受和国内投资者一样的待遇。在准入方面,国民待遇原则要求国家不得对外国投资者实施歧视性的准入条件,这意味着外国投资者在申请准入时应该获得与本国投资者相同的待遇。在管理和运营方面,国民待遇原则要求国家不得对外国投资者实施歧视性的管理和运营条件,这意味着外国投资者在经营和管理企业时应该获得与本国投资者相同的待遇。[①]

国民待遇原则在国际投资法中具有重要的正面意义。其可以促进市场竞争,增强国际投资的可预测性和稳定性,加强国际投资法的实施和促进国际投资的可持续发展。国民待遇原则是一项重要的制度安排,能有效地消除外国投资者与国内企业在投资上的不平等,有利于提高我国的市场竞争力。这对于提升我国的经济运行效率、创新能力、促进经济增长具有重要意义。国民待遇原则可以为外国投资者提供稳定和可预测的投资环境,从而增强国际投资的可预测性和稳定性,以此吸引更多外资与投资流量。因此,在国际投资法中应当充分考虑和适用国民待遇原则。投资协议第4条明确规定了投资者国民待遇原则。此条款为原则性规定,需要结合后续条文来确定具体实施细则。[②]

由于历史原因,我国在以往与东盟签订的双边投资协定中,大多没有将国民待遇纳入其中,这就造成了双边贸易中国民待遇的缺失并因此产生了一些问题。因此,通过新投资协议来重新规定国民

---

① 参见梁西主编:《国际法》,武汉大学出版社2011年版,第127页。
② 第4条规定"各方在其境内,应当给予另一方投资者及其投资,在管理、经营、运营、维护、使用、销售、清算或此类投资其他形式的处置方面,不低于其在同等条件下给予其本国投资者及其投资的待遇"。

待遇原则的呼声越来越高涨。①

国民待遇原则在国际投资法中能够促进公平竞争的实现。可以消除不公平优惠和歧视性措施,提高经济效率,保护消费者权益,从而促进公平竞争的实现。在国民待遇原则的框架下,外国投资者和本国投资者应该获得相同的待遇。这意味着国家不得给予本国投资者特殊的税收、准入、管理或运营条件等优惠。这有助于消除不公平的优惠,从而促进公平竞争。同时,也可以有效避免歧视性措施,国家不得对外国投资者实施任何形式的歧视,包括税收、准入、管理和运营等方面的歧视。这有助于避免歧视性措施,从而促进公平竞争。公平竞争可以提高经济效率,促进资源的优化配置和创新的实现。在国民待遇原则的框架下,外国投资者可以获得与本国投资者相同的待遇,从而促进公平竞争,提高经济效率。

投资协议规定的国民待遇属于准入后国民待遇,只有在外国投资者获准进入投资领域后才享有国民待遇。而在实践中,准入前国民待遇制度已经出现。顾名思义,准入前国民待遇是指外国投资者在进入投资领域前便已享有国民待遇,这样可以更加便捷外国投资者进入相关市场,提升外国投资吸引力。我国也已在上海自由贸易试验区等地尝试准入前国民待遇制度。未来中国-东盟自贸区是否会借鉴并引入准入前国民待遇制度,值得期待。

(二)最惠国待遇

最惠国待遇是国际法中的一项基本原则,旨在促进国际贸易公平和平等。具体来说,如果一个国家给予另一个国家最惠国待遇,那

---

① 参见胡加祥:《国际投资准入前国民待遇法律问题探析——兼论上海自贸区负面清单》,载《上海交通大学学报(哲学社会科学版)》2014年第1期。

么前者必须将其对后者的任何贸易优惠、关税减免或其他形式的优惠待遇,无条件地提供给其所有的最惠国。[1]这意味着,给予任何一个国家的贸易优惠将自动扩展到所有最惠国。这一原则在1947年的《关税及贸易总协定》(GATT)中被进一步确立并普遍应用,在1995年成立的WTO中也得到了继续强化。

最惠国待遇确保了所有最惠国都能享受同样的贸易优惠,这降低了市场进入壁垒,并提高了市场的竞争性。更多的竞争可以推动企业提高生产效率,刺激创新,为消费者带来更多样化的产品选择。同时,最惠国待遇可以为国际贸易提供一种可预测的法律框架,以降低交易成本,减少市场不确定性,从而鼓励更多的贸易和投资,使市场更具有竞争活力。[2]

《投资协议》第5条规定了比第4条中的国民待遇条款更加详细的范围,涵盖了以下几个部分:管理、经营、经营、维护、使用、清算、出售或以其他方式对投资进行处理,包括准入、设立、获取、扩展等各个阶段,并规定向对方投资者提供根据本协议第13条和14条规定的争端解决程序的请求。

国民待遇原则和最惠国待遇原则是国际投资法中的两个基本原则。在实践中,这两个原则虽然常常同时运用,但其本质是不同的。国民待遇原则要求外国投资者在本国投资时获得与本国投资者相同的待遇,而最惠国待遇原则要求国家对所有外国投资者提供同等的待遇。

(三)例外规定

在《投资协议》的第6条,对前两条规定的国民待遇与最惠国待

---

[1] 参见梁西主编:《国际法》,武汉大学出版社2011年版,第165页。
[2] 参见黄世席:《国际投资仲裁中最惠国条款的适用和管辖权的新发展》,载《法律科学(西北政法大学学报)》2013年第2期。

遇进行了例外规定。[①]该条款主要聚焦于"不符措施",不仅确认不符措施不适用于国民待遇与最惠国待遇,也敦促各方尽力消除不符措施。

例外规则的适用可以增加条约的灵活性。在现实中经济环境受许多因素干扰,每时每刻都可能会发生变化,法律在制定之时就已落后于时代,如果不通过例外规定等来保证条约的灵活性,那么条约在后续经济环境发生变化时,会因为其过度僵化而难以产生积极的效果。同时,例外规定也可以保证各方利益,促进合作。例如在本条约中,各方因国民待遇以及最惠国待遇而产生的冲突可以通过不符措施这一例外规定而得到缓解。国家间政治经济关系不总是长久稳定,过去签订的国际条约可能因为未来的政治经济关系变化而受到影响。国际法的核心原则之一在于求同存异,即使可能因为各种原因而存在与条约内容相悖的不符措施,也应当力求条约的有效适用。此时,搁置争议十分必要,即确定不符措施不适用于协议内规定的国民待遇以及最惠国待遇,并要求各方尽力逐步消除不符措施,减少争议。

二、投资公平公正待遇

(一)投资公平公正待遇的内涵

投资公平公正待遇是国际投资法领域的重要原则之一,可以有

[①] 协议第6条规定:"一、第四条(国民待遇)和第五条(最惠国待遇)不适用于:(一)任何在其境内现存的或新增的不符措施;(二)任何第(一)项所指不符措施的延续或修改。二、各方应当尽力逐步消除不符措施。三、各方应根据第二十四条(审议)展开讨论,以推进第二条(一)项和第二条第(五)项中的目标。在根据第二十二条(机构安排)设立的机构监督下,各方应尽力实现上述目标。"

效保证外国投资者在国际投资过程中得到公平对待。这一原则要求国家对本国投资者和外国投资者一视同仁,不歧视、不限制外国投资者的权利,提供平等的投资机会和待遇。[①]具体来说,可以从非歧视性、保证公平竞争环境、保证资产安全、公正司法程序等角度对投资公平公正待遇进行理解。

非歧视性要求国家在对待外国投资者时不得歧视,这意味着国家不能因国籍、民族、性别、宗教或其他类别,将外国投资者与本国投资者进行不合理的区别对待,也不得对不同的外国投资者进行不合理的区别对待。无论投资者的身份如何,在投资活动中应享有相同的权利和机会。公平竞争环境要求国家确保投资者在竞争环境中享有公平的条件,包括确保外国投资者与本国投资者在市场准入、许可证申请、政府采购等方面受到相同的待遇。国家不能设置不合理的限制、壁垒或歧视性规定,以保障投资者能够在公平的竞争环境中开展业务。保证资产安全则是指缔约国对投资者的资产进行保护,既包括保护投资者的投资资产、财产权益和投资收益不受非法侵犯、征用或剥夺,也包括保护投资者的专利、商标、版权和商业秘密等知识产权。公正司法程序则要求国家提供公正的司法程序,以解决与外国投资相关的争端。这包括提供独立、公正的法院和仲裁机构,确保争端的公正解决。国家应遵守国际法和国际投资协定的规定,为投资者提供适当的法律保护和救济机制。

在投资协定中采用投资公平公正待遇可以为各方带来稳定、可预测的投资环境,促进经济发展,减少投资风险和争端发生率,促进

---

① 参见王衡、惠坤:《国际投资法之公平公正待遇》,载《法学》2013年第6期。

国际合作和经济一体化,并加强对投资者的保护和救济机制。这些优势有助于建立积极的投资氛围,吸引更多外国投资,推动经济繁荣和可持续发展。中国-东盟投资协议中也规定了投资公平公正待遇相关问题。

(二)投资协议中的投资公平公正待遇

投资协议第7条规定了投资公平公正待遇相关问题,这一条款阐明了当事人在法律和行政诉讼方面的责任,以及为保障投资人的权益而必须采取适当的措施。第7条还规定,如果发生了违背协定其他条款的裁决,即国际协定的规定,并不意味着这种对待被排除在外。第7条的规定倚重程序性,明确了投资公平公正问题的具体解决方案,保障了投资人的相关权益。[①]

我国以往同东盟各国签署的有关投资方面的双边协议已经清楚地阐明了平等的待遇问题,投资协议中的投资公平公正待遇原则是对过去相关条约内容的总结,明确了保护的范畴与边界。在过去签订的双边投资协定中,并没有对公平公正待遇概念本身作出明确规定,这种内涵的不明确致使相关条款难以得到实际运用,可能沦为象征性条款。而在投资协定中,利用专门的一款对公平公正待遇进行特别规定,使得各方对公平公正待遇原则的理解更为一致,有力地保证了投资可预见性与投资可操作性。[②]

---

① 第7条规定"一、各缔约方应给予另一方投资者的投资公平和公正待遇,提供全面保护和安全。二、为进一步明确:(一)公平和公正待遇是指各方在任何法定或行政程序中有义务不拒绝给予公正待遇;(二)全面保护与安全要求各方采取合理的必要措施确保另一缔约方投资者投资的保护与安全。三、违反本协议其他规定或单独的国际协定的决定,并不构成对本条的违反。"

② 参见魏彬彬:《中国与东盟国家双边投资保护协定研究》,西南政法大学2016年硕士学位论文。

（三）对公平竞争的影响

投资公平公正待遇原则要求国家对外国投资者给予与本国投资者相同的待遇。这意味着，国家不得对外国投资者实施不合理的优惠政策或歧视性待遇。通过消除这些不当的优惠和歧视，公平竞争环境得到了优化。所有的投资者都将在相同的规则和条件下进行商业活动，不会因为国别身份而受到不公平的对待。这种公平竞争环境有助于鼓励创新、提高效率，为消费者提供更多选择。

投资公平公正待遇原则要求国家对外国投资者提供政策透明度和可预测性。国家在制定和执行政策时必须遵守一致、明确的规则，不得随意改变承诺或制造不确定性。这种稳定和可预测性的环境有助于吸引更多的投资和促进公平竞争。投资者可以更加自信地进行长期投资，并在稳定的法律框架下开展业务。

投资公平公正待遇原则也确保外国投资者享有适当的投资保护和救济机制。国际条约通常规定了一系列的保护措施，包括合理的补偿、非歧视性的解决争议机制等。这些机制提供了一种保护投资者权益和解决争端的途径，在保护外国投资者的同时，也增强了其参与公平竞争的信心。

投资公平公正待遇原则有助于促进技术转移和知识共享，进一步促进公平竞争。通过给予外国投资者公平待遇，国家鼓励技术密集型产业的投资和发展。外国投资者带来的技术和知识可以提升本地企业的竞争力，推动技术进步和创新。这种技术转移和知识共享有助于提高全球竞争力，推动经济的可持续发展。

国际条约中的公平公正待遇原则为国际投资提供了稳定、透明和可预测的环境，消除了不当的优惠和歧视待遇，为投资者提供了保护和救济机制。这种公平竞争环境促进了经济的繁荣和可持续发展,有利于技术转移和知识共享,为全球经济秩序的稳定和发展做出了重要贡献。投资公平公正待遇也为我国建立以国内大循环为主体、国内国际双循环相互促进的新发展格局提供巨大助力,也通过消除不正当优惠、降低行业准入壁垒、鼓励创新等方式优化市场竞争氛围,提升资源配置效率,保证并维护了公平公正的市场竞争秩序。

三、争端解决机制

投资争议解决机制旨在通过对投资争议进行规制,促进公正、高效地解决投资纠纷,保护投资者与投资以及相关制度、协议与机制的正常运转,促进投资自由化进程。①

(一)争端解决机制的主要内容

投资协议中第13条与第14条规定了中国-东盟自贸区的争端解决机制。投资协定根据适用对象不同将争端划分为两类,缔约方国与国之间的争端解决以及缔约方与投资者之间的争端解决。

第13条规定了国与国之间的争端解决,《中国-东盟全面经济合作框架协议争端解决机制协议》所规定的有关国际争议解决问题,对投资协定同样适用。

第14条对于缔约方与投资者之间的争端提供了一套较为完善的解决机制,对于实体对象确认问题进行了明确,也较为清晰地列举了适用例外的几种具体情形。相较于之前的条约,第14条在程序层面明显更为清晰可操作,明确了处理时限、管辖权归属等问

---

① 参见陈安主编:《国际投资争端仲裁——解决投资争端国际中心机制研究》,复旦大学出版社2001年版,第85页。

题,强调解决相关问题时要优先适用现行协议而非各国的国内法,能够更清晰明确地保护投资者的投资安全。[①]除此之外,条文中的第2段明确规定了两种适用的例外情形,第一种例外涉及追溯力问题,《中国-东盟自贸区投资协议》具有追溯效力,但是在协议生效前就已经发生、解决或已进入司法或仲裁程序的相关投资争议属于例外情形,不适用本协议;第二种例外则涉及管辖权问题,部分争议并不需要遵守协定优先于国内法的普遍原则,而是优先适用国内法。

协议明确了三种递进式解决争端的方式,依顺序分别是磋商、调解与仲裁。其中磋商是必要前置程序,争议必须经过磋商程序后才能进入调解或仲裁程序。[②]磋商是争端解决所必须进行的前置程序,也是协议所鼓励的争端解决方式。如果争议双方未能在磋商环节达成一致意见,争议双方可以合意进入调解程序,也可以共同选择直接进入仲裁程序(调解程序仍未达成一致的话仍可以进入仲裁程序)。进入仲裁程序需要满足两个前提条件,其一是自一方收到磋商书面请求后六个月内争议双方仍未通过磋商解决争议事项;其二是由争议申请方选择提出仲裁。协议第14条第4款规定投资者有权选择东道国当地救济或国际仲裁两种解决争议的方式。第14条没有直接规定详细的仲裁程序,而是规定在符合一定条件后,启动其他机制

[①] 第14条的第1款明确规定了该条款的主旨,覆盖了更广泛的领域。要求适用的两个条件是:首先,牵涉到违反各项投资待遇和处置方式的义务,包括国民待遇义务、最惠国待遇义务、投资待遇规定、征收补偿损失、投资销售或其他处置;其次,该违反行为必须直接导致投资者的投资遭受损失。

[②] 参见孙山:《中国-东盟自贸区投资便利化研究》,武汉大学2017年硕士学位论文。

的仲裁程序来解决争端。[①]协议的第14条第8款规定,为了防止一方滥用外交保护权,不得对已经提交仲裁或调解的争议提出外交保护要求。第9款则通过要求仲裁庭在对争议进行仲裁时必须以平衡双方利益为原则的方式来在维护东道国经济主权的前提下尽可能保护外国投资者的经济利益。第10款则是对第9款的补充,其要求争议双方如果在180天内仍未对争议相关的税收措施进行定性,则投资者可以直接提交仲裁,这一款的规定可以有效提升争议解决效率,防止缔约方故意拖延时间来逃避相关义务。

（二）争端解决机制存在的问题

虽然投资协议已经规定了详尽的争端解决机制,但是在实践中,由于条约内容本身的一些问题,导致投资协议所规定的争端解决机制难以执行。在国与国的争端解决机制中,投资协定中并未设定专门的争端解决机构,仍需依靠其他条约所规定的相关解决机制,这种情况下相关争端往往难以得到快速且有效的解决。与此同时,一些特殊的例外规定进一步加剧了对于该条约所设定的争端解决机制的争议。以第14条第4款第二项为例,其中规定了针对菲律宾的例外情况。在涉及菲律宾的投资争端时,只有在争端双方取得书面同意的前提下,方能向相关机构提出仲裁申请。这一规定明显比一般条款中规定的只需单方同意即可提出仲裁申请的规定更为苛刻,引发

[①] 具体程序包括:1.有管辖权的法院或行政法庭;2.《国际投资争端解决中心公约》及《国际投资争端解决中心仲裁程序规则》,前提是双方均为该中心公约的成员;3.国际投资争端解决中心附加便利规则,前提是争端所涉缔约方其中之一为该中心公约的成员;4.《联合国国际贸易法委员会的规则》;5.经过争端所涉方同意而选择的任何其他仲裁机构或根据任何其他仲裁规则。例外情况是,如果一方为国际投资争端解决中心公约的成员,则可根据该中心的附加便利规则进入仲裁程序,或者根据双方同意的其他仲裁机构或程序。

了更为激烈的争论。这些例外情形使得争端解决机制更为复杂,也与实现自由公平的竞争氛围这一目标相悖。同时,根据投资协议相关规定,诉诸争端解决机制的前提必须是一方违背了协议所规定的义务并造成损失或损害。依现行的国际经验来看,缔约方违背国际协定所规定义务导致外国投资者权益受损的行为正在不断减少,更多的是通过其他方式间接损害外国投资者权益的行为。[①]因此,必须违反义务且造成实质损害才能诉诸争端解决程序的前提条件,可能并不能完全适应新形势,这种滞后会使得投资者的权益难以得到有效保护。

[①] 参见金成华主编:《国际投资立法发展现状与展望》,中国法制出版社2009年版,第129页。

第九章　现代市场体系建设中的竞争法高效实施路径

第一节　优化完善竞争法律制度——兼评《反垄断法》《反不正当竞争法》最新修正

一、完善竞争法律体系的时代背景

（一）实现共同富裕离不开竞争法律体系

发展社会主义市场经济是我国实现共同富裕的必由之路,我国社会主义市场经济体制是实现共同富裕的体制保证,公平合理的收入分配格局离不开完善的社会主义市场经济体制。政府与市场既是市场经济资源配置的手段,也是调节收入分配的主体。政府与市场关系既是社会主义市场经济建设与经济体制改革的核心,也是调节收入分配、缩小收入差距及实现共同富裕的关键。我国社会主义市场经济体制坚持"看不见的手"与"看得见的手"都要用好,有效市场与有为政府相互协调、相互促进、有机统一,以充分发挥市场在资源配置中的决定性作用,通过市场竞争激励调动各方面积极性创造更多社会财富,再由市场机制主导、依照生产要素贡献大小分配的初次分配基础上发挥政府作用,注重公平。通过完善产权制度、要素市场化配置,营造竞争公平的制度环境,运用宏观调控弥补市场失灵,促进社会公平。而有效市场和有为政府的高质量融合,需要充分竞争、监管有序、信用健全的市场,与尊重市场经济规律、维护竞争秩序的政府之间的协同。二者良好协同关系的重要表现是,既保证市场在资源配置过程中的"有效",又确保政府在维护市场秩序和优化宏观治理过程中的"有为",实现公平有序竞争机制和竞争秩序指引下的社会资源配置优化。这需要确立竞争政策在经济政策中的基础地位,以公平竞争法律与政策来规范行政权力对经济秩序的调控,排除行政性垄断对市场竞争秩序的不利影响。

(二)竞争法律体系是推动高质量发展的重要抓手

随着改革开放的深入推进和中国特色社会主义的深入发展,我国的社会主要矛盾已经转化为人民日益增长的美好生活需要和不平等不充分的发展之间的矛盾。由物质文化需要转向美好生活需要,由落后的社会生产转向不平衡不充分的发展,揭示了我国发展的阶段性特征。发展是解决我国一切问题的基础和关键,推动高质量发展,是保持经济持续健康发展的必然要求,是适应我国社会主要矛盾变化和推动中国式现代化的必然要求,是遵循经济规律发展的必然要求。习近平总书记在党的二十大报告指出:"要坚持以推动高质量发展为主题,把实施扩大内需战略同深化供给侧结构性改革有机结合起来,增强国内大循环内生动力和可靠性,提升国际循环质量和水平,加快建设现代化经济体系,着力提高全要素生产率,着力提升产业链供应链韧性和安全水平,着力推进城乡融合和区域协调发展,推动经济实现质的有效提升和量的合理增长。"

竞争法对保障市场经济正常运行,促进高质量发展具有重要意义。首先,落实公平竞争政策可以促进市场竞争,优化经济结构。中国市场经济体制改革已经取得了重大进展,但市场竞争仍然存在不充分的情况。营造公平竞争的市场环境可以打破市场垄断,增强市场竞争,促进经济结构优化和升级,实现高质量发展。其次,竞争法的有效实施可以维护公平竞争环境,保护消费者利益。目前,我国市场竞争环境还存在不公平的情况,垄断企业通过垄断定价、算法歧视等手段,损害消费者利益。竞争法可以保护消费者利益,维护公平竞争环境,促进市场健康有序发展,让各类市场主体分享平台经济发展成果,实现共同繁荣,为高质量发展提供有力保障。最后,竞争法还可促进创新发展,提高经济质量和效益。反垄断监管可以打破垄断企业对技术和创新的控制,促进创新发展,特别是在新一轮科技革命和产业变革中,竞争法律体系的作用将更加凸显。

(三)完善竞争法律体系是构建全国统一大市场的必然要求

2022年4月,《中共中央 国务院关于加快建设全国统一大市场的意见》发布,明确建设全国统一大市场是构建新发展格局的基础支撑和内在要求。当前我国经济进入双循环、高质量发展的新阶段,超大规模的市场和市场主体构成了我国独特的发展优势,加快推动全国统一大市场迫在眉睫。为了加快全国统一大市场建设,推动商品要素资源在全国范围内畅通流动,就需要以统一、完善的公平竞争政策营造公平竞争的市场环境,使得国内市场由大到强,经济发展迸发活力,加快建设高标准市场体系,推动经济发展提质增效。

面对当前我国的经济活动中仍然存在的歧视性的市场准入限制、选择性的支持政策,一些行业存在条块分割、行业垄断等有违全国统一大市场建设和公平竞争要求的现象。打破地区分割和行政性垄断,反对各种形式的地方保护主义,形成全国统一市场,这是竞争法律体系的重要时代使命。竞争机制是市场经济最基本的运行机制,公平竞争是市场经济的灵魂,为加快构建以国内大循环为主体、国内国际双循环相互促进的新发展格局,为着力打造公平竞争的营商环境,应当健全和完善竞争法治,充分吸收借鉴国外相关制度成熟经验和最新发展成果,积极对接国际通行规则,着力构建符合中国发展阶段和特点的公平竞争政策体系。

二、2022年《反垄断法》修法的主要内容及其意义

市场经济是法治经济,法治经济的主战场是全国统一大市场,建设法治经济的核心任务是反对垄断维护自由公平竞争。正是在这个意义上,反垄断法是社会主义市场经济最重要的基础性法律,素有"经济宪法"之美誉。《反垄断法》自2007年8月30日颁布至今将近15年,本次修订正值国家发展战略从产业政策向竞争政策转型关键时期。全国人大常委会从把握新发展阶段、贯彻新发展理念、构建新发展格局实际出发,遵循市场经济体制从低级阶段向高级阶段发展规律、把握法治建设规律,将全面依法治国和全面深化改革紧密联系起来,统筹发展与安全、国内和国际,以更大决心和更强力度促进公平竞争,反对垄断,健全数字规则,对《反垄断法》进行了较为全面的修订,为新时代我国市场化法治化改革,加速推进我国实现竞争性发展转型和加快建设全国统一大市场,实现高质量发展和共同富裕,提供了高质量制度供给和完备的法律保障。

(一)修法主要内容

1.强化竞争政策基础地位和明确公平竞争审查制度的法律地位

在总则部分,为了强化竞争政策基础地位,增加规定了"国家建立健全公平竞争审查制度",并且规定,"行政机关和法律、法规授权的具有管理公共事务职能的组织在制定涉及市场主体经济活动的规定时,应当进行公平竞争审查"。该规定不仅实现了公平竞争审查制

度法治化和刚性约束,而且为"完善宏观调控,健全统一、开放、竞争、有序的市场体系"提供了制度保障和实现路径。《反垄断法》中的公平竞争审查制度和行政性垄断规制制度相配合,可以弥补行政性垄断违法救济疲软的短板,从事前预防、事中监管、事后纠偏三个维度规制行政性垄断。该制度必将进一步巩固和加强我国竞争政策基础地位,规范和优化政策制定机关制定的各项政策措施。

新《反垄断法》正式将"鼓励创新"归入立法目的,不仅是对于发达国家先进反垄断立法、执法、司法经验的吸纳,也是顺应数字经济的需要从我国具体国情出发做出的慎重抉择。具体而言:其一,在国内外经济均呈现出下行趋势的背景下,鼓励创新可以进一步促进数字经济的发展,释放新经济业态的发展动能。将鼓励创新作为立法目的无疑向经营者释放信号:国家虽严厉打击非法垄断行为,但在各经营者合法合规经营的前提下,国家仍对数字经济等新经济业态的创新持保护和支持的态度,鼓励经营者充分利用创新作为发展市场优势的工具,以创新驱动发展。其二,通过鼓励创新带来的新产品和新服务,有利于增进消费者的福利。其三,利用创新机制激发经营者发展动能,亦能够保障我国在国际经济竞争中获取持续性竞争优势。可以说,在数字经济时代,谁抓住了创新发展的先机,谁能够提供更加先进的产品和便捷的服务,谁就获取了竞争优势。鼓励经营者创新,能够保障我国以更加包容开放的姿态接纳各种新型经济形式、新型经济业态以及新型竞争方式;能够助推我国的数字经济向更高层次、更深领域发展;更有利于建设经济强国、数字强国,助力我国在国际经济竞争中取得先机。

不过,应当注意的是,将鼓励创新纳入《反垄断法》立法目的序列中,与"保护竞争"的立法目的并列,也会造成一些隐忧,即当创新和竞争产生冲突的时候,何者处于优先地位?"鼓励创新"又是否可能会成为创新性企业利用创新实施垄断的"合法"借口?这无疑会为反垄断执法机构带来一系列的执法难题。因此,现阶段应当支持国家通过引入"鼓励创新"的立法目的,提高国家竞争力的做法。长远来看,应当厘清"鼓励创新"与"公平竞争"的逻辑关系,即竞争是市场创新之因,而促进创新实为竞争之果,"鼓励创新"应当归入《反垄断法》的间接目的而非直接目的。

2.回应数字经济发展新问题健全数字规则

为了贯彻落实党中央关于强化反垄断和防止资本无序扩张的决策部署,推动数字经济高质量可持续健康发展,针对数字平台垄断乱象,修法明确反垄断相关制度适用于平台经济领域,规定经营者不得利用数据和算法、技术、资本优势以及平台规则等,从事垄断行为。同时第22条新增第2款规定"具有市场支配地位的经营者不得利用数据和算法、技术以及平台规则等从事前款规定的滥用市场支配地位的行为"。2007年颁布的《反垄断法》主要基于传统工业经济构建反垄断规制体系,但数字经济时代的市场竞争在外在形式和内在元素上与传统工业经济时代相比皆呈现出不同的特点,将数据、算法、技术、资本元素纳入《反垄断法》的规制体系与分析框架,反映了《反垄断法》与时俱进的时代品质。第22条第2款的规定,也为数字经济领域滥用行为的界定提供法律依据,有利于加强对互联网平台的法律监管,为科技创新和新业态、新模式的发展提供更多空间。

此外,数字经济背景下,平台企业倾向于收集并分析包括隐私和个人信息在内的数据,平台企业作为利益主体很可能在利用数据时侵犯个人隐私权和数据权,去年出台的《个人信息保护法》就这一问题进行了回应。学界对于《反垄断法》是否应当增加个人隐私和个人信息数据保护的相关内容存在较多讨论。新修法律第49条规定"反垄断执法机构及其工作人员对执法过程中知悉的商业秘密、个人隐私和个人信息,依法负有保密义务",强调反垄断执法对于个人隐私和信息的保护,反映了数字经济时代反垄断执法需要注意的新问题,体现了《反垄断法》维护消费者利益的担当。

3. 回应过去《反垄断法》实施中出现的问题

第一,新增"安全港"条款。新修法律第18条新增规定,针对"固定向第三人转售商品的价格"和"限定向第三人转售商品的最低价格"的协议,"经营者能够证明其不具有排除、限制竞争效果的,不予禁止。""经营者能够证明其在相关市场的市场份额低于国务院反垄断执法机构规定的标准,并符合国务院反垄断执法机构规定的其他条件的,不予禁止。"安全港条款的确立有助于提升市场主体的市场预判,也有利于市场主体进行自我审查。此条款借鉴了域外经验,契合国际反垄断实践的通用做法,也符合我国的现实国情。

第二,建立经营者集中审查期限"停表"制度。实践中,因经营者集中申报案件数量、审理难度等,反垄断执法机关会面临较大的时限压力。新修法律新增第32条规定,在"经营者未按规定提交文件、资料,导致审查工作无法进行""出现对经营者集中审查具有重大影响的新情况、新事实,不经核实将导致审查工作无法进行""需要对经营者集中附加的限制性条件进一步评估,且经营者提出中止请求"这三种情况下,国务院反垄断执法机构可以决定中止计算经营者集中的审查期限,并书面通知经营者。这是借鉴了欧盟竞争法中的"停表"制度,该制度的建立,缓解了现实中审查时限届满,当事人只能撤回申请再报的问题。在满足条件的情况下,这无论对当事人还是对审查机构来说都是一种更为高效的选择。

4.赋能反垄断加强执法保障

在总则部分,新增第11条规定:"国家健全完善反垄断规则制度,强化反垄断监管力量,提高监管能力和监管体系现代化水平,加强反垄断执法司法,依法公正高效审理垄断案件,健全行政执法和司法衔接机制,维护公平竞争秩序。"自2018年反垄断执法机构整合之后,反垄断执法人员的编制实际上大幅度减少,一定程度上削弱了反垄断执法力量。该条修订回应了这一现实问题,为充实反垄断监管力量和加强反垄断执法工作提供法律保障。无论国际经验还是国内《反垄断法》实施需求,都需要反垄断执法与司法"两条腿走路",二者相互衔接,在加强执法的同时还强调加强司法,健全执法司法的衔接机制,对于补足我国反垄断司法短板,协调执法与司法冲突,具有重大指导意义。而且,法律明文要求"加强反垄断司法"和"公正高效审判垄断案件",为在司法实践中积极探索建立竞争法庭(院)留下了足够的制度空间。

新增"反垄断执法机构依法对涉嫌滥用行政权力排除、限制竞争的行为进行调查,有关单位或者个人应当配合"作为法律第54条,明确了反垄断执法机构对行政性垄断行为进行依法调查时有关单位或者个人的配合义务,进一步保证反垄断执法机构独立调查权的正常行使,完善了反垄断执法机构的程序性权力。新增第55条规定:"经营者、行政机关和法律法规授权的具有管理公共事务职能的组织,涉嫌违反本法规定的,反垄断执法机构可以对其法定代表人或者负责人进行约谈,要求其提出改进措施。"这为反垄断执法机构处理行政性垄断行为赋予了新的处理权限,丰富了执法工具箱,增强了执法权威。第61条第1款的内容新增"行政机关和法律法规授权的具有管理公共事务职能的组织应当将有关改正情况书面报告上级机关和反垄断执法机构",明确要求行政机关和法律法规授权的具有管理公共事务职能的组织不仅要将改正情况书面报告上级机关,还要报告反垄断执法机构,有助于提高反垄断执法机构的权威。

(二)修法重要意义

《反垄断法》自2008年8月1日施行以来,日益成为我国经济法体系的核心,对于保护公平竞争,提高经济运行效率,维护消费者利益和社会公共利益、促进高质量发展等发挥了十分重要的作用。但是,随着我国经济的日新月异和社会生活的不断变化,《反垄断法》在实施过程中逐渐暴露出原有执法体制不够健全、处罚力度不足等方面的问题,数字经济的迅速发展也给《反垄断法》修订带来了挑战与机遇。十四年后的今天,《反垄断法》(修正案)总结了反垄断执法实践,借鉴域外成功经验进行本土化,明确了竞争政策基础地位和公平竞争审查制度的法律地位,对数字经济背景下的新问题进行了回应,加强了反垄断执法保障,完善了《反垄断法》法律责任制度。总之,通过修法,进一步夯实了《反垄断法》"经济宪法"之地位,新修法律在未来能够更好地维护市场竞争秩序,优化资源配置,提高生产效率,更好地保护消费者的合法权益。我们有理由相信,新修《反垄断法》能够为强化竞争政策基础地位提供高质量制度供给,为加快建设全国统一大市场提供坚强的法律保障,有力推进高质量发展和共同富裕。

(三)修法未来展望

首先,应借由《反垄断法》修法实现公平竞争审查制度法治化进阶。我国《反垄断法》自2007年颁布至今,15年来的首次修订,其最大亮点在于,借助《反垄断法》的这次修改,遵循竞争中立原则,最终实现将"竞争政策基础地位"和"公平竞争审查制度"融入《反垄断法》,公平竞争审查制度由规范性文件升格为法律,实现"华丽转身",增强其制度刚性和强制力。如此,实现了"1+1＞2"的制度合力,既法治化了公平竞争审查制度,又夯实了《反垄断法》的"经济宪法"之地位,可谓一举两得。公平竞争审查制度通过首修已融入新《反垄断法》,但这只是该制度法治化的第一步。《反垄断法》的高度抽象性、规定的纲领性和规则的模糊性,决定了我们还需要推动国务院尽快制定《公平竞争审查条例》,推动由国务院反垄断反不正当竞争委员会制定相关指南、国家市场监督管理总局制定相关规章,规范化、标准化、要件化公平竞争审查制度,使得抽象、弹性且缺乏可操作性的原则规定更加具体化、程序化。[1]

其次,应细化垄断行为认定规则,以提升反垄断法的确定性。此次修法新增了"组织帮助型垄断协议",有利于国家对垄断行为的监管,提高了我国的反垄断执法水平透明度,节约了执法资源,但其认定规则仍有待进一步完善。新《反垄断法》对于达成垄断协议的情形概括为横向垄断协议、纵向垄断协议、组织帮助型垄断协议和行业协会组织实施的垄断行为,在执法和司法的实践中,进行组织帮助型垄断协议的规制时,必须将其与横向、纵向垄断协议规制区分开来,明确其构成要件及违法认定原则,进而对于该类型行为的参与者进行恰当的责任追究,以维护市场的公平竞争秩序。

再次,应完善法律责任制度。本次《反垄断法》的全面修订修补了法律条文中原则、方法、规定等方面的漏洞,尤其是法律责任一章改动最大,细化了行政处罚的方式,完善了主体责任制度,并且引入

---

[1] 参见孙晋:《规制变革理论视阈下公平竞争审查制度法治化进阶》,载《清华法学》2022年第4期。

了对垄断行为的刑事制裁,由此强化了反垄断的法律责任,增添了反垄断法的威慑力。然而,现有和新增的规定都还有应当改进之处,应当继续秉持谦抑的执法观,防范威慑过度。例如,对于新增加的第63条,即关于在"情节特别严重、影响特别恶劣、造成特别严重后果的"的情况下加重处罚的规定,应对其持有谨慎的态度,对第63条的适用进行严格的限制,一方面应当厘清"三重特别"的裁量标准,给经营者提供明确的预期,另一方面,应当将加重罚款规则的适用限定在反复或多次实施违法行为的情形中,从而避免过罚或者严重失当。①

三、2024年《反不正当竞争法》修订的主要变化及其展望

(一)修订主要变化

2022年11月22日,《中华人民共和国反不正当竞争法(修订草案征求意见稿)》(以下简称《征求意见稿》)公布。相较现行的《反不正当竞争法》,本次修订的主要内容体现在以下几个方面。

引入"相对优势地位"的概念。2016年《反不正当竞争法》修订送审稿中曾提出"相对优势地位"的概念,最终未获通过。此次《征求意见稿》第13条列举了具有相对优势地位的经营者无正当理由不得实施的行为,包括实施排他性行为、限定交易、搭售以及其他不合理条件等。《征求意见稿》第47条进一步明确了"相对优势地位"的认定条件,指出应当从技术、资本、用户数量、行业影响力,以及其他经营者对该经营者在交易上的依赖等方面认定"相对优势地位"。

---

① 参见侯利阳:《论〈反垄断法(修正草案)〉中的四大争议问题》,载《江西社会科学》2022年第42期。

完善数字经济领域不正当竞争行为相关规定。针对数字经济领域新型不正当竞争行为，《征求意见稿》首先增加第4条，概括性地强调了经营者不得利用数据和算法、技术、资本优势以及平台规则等从事不正当竞争行为。在此基础上，新增了五类违法行为类型，即恶意交易、流量劫持、封禁行为、数据非法抓取以及利用数据、算法实施差别待遇等。此外，在传统的商业混淆等行为中引入混淆自媒体名称、应用软件名称或者图标、搜索关键词等与数字经济关联紧密的因素。

强调平台经营者的竞争合规义务。《征求意见稿》新增第22条，强调平台经营者应当加强竞争合规管理，积极倡导公平竞争。在平台服务协议和交易规则中明确平台内公平竞争规则，引导平台内经营者依法竞争。《征求意见稿》规定平台经营者的竞争合规管理责任，有助于完善企业竞争合规管理体系，促进平台自治与竞争监管的法治融合，推动反不正当竞争的社会共治。

加重不正当竞争行为法律责任。在行政责任方面，对现行的侵犯商业秘密、商业诋毁，以及本次增设的违反公平交易要求不正当竞争行为、恶意交易行为、网络不正当竞争行为，以及严重破坏竞争秩序、确需查处的不正当竞争行为，将情节严重的罚款数额一律提升至一百万元以上、五百万元以下；对新增的违反公平交易要求不正当竞争行为、网络不正当竞争行为，均参考《反垄断法》的相关罚则设计，设置了最高上一年度5%销售额的重责。

综合考量不正当竞争行为的判定因素。《征求意见稿》参考《禁止滥用市场支配地位行为暂行规定》《平台经济反垄断指南》等，引入相关方利益、行业惯例、FRAND原则、技术创新等作为综合判断因素。

（二）修法未来展望

未来，面对市场经济快速发展带来的新型不正当竞争行为和市场秩序的混乱，反不正当竞争法应当增强其适应性，确保在维护市场秩序的同时，能够应对各种新的竞争和挑战。

首先，反不正当竞争法应当秉持动态的竞争观，深入分析竞争行为对市场结构和消费者权益的长期影响，全面评估其正负效应。[①]这要求法律不仅要关注竞争行为的直接后果，还要考虑其对市场竞争环境和经济发展的间接影响。随着新技术和新业态的发展，市场竞争形式多样，行为复杂。动态的竞争观意味着我们不能仅仅停留在对单一行为的静态分析上，而是要把这种行为放在一个更广阔的动态环境中去考量。例如，一项看似无害的促销活动，在短期内可能会吸引大量消费者，促进销售增长，但如果这种促销手段涉及虚假宣传或误导消费者，那么其长期影响可能会破坏消费者对市场的信任，影响市场的健康发展。反不正当竞争法的修订应当考虑到这些动态因素，确保法律能够灵活应对不断变化的市场环境。这就要求在制定和实施法律时，必须全面分析竞争行为的长期效应。例如，对于新型营销策略，如社交媒体上的网红带货，如果这种行为存在虚假宣传或不当诱导消费者购买次品，法律就需要进行相应的规范和干预，以保护消费者的合法权益和市场的公正性。此外，法律在评估竞争行为时，还应考虑其对消费者权益的长期影响。消费者权益不仅体现在商品和服务的价格上，还包括质量、选择多样性以及对商品和服务信息的真实了解。某些企业通过商业诋毁手段打击竞争对手，虽然

---

① 参见陈耿华：《我国竞争法竞争观的理论反思与制度调适——以屏蔽视频广告案为例》，载《现代法学》2020年第6期。

可能短期内吸引了消费者的注意力,但这种行为会破坏公平竞争的市场环境,最终损害消费者福利。

其次,反不正当竞争法在判断竞争行为正当性时,应当综合考量经营者和消费者利益以及市场整体利益,适当引入经济分析方法,作为判断正当性的参考,充分考虑维护市场竞争秩序和促进经济发展的长远目标。在复杂的市场环境中,单纯依靠法律条文的静态解释,往往无法全面、准确地判断某一竞争行为的正当性。因此,综合考量多方利益,引入经济分析方法,能够提供更加科学、全面的判断依据。从市场整体利益的角度来看,市场竞争应当促进资源的有效配置和经济的健康发展。引入经济分析方法,可以帮助更好地理解和评估不同竞争行为对市场的长期影响。此外,引入经济分析方法还有助于评估法律实施的效果和成本。例如,通过对违法行为的经济损失进行量化分析,可以确定更具威慑力的处罚措施;通过对法律执行成本的分析,可以优化执法资源的配置,提高执法效率。

最后,为了提升反不正当竞争法的适应性和执行效力,应当制定配套文件,明确法律的判断标准,提升执法机构的专业能力,确保法律得到正确和有效的实施。随着科技的发展和市场环境的变化,新型竞争行为层出不穷。例如,互联网平台经济的兴起带来了新的不正当竞争形式,如平台滥用市场优势地位、数据垄断等问题。对此,反不正当竞争法需要进行及时的研究和修订,补充和完善相关法律条款,以应对新的市场挑战,确保法律的适用性和前瞻性。反不正当竞争行为的判定往往涉及复杂的经济和法律问题,需要明确的法律标准作为依据。例如,对于虚假宣传的判定,不仅要考虑宣传内容的真实性,还要分析其对消费者决策的影响。通过明确具体的判断标准,可以减少执法过程中的主观性和不确定性,提高法律的透明度和公正性,增强法律的可操作性。提升执法机构的专业能力是确保法律得到有效实施的重要保障。执法机构需要具备专业的法律知识和实践经验,能够准确识别和处理各种不正当竞争行为。例如,市场监管部门应加强对执法人员的培训,提高其在复杂经济案件中的分析和处理能力。此外,可以借鉴国际先进经验,建立专业的反不正当竞争执法队伍,提高执法的专业化水平。通过这些措施,反不正当竞争法将更加有力地维护市场秩序,促进公平竞争,保护消费者权益,为市场经济的健康和可持续发展提供有力支持。

四、2024年《公平竞争审查条例》的颁布及其意义

公平竞争是市场经济的核心和灵魂,尤其是在我国社会主义市场经济的发展和现代市场体系的构建过程中,坚持公平竞争和实现竞争法治化是其中最重要的特征。自党的十八大以来,为了构建高水平的社会主义市场经济体制,党中央制定了一系列关于公平竞争的重大政策,完善监管机制,推动我国公平竞争治理进入新阶段。公平竞争审查制度从2016年建立以来,经过八年不断发展完善,尤其是2024年6月《公平竞争审查条例》的发布,标志着公平竞争审查制度法治化、体系化的重大进展。

(一)《公平竞争审查条例》出台的时代背景

我国的产业政策长期缺乏公平竞争基因,具有强烈的干预市场、排除与限制竞争的特征,特别是在中央与地方的关系中,这种张力尤为突出。21世纪初,随着地方政府在GDP竞赛中加强对企业微观经济活动的行政干预,产业政策干预市场竞争的现象愈发显著。产业政策呈现出选择性、歧视性、扶大扶强等特征,导致政策短视,站在全国统一大市场的立场上,其负面效应日趋严重。这种干预市场的现象在政府与市场的关系中最为明显。改革开放前,计划经济体制主导,政府全面替代市场,直接干预经济活动;而在改革开放初期,政府仍广泛干预市场,尤其体现在产业政策中。尽管十八届三中全会提出要让市场在资源配置中起决定性作用,但这种政府干预的现象至今未得到根本解决,市场决定资源配置的阻力依然存在。在中央与地方的利益博弈中,地方政府在产业政策实施中的决策更侧重于区域利益的最大化,倾向于推动国有企业和大企业的发展,而忽视了对民营经济和中小企业的支持。这种短期的政策导向与国家长期战略产生了矛盾。地方之间的恶性竞争也加剧了市场的割裂,地方保护主义严重影响了全国统一市场的建设。《条例》的出台正是在这一背景下,致力于打破地方保护和市场壁垒,规范政府行为,推动市场竞争的公平化,促进全国资源的高效配置。(二)推进公平竞争审查制度的法治化进程

(二)《公平竞争审查条例》出台的现实意义

1.公平竞争审查制度法治化体系化的关键一步

公平竞争审查制度自2016年出台以来,经历了从国务院政策文件到《反垄断法》修订,再到《条例》出台的过程。早期的公平竞争审查制度仅为"软法"形式,缺乏法律约束力,实施效果不理想。而2019年的《优化营商环境条例》首次将公平竞争审查制度纳入行政法规框架内,奠定了其法治化的基础。2022年《反垄断法》的修订进一步增强了该制度的法律约束力。然而,作为国家顶层设计的重要制度,《反垄断法》的高度抽象性无法完全包容公平竞争审查制度的内容,这就需要专门的行政法规予以详细规定。《条例》出台后,公平竞争审查制度实现了法治化和体系化的重大进展,为其全面实施提供了坚实的法律保障。

2. 助力全国统一大市场的高效畅通与规模拓展

《条例》通过建立统一的市场规则和公平竞争的制度环境，破解了长期以来困扰地方保护和市场割裂等顽疾。《条例》以四大标准为核心，包括市场准入与退出、商品要素自由流动、生产经营成本控制以及经营行为规范，确保资源在全国范围内的高效配置。这一系列标准不仅为市场主体的公平竞争提供了法律保障，也为全国统一大市场的建设奠定了坚实基础。此外，《条例》鼓励有条件的地区探索跨区域、跨部门的公平竞争审查工作机制，这一机制的设立将推动区域间的协调与合作，打破地区之间的壁垒，形成统一的市场治理框架。通过对市场准入、退出标准的完善，市场主体在全国范围内得以平等竞争，促进了企业创新活力的激发与市场竞争的优化。

3. 推动有效市场与有为政府更好结合

《条例》以公平竞争审查为核心，确立了政府在市场中的监管角色，强调政府干预市场行为的合法性与合理性。通过明确政府在政策制定中的审查职责，尤其是在涉及市场主体经济活动的政策中，政府必须严格遵循公平竞争审查标准，减少对市场竞争的不当干预。该制度要求市场监管部门在全国范围内统一协调，确保政策执行的一致性和有效性。通过中央与地方的联动机制，提升了政策的科学性，推动市场监管的整体性与系统性。政府在市场中的作用不再是单纯的干预者，而是公平竞争环境的维护者，为市场主体提供平等的竞争机会。

（三）公平竞争审查制度的未来展望

1. 制定规章指南，健全法治化体系

尽管《条例》的出台为公平竞争审查制度提供了法律依据，但制

度的法治化体系化仍需要进一步完善。未来,制定更加详细的规章和指南,如重大事项会审、第三方审查等,将有助于提升制度的执行力与可操作性。通过多层次、多维度的规章设计,公平竞争审查制度的实施效果将得到全面保障。此外,进一步细化公平竞争审查标准,增强标准的精确性与适用性也是制度完善的重点。现行的二级标准存在语义模糊、兜底条款不明等问题,亟待细化与完善。未来的立法工作应更加注重列举式标准与抽象化标准的结合,通过对行为的要件式解构,提升审查标准的体系化与整体性。

2.补强监督保障体系,提升制度效能

现阶段,我国的公平竞争审查制度主要依赖"自我审查",存在审查质量参差不齐、审查效果不佳的问题。未来,应进一步加强内部与外部的监督保障机制,尤其是在信息公开、公众参与等方面,确保制度的透明度与公正性。同时,鼓励地方政府成立专业的审查团队,为地方公平竞争审查提供人力支持。通过官员政绩考核的精细化、量化评价,强化地方政府在审查制度中的责任意识。外部监督保障中,第三方评估机制的引入将大大增强公平竞争审查的独立性与客观性。通过对政策进行独立评估,保障审查工作不受政策制定机关的干扰,提高制度的可信度与执行力。

3.创新审查机制,深化数据驱动与风险预警

未来的公平竞争审查应进一步引入智慧监管理念,利用大数据分析、风险预警机制,提高市场监管的实时性与精确性。通过跨部门的数据共享与协作,形成更加全面的市场监管框架。同时,建立全国范围内的公平竞争审查交流平台,将进一步增强政策实施的协调性与一致性,助力全国统一大市场的构建。公平竞争审查制度的创新不仅体现在制度的完善上,还体现在实践的前瞻探索中。通过新技

术的应用与机制的创新,公平竞争审查将更好地服务于市场经济的高质量发展,为新质生产力的培育与壮大提供坚实的制度保障。通过《条例》的实施,公平竞争审查制度将在法治化、体系化、精细化方面进一步发展,推动我国市场经济的高效运行与公平竞争的实现。这一制度不仅为全国统一大市场的建设提供了制度保障,也为经济的高质量发展注入了新的活力。

第二节 深化执法体制机制改革

竞争是市场经济的本质特征,没有竞争的市场经济不是真正的市场经济。然而,随着竞争的发展,垄断现象逐渐出现,而垄断是市场失灵的主要原因之一。有效治理市场失灵需要国家开展法治化干预。反垄断法作为国家干预经济的重要法律手段和政策措施,其主要目标是保护和促进市场公平竞争,推动市场结构合理化和优化产业结构,提高经济运行效率,促进创新和维护社会公共利益,最终不断提高消费者福利。完备的反垄断执法体制是保障《反垄断法》实施的必要条件。[1]全面准确地理解执行我国《反垄断法》,应当全面加强和持续完善反垄断实施制度。我国的反垄断执法体制是反垄断实施制度中最核心组成部分,只有不断深化反垄断执法体制改革,才能不断加强和完善反垄断实施制度。

党的二十大报告强调要转变政府职能,优化政府职责体系和组

---

[1] 参见白金亚:《"十三五"时期我国反垄断执法体制之重构研究——基于国家治理体系和治理能力现代化目标的思考》,载《中国市场监管研究》2017年第2期。

织结构，推进机构、职能、权限、程序、责任法定化，提高行政效率和公信力。深化行政执法体系改革，全面推进严格规范公正文明执法，完善行政执法程序。这为推进反垄断行政执法体制的中国式现代化提供了根本遵循和明确的方向，意义重大。在2018年国务院机构改革之前，中国的反垄断法实施机构包括国务院反垄断委员会、国务院反垄断机构（包括国家发展改革委、商务部和原国家工商总局等三部门）及获得授权的省级执法机构三个层次。经过2018年国务院机构改革，由新组建的国家市场监督管理总局统一承担反垄断执法职责。国家发改委、商务部和原国家工商总局不再承担相关职责。国务院反垄断委员会在机构改革中予以保留，并于2024年改组为国务院反垄断反不正当竞争委员会（以下简称反垄断反不正当竞争委员会）。[1]加强市场监管现代化能力提升，是建设高水平市场体系的题中之义。当前，反垄断反不正当竞争委员会仍然是我国反垄断执法体系的重要组成部分，有必要加强反垄断反不正当竞争委员会职能构建和制度建设。

一、竞争执法机构功能定位再审思

从比较法角度考察，尽管反垄断法的国际化程度越来越高，但是各国（地区）反垄断法都会有自己独特的制度选择。[2]各国（地区）都在结合自身发展的需要对反垄断执法监督体制实施改革优化。欧盟作为域外反垄断法主要司法辖区之一，直接执法权由欧盟委员会下属竞争总司承担，专门负责查处在欧盟区域内的跨境实施的反不

---

[1] 参见万江：《中国反垄断法（第三版）》，法律出版社2021年版，第347页。
[2] 参见〔美〕克里斯托弗·L.萨格尔斯：《反托拉斯法：案例与解析》，谭袁译，孟雁北译序二，商务印书馆2021年版，第9页。

正当竞争行为。法国竞争总局作为法国唯一竞争执法机构，也下设委员会、调查部和行政部。法国竞争总局的委员会有权依据调查部的调查报告启动听证程序，可以独立作出有法律效力的反垄断裁决。德国的反垄断委员会是一个中立的分析和指导性建议机构，主要针对联邦政府的并购控制政策提供意见和建议。其职能类似我国反垄断反不正当竞争委员会下属的专家咨询委员会。[①] 日本的反垄断法实施体制中，设立公正交易委员会目的是有效实现垄断禁止法。公正交易委员会作为具体负责实施《反垄断法》的行政机关，由委员长和四名委员组成，皆是由内阁总理大臣经两议院同意任命。公正交易委员会不仅仅是一个法律执行机构，其在促进国民经济的竞争、制定相关国家政策等宏观方面起着积极和重要作用。[②] 韩国公平交易委员会作为韩国的反垄断执法机关，其组成由委员长1人，副委员长1人等7名委员组成。其中，委员长和副委员长，是由韩国总统提名任命。一般委员的任期为3年，可连任一次。由于委员终身制，要求其具有政治中立性。[③]

这些具有代表性的国家和地区在反垄断法实施中，之所以对反垄断反不正当竞争委员会设置模式选择各异，主要原因在于这些地区和国家在反垄断实施过程中的经济发展阶段、制度基础、文化传统以及国际环境等存在差异。市场机制的建设与发展也必然要顺应新时代下的新发展需求。从根本上看，就是要通过加强政府端的市场

[①] 参见万江：《中国反垄断法：理论、实践与国际比较》，法律出版社2021年版，第324—329页。

[②] 参见刘宁元主编：《中外反垄断法实施体制研究》，北京大学出版社2005年版，第157—161页。

[③] 参见吴振国：《〈中华人民共和国反垄断法〉解读》，人民法院出版社2007年版，第132页。

监管体制机制建设,实施区域协调发展,建设全国统一大市场,使得处于不同发展阶段的地区需求得到有效满足,实现资源禀赋的优势互补,要素自由流通,彼此之间开展竞争有效且良性。反垄断反不正当竞争委员会作为我国市场监管体制机制重要组成,也必然要顺应时代需求,不断强化反垄断反不正当竞争委员会的职能。但是,当前我国反垄断反不正当竞争委员会在反垄断执法体制中一直处于边缘和被弱化的尴尬地位。至于缘由,主要可以从顶层立法设计、执法权力设置以及相应的部门划分等三个方面探究。

(一)立法制度供给不足

我国在正式启动反垄断立法工作之初,当时牵头制定《反垄断法》的部门是国务院法制办。[1]参与立法者为了弥补反垄断执法职责由多家分别承担的不足,便寄希望于设立反垄断委员会,且将其定位为反垄断执法机构的领导者,以此从机制上来解决分散执法的弊端,尽最大可能保证反垄断执法的统一性、公正性和权威性。所以,国务院法制办在将《反垄断法(草案)》提交给全国人大常委会时,对于反垄断委员会职能规定的是"领导、组织、协调反垄断工作"。全国人大常委会审议过程中考虑,如此规定可能会产生将反垄断委员会当成在国务院和承担反垄断执法职责部门之间的一个层级,会导致"叠床架屋"的副作用。于是将"领导"修改为"指导"。[2]同时在提交的草案中,对反垄断委员会职责作了如下规定:"国务院反垄断委员会履行下列职责:研究拟定有关竞争政策;组织调查、评估市

---

[1] 参见赵晓光:《开创竞争政策基础地位的反垄断立法》,载李青主编:《中国反垄断十二年:回顾与展望》,中信出版集团2020年版,第156—157页。

[2] 同上书,第172页。

场总体竞争状况,并发布评估报告;监督、协调国务院反垄断执法机构、国务院有关部门和监管机构的反垄断执法工作;协调重大反垄断案件的处理;国务院规定的其他职责。"而正式颁布实施的《反垄断法》第9条,将草案中的"监督、协调国务院反垄断执法机构、国务院有关部门和监管机构的反垄断执法工作"改为"协调反垄断行政执法工作",并增加了"制定、发布反垄断指南"职责。[①]同时,关于反垄断委员会属于实体性机构还是议事协调机构,全国人大常委会也给出明确答复,即将其确立为议事协调机构。[②]

(二)反垄断执法机构改革有待深化

2018年机构改革将国家发展和改革委员会的价格监督检查与反垄断执法职责,商务部的经营者集中反垄断执法以及国务院反垄断委员会办公室的职责整合,组建成立了国家市场监管总局,作为国务院的直属机构,统一反垄断执法,使反垄断监管能力进一步强化。同时,保留反垄断委员会目的在于继续加强反垄断组织协调,更加完

---

① 当时的《反垄断法》第9条规定:"国务院设立反垄断委员会,负责组织、协调、指导反垄断工作,履行下列职责:(一)研究拟订有关竞争政策;(二)组织调查、评估市场总体竞争状况,发布评估报告;(三)制定、发布反垄断指南;(四)协调反垄断行政执法工作;(五)国务院规定的其他职责。国务院反垄断委员会的组成和工作规则由国务院规定。"

② 2007年,十届全国人大常委会第二十九次会议在对反垄断法草案三审稿进行分组审议,就关于反垄断委员会是议事协调机构还是实体性机构的问题,有常委会委员提出,为了加强反垄断委员会的权威性,保障反垄断法的有效执行,应赋予反垄断委员会更充分的权力使之成为实体性机构。全国人大法律委员会经同财政经济委员会和国务院法制办等部门研究认为,按照草案的规定,反垄断执法工作是由国务院规定的反垄断执法机构负责,国务院反垄断委员会只是履行"组织、协调、指导"反垄断工作职能的议事协调机构,并不行使行政权力、作出行政决定。草案原来的有关规定符合其性质,是适当的,不作修改。《国务院反垄断委员会将被明确为议事协调机构》,载中国人大网,http://www.npc.gov.cn/zgrdw/npc/xinwen/lfgz/lfdt/2007-08/30/content_371094.htm,最后访问日期:2024年4月30日。

善反垄断执法的能效。反垄断执法机构改革表面上看是执法体制改革，实际上也是行政体制改革。[1]为了持续完善和优化反垄断执法体系和政策体系，丰富反垄断执法工具箱的目的考察，还应当继续通过改革方式强化反垄断委员会职能。

在反垄断委员会成员结构组成上，2018年机构改革前反垄断委员会成员是来自国务院各综合部门、行业部门和监管部门的主要负责人。国务院副总理担任主任，商务部部长、发改委主任、工商总局局长以及国务院副秘书长担任副主任。反垄断委员会的具体工作由商务部承担。[2]

经历2018年机构改革后，新组建的反垄断委员会主任由国务委员担任，副主任由市场监管总局局长和国务院副秘书长担任。成员由发展改革委、工业和信息化部、司法部、财政部、交通运输部、商务部、人民银行、国资委、市场监管总局、统计局、银保监会、证监会、能源局、知识产权局等十四个部门副部级领导担任。[3]然而，从现实运行情况看，尽管我国从2008年7月起就成立了国务院反垄断委员会，但迄今为止，该机构尚未有效开展反垄断行政执法协调工作。特别是从成员组成和工作规则来看，相当于一个"部长联席会议"。[4]在实际运行中，由于涉及部门较多，既有综合部门，也有行业主管部

---

[1] 参见白白亚：《"十三五"时期我国反垄断执法体制之重构研究——基于国家治理体系和治理能力现代化目标的思考》，载《中国市场监管研究》2017年第2期。

[2] 参见赵晓光：《开创竞争政策基础地位的反垄断立法》，载李青主编：《中国反垄断十二年：回顾与展望》，第172页。

[3] 参见《国务院办公厅关于调整国务院反垄断委员会组成人员的通知》，载中央人民政府网，http://www.gov.cn/zhengce/content/2018-07/19/content_5307747.htm，最后访问日期：2024年4月30日。

[4] 参见王健：《权力共享制抑或权力独享制——我国反垄断执法机关权力配置模式及解决方案》，载《政法论坛》2013年第3期。

门,还有竞争监管部门,加上很多具体问题很难转化为具体政策细化执行,反垄断委员会很多时候只能对一些方向性问题作原则性协调,在面对一些具体问题的时候,会出现议而不决的情形。

当前,反垄断委员会已改组为反垄断反不正当竞争委员会,新一届的反垄断反不正当竞争委员会专家咨询组也已成立,其主要任务包括研究拟订有关竞争政策和反垄断指南,提供市场竞争状况评估报告,并为反垄断重大事项提供咨询意见,同时完成其他交办的工作任务。然而,反垄断反不正当竞争委员会的职能与市场监管总局下设的各反垄断业务机构存在交叉重叠,如竞争政策协调司负责推进竞争政策实施和反垄断综合协调工作,反垄断执法一司负责指导地方查处垄断行为等,这实质上导致反垄断反不正当竞争委员会的作用被弱化甚至架空。尽管如此,反垄断反不正当竞争委员会仍然具有存在的必要性,因为反垄断执法机构的职能划分需要调整和重构,内部协调仍然存在需求。因此,强化反垄断反不正当竞争委员会的职能,发挥其协商协调作用,推动反垄断工作在市场监管总局各相关职能机构之间和国务院部级层面的有效协调和职能重塑是非常必要的。

(三)反垄断指南效力不明晰

由于将反垄断反不正当竞争委员会定位为议事协调机构,它不具有实体权力,没有实质性工作部门予以支撑,其日常工作是由市场监管总局竞争政策协调司具体承担。因此,制定指南的具体工作也不能完全由反垄断反不正当竞争委员会本身完成,主要是以反垄断反不正当竞争委员会的名义制定和发布。有学者认为,在组建市场监管总局以前,制定反垄断指南作为反垄断委员会的法定职责,国务院反垄断执法机构出台的部门规章和其他规范性文件以及国务院其他部门制定的涉及竞争政策和反垄断方面的规章和其他规范性文件都不应与反垄断指南相冲突。[1]还有学者认为,反垄断委员会发布的执法指南本身不是法律规则,而只是一种执法指导及建议,虽然存在约束力不足的问题,但能兼顾执法机构的裁量权。[2]

由于反垄断执法统一于市场监管总局,制定反垄断指南作为《反垄断法》的配套规范,从完善功能作用的角度出发,有必要更加丰富完善反垄断指南体系。因为反垄断指南能够细化反垄断执法原则,提供基本的反垄断分析思路和认定标准,为经营者合规经营提供清晰明确的指引,切实增强反垄断法律制度的可操作性和可预期性,有效支撑反垄断监管执法。[3]但我国反垄断指南存在法律地位不明确的尴尬,缺乏明确的法律渊源体系和正式名分,与相关法律法规之间的位阶关系不清晰,法律效力难以确定。如果不能很好地解决这个问题,可能导致在反垄断行政执法部门、竞争监管与产业监管机构以及反垄断行政执法机构与司法机构之间出现协调困难,无法有效发挥指南的优势,也难以准确适用相关法律法规。

二、形成独立权威的横向执法体系

反垄断反不正当竞争委员会设立的初衷之一,是协调多元执法主体之间的关系,当前反垄断执法权在横向上逐渐趋于统一,反垄断反不正当竞争委员会的职能定位略显尴尬,其与国家反垄断

---

[1] 参见王先林:《国务院反垄断委员会指南》,载李青主编:《中国反垄断十二年:回顾与展望》,第226—227页。
[2] 参见焦海涛:《反垄断法实施中的承诺制度》,法律出版社2017年版,第214页。
[3] 参见吴振国:《反垄断监管的中国路径:历史回顾与展望》,载《清华法学》2022年第4期。

局之间的关系成为反垄断执法权横向配置优化面临的新问题。为避免其职能弱化,应当从规范反垄断反不正当竞争委员会会议制度、促进反垄断反不正当竞争委员会办事机构的有效运行以及保障反垄断反不正当竞争委员会集中行使反垄断指南制定权、规范反垄断反不正当竞争委员会反垄断执法协调处理机制等几个方面进行改良。①

(一)推动部门职能协同优化

实践中,各地方政府之间具有一定的利益竞争关系,在实现经济社会发展目标的过程中,也存在一定程度的零和博弈,政府内部机构也是如此。在跨部门协同治理中,虽然都是以追求公共利益为最高目标,但也存在一定自利性部门利益,不同部门之间利益问题是阻碍跨部门优化协同的根本原因。②在考虑对反垄断反不正当竞争委员会进行实体化改革重塑并增设下属业务部门的过程中,需要避免与市场监管总局有关业务司局的职能重叠,应当加强与有关业务司局之间的协调与对接。反垄断反不正当竞争委员会应当推动健全完善反垄断监管责任分配与协同治理机制,不断优化承担反垄断业务工作司局的职能职责。从市场监管总局官网提供的相关信息可以看出,涉及反垄断执法业务的各司局职能存在相互交叉、重叠和模糊,这是导致反垄断监管工作不能有效协同的根源。为了实现流程再造,应根据反垄断监管与执法实践的需要,对各相关司局的职能进行优化和再界定。清晰划分反垄断反不正当竞争委员会与相关业务司

---

① 参见王炳:《论反垄断委员会制度的回应性、超越与改良》,载《南京社会科学》2018年第10期。

② 参见赖先进:《论政府跨部门协同治理》,北京大学出版社2015年版,第202页。

局的职能管理范围和上下级分属关系,尽量减少机构职能交叉重叠,实现监管协同,消除监管壁垒,增强监管合力。对于难以划清的司局职能范围,应由反垄断反不正当竞争委员会和反垄断总监的牵头领导,明确主体责任司局和次要责任司局。否则,在涉及多个职能部门协同合作的具体工作中,由于协同流程中某些环节的衔接不佳,可能导致实际结果与期望出现偏离,责任归属也难以确定,从而影响反垄断反不正当竞争委员会作用的有效发挥。

同时,需要健全完善反垄断反不正当竞争委员会信任沟通机制,实现跨部门无障碍协商。目前,反垄断总监由法规司司长兼任,但法规司与反垄断执法一司、反垄断执法二司属于平等级别,导致在常规的行政事务沟通中难以有效统筹协调。为此,考虑提高反垄断总监的行政级别,赋予反垄断反不正当竞争委员会更高级别的行政权力,这更加有利于在部门间实现有效协同。在开展竞争政策制度顶层设计层面,反垄断反不正当竞争委员会应当优化协调各有关司局联合制定反垄断政策法规的能力,加强制度供给。与此同时,反垄断反不正当竞争委员会还应当进一步推动外部监督制度建设,充分发挥反垄断反不正当竞争委员会专家咨询委员会的职能作用。

(二)加强执法软实力建设

持续优化人员编制和加强市场监管人才队伍建设是提升反垄断执法软实力的核心举措。在2018年反垄断执法机构整合前,国家发展改革委、原国家工商总局、商务部三部门原有反垄断执法人员约80人,整合后国务院层面反垄断执法人员减少了近一半。2021年11月,国家市场监管总局加挂国家反垄断局之前,原总局反垄断局下设10个处,全面负责经营者集中、滥用行为调查、垄断协议调查、行政垄断调查、反垄断委员会协调、国际交流等反垄断工作，但仅有41个执法人员编制，机构重整几乎削弱了一半反垄断执法力量，无法满足日益繁重复杂且标准越来越高的反垄断执法工作要求。虽然国家反垄断局挂牌后，一定程度上增加了编制，但尚未达到"三部门"原有人数，与反垄断执法实际需要还相去甚远。而且反垄断案源线索主要在基层县市层面，需要基层监管系统能够及时发现，并做好前期执法调查工作。据统计，省级反垄断执法队伍平均只有10人，根本无法兼顾全省（区、市）的反垄断案件。

随着对数字经济领域特别是对平台企业反垄断监管工作的有序推进，当前已经进入常态化监管时代。反垄断执法案件的数量也以较快速度增长。由于反垄断执法本身具有较强技术性，专业要求高，案件信息量大，执法周期长，相较于传统行业，互联网行业的商业模式多变、垄断行为隐蔽、交易结构和竞争生态复杂，反垄断监管涉及的企业多元、行业广泛、时间跨度长，以及根深蒂固的行政性垄断顽疾。这对我国反垄断执法人员的工作强度和执法能力均提出了更高的要求，反垄断监管压力仍然很大。

比较我国和美国、欧盟两大反垄断执法辖区，我国的反垄断机构人员编制以及人员组织结构层面处于严重失衡状态。如图9-1所示，描述了中国、美国、英国等八个国家在2019—2020年人口总数及国家（联邦）层面的反垄断执法机构的人员配额。不难看出，英美等发达国家以及俄罗斯巴西等部分金砖国家的反垄断机构人员编制占总人口的比例远远高于中国，如美国联邦贸易委员会和司法部反垄断执法人员合计达1140人，俄罗斯中央和地方反垄断执法人员合计达到1299人。

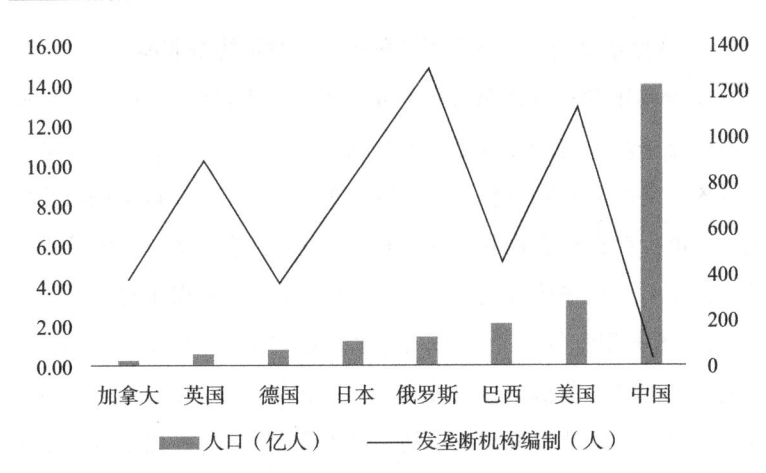

图9-1 2019—2020年不同国家人口总数及国家(联邦)层面反垄断执法人员编制数量

2023年4月,市场监管总局办公厅印发的《市场监管人才发展三年行动计划(2023—2025年)》提出,今后三年将落实专家领军、专业技术、综合执法、基层监管、国际视野等五个重大人才项目,充分释放人才驱动效能。同年3月,中共中央、国务院印发的《党和国家机构改革方案》中提出,中央和国家机关各部门人员编制统一按照5%的比例进行精减,收回的编制主要用于加强重点领域和重要工作。① 方案中提出的按比例精简的目的就是要继续深入推动职能转变、优化事务分配和职能划分。从推动反垄断反不正当竞争委员会进行实体化重塑角度考察,应当尽量争取到编制,用于落实《市场监管人才发展三年行动计划(2023—2025年)》相关目标,从而助力开展反垄断反不正当竞争委员会实体化改革。

---

① 《中共中央 国务院印发〈党和国家机构改革方案〉》,载新华每日电讯网,http://www.news.cn/mrdx/2023-03/17/c_1310703434.htm,最后访问日期:2024年4月30日。

(三)重塑反垄断反不正当竞争委员会政策协调职能

竞争政策和产业政策并不是毫无联系、独立存在的,任何行业都需要竞争政策与产业政策协调平衡、相互补充。实施竞争政策主要目的就是保护公平竞争,与此同时,在充分实施竞争政策的行业中也必不可少存在产业政策规制要求。随着高标准市场体系的建设以及全国统一大市场建设的深入推进,在产业政策占据主导地位的行业中,需要根据竞争政策的要求,不断加强产业发展的竞争机制体系化建设。但在如何协调竞争政策与产业政策关系上,目前缺乏明确的法律规定。从节约规制成本的角度考察,最佳途径仍是寄希望于充分发挥反垄断反不正当竞争委员会法定职能。

1.强化政策协调职能的必要性

在思考如何设置实施机构时,价值目标是更为重要的考察因素。[①]市场经济条件下的竞争政策,在价值层面上追求的是为整个市场中的经营者营造"自由"与"公平"竞争秩序。在制定竞争政策的过程中,也更加注重激发市场机制在推动各产业经营者参与竞争时的内生动力。产业政策作为外在于市场竞争秩序的宏观调控影响因素,对竞争秩序的干扰是直接而明显的,如果不加以适当控制,必然会形成碎片化、地域化的市场。新《反垄断法》第12条规定,"国务院设立反垄断委员会,负责组织、协调、指导反垄断工作",除了有权拟定竞争政策,也有条件参与到国务院有关部门制定相关经济政策以及法律法规等过程中,这可以更加有效地实现竞争政策与产业政策等其他各项经济政策协调制定。同时,能否有效推动竞争政策与产业政策协调发展,不仅与反垄断主管机构的科学设置有关,而且与

---

① 参见董笃笃:《竞争政策法制化研究》,法律出版社2017年版,第127页。

其权限配置关系密切。[1]

反垄断反不正当竞争委员会也可以看作为竞争政策与产业政策互动协调的最佳机构。有效实施竞争政策必然要求执行政策的机构在具有相应职能资源的基础上保持专业性、权威性。单纯从现有反垄断反不正当竞争委员会组成成员的身份来看，已经具有较高级别，但由于反垄断反不正当竞争委员会本身的法定职能有限。而且，由于市场监管总局中承担反垄断执法职能的相关司局行政级别上的限制，在协调竞争政策与产业政策过程中，会时常面临话语权不足的尴尬。在开展竞争政策拟定与协调过程中，特别是在征求来自行业主管部门的反垄断反不正当竞争委员会成员的意见时，有可能会受到行业主管部门的压力，使得竞争政策过于迁就产业政策，从而影响竞争政策实施效果。为了提高反垄断反不正当竞争委员会的政策协调能力，应当强化反垄断反不正当竞争委员会权限配置。

2.强化政策协调职能的立法途径

在我国，传统行业监管机构与反垄断主管机构之间开展业务协调并没有明确的法律规定。[2]进入数字经济时代，在贯彻高质量发展战略的过程中，更好地协调竞争政策与产业政策关键，就在于通过完善立法，赋予反垄断反不正当竞争委员会相对细化的协调权，进一步完善具体实施细则，不断提高实施细则的确定性。

首先，应当通过进一步完善《反垄断法》《反不正当竞争法》将反垄断反不正当竞争委员会在立法上确立为实体型职能机构，并在

---

[1] 参见刘桂清：《反垄断法中的产业政策与竞争政策》，北京大学出版社2011年版，第50页。

[2] 参见郭宗杰：《行政监管与反垄断法规制研究——以传统垄断行业的规制改革为视角》，法律出版社2015年版，第237页。

反垄断反不正当竞争委员会之下,合理设置相关职能部门。其次,通过反垄断反不正当竞争委员会健全完善具有包容性的竞争政策与产业政策协调发展机制。同时,反垄断反不正当竞争委员会应当积极参与到产业政策配套实体法和程序法的立法过程中,使得产业政策与竞争政策在法制层面深度融合,推动产业政策"竞争法化"。[①]最后,作为竞争政策核心内容的反垄断法,应当更加明确规范政府对市场的干预的边界。具体来说,反垄断反不正当竞争委员会在推动竞争政策与产业政策融合发展的过程中,应当遵循谦抑理念,在实施干预之前必须具备正当理由,干预的过程中也应当注意干预力度。[②]

3.强化政策协调职能的保障机制

竞争政策基础性地位在新发展阶段愈发重要。处理好竞争政策与产业政策之间的关系,实质上就是要更好平衡政府与市场之间的关系。虽然竞争政策规制与产业政策规制的目的都是一致的,都是为了有效发挥政府与市场的作用,但在实施产业政策与竞争政策规制过程中,行业主管与市场监管部门之间也存在着一定程度竞争,为了提高规制效果,必然要进一步优化协调相关部门之间职能。在制度运行机制上,国务院各有关部委在制定影响市场竞争的产业政策,特别是制定对中央直属的公用企业或者某些经济活动的特许政策的过程中,应当向反垄断反不正当竞争委员会报批。还应规定反垄断

[①] 产业政策"竞争法化"就是指正当合理的产业政策利益不会因竞争政策的存在而受到阻碍,同时,竞争政策对产业政策的包容性始终保持在适当限度之内,不过于迁就产业政策,造成产业政策压制竞争政策。

[②] 参见孙晋:《谦抑理念下互联网服务行业经营者集中救济调适》,载《中国法学》2018年第6期。

反不正当竞争委员会主要负责人或者反垄断总监应当参加有关重大产业政策规划与政策制定,并能在其职权范围内就相关问题发表意见。同时,依据《反垄断法》第12条第1款第2项规定,反垄断反不正当竞争委员会还可以要求国务院各部门、省级地方政府以及其他省部级管理机构通报年度市场竞争情况。

另外,应当赋予反垄断反不正当竞争委员会协调推动公平竞争审查制度建设的职权。首先,应当加大反垄断反不正当竞争委员会在公平竞争审查中的顶层设计能力。现有的制度框架是以政策制定机关进行自我审查为主,虽然基于现实情况难以完全改变,但是由于公平竞争审查除了要求较高专业性之外,更关键的是要求较为权威的中立性。通过发挥反垄断反不正当竞争委员会的顶层设计能力,推动具有执行竞争政策职能的反垄断执法机构深度参与公平竞争审查,能在实施产业政策过程中更加全面地体现竞争政策的规制要求。其次,加强反垄断反不正当竞争委员会对产业政策制定部门在竞争倡导方面的督查职能。在对反垄断反不正当竞争委员会实施改革中,一个重要方面是委员会成员所属单位不应直接参与市场经营活动,[1]应当建立反垄断反不正当竞争委员会竞争倡导督查监督机制。最后,应当在反垄断反不正当竞争委员会职能框架内,从责任性质、责任主体和责任形式等三大方面,健全完善公平竞争审查责任追究制度。通过反垄断反不正当竞争委员会不断建立健全具有立体化、多样性、操作性强的公平竞争审查细化规则。[2]

---

[1] 参见王晓晔:《〈反垄断法(修正草案)〉的评析》,载《当代法学》2022年第3期。

[2] 参见宾雪花:《产业激励的反垄断边界研究》,法律出版社2017年版,第175页。

三、构建垂直一体化的纵向执法体系

处理中央与地方的纵向权力关系始终是一个国家政治制度的核心问题。我国幅员辽阔，各地发展情况差异较大，非制度化、不稳定的纵向权力关系，更容易导致"一放就乱，一乱就统，一统就死"的治乱循环。通过明确中央和地方政府监管事权的制度化，推进各级反垄断执法部门权力分工的明确化，形成控制有力、运转高效的反垄断执法权纵向配置与运行体系，对于完善反垄断执法体系、推动反垄断执法工作至关重要。

在现行法律体系下，反垄断执法属于中央事权，地方并不直接享有反垄断执法权。2022年新修订的反垄断法也沿袭了此前法律条文的规定，并未对这一权力分配事项作出更改。但反垄断法第13条第2款也规定了国务院反垄断执法机构根据工作需要，可以授权省、自治区、直辖市人民政府相应的机构，依照本法规定负责有关反垄断执法工作。目前，中央已赋予省级反垄断执法机构查处滥用市场支配地位、垄断协议和行政性垄断类案件的权力，经营者集中执法权的下放也在试点过程中逐步推进。省级反垄断执法机构通过中央的授权获得了一定的反垄断执法权。中央与地方反垄断执法机构间的权限划分，也应坚持中央直接领导管辖、地方具体实施的原则。然而，现实情况是地方反垄断执法机构长期处于弱势地位，特别是在经济分权化改革和政治晋升博弈的背景之下，地方政府更偏好产业政策而非竞争政策[①]，案件调查容易受到地方其他部门和官员的干扰以及

---

① 参见李伟、贺俊：《确立竞争政策基础地位的激励约束和能力障碍》，载《学习与探索》2021年第5期。

地方保护主义的影响。对此,有效的解决措施是设立中央反垄断执法派出机构,并采取垂直管理模式,接受国务院反垄断执法机构的统一领导,一定程度上能够避免受到地方政府价值取向的影响。

此外,需要关注地方反垄断执法能力不足的问题,当前地方反垄断执法权的弱配置,严重影响了以内循环为主的新发展格局所依赖的国内统一大市场的公平竞争和要素流动。由于地方反垄断执法权为"中央委托事权",中央应提供必要支持。在衡量执法能力方面,执法人员配备和经费保障是最重要的指标。所以,要想进一步推动省一级反垄断执法机构的改革,就必须对地方的执法人力资源和配套保障进行充实,扩大执法人员编制,增加执法经费预算,推动执法基础设施信息化建设,提升执法能力和风险识别效率,对地方反垄断执法机构的设置和运行进行规范。① 同时,中央也应当对地方反垄断执法的能力建设进行帮助和引导,如对地方执法人员进行技能培训;加大资金转移支付等。②

第三节 竞争执法司法协同治理

在竞争法的运行过程中,行政执法和司法裁判是两个必不可少的实施机制。近年来,国家在竞争立法、执法、司法领域都取得了显著成果。行政执法方面,执法机构调查、处理了一批涉嫌垄断的典型

---

① 参见段宏磊:《我国经营者集中分类分级审查制度的构建——以新〈反垄断法〉第37条为分析对象》,载《法商研究》2022年第6期。
② 参见杨松:《新金融监管体制下央地监管权关系再审思》,载《法学评论》2022年第6期。

案件,如阿里巴巴"二选一"案、扬子江药业案等。司法方面,全国法院审理了大批垄断案件,最高院发布了反垄断和反不正当竞争典型案例。近年来,受到特殊重视的行政执法和司法为维护公平的市场竞争秩序,保护市场主体合法权益和解决涉垄断纠纷做出了巨大贡献。但是在实施过程中,行政执法与司法脱节、冲突的问题仍待解决。党的二十大报告提出要"加强反垄断和反不正当竞争,依法规范和引导资本健康发展",对新发展格局和高质量发展下的竞争执法工作做出了指引,也对新形势下的竞争司法工作提出了更高要求。

一、有效发挥司法救济功能

(一)设立竞争法庭以充实司法力量

1.稳中求进改革"三步走"

正如任何改革都不可能一蹴而就,我国竞争法庭的构建也非一日之功。《人民法院第五个五年改革纲要》指出,要优化四级法院职能定位和审级设置,健全适应国家发展战略需要的人民法院组织体系,加强专业化审判机制建设。[①]"要借鉴海事法院和一些专门法院的经验做法,逐步探索建立与行政区划相分离的司法管辖区",专门审理某些特殊类型案件,减少地方干预,确保司法公正。[②]设立竞争法庭涉及的问题很多,且在该方面我国还缺乏相关经验。因此,我国设立竞争法庭必须分步骤进行,即坚持试点先行和全面推进相促进。申言之,应该从探索设立的角度出发,先把步子迈出去。不过起步阶段步伐不宜过大,而是应"摸着石头过河"。在积累一定的经验

---

① 详见《人民法院第五个五年改革纲要(2019—2023)》(法发〔2019〕8号)。
② 参见贺小荣:《掀开司法改革的历史新篇章》,载《法制资讯》2013年第11期。

后,积极总结经验并不失时机地扩大范围。在此,笔者着眼于确保改革平稳有序、张弛有度,尝试提出设立竞争法庭由点及面的"三步走"战略。

第一步,首先在试点地区设立竞争合议庭。竞争法案件具有很强的经济专业性,普通的司法审判机关囿于知识水平和审理经验的匮乏,一般难以胜任竞争类纠纷的处理工作。但鉴于我国司法资源本就有限,如果花费大量的人力、物力和财力去盲目设立反垄断法院或竞争法庭,既不现实也不经济。因此,先在试点地区设立竞争合议庭,既可以有效应对竞争法案件日益复杂化、专业化、知识化的特征,也可以在不触及现阶段司法机制之根本的前提下节约司法资源,减轻司法负担,保证改革稳中有进。具体而言,在当前法院审判团队制、随机组成合议庭、随机分案的背景下,可对竞争法案件确定相对固定的合议庭,并仍采取手动分案方式,确保实现专人办理。

第二步,以竞争法案件高发地区为试点设立竞争法庭。随着竞争类案件数量的急剧增加,审理难度大幅上升,仅仅倚靠"第一步"中的竞争合议庭已难以满足司法审判的实际需要。此外,结合竞争法司法实践来看,竞争类案件一般都发生在经济较为发达的地区,如果广泛设置竞争法庭有违现实需要,也会导致司法资源的很大浪费。因此,建议在竞争法案件高发地区设立竞争法庭。在高发地区的高级人民法院中设立竞争法庭更具有可行性。首先,在高级人民法院设置竞争法庭与案件发生数量是具有匹配性的;其次,随着我国经济的不断发展,垄断案件所牵涉的经济利益日益庞大,诉讼标的一般会达到高院的立案标准,进入高级人民法院的管辖范围;其三,基层法院相较于高级人民法院不仅在专业知识储备上存在局限,而且在案件审理经验上也有较大差距,应对日趋复杂和专业化的反垄断案件往往显得"心有余而力不足";最后,如果在高级人民法院设置竞争法庭,因不服竞争法庭的判决和裁定而引发的上诉就会进入最高人民法院,由于最高人民法院本身所具有的专业性和权威性,更可以为当事人的权利提供最佳的救济。

第三步,待条件成熟后在全国推广设立竞争法庭。随着我国经济的进一步发展,竞争类案件尤其是垄断案件的涉案范围只会越来越广,所涉利益只会越来越大,仅靠少数几个竞争法庭显然难以应对此类情况。而且,随着试点地区竞争法庭的审判经验的不断累积,将经验推而广之,在全国普遍设立竞争法庭则水到渠成、完全可行。

2.竞争法庭的受案范围

案件类型一般可以分为三大类,即民事案件、行政案件与刑事案件。涉及竞争的前两类案件归属于竞争法庭管辖没有任何争议。即在经过行政执法程序的处理后,当事人因不服行政机关的处罚决定或复议决定等而提起的行政诉讼,以及不正当竞争、垄断行为的受害人根据《反不正当竞争法》《反垄断法》等相关法律规定所提起的民事诉讼,即请求对方赔偿损失、停止侵害、恢复名誉等,均可由竞争法庭管辖。《反不正当竞争法》和《反垄断法》中均有着刑事责任的相关规定,但是对于应当追究刑事责任的竞争案件是否应该同样纳入竞争法庭的受案范围,目前还有争议。为了统一民事、行政和刑事案件的适用标准或者说统一整个案件事实的认定过程,将竞争类刑事案件纳入竞争法庭的受案范围是必要的。此前,我国现行的"知识产权法庭"已经将刑事案件纳入了受案范围,实行"三审合一"模式,以防止因案件性质的不同而归属于不同法院所导致的管辖冲突、案件事实认定冲突以及案件裁判结果冲突等,这对于竞争法庭受案范围的确定具有很强的借鉴意义。而且,竞争刑事案件并没有突破竞争案件所具有的复杂性、专业性以及知识性等特点,将其单独归于一般的刑事法庭审理,不利于案件的正确审判。而由竞争法庭中的刑法专家、经济学专家、律师、注册会计师等专业人员组成的专家小组进行案件审理,更加有利于实现裁判的公正和高效。

3. 竞争法庭的人员配置

《南非竞争法》对竞争委员会、竞争法庭以及竞争上诉法院的人员安排、任期、资格条件、薪酬、权利义务等都作了非常明确的规定。如竞争法庭中特别要求必须有专业的律师参与法庭的审理,以此提高案件审理的水平和促进竞争法实施的效率和公平。如若缺乏经济、法律等相应的专业资格和背景,执法人员显然很难真正落实竞争法的相关规定。因此,建立高素质的竞争专业人才队伍尤为重要。需要组建一支集专业化、知识化、年轻化、多元化为一体的全方位的人才队伍。所谓专业化,即指执法人员必须具备相应的资格条件与专业背景,且需在经济学、法学、商业、工业或公共事务领域具有丰富的经验;所谓知识化,即指执法人员必须具备与案件所涉专业领域相匹配的知识和技能,熟悉掌握法学知识、商学知识、经济学知识以及会计学知识等;所谓年轻化,即指人才队伍的建设需要符合执法新要求,应对执法新环境,迎接执法新挑战,通过新鲜血液的引入、新鲜思维的碰撞、新鲜模式的探求,为积极适应日益复杂、新颖、多变的竞争执法现状做好充足准备;所谓多元化,即指律师、法官、高校教师、专家、司法技术人员等多元化人才共同参与案件的审理,以使纠纷得到及时、公正的解决。当然,选拔人才时必须注重社会选拔、择优选拔和公正选拔,即面向社会,通过公正的程序择优录取。

4.竞争法庭的特殊程序设置

相较普通法庭,竞争法庭在审判制度的构建上既有相同点(同样适用两审终审、公开审判、回避、合议以及代理或辩护等制度),亦有其特别之处。下文主要对其特殊程序进行简要阐述。

第一,特殊的诉讼启动机制。在反垄断民事案件中,完全采取私人诉讼机制会导致某些无具体受害人的竞争案件逃脱法律的制裁。因此,有必要针对不同案件的实际情况,构建国家诉讼与私人诉讼并行的双重诉讼启动机制。以美国为例,其国家诉讼与私人诉讼的侧重点并不一致,联邦贸易委员会致力于代表国家提起有关固定价格和兼并的诉讼,私人团体则更多提起捆绑销售、排外交易、价格歧视等诉讼。国家诉讼机制虽然成本较高,但是却发挥着私人诉讼机制不可替代的作用,既是全面实施反垄断法的保证机制,也是启动私人诉讼的有效机制。仍以美国为例,美国大约四分之一的私人诉讼紧随在司法部或联邦贸易委员会提出的诉讼之后,其原因之一即在于反垄断执法机构通过政府诉讼的先前程序披露其所掌握的信息和证据,为私人三倍损害赔偿诉讼扫清了障碍。[1]此外,国家作为社会公共利益的代表,对违法行为人提出赔偿要求,符合"损害—赔偿"的正当原则要求。从反垄断司法体系完善的角度出发,考虑到检察机关显著的中立性、权威性和程序性特点,应当重视检察机关在《反垄断法》实施中的地位和作用,使其成为反垄断执法与司法相衔接的"路由器",即由各级人民检察院负责对垄断案件进行立案、侦查、起诉,由各级人民法院负责对垄断案件的审判。以检察机关作为反

---

[1] 参见王先林主编:《中国反垄断法实施热点问题研究》,法律出版社2011年版,第242页。

垄断国家诉讼机制的启动者,主要基于以下几点考量:一是提起国家民事诉讼的需要。经营者的垄断行为,造成的利益损害往往超越私人利益的范畴,而影响社会利益维护的因素又很多,社会主体不愿意或者不能发动诉讼的情形也很常见,在此情形下,由检察机关能动地参与诉讼,维护社会正义较为合适。[①]因此,建议在反垄断各级执法机关人员组成中增加检察官,参与反垄断执法工作,在共同执法过程中,发现损害国家、社会公共利益的情况,可以报请检察长批准,代表国家提起民事诉讼。这种方式一是可以使反垄断法的民事责任落到实处;二是可以对反垄断执法机关的执法活动进行有效的监督,防止行政执法内部化问题,增强反垄断执法的权威性。为此,建议将检察机关纳入反垄断执法机关,当在联合执法中发现危害国家和社会公共利益的行为,经检察机关同意后,可以代表国家提出起诉。这一做法既可以实现对反垄断法的民事责任的落实;也能够有效地监管反垄断法执行机构的行为,提高反垄断法的权威。

第二,双重的审判人员配备。《反不正当竞争法》与《反垄断法》在实体规定上差异非常大,侧重的问题迥异,对审判人员的资格资质要求也不同。垄断案件对法学和经济学知识的要求较高,相关案件的处理往往要求非常大的司法资源的投入。因此,在人员配备上应以专家学者、具有丰富竞争实务经验的律师以及职业法官为主。而不正当竞争案件则基本在民事侵权法的框架内进行,对违法性的判定核心在于是否违反诚实信用原则,对法官的资格和资质要求不如垄断案件那般严苛。因此,要对垄断行为与不正当竞争行为进行区

[①] 参见颜运秋等:《经济法实施机制研究——通过公益诉讼推动经济法实施》,法律出版社2014年版,第366页。

分，分别配备不同专业水准的司法人员。即简单的不正当竞争案件依靠法庭的一般审判人员即可完成审判，复杂的垄断案件再引入专家、律师（兼职法官）等社会精英，不仅可以降低高额的人力成本，而且可以更加有针对性地进行案件审判，使整个法庭运行灵活而有序。

第三，专业的案件评议机构。竞争法庭应由三名或三名以上资深法官组成合议庭。合议庭成员必须共同参与案件审理，并共同对案件事实、证据、法律适用以及处理结果等负责。合议庭评议案件，必须坚持以事实为依据，以法律为准绳。在案件事实清楚，证据确实充分，程序公正合法的情况下，实行少数服从多数的原则，得出最终书面结论并以此作为审判依据。此外，还应建立独立的顾问委员会。该委员会由多个政府部门及资深的法学、经济学、工商管理、社会政策、科学技术等方面的专家组成。在审理某一案件时，由所涉行业和有关专家成立专项工作组，研究案情，提出专业意见，以保证在案件审理的专业性。

第四，灵活的案件审理方式。一般而言，竞争法庭审理案件时必须公开。公开案件的审判过程和审判结果，既有利于人民群众监督审判工作，促使案件审判在公平正义的轨道上稳步进行，也有利于向社会公众普及竞争法知识，充分发挥司法所具有的教育、引导功能。但是，部分竞争案件可能会牵涉商业秘密等不宜公开审判的事项，在此情况下，经当事人申请，可以不公开审理，这更有利于保护当事人的隐私和利益。当然，竞争执法机构的内部资料也依仗不公开审理进行保密。此外，为了灵活应对各种纷繁复杂的竞争案件，除了正式的审判方法以外，竞争法庭也可以以非正式的方法进行审理。例如，在有利于司法公正和提高效率的情况下，通过在线方式进行案件审理。在此方面，互联网法院已经做了积极有益的探索，相关经验可供未来的竞争法庭参考。

第五,特殊的竞争上诉法庭。《南非竞争法》规定:"任何人受到竞争法庭的决定的影响,即可向竞争上诉法院提起上诉,或者申请重新审查,如果该决定符合竞争上诉法院的规则,上诉法院有权就该事项审议上诉或者进行重审。""竞争上诉法院可以审议就竞争法庭有关法律适用错误和管辖权争议的案件,可以审议有关竞争法庭最后决定的实体争议的上诉,也可以确认、推翻、修改或者重审竞争法庭的决定。"这些有关竞争上诉法院职能的规定于我国而言,具有很强的参考价值。与我国现行的两审终审制相适应,不服高级人民法院竞争法庭一审判决或裁定的上诉案件,即属于最高人民法院的受案范围。为了实现初审机关与上诉机关之间的完美衔接,真正将竞争法律规范落到实处,充分发挥法律应有的惩处与救济功能,在最高人民法院设立竞争上诉法庭具有必要性、正当性。

第六,联动的合作实施机制。2021年9月27日,最高人民法院举行新闻发布会,发布人民法院反垄断和反不正当竞争典型案例。最高人民法院民三庭庭长林广海在会上介绍,最高人民法院将加强反垄断执法和司法的衔接,促进行政执法标准和司法裁判标准的统一。同时还将加强与竞争执法行政部门在信息交换等方面的交流和协作,共同推动形成对垄断和不正当竞争行为的高效监管机制。为了充分发挥竞争法庭的竞争案件审判功能,实现竞争行政执法体制与竞争司法体制的完美契合,必须厘清反垄断反不正当竞争委员会、反垄断执法机构、竞争上诉法庭与竞争法庭的关系,构建灵活、高效、科学的竞争联合执法机制。根据我国《反垄断法》,反垄断反不正当竞争委员会的职能包括:"(1)研究拟定有关竞争政策;(2)组织调查、评估市场总体竞争状况,发布评估报告;(3)制定、发布反垄断指南;(4)协调反垄断行政执法工作;(5)国务院规定的其他职责。"即反垄断反不正当竞争委员会主要负责反垄断工作的组织、协调和指导。因此,反垄断反不正当竞争委员会可以聘请法律、经济等方面的专家组成专家咨询组,对竞争法庭提交的需要研究的重大问题提供建议,在相关的专业性问题上对竞争法庭给予指导。而且,反垄断反不正当竞争委员会研究出台的反垄断指南、政策、报告等,亦可以成为竞争法庭审判的参考依据。在具体案件的审理过程中,反垄断反不正当竞争委员会也可以派专人列席专家小组,参与案件评议,指导或监督案件的审判工作。此外,反垄断执法机构主要负责竞争案件事实的调查、认定和裁决,并给予受害人充分、及时的行政救济。而竞争法庭则主要负责竞争案件的审判,并给予受害人以公平、正义的司法救济。"司法权对行政权的监督,是现代法治理念的主要内容之一。"[1]有鉴于此,公民、法人或其他组织与反垄断执法机构之间产生的行政争议,其不服反垄断执法机构所作出的行政处罚决定或复议决定等提起的诉讼应由竞争法庭来解决。竞争法庭对执法机构调查核实的事实进行审查,或认可或要求其重新调查,对其作出的行政处罚决定或认可或推翻要求其重新作出。而竞争法庭的审判结果需要反垄断执法机构以落实,即反垄断执法机构是竞争法庭的执行机构。竞争上诉法庭是当事人权利救济的最后途径,主要发挥上诉法庭所具有的案件修正和监督作用。即如果一审法院事实认定错误,适用法律不当,或者判决畸轻畸重,都可以在二审阶段予以纠正和修复,以使当事人的合法权益得到最大程度的保护,最大限度减少冤假错案。

---

[1] 参见朱全宝、郑晗:《权力监督的法治维度》,载《光明日报》2016年11月2日。

（二）明确司法裁判逻辑

执法与司法是反垄断法实施过程中的两个重要环节，二者具有内在关联。域外不少反垄断执法机构具有准司法的性质，执法与司法之间的关联也较为密切。但我国目前反垄断执法与司法相对独立，联系微弱，实践中常出现执法和司法裁判标准不一的问题，一定程度上影响了反垄断法的确定性。

实践中，反垄断执法与司法常出现类案不同判的问题。譬如，当前对于转售价格维持，执法和司法的判断标准与认定逻辑截然不同，执法机构倾向于违法性推定＋豁免的认定规则，而法院一般采取合理原则。自2013年以来，执法机构坚持以违法性推定的分析模式认定转售价格维持案件，与此同时，执法机构的官员也一再表态，依据我国法律规定，对转售价格维持案件应当适用违法推定规则，行为是否产生排除、限制竞争效果，并不能成为考虑的关键因素，适用合理原则并无依据，且将面临相应法律风险。[1]法院一开始较多采取合理原则处理转售价格维持案件，如在"强生案""格力案""韩泰轮胎案"中，法院皆强调了在转售价格维持案件中考量排除、限制竞争效果的重要性。反垄断执法和司法之间产生了较为明显的分歧，不利于维护反垄断法的可预测性和权威性，甚至可能削弱反垄断法的威慑力。新《反垄断法》进一步强化了对反垄断司法的关注，随着其正式生效，反垄断司法的作用将进一步发挥，因此，统一反垄断执法与司法对于垄断行为的裁判思路与认定标准具有重要意义。

---

[1] 参见王晓晔：《转售价格维持的反垄断规制适用"合理原则"之批判》，载《法商研究》2021年第1期。

二、健全竞争执法与司法的衔接机制

新修订的《反垄断法》第11条规定,"健全行政执法和司法衔接机制"。目前,在我国反垄断行政执法是较为主要的模式,而反垄断司法配套则跟进略显不足。

（一）健全衔接机制的必要性

执法与司法是法律实施的一体两翼。程序法是实体法的重要保障,没有完善的程序规则体系,再完善的实体规范都将形同虚设。① 反垄断行政执法存在的问题,一定程度上依赖反垄断司法予以补足和纠偏。如果反垄断行政执法质量堪忧,也会带来司法不彰。当前我国反垄断行政执法与司法的衔接机制存在较大改进空间。

行政机关执法具有主动、灵活、高效、低成本等特点,适合处理工业社会中复杂的、具有共性且重复出现的经济和社会问题。② 由于竞争法所调整的社会关系复杂而多变,往往需要针对不同情况灵活执法,而这正是行政执法的特点之所在。为使行政机关快捷而富有效率地规制不正当竞争行为,立法赋予其相对全面的执法权。然而,这又产生程序公正上的欠缺,从而产生严重损害个体权利的担忧。③ 严格的程序性规定可以很好地解决程序公正的问题,从而最大限度维护当事人合法权益。当事人如果对行政执法机关所作出的行政处

---

① 参见王仁富:《中国竞争法律体系及其协调性研究》,中国检察出版社2012年版,第203页。
② 参见王明远:《论我国环境公益诉讼的发展方向:基于行政权与司法权关系理论的分析》,载《中国法学》2016年第1期。
③ 参见江必新:《程序法治的制度逻辑与理性构建》,中国法制出版社2014年版,第180页。

罚决定不服,可以通过向法院提起行政诉讼,进行最后的权利救济。受害人也可以越过行政诉讼救济方式而直接提起民事侵权诉讼实施权利救济。一般而言,法官因为专业知识的限制,对经济理论未必能充分掌握,在实施裁判的过程中,常常依据从程序正当性的角度予以审查,而对争论的实质性问题,在很大程度上是要依靠行政执法机构的调查和认定。同时,由于司法资源的有限性以及司法所固有的被动性,使得竞争法的司法实施成本较高,往往难以做到对整个经济秩序进行深入而全面的保护。实践中,反垄断行政执法机构与法院基于各自的立场和工作特性,对《反垄断法》条文的理解有所不同,也由于我国司法机构对反垄断行政执法机构信任度不足,因此,二者在处理垄断案件的思路和方法上存在着较大分歧,这无疑影响了反垄断法实施的统一性和确定性。

深度优化我国反垄断行政执法与司法的衔接机制,需要充分发挥反垄断反不正当竞争委员会这一具有较高层级的平台的协调职能。以反垄断反不正当竞争委员会为枢纽,厘清反垄断行政执法与司法之间的关系,消除彼此之间的分歧。因为行政执法具有效率优势,能够节约时间成本,司法具有衡平价值和兜底功能,要真正将竞争法落到实处,有效规制反竞争行为,必须实现二者的有机结合,尽量提高执法质量,增强二者之间的信任,让法院更多承认并利用执法结论,减少制度抵牾和内耗,最终既充分发挥行政执法手段灵活高效专业的优势,又充分发挥司法维护公平正义底线的作用。[①]

[①] 参见孙晋:《〈反垄断法〉修订背景下设立竞争法庭的理据和进路》,载《法律科学》2022年第3期。

(二)有效协调竞争执法与司法之间的程序规则

虽然为追求法律执行的时效性和适切性,各个国家都强调竞争执法机构的作用,从而形成所谓的"行政中心主义"。但是,仍然存在行政无法触及的情况,必须由法院进行干预。[①]2024年6月,最高人民法院发布的《最高人民法院关于审理垄断民事案件适用法律若干问题的解释》(以下简称《审理垄断民事案件的司法解释》)第19条规定的关于法院对于反垄断执法机构已经做出的处理决定,可以在必要的时候要求反垄断执法机构就有关情况予以说明。[②]根据《审理垄断民事案件的司法解释》第5条的规定,第一审垄断民事纠纷案件,由知识产权法院和最高人民法院指定的中级人民法院管辖。而根据市场监管总局于2023年3月10日发布,4月15日开始实施的《制止滥用行政权力排除、限制竞争行为规定》《禁止垄断协议规定》《禁止滥用市场支配地位行为规定》等规定,反垄断执法机构包括的是市场监管总局和省级市场监管部门。

然而,在知识产权法院和最高人民法院指定的中级人民法院审理一审垄断民事纠纷案件的情形下,其认为有必要要求市场监管总局或省级市场监管部门就其作出的反垄断处理决定予以说明时,难

[①] 参见李国海:《反垄断法实施机制研究》,中国方正出版社2006年版,第107页。

[②] 《最高人民法院关于审理垄断民事案件的司法解释》第十条规定:"反垄断执法机构认定构成垄断行为的处理决定在法定期限内未被提起行政诉讼或者已为人民法院生效裁判所确认,原告在相关垄断民事纠纷案件中据此主张该处理决定认定的基本事实为真实的,无需再行举证证明,但有相反证据足以推翻的除外。必要时,人民法院可以要求作出处理决定的反垄断执法机构对该处理决定的有关情况予以说明。反垄断执法机构提供的信息、材料等尚未公开的,人民法院应当依职权或者依申请采取合理保护措施。"

免遇到管辖级别的困境。为解决法院级别管辖与反垄断执法机构级别不匹配的问题，就需要通过强化反垄断反不正当竞争委员会职能来予以解决。由于反垄断反不正当竞争委员会本身就具有"协调反垄断行政执法工作"法定职能，其代表反垄断行政机构与司法机构进行统一协调，具有充分的法理依据。具体来说，一审法院在审理过程中，认为有必要要求负责具体处理某一反垄断行政执法案件的市场监管总局或省级市场监管机构对有关情况予以说明时，知识产权法院或指定的中级人民法院可以依法层报至最高人民法院，由最高人民法院与反垄断反不正当竞争委员会开展司法与执法协调，通报有关案件处理情况。再由反垄断反不正当竞争委员会协调反垄断执法部门，对一审法院需要的有关信息作出说明，由其对应的市场监管执法部门予以支持。

而《制止滥用行政权力排除、限制竞争行为规定》第12条，[①]《禁止垄断协议规定》第22条、第23条第2款和第3款，[②]《禁止滥用市场支配地位行为规定》第24条等条款分别对涉嫌滥用行政权力排除、限制竞争行为的单位举报制度，涉嫌垄断协议、滥用市场支配地位的机关移送制度都作出了相应规定。[③]但法院如何向反垄断执法机构

---

① 《制止滥用行政权力排除、限制竞争行为规定》第12条规定："对涉嫌滥用行政权力排除、限制竞争行为，任何单位和个人有权向反垄断执法机构举报。"

② 《禁止垄断协议规定》第22条规定："反垄断执法机构依据职权，或者通过举报、上级机关交办、其他机关移送、下级机关报告、经营者主动报告等途径，发现涉嫌垄断协议。"第23条第2款、第3款规定："反垄断执法机构根据工作需要，可以要求举报人补充举报材料。对于采用书面形式的实名举报，反垄断执法机构在案件调查处理完毕后，可以根据举报人的书面请求依法向其反馈举报处理结果。"

③ 《禁止滥用市场支配地位行为规定》第24条规定："反垄断执法机构依据职权，或者通过举报、上级机关交办、其他机关移送、下级机关报告、经营者主动报告等途径，发现涉嫌滥用市场支配地位行为。"

移送提交有关材料,如何进行衔接协调,却没有相应的制度安排。这就需要通过强化反垄断反不正当竞争委员会的法定职能,以填补上述制度的空白。具体的制度设计可以是:法院在审理过程中发现相应涉嫌违法行为的线索,可以通过大数据信息系统,层报至最高人民法院,由最高人民法院移送至反垄断反不正当竞争委员会,再由反垄断反不正当竞争委员会分配至相关归口管理的反垄断执法部门。这样也使得反垄断反不正当竞争委员会站在行政执法层面,以统一归口,与最高人民法院加强沟通与协调,也进一步强化了反垄断反不正当竞争委员会职能。

(三)有效协调反垄断行政执法与司法之间的实体规则

相关市场作为反垄断分析框架中较为成熟的分析环节依然具有不可替代的作用。① 市场界定在反垄断执法中显然是作为一种证据存在。无论是以美国为代表的司法模式,还是以欧盟为代表的行政执法模式,如果相关诉讼主体没有或者不能正确地界定相关市场,势必承担不利诉讼后果。如果反垄断执法机关在具体案件中没有正确地界定相关市场,势必不能科学合理地处理案件。②《关于相关市场界定指南》也指出,相关市场的界定通常是对竞争行为进行分析的起点,是反垄断法执法工作的重要步骤。从反垄断执法的角度,就必然要求进行相关市场的界定。

2023年4月正式发布实施的《禁止垄断协议规定》第7条、《禁止滥用市场支配地位行为规定》第5条均对"相关市场"的定义作了

---

① 参见侯利阳:《市场地位的反垄断剖析》,中国书籍出版社2019年版,第104页。

② 参见王晓晔主编:《反垄断法的相关市场界定及其技术方法》,法律出版社2019年版,第51页。

相应规定。[①]这些规定和《审理垄断民事案件的司法解释》第17条、18条、19条规定的核心内容几乎相同。但是,《审理垄断民事案件的司法解释》第16条第1款和第2款在规定了原告承担应当界定相关市场并提供证明或说明理由的责任的同时,又在该条的第3款和第4款中给予原告不承担证明责任的适用情形。依据《审理垄断民事案件的司法解释》第1条的规定,可以提起垄断民事诉讼的主体有自然人、法人或非法人组织。在实践中,一般能够实施或者涉嫌实施垄断行为的都是具有一定经济实力的区域性、全国性甚至国际化的大企业。按照"谁主张,谁举证"的原则,原告一般可以参考《关于相关市场界定指南》或者依据《禁止垄断协议规定》和《禁止滥用市场支配地位行为规定》有关条款,收集有关事实和证据。

承担上述证明责任需要具有很强专业性,对于专业知识和技术能力要求非常高。对于大多数原告来说,特别是对于自然人来说,需要承担较大的证明责任压力。即使是具有一定的经济实力的法人或

---

① 《禁止垄断协议规定》第7条规定,相关市场是指经营者在一定时期内就特定商品或者服务(以下统称商品)进行竞争的商品范围和地域范围,包括相关商品市场和相关地域市场。界定相关市场应当从需求者角度进行需求替代分析。当供给替代对经营者行为产生的竞争约束类似于需求替代时,也应当考虑供给替代。

界定相关商品市场,从需求替代角度,可以考虑需求者对商品价格等因素变化的反应、商品的特征与用途、销售渠道等因素。从供给替代角度,可以考虑其他经营者转产的难易程度、转产后所提供商品的市场竞争力等因素。界定平台经济领域相关商品市场,可以根据平台一边的商品界定相关商品市场,也可以根据平台所涉及的多边商品,将平台整体界定为一个相关商品市场,或者分别界定多个相关商品市场,并考虑各相关商品市场之间的相互关系和影响。界定相关地域市场,从需求替代角度,可以考虑商品的运输特征与成本、多数需求者选择商品的实际区域、地域间的贸易壁垒等因素。从供给替代角度,可以考虑其他地域经营者供应商品的及时性与可行性等因素。《禁止滥用市场支配地位行为规定》第5条的内容与《禁止垄断协议规定》第7条内容相同。

非法人原告，也不一定完全具备所需要的专业能力，无法顺利开展证据搜集活动。对于具有较强经济实力的法人或非法人原告，可以通过聘请专业的律师团队完成有关工作，但这无疑增加了原告举证责任经济压力。反垄断民事诉讼的原告资格具有开放性，受到垄断行为直接或者间接侵害的经营者和消费者，均具有原告资格。法院为了能够高效开展反垄断诉讼工作，对于原告证明责任进行了有条件免除。本质上看，反垄断执法与司法是预防和制止垄断行为，维护市场竞争秩序的必要手段。无论是反垄断执法或是司法，在对法律规定的目的、原则、构成要件、证明责任分配等影响案件定性的重大问题上应当一致。[①]

反垄断指南作为反垄断法律规则制度体系中必不可少的配套制度体系，在中国式反垄断监管制度建设过程中，发挥着不可替代的作用。强化反垄断反不正当竞争委员会的实体化层级，就需要保持指南在反垄断执法规范体系中所具有的适当弹性的特点。制定反垄断指南比较适合于在特定行业和领域已经积累了一定的反垄断执法经验，但对于一些重大问题的关键节点还有较大理论争议，在执法实践中还存在模糊不清环节，不适宜通过制定法规规章予以规制。这既充分发挥了反垄断指南能够灵活地将实践中普遍出现的一般经验予以类型化归纳，进行场景化考察[②]的优点，也保持了反垄断指南所具有的，为提升反垄断执法专业性权威性进行开拓探索的优点。更加重要的是，在加强反垄断执法与司法协调机制构建方面，反垄断指南

---

① 参见张晨颖：《加强反垄断执法司法为推动高质量发展保驾护航》，载《中国市场监管研究》2022年第7期。

② 参见江山：《论反垄断指南的规范形式与效力实质》，载《社会科学》2023年第1期。

天然具有的制度弹性优势,可成为反垄断行政执法部门与法院开展反垄断协商制度建设的规则平台。

第四节 倡导竞争合规

实现竞争合规的具体维度可从实体、程序以及保障机制等展开探索。就实体而言,应当注重监管与合规各自主体的权责划分,理顺监管机构与企业各自的权责边界,方能使其在各自所能发挥优势的领域内有所建树。就程序而言,监管机构与平台均应搭建一套清晰的流程,用以应对垄断问题,同时亦可通过新《反垄断法》确立的约谈制度,畅通监管机构与企业间的交流以促进衔接。就保障机制而言,应当构建竞争合规的激励机制,发挥行业协会等民间组织的作用。

一、竞争合规的实体法探析

(一)监管机构与企业的权责边界厘清

在当前数字经济迅速发展的背景下,数字平台在市场中的地位和作用愈加重要。与传统市场形式不同,数字平台因其独特的网络效应、数据优势以及生态系统控制等特征,使其在市场竞争中占据了显著的优势。然而,这种独特的市场优势也带来了新的竞争合规挑战。为了确保市场的公平竞争,监管机构需要明确其在数字平台治理中的角色和责任。同时,数字平台也必须履行相应的竞争合规义务,以确保其运营行为符合市场规范和法律要求。学术界对此问题进行了深入探讨,尤其是关于政府干预与平台自治的界限。有学者从市场不完全性、市场外部性及信息不对称等三个方面系统梳理了政府干预与平台自治的具体界限，得出的结论是，平台自治的范围应当仅限于应对平台内部市场的不完全性和平台内部行为的负外部性两个方面。在此框架下，平台自治的手段必须是合法、合理的，并且在实施过程中应确保所造成的损害最小化。[①]

为了对平台企业实现有效约束，应当对具有公共属性的大型网络平台经营者设置与其监管职能相适应的平台责任。这些责任不仅包括传统的法律义务，还应涵盖道德和社会责任。主要表现在以下几个方面：第一，大型网络平台应当确保其数据收集、使用和共享过程的透明度，向用户明确告知其数据使用政策，并采取有效措施保护用户隐私和数据安全。平台需要建立健全数据保护机制，防止数据泄露和滥用。第二，平台应遵循公平竞争的原则，避免利用市场主导地位排挤竞争对手，限制消费者选择。监管机构应制定和实施严格的反垄断法规，防止平台通过不正当手段获取市场优势。例如，禁止平台通过捆绑销售、排他性协议和价格操纵等手段，限制其他企业的市场准入和发展。第三，平台应当承担内容审核和社会责任。社交媒体和内容平台需要对其平台上发布的内容认真审核，防止虚假信息、仇恨言论和不良内容的传播。以此保护用户的合法权益，维护社会的公序良俗和公共安全。平台应当建立健全内容审核机制，与政府和社会组织合作，共同应对网络内容治理的挑战。第四，平台应当尊重和保护用户的合法权益，包括用户的知情权、选择权和隐私权。平台需要建立完善的用户投诉和纠纷解决机制，及时处理用户的反

[①] 参见时建中：《双重身份视角下平台自治与反垄断监管的界限》，载《竞争政策研究》2020年第4期。

馈和投诉,保障用户的合法权益不受侵害。

但同时也应注意,如若不适当地强调主体责任,可能导致政府逃避履行应有的监管责任。[1]学界有说法认为,监管机构强化平台的责任而推卸自己的责任的危险趋势正在逐渐显露。[2]平台企业作为特殊主体,其责任是有限和不可替代的,平台责任不应由政府来承担,即使在特殊时期,让其承担部分责任也应有所掂酌。只要主要责任方存在,则必然会出现第二责任方等不同实体负有相应责任。主要平台责任既不能作为企业无限责任之由,又不能作为政府规避监管义务之由。政府作为公共权力的代表,其在市场监管中的责任是不可替代的。具体而言,监管机构首先需要建立一个有效的竞争监管框架,明确数字平台的行为规范和监管标准。由于数字平台的业务模式和市场结构与传统企业不同,现有的竞争法框架可能无法完全适用。因此,监管机构需要在立法和执法层面进行调整,以适应数字平台的特性。例如,欧盟在《数字市场法案》(Digital Markets Act, DMA)中提出了针对"守门人"平台的特定义务,旨在防止这些平台滥用市场支配地位。监管机构的另一项重要责任是监测市场动态,及时发现和调查可能存在的反竞争行为。数字平台的快速发展和业务复杂性增加了监测的难度,但先进的数据分析和技术手段可以帮助监管机构更有效地识别异常行为。例如,使用大数据分析工具来监控价格变动和市场份额变化,可以及早发现潜在的垄断或共谋行为。

---

[1] 参见刘权:《论互联网平台的主体责任》,载《华东政法大学学报》2022年第5期。

[2] 参见赵鹏:《超越平台责任:网络食品交易规制模式之反思》,载《华东政法大学学报》2017年第1期。

总而言之，在现行法律体系中，平台扮演着举足轻重的角色，因此平台义务的适度界定需要科学、合理。①如果继续将平台纯粹视为市场主体，而忽视其公共性，平台无疑难以健康、良好地继续成长。如果仅因将平台视为被监管的主体就对其进行过于宽泛和深入的监管，又势必会对数字技术和新兴行业的创新产生不利影响。

（二）企业有效合规与举报制度建设

在数字经济时代，大型网络平台的公共属性使其在市场和社会中承担了重要的角色。为了实现对平台企业的有效约束，设置与其监管职能相适应的平台责任是必要的。但同时也必须注意，政府不能因此而逃避其应有的监管责任。通过政府与平台企业的共同努力，划分主体责任，厘清权责边界，才能确保数字经济的健康发展，维护市场的公平竞争和社会的公共利益。在明确平台权力边界和压实平台主体责任的前提下，应重点建设完备的反垄断合规体系，完善监督机制。企业必须按监督合规计划保持实时监督，并及时进行调整。定期审计和建立内部举报机制（如员工举报热线）将有助于发现违反合规计划的情况及需要改进的方面，从而使企业能够及时采取措施，确保反垄断合规计划的严格执行。还要及时更新，以应对新的情况。

尤为值得注意的是举报机制，又称"吹哨人"（whistleblower）制度。"吹哨"行为最初的阐述为组织成员对内部的腐败、浪费、欺诈等非法或不利于社会公共利益的行为进行告发。②吹哨人制度

---

① See Marcelo Thompson, "BeyondGatekeeping: The Normative Responsibility ofInterne tIntermediaries", 18 *Vand.J.Ent.&Tech.L.* 783 (2016), p. 848.

② See Nader, R. Petkas, P.J.Black-Well.K., Whistle Blowing, *The Report of the Conferenceon Professional Responsibility*, NewYork: Grossman Publishers, 1972, p. 103.

(whistleblower system)又称举报人制度,是指通过法律和政策手段,鼓励和保护知情者(即吹哨人)举报企业或组织内部存在的违法行为。该制度的核心在于提供举报渠道,保障举报人的安全与权益,对举报行为进行适当的奖励或补偿。在反垄断合规领域,吹哨人制度主要用于揭露平台企业的垄断行为,如价格操纵、排他性协议和滥用市场支配地位等。借助吹哨人制度,更多的违规行为得以暴露在公众和监管机构面前。不仅提高了市场的透明度,也对其他企业形成了威慑效应,促使其遵守反垄断法律法规,维护公平竞争的市场环境。

在"吹哨人"制度的合规建设上包括以下环节:首先,吹哨人制度的首要环节是设置便捷、安全的举报渠道。这包括设立专门的举报热线、电子邮件和在线举报平台等,确保吹哨人能够随时随地进行举报。此外,还应提供匿名举报选项,以保护举报人的身份和安全。其次,监管机构接收到举报信息后,应及时调查和处理。这包括对举报信息的初步筛查、详细调查和证据收集等。为了确保调查的公正性和科学性,监管机构应制定明确的工作流程和操作规范,必要时可以借助外部专家和技术手段。为激励更多人参与吹哨行动,许多国家和地区设立了举报奖励制度。根据举报的内容和对执法工作的贡献,给予举报人一定的经济奖励或其他形式的补偿。这不仅可以激发举报人的积极性,还能够弥补其在举报过程中可能遭受的损失。[①]需要注意的是,吹哨人制度在实施过程中,也可能出现举报滥用和虚假信息的问题。这不仅浪费监管资源,还可能对企业造成不必要的损害。为防范这一问题,监管机构应建立严格的举报审查机制,确保

---

① 参见邰庆:《反垄断法上的"吹哨人"制度》,载《竞争政策研究》2022年第6期。

举报信息的真实性和可靠性。同时,应制定相应的惩罚措施,对恶意举报行为进行处罚。

二、竞争合规的程序法完善

(一)监管机构明晰合规指引与风险提示的节点

我国正在通过"政策导向型"的方法推动企业合规管理制度的构建,这一制度不仅体现了市场主体自觉守法、防范法律风险的重要性,也是法治现代化进程中政府职能转变的体现。在反垄断监管实践中,监管机构应通过发布反垄断合规指引和合规风险提示,引导企业进行预防性风险管理,进一步促进市场的健康发展和法治环境的优化。这种"软指引"方式为未来的监管模式提供了宝贵经验和有效路径,有助于实现政府与企业共同推进法治建设的目标。

风险提示是一项新型的监管措施,在监管方式和方法上有所创新,能够较好地防范和化解企业风险,是预防垄断的有效工具之一。在执法实践中,反垄断风险提示体现了"预防垄断"思维的广泛运用。全国各地多次发布《反垄断提醒告诫函》及类似的官方文件,对重点领域的高风险垄断行为及相关的处罚规定、整改要求进行了详细阐释。例如,各地市场监管部门针对不同产业和市场特点,发布了多份反垄断提醒告诫函。这些文件不仅对企业可能面临的反垄断风险进行了警示,还提供了具体的整改建议,帮助企业在合法合规的框架内运营。通过这些提醒和告诫,企业可以提前了解可能触犯反垄断法律的行为,从而减少法律风险。此外,国家市场监督管理总局也采取措施,加强反垄断执法与风险提示二者的结合。2020年4月,国家市场监督管理总局发布了《关于支持疫情防控和复工复产反垄断执法的公告》。该公告不仅对疫情防控期间反垄断监管职能的履行和竞争政策的重要方向进行了详细解释,还引导市场主体在公平竞争的前提下有序开展复工复产。这一举措充分展示了风险提示在特殊时期的灵活应用和重要作用。总体而言,风险提示作为反垄断监管的一项创新措施,通过预防性的风险提示文件和公告,引导企业合规经营,有效防范和化解了垄断风险,维护了市场的公平竞争环境。未来,随着这一措施的不断完善和推广,其在反垄断合规中的作用将更加显著。①结合垄断行为特性,应充分运用大数据、人工智能、区块链等工具对企业的反竞争行为进行检测和提示。互联网技术的迭代与普及,可以为竞争监管提供充足的科技支持,亦能够回应竞争监管的特殊性问题。通过运用大数据、人工智能、区块链等技术,为竞争监管赋能。通过利用算法测算分析、捕捉数据,可以高效分析出高风险垄断行为,在此基础上及时出击,对其进行精准检测和预警。在智慧监管的加持下,可以将对市场主体的竞争监管上升为事前预防、事中规制、事后跟踪的全链条监管,依靠智慧监管的风险预警有助于促进竞争监管的数字化转型,提升监管效能。

(二)企业明确高风险行为应对与申报的流程

平台竞争合规体系的顺畅无碍运行离不开完整有序的程序设计,通过技术系统的强制性运行来保障规则付诸实践。②因此,平台可以设计从风险识别、风险评估到风险应对的全链条闭环模型,建立法律与技术一体化治理方案,③以促进合规体系操作流程的实现。

---

① 参见刘乃梁:《"预防垄断行为"的理论逻辑及其制度展开》,载《社会科学》2020年第12期。

② 参见邵春霞:《基层治理常规化的数字赋能路径研究》,载《学海》2022年第3期。

③ 参见杨力:《论数据安全的等保合规范式转型》,载《法学》2022年第6期。

为了培育企业的竞争合规意识，落实相关制度，不仅要充分发挥行业协会的引导作用，企业也应当积极践行自律，通过多种措施防范和减少垄断风险。首先，企业应依据《反垄断法》《反不正当竞争法》等相关法律法规，自行梳理其各项业务的各个环节中可能存在的竞争合规风险，进行系统的识别、诊断和评估。这一过程包括详细分析业务流程中的潜在风险点，确保每个环节都符合竞争合规要求。企业应当建立一套完善的竞争合规审查流程，并将其融入各项业务中。这可以通过引入反垄断合规审查和标准流程（Standard Operating Procedure，即SOP）来实现。在开发新业务时，将合规控制机制嵌入其中，并在业务模式的实际运营过程中，与合规部门保持同步，及时更新和调整合规策略。这种内嵌式的合规控制，能够确保企业在日常运营中始终遵守竞争法规。此外，若企业缺乏足够的竞争合规设计能力，或为了节省设计精力，可以考虑聘请专业的反垄断律师或顾问。他们能够帮助企业梳理竞争合规风险场景，制定详细的竞争合规风险自查清单和有效的合规指引。专业顾问的介入不仅可以为企业提供专业的合规整改建议，还可以指导业务部门在日常工作中落实这些合规措施，确保业务运营符合竞争合规的要求。

通过这些措施，企业能够提升其竞争合规能力，减少垄断风险。行业协会的引导、企业自律的践行以及专业顾问的协助，共同构成了一个全面的竞争合规体系。这种体系不仅有助于企业合法合规地开展业务，还能提升企业在市场中的信誉和竞争力，促进企业的长期健康发展。同时，落实竞争合规也能推动整个行业的规范化进程，维护公平竞争的市场环境。

（三）将约谈等柔性执法方式纳入竞争合规体系

在《反垄断法》修订完成前，已有学者提出，为回应数字经济时代反垄断规制的需求,反垄断执法机构可引入更多柔性执法方式以提高执法水平。[1]

约谈作为一项颇具中国特色的制度,却并非我国内地"土生土长"的产物,而是源自我国香港地区的"舶来品"。内地最早有关"约谈制度"的描述来源于税务领域。2002年9月,辽宁省地方税务局发布《开展外籍人员个人所得征税约谈工作》的通知(辽地税函〔2002〕296号),标志着"约谈"正式进入官方文件。此后,随着"约谈"在税务改革领域的全面展开,"以谈促收"的方式凸显出约谈的灵活性与高效性,使得这一新兴的行政手段迅速推广开来,其触角伸至"环境保护""国土资源、能源""市场监管、安全生产监管"等行政管理的多个领域。实际上,不仅行业约谈盛行,从中央部委到地方各级政府及其职能部门也纷纷出台了"安全生产约谈问责制度""土地违法约谈制度""组织部门廉政约谈制度"等各类规范文件,约谈制度在我国逐渐兴起。当下学界对约谈的法律界定并不统一,其中认可度较高的一种说法,认为约谈是指拥有具体行政职权的机关,通过约谈沟通、学习政策法规、分析讲评等方式,对下级组织运行中存在的问题予以纠正的准具体行政行为。约谈作为一种准具体行政行为,亦有广义狭义之分。广义的行政约谈包括内部行政约谈与外部行政约谈,可以理解为具有一定行政管理职权的行政机关,针对其下级行政机关或行政相对人,采取谈话、听取意见、普法教育、提供信息、违法预警等方式,对其组织管理或社会治理所涉事项中的问题,予以规范纠正或加以预防的行为。狭义的行政约谈,仅指行政外部约谈,约谈

---

[1] 参见唐要家、尹钰锋:《算法合谋的反垄断规制及工具创新研究》,载《产经研究》2020年第2期。

发起人是行政主体，被约谈者是行政相对人，其特征是行政主体以警示、教育、说明、建议等方法，不能造成强制力或拘束力，不得恐吓相对人，且相对人有不接受约谈的权利，行政机关不得因此给予处罚或不利益。

约谈在竞争合规中具有充分的适用场景。约谈机制具有回应性，能够及时回应社会热点事件，应对相关舆情及群体性事件，防止事件的恶化和扩大。伴随回应性特征，约谈机制同时显示出针对性强、效率高、及时灵活的特征。近年来，对于某些引发广泛关注的社会热点事件，如西安"哭诉维权"奔驰汽车漏油事件、女乘客乘坐顺风车遇害事件以及新冠疫情期间商家拆零销售N95口罩事件等，相关政府部门都先后采取约谈的方式加以应对和处置，取得了有目共睹的治理成效。同时约谈作为事前介入的方式，具有预防性特征。例如浙江省市监局在"双十一"促销前夕召开全省快递行业涉嫌垄断行为告诫会，约谈告诫快递企业和行业协会依法合规经营。这种在重要时点、重要活动之前的警示告诫，能够释放监管信号、明确监管规则，促进经营者合规经营，另外也有助于防止违法事件的发生，节约监管资源。

就反垄断约谈实践而言，其成效往往以企业的"合规经营承诺"[①]体现。在约谈过程中，监管机构与企业进行面对面的沟通，深入了解企业的经营状况和潜在的反竞争行为。企业在接受约谈后，通常会对其经营行为进行全面自查，针对监管机构提出的问题和建议，作出具体的整改承诺。这些合规经营承诺，包括调整不合理的业

---

① 参见刘乃梁、潘盛龙：《平台经济治理中的行政约谈：实践源流与优化向度》，载《电子政务》2023年第7期。

务模式、停止实施反竞争行为、建立内部合规机制以及定期向监管机构报告合规情况等。通过合规经营承诺,企业不仅向监管机构表明了其遵守反垄断法规的决心,也向市场和公众展示了其致力于公平竞争的态度。企业在作出承诺后,须立即采取行动,落实整改措施,确保其经营行为符合相关法律法规。同时,监管机构会持续关注和监督企业的合规进展,确保其真正履行承诺。定期检查和评估企业的合规情况,能够防范和纠正反竞争行为。这种约谈机制的一个显著优势在于,它不仅是一种事后监管工具,也是一种预防性措施。通过约谈,监管机构可以在问题早期介入,避免潜在的反竞争行为对市场造成严重影响。企业通过合规经营承诺,不仅可以避免更严厉的法律制裁,还能提升自身的市场信誉和品牌形象。

三、竞争合规保障体系的发展与优化

（一）激励平台企业合规自治

市场主体力图跳出竞争监管的桎梏,渴望通过排挤竞争对手、垄断市场获得更多的利润,其本质在于其内心的需求并没有得到满足。所以,相较于在短期内对市场主体实施反垄断罚款以达到威慑作用,我们应当建立正向的激励机制,通过多种措施,直接或间接提升市场主体的经济利益。

反垄断合规激励机制可以通过物质性激励和非物质性激励两种基本分类模式进行系统梳理。这种梳理有助于更好地理解和应用反垄断合规激励机制,确保其有效性和针对性。数字平台反垄断合规激励机制可以归纳为宽大处理类激励、声誉类激励和经济类激励三种主要类型。

宽大处理类激励通常是指在企业主动配合反垄断调查、及时纠

正违法行为或主动披露违规信息的情况下,监管机构给予的减轻处罚或免除处罚的措施。这类激励机制的优势在于,能够促使企业积极配合反垄断执法,降低执法成本,提升执法效率。此外,宽大处理类激励还能够鼓励企业自查自纠,及时发现和改正问题,从而减少违法行为的发生。然而,其劣势在于可能导致某些企业利用这一机制逃避应有的法律责任,或者仅在受到调查时才采取合规行动。

声誉类激励主要通过提升企业在市场中的声誉和信誉,来激励企业遵守反垄断法规。这类激励的优势在于,良好的声誉能够带来更多的市场机会和商业合作,同时增强消费者和投资者对企业的信任感。例如,获得反垄断合规认证或受到监管机构表彰的企业,通常能够在市场竞争中占据有利地位,吸引更多的客户和合作伙伴。然而,声誉类激励的劣势在于其激励效果往往较为间接,短期内难以看到明显的经济回报。此外,声誉的提升依赖于外部认知和市场反馈,企业可能需要较长时间才能获得实质性利益。

经济类激励通过直接的经济利益来激励企业遵守反垄断法规。例如,政府可以对合规企业提供税收优惠、财政补贴或其他形式的经济奖励。这类激励的优势在于,其激励效果直接且显著,能够迅速提高企业的合规积极性,促进企业投入更多资源进行合规建设。然而,其劣势在于成本较高,可能对财政造成一定压力。此外,经济类激励需要精确设计和严格执行,以防止企业滥用政策,导致资源浪费。

对于反垄断合规激励机制而言,宽大处理类激励、声誉类激励和经济类激励三种类型各有其优势和劣势,对于促进企业的反垄断合规建设均不可或缺。然而,这三种激励类型对企业产生的激励效果不同,其适用规则也不尽相同。宽大处理类激励主要适用于那些在违规行为发生后,愿意积极配合监管,及时纠正错误的企业。而声誉类激励更适用于那些注重长期市场形象和品牌建设的企业,通过提升声誉来获得市场竞争优势。经济类激励适用于需要快速见效的情形,通过直接的经济利益刺激企业加快合规步伐。

在实际应用中,应根据企业的规模和特性,选择最适当的激励方式。对于大型企业,由于其市场影响力大、资源丰富,声誉类和经济类激励可能更为有效。而对于中小型企业,宽大处理类激励可能更具吸引力,因为这些企业在面临违规风险时,可能更需要政策上的宽容和支持。此外,还需要明确三种激励类型之间的调整规则。有些情况下,这三种激励类型可以同时适用,以实现最大化的合规效果。例如,对于一个大型企业,既可以通过声誉类激励提升其市场形象,又可以通过经济类激励提供直接的经济支持。同时,对于一些互相排斥的情形,也需要进行明确界定,以避免激励机制的冲突和失效。

(二)更好发挥行业协会的中间人作用

目前行业协会参与网络治理且效率较高的方式主要有两种,一种是推进行业自律,二是开展行业企业信用评价。[1]行业协会受自身发展和中国竞争监管模式的影响,目前面临内部障碍和外部制约,无法深度参与行业治理,在治理体系中长时间处于"边缘地位",无法发挥核心作用。

"在现代社会,国家之外的团体对其成员甚至成员以外的制约与强制可能比国家的强制更具压迫性。"[2]行业自律可以有效遏制行业内发展的不当行为,应对行业发展需求,为行业的有序发展创造规

---

[1] 参见常健、郭薇:《行业自律的定位、动因、模式和局限》,载《南开学报(哲学社会科学版)》2011年第1期。

[2] 参见黎军:《论司法对行业自治的介入》,载《中国法学》2006年第4期。

范模式。行业协会作为自律组织,其自律规则和协会活动具有高度的灵活性,能够较好地适应垄断和不正当竞争行为复杂多变的特点。因此,在企业竞争合规过程中,行业协会的作用不容忽视。行业协会应当自觉履行其责任,发挥积极作用,推动行业整体的健康发展。

首先,行业协会应充分利用其汇聚国内外多领域专家团的优势,积极组织各会员单位开展竞争合规培训班、垄断风险识别研讨会和相关考察活动。这些活动有助于提升行业内企业的竞争合规能力,使企业能够更好地识别和应对潜在的反垄断风险。通过邀请专家进行专题讲座和实战演练,企业可以深入了解最新的竞争法规和政策动向,在日常经营中更加自觉地遵守相关法律法规。行业协会应根据政府颁布的相关金融政策和竞争政策,向成员单位提出具体的竞争合规经营意见和建议。通过这种方式,行业协会可以帮助企业在合规经营中少走弯路,降低法律风险。当新的反垄断法修订或新的监管政策出台时,行业协会可以迅速组织相关解读和培训活动,确保成员单位及时了解新的规定,从而在合法合规经营方面打下坚实的基础。

此外,行业协会还应积极宣传竞争合规理念和竞争监管相关政策,引导企业形成竞争合规意识。通过多种宣传途径,行业协会可以着重强调竞争合规的重要性,帮助企业准确理解行业治理要求,从而促使其合规经营。行业协会可以通过制作宣传手册、发布线上教育资源、举办公开讲座等形式,向企业普及竞争合规的基本知识和最新动态。利用媒体平台发布关于竞争合规的专题报道和案例分析,使企业和公众更加直观地了解竞争合规的重要性及其实际应用。

为了更好地落实这些职责,行业协会还可以建立竞争合规咨询平台,为会员企业提供一对一的咨询服务,解答企业在合规过程中遇到的疑问和困难。此外,定期发布合规指导文件,结合实际案例和最新政策,提供具有指导意义的合规操作手册和风险提示。行业协会还可以通过第三方评估机构,对会员企业的合规情况进行定期评估,颁发合规认证,以增强企业在市场中的信誉和竞争力。

（三）倡导企业与竞争监管机构签订合规经营协议

双方通过合意达成的协议不仅体现了双方的利益追求,还致力于实现双方利益的最大化。这种协议有助于实现企业经营利益与监管机构监管目标的协调统一。

首先,合规经营协议应体现形式公平。这意味着监管机构应平等对待各类企业,给予它们平等参与缔结合规协议的机会。这种公平性消除了企业的逆反心理,能够调动企业参与竞争合规的积极性,从而使激励相容理论得以贯彻实施[1]。其次,合规经营协议应明确双方的权利与义务。在对企业的权利和义务进行设定时,应本着吸引企业参与共同完成监管目标的原则。具体而言,企业应被赋予是否签订协议的最终选择权、修订协议内容的建议权以及履行协议后的预期利益。这种设置不仅能激发企业的积极性,还能确保企业在合规过程中感受到实际的利益。此外,企业也应明确履行协议的义务和接受监督的义务。

对于监管机构的权责设定,基于公共利益的需要,监管机构应享有对从业机构行为的单方监督权。当企业违反协议约定时,监管机构应有权依法进行法律制裁。同时,监管机构也应明确规定,在企业如约履行协议后,监管机构应兑现自己承诺的义务,并在违反协议

---

[1] 参见方翔:《竞争合规的理论阐释与中国方案》,载《安徽师范大学学报》(人文社科版)》2022年第4期;周昌发:《论互联网金融的激励性监管》,载《法商研究》2018年第4期。

约定给从业机构造成损害时承担赔偿责任。这种协议模式在促进企业合规的同时，也增强了企业对监管机构的信任，形成了一种良性的互动关系。企业在明确自身权利和预期利益的同时，也承担了相应的义务，保障了监管措施的顺利实施。[①] 而监管机构通过公平、透明的方式进行监管，不仅提升了顺利效率，还在企业中树立了公正、可信的形象。

[①] 参见方正：《优化企业竞争合规激励机制的路径研究》，载《中国市场监管研究》2023年第9期。